应用型院校财会类专业核心课程规划教材
“互联网+”融媒体系列教材

财务管理案例分析

魏　来　董路成　汤向玲　李　娜／主　编
孔令一／副主编
李安兰／主　审

立信会计出版社
LIXIN ACCOUNTING PUBLISHING HOUSE

图书在版编目(CIP)数据

财务管理案例分析 / 魏来等主编. —上海：立信会计出版社，2023.2(2026.1 重印)

ISBN 978-7-5429-7190-6

Ⅰ. ①财… Ⅱ. ①魏… Ⅲ. ①财务管理—案例 Ⅳ. ①F275

中国国家版本馆 CIP 数据核字(2023)第 001758 号

策划编辑　郭　光

责任编辑　郭　光　张忠秀

美术编辑　吴博闻

财务管理案例分析

CAIWU GUANLI ANLI FENXI

出版发行	立信会计出版社		
地　　址	上海市中山西路 2230 号	邮政编码	200235
电　　话	(021)64411389	传　　真	(021)64411325
网　　址	www.lixinaph.com	电子邮箱	lixinaph2019@126.com
网上书店	http://lixin.jd.com		http://lxkjcbs.tmall.com
经　　销	各地新华书店		

印　　刷	上海万卷印刷股份有限公司		
开　　本	787 毫米×1092 毫米	1/16	
印　　张	16.75		
字　　数	386 千字		
版　　次	2023 年 2 月第 1 版		
印　　次	2026 年 1 月第 5 次		
书　　号	ISBN 978-7-5429-7190-6/F		
定　　价	48.00 元		

前　言

财务管理作为以资金运动为对象，利用价值形式对企业各种资源进行优化配置的综合性管理活动，具有很强的实践性，脱离实例来讲解财务管理课程，势必枯燥无味。本书在案例中间增设了很多思考题，这些思考题和财务管理的理论知识紧密结合，循序渐进地帮助学生复习和巩固理论知识。实践是学以致用的桥梁，是提升技能的途径，是考核能力的手段。通过实践教学，学生能够体验知识的力量、思维的奥秘和创造的奇迹，从而逐步培养其创造能力。

本书主要运用财务管理的理论，解释和预测企业的财务管理工作，提高读者在不确定环境下的财务决策能力。全书共分10章，共17个案例，分别从财务管理目标、理财环境、公司治理、财务分析、资本结构、项目评估、股利政策、企业并购、企业集团管理等方面对企业财务管理实务进行分析与评述。

本书在内容和结构安排上主要有以下特性：

(1) 全面性。本书所选案例，以满足财务管理教学需要为目的，包括中级财务管理、高级财务管理的大部分内容。

(2) 真实性。本书的案例均来源于中国企业的财务管理实践，既有成功的经验，也有失败的教训。

(3) 及时性。本书所选的案例都是最近几年内发生的典型案例，涉及零售、传媒、航空、钢铁、医药、服装等多个行业。

(4) 适用性。本书在写作上充分考虑了案例教学的特点，将案例分为摘要、案例正文、案例说明三部分。案例正文由引言、公司简介、案例概况、思考问题构成。案例说明主要从教学角度介绍了包括教学目的、案例分析的准备工作、案例分析要点、建议课堂计划和参考文献等部分。

本书可作为高校财务管理、会计学专业的财务管理案例教材或学习初级财务管理、中级财务管理、高级财务管理的课外参考书，也可作为实务中级财务管理、会计工作者的参考读物，为管理人员提供解决问题的思路。

本书由魏来、董路成、汤向玲、李娜担任主编，由孔令一担任副主编，李满林参与编写，李安兰老师负责本书的主审工作。本书案例所用的财务数据均来源于各案例公司官网的财务报表、新浪财经网和巨浪网，特此鸣谢。我们在本书的编写过程中得到了立信会计出版社的大力支持，在此表示感谢。

当然更要感谢的是本书的读者，只有你们认同此书，才能使本书有其存在的价值。

由于时间紧迫，加之我们水平有限，如书中存在不足之处，恳请各位读者不吝赐教。

编者

2023年2月

目　录

第一章　财务管理总论

案例一　海航集团的财务管理目标

课前思考

1. 财务管理的本质是什么？为什么要进行财务管理？
2. 企业财务活动包含哪些方面？

理论背景

财务管理是组织企业财务活动、处理财务关系的一项经济管理工作。其基本特征是对企业资金循环和周转过程进行动态价值管理。财务管理的目标（Objective of Financial Management）是企业理财活动所希望实现的结果，同时也是评价企业理财活动是否合理的基本标准。为了完善财务管理的理论，有效指导财务管理实践，必须认真研究财务管理的目标。财务管理目标直接反映着理财环境的变化，并根据环境的变化做适当调整，它是财务管理理论体系中的基本要素和行为导向，是财务管理实践中进行财务决策的出发点和归宿。财务管理目标制约着财务运行的基本特征和发展方向，是财务运行的驱动力。不同的财务管理目标会产生不同的财务管理运行机制，科学地设置财务管理目标，对优化企业理财行为、实现财务管理的良性循环具有重要意义。财务管理目标作为企业财务运行的导向力量，其设置若有偏差，则财务管理的运行机制就很难合理。因此，研究财务管理目标问题，既是建立科学的财务管理理论结构的需要，也是优化我国财务管理行为的需要。

思考问题1：每股收益最大化的相关内容是什么？当企业是非上市公司时，每股收益最大化如何体现？

思考问题2：利润最大化、股东价值最大化和企业价值最大化的联系与区别是什么？

一、公司简介

1989 年 9 月，海南省航空公司(以下简称“海航”)正式宣告成立。10 月，顺应国有企业股份制改造的浪潮，海航也开始进行股份制改革，成为我国民营航空公司中第一家股份制企业。海航是我国交通运输业中较早同时在 A 股和 B 股证券市场上市的企业，1997 年 6 月，海航 B 股正式挂牌交易，筹集资金规模共计约 2.77 亿元人民币。1999 年 11 月，海航 A 股成功发行上市，股票代码为 600221，筹集资金 9.43 亿元人民币。2000 年 1 月，依据原有公司重新完成组建，海航集团有限责任公司正式成立，其主营业务是面向社会提供航运服务。

截至 2019 年年末，海航及其旗下控股子公司国内外运营超过2 000 条航线，其中包含国内航线 1 800 余条，航线遍及我国内陆所有省、区、直辖市以及台北和澳门 2 个地区城市；包含国际航线 258 条，航线覆盖除南极洲与非洲的其他五大洲，航空运输辐射城市共计 66 个。

近十年，受并购浪潮与金融危机影响，海航的经营方针、扩张战略与产业板块也在不断更新调整。从以航空运输为主产业的企业，逐步发展成集航空、旅游、地产、金融和科技等多产业为一体的大型企业集团。在 2017 年资产规模达到顶峰时，海航旗下包含37 家上市公司，其中有 12 家 A 股上市公司、3 家港股上市公司与 22 家新三板上市公司，这使得海航在 2017 年一跃位居世界 500 强第 170 位，营收超 530 亿美元，总资产达万亿元规模，其中 30%以上为境外资产。海航以航空产业板块为核心，向产业的上下游不断拓展延伸。一方面，囊括了物流、旅游和酒店在内的多个产业作为企业的“实业板块”，该板块依靠雄厚的资金规模，形成可持续的现金流量，为企业对外扩张供应资金的同时又能保证主产业的平稳运营。另一方面，形成以金融企业为核心的“大金融版块”，为企业多元化扩张提供资金动力。海航结构版图如图 1-1 所示。

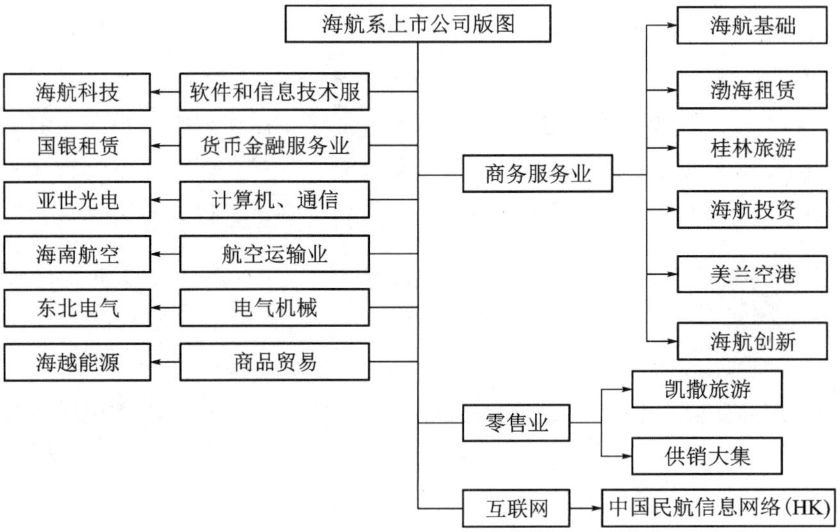

图 1-1　海航结构版图

二、海航集团的扩张之路

思考问题 3： 海航集团资本运作主要是为了实现哪种财务管理目标？它的财务目标是如何演进的？

海航集团在二十多年的快速发展过程中，先后采用了内部股权融资（增加注册资本）、融资租赁、公众股发行（IPO）、私募股权融资、银行长期借款、长期银团贷款、国际债券、企业债及信托贷款等融资方式。

20 世纪 90 年代，由于房地产行业迅猛发展，势必增大了对航空运输的需求。海航有限的运输能力已经无法负荷，需要购入飞机及相关设备。购置飞机的资金需求巨大，管理层面临的筹资选择为股权融资或是债务融资。

根据优序融资理论，公司应采用内部融资，同时应先发行最稳健的证券。若企业最初采取债务融资，以企业的现有规模只能借到少量资金，而购置飞机的现金流出巨大，所以海航采用股份制改造（类似内部融资）。有了这笔钱后，银行愿意提供巨额贷款，因为其背后有海南省政府的支持。企业选择长期借款的原因是筹资速度快，能快速扩大企业规模，筹资成本低，可发挥财务杠杆作用。同时，融资租赁也是海航进行融资的重要方式，因为融资租赁有筹资速度快，减少企业财务压力的优点，符合海航的扩张战略又不致使企业面临巨大的偿债压力，海航成立初期便是依靠融资租赁快速成长的。1995—1999 年，海航集团长期应付款总体金额较大，不减反增，说明海航这几年始终有融资租赁的行为。1995—1999 年海航集团长期应付款情况如图 1-2 所示。

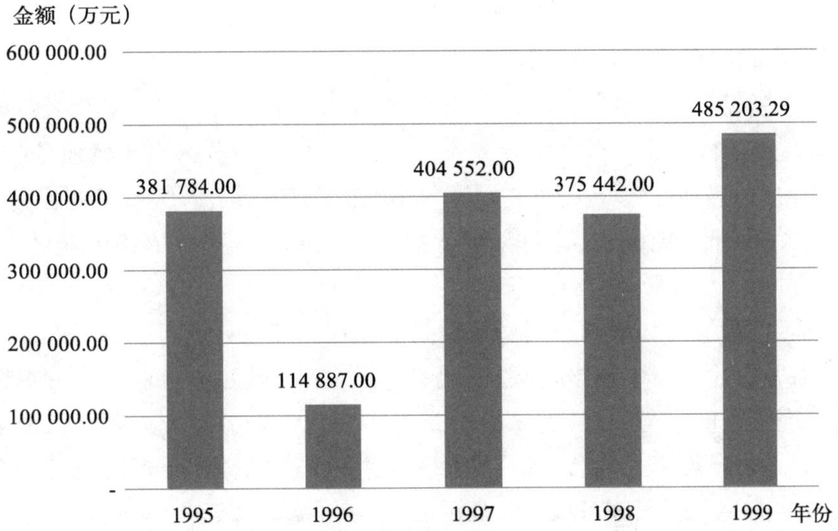

图 1-2　1995—1999 年海航集团长期应付款情况

航空业是一个资本密集型产业，因此海航要想快速发展必须借助我国资本市场。一方面，当时我国证券市场处于快速发展时期，企业上市准入条件较为宽松，海航抓住了这一机遇，成为我国第一家上市航空公司。另一方面，我国在20世纪90年代，外汇依然处于紧缺状态，因此海航赴港上市也是情理之中。

至于当时海航为何进行私募股权融资，主要有以下几点原因。首先，是国家政策。1988年国务院印发的《关于海南岛进一步对外开放加快经济开发建设的座谈会纪要》中指出，境外客商参股在25%以上的企业，可以享受外商投资企业的优惠待遇，而索罗斯基金恰好只投资25%，符合文件要求。其次，当时我国外汇紧缺，而购买租赁飞机必须以美元支付。再次，正如时任海航集团董事长陈峰所说，当时索罗斯就是一块招牌，只要说服了他注资，海航便拿到了进入华尔街资本市场的入场券。最后，引入战略投资者以后，可以吸取国外先进经验，提升海航整体实力。

至于后期，尤其是2008年金融危机以来，海航集团更是扩大步伐在资本市场进行并购重组。这一阶段海航主要采用银行长期借款、公开发行企业债以及定向增发等方式来筹集资金；在资金较为紧张期间，更是不惜采用高成本股票质押的信托贷款。

思考问题4: 企业并购的动因是什么?

并购重组是两个以上公司合并、组建新公司或相互参股。并购在国际上通常被称为“M&A”，即英文Merger&Acquisition。国内市场对并购重组的定义比较模糊，包含了兼并、收购、托管、股权转让、资产置换、借壳、卖壳等行为。因此并购泛指在市场机制作用下，一切引起企业所有权改变，或资产转移的行为。

海航进行企业并购主要的目的有以下三个。

(一) 实现产融结合的多元化目标

海航成立之初，是一家非常单一的民航运输企业。航空客运收入占主营业务收入的93.90%，货运及超重行李收入占主营业务收入的3.20%，包机收入占主营业务收入的2.9%。主营业务收入占总收入的98%以上，并呈逐年增长的趋势，且公司大部分非主营业务与其主营业务高度相关，如机上免税礼品销售、旅行社等。其现金流完全依赖民航客运，分散经营风险的能力非常低。

尽管民航客运业的毛利率和净利润率都高于其他大多数行业，进入壁垒也很高，需要国家许可，但民航客运业是一个资本密集型、高技术含量、高风险的行业。这种风险不仅来自管理和控制不当带来的安全风险，也来自市场需求变化带来的财务风险。民航客运重视规模效益，初期需要大量投资，必然带来高负债、高财务成本和日常经营的高绝对成本。由于对现金流的需求很大，且资金来源复杂，长短不一，需要随时预备一笔现金，以应对到期债务和意外需求。一旦市场需求出现波动，导致收入下降，金融危机就会通过现金流的变化放大财务杠杆率，危机感会直接导致债权人催债，最终导致金融危机资金链断裂。在非典时期，这一观点得到了验证。非典期间，海航民航客运损失超过 14 亿元。幸运的是，互补的产业链并没有完全崩溃。

为确定企业下一步发展方向，海航曾召开高层管理会议。会议决定在产业链上，海南航空以航空运输为主，同时发展相关产业链，特别是在产品形态上，发展物流、零售、旅游、黄金产业，不仅要向市场和客户提供有形的产品（如零售商品）和服务（如航空运输服务），还要提供无形的金融产品和服务，即产融结合。在目标市场和市场细分方面，应采取“先支线、后干线”的战略，让路为主，不与国航、东航、南航对抗。要充分利用中国民航支持国内支线航空发展和支持航空企业西部大开发的政策，进而逐步深入公务机和专业货运两大具备发展前景的市场。因此，海航决定走产融结合之路。其主要目标是实现集团产业链的协同效应，实现风险对冲甚至互补，从而降低操作风险。海航实现产融结合的途径是实施并购，特别是跨国并购，海航的并购过程是先研究产业，确定与产业链形成互补的产业，然后在这些产业中寻找目标企业，通过并购或者组成战略联盟形成产业运营平台，在这个平台上进行产业结构调整，再通过管理协作提升企业的整体价值，获取利润来弥补并购的成本。

（二）获得协同效应

协同效应理论认为成功的并购可以产生协同效应，即参与并购的两家公司的价值和业绩能够在并购后有所提升。因此，获得协同效应也是海航控股进行并购的主要动因。协同效应一般可以从管理协同和经营协同两个层面进行阐述。

管理协同效应。当两家公司的管理效率不同时，并购可以将更优的管理经验注入另一家公司。企业管理资源包括一般管理资源、行业专用资源和企业专用资源，从外界获得的难度依次增加。海航控股实施并购的协同效应体现在，一是多元化的并购事件，实现的是一般性管理资源的转移。比如通过对布鲁塞尔 SODE 酒店、渤海信托、天羽飞训等不同行业的并购，海航获得了一般的管理协同效应；二是对航空业内的横向并购，获取了行业专属的资源。由于参与并购的两家企业在生产、销售和售后等部门有着较大的相似性，通过并购可以取得更适合自身发展的管理资源，改善公司的管理效率水平。比如海航控股由于在国内成立较早，拥有比较成熟的管理经营能力，在国内市场，其占有率一直处于较高的位置。但是，考虑到其国际航线比较匮乏，且在国际竞争力上和品牌影响力上比较欠缺，并购国外航空公司，可以完善自身的不足之处，提升竞争地位。因此，2016 年海航控股花费 5.5 亿美元收购了巴西 Azul 航空 23%的股份。海航控股提供了较为成熟的管理经营经验，巴西航空则提供国际市场和品牌影响力，双方达成共赢。

经营协同效应。经营协同效应是指发生并购的两家公司业务优势互补，扩大公司规模，增占市场份额，提高经营效率。海航控股并购后的协同效应表现在，一是所拥有的航线和机队规模的增加。2017 年，海航控股所运营的飞机数量从 238 架增长到 410 架，短短一年内机队规模增长率高达 72%，企业的运输收入额增长 49.13%。此外，2017 年海航控股拥有的航线增加至 1 800 条，增长率高达 80%，其中国内航线从 900 多条增至 1 500 余条。企业在并购后通过增加热门航线航班数量或改用大型飞机等方式，对企业航线进行优化和整合，有利于降低企业成本，提高企业经营效率；二是提高企业市场占有率。根据《民航业发展统计公告》，在2016年和2017年频繁并购期间，海航控股所占航空业市场份额为13.6%，在进行大规模并购重组之后，所占市场份额提升为16%，与其他三大航空之间的差距进一步缩小，提高了在行业中的竞争地位；三是资源信息共享。21世纪是信息化的时代，海航控股通过并购一些中小型航空企业，比如新华航空、祥鹏航空、长安航空、Azul跨国航空公司等，不仅可以增加国内外航线和机队规模，还有利于信息资源的共享，大大降低了海航控股获取信息的成本，提高了信息的价值。同时，海航控股品牌优势和运营方式也可以使这些小型民航企业获得更快的成长，实现经营协同效应。

（三）获得核心技术、增强国际竞争力

创新是企业发展的灵魂，是企业成长的不竭动力。跨境并购不仅可以快速获得跨国资源，缓解企业资源短缺的状况，还可以向跨国企业学习先进的技术、优质的管理经验和开放的企业文化，为企业注入新鲜血液。从另一个角度看，自主研发、跨国并购所获得的先进技术能够促进企业的自我优化。以海航科技收购英迈国际为例，英迈国际作为全球IT产品分销和技术解决方案的领导者，拥有先进的供应链管理技术、全球品牌优势和完善的产品解决方案，有助于海航实现产业转型，提升企业核心竞争力。

同时，通过跨国并购活动，企业可以直接融入跨国市场，开展生产、销售和售后服务等经营活动，帮助企业实现规模经济、一体化生产和高效运营。这不仅有利于并购企业控制产品质量，及时反馈市场信息，也有利于提高产品的售后服务水平，对提高企业的美誉度和知名度起到重要作用。海航集团可以充分利用英迈国际的品牌和技术优势，加快推进IT供应链业务和技术投资业务在全球的推广，实现投资与运营体系的协同效应，推动海航集团“投资+运营”的双轮驱动。到目前为止，英迈国际与在全球供应链行业处于领先地位的海航集团的合并，不仅有利于海航集团拓展跨国业务，也有助于英迈积极拓展业务领域和渠道，提升品牌效应，增强国际竞争力。

伴随着海航集团“买买买”模式的不断推进，海航集团资产迅速膨胀，需要大量的资金支持，除之前建立的财务公司和信托，2009年海航控股了联讯证券，成为其第一大股东。2010年成立了民安财险，随后又通过海航酒店组建营口沿海银行。2011年收购香港美辉证券，同年成立皖江金融租赁。2015年持股海南银行9%股份、天津滨海农商行8.92%股份。2017年成功地在德意志银行持有股份，并成为其最大股东。至此，海航成为覆盖航空运输、旅游服务、机场管理、酒店管理、金融服务、地产、商贸零售等产业的巨型集团。并购支付的方式主要通过资产质押，海航集团质押率一度超过97%。

但是，海航集团过于激进的并购行为和较差的资源整合能力为企业埋下了较大的流动性隐患。

思考问题5：资源整合包括哪几部分？

三、海航集团的流动性危机(2017—2020 年)

(一) 经营业绩下滑

企业经营业绩的高低与企业的生存发展息息相关,一般可以通过净资产利润率和营业利润率来衡量企业的业绩水平。通过图 1-3,可以看出海航在 2015 年大力实施多元化并购扩张后,其经营业绩就开始逐渐下滑,危机爆发前的 2015—2017 年下滑幅度较小,但是在危机后的 2018 年,净资产利润率和营业利润率甚至小于 0,说明公司的业绩水平大大下降。尽管 2019 年有所回升,但与 2015 年的水平仍有较大差距。除了 2018 年,尽管企业的年度报告中净利润的数值为正,且呈上升趋势,但是这并不代表企业的经营业绩上升,通过测算相关盈利性指标,可以发现海航的经营效益和盈利水平其实是在不断下降的,具体盈利指标变化情况如图 1-3 所示。

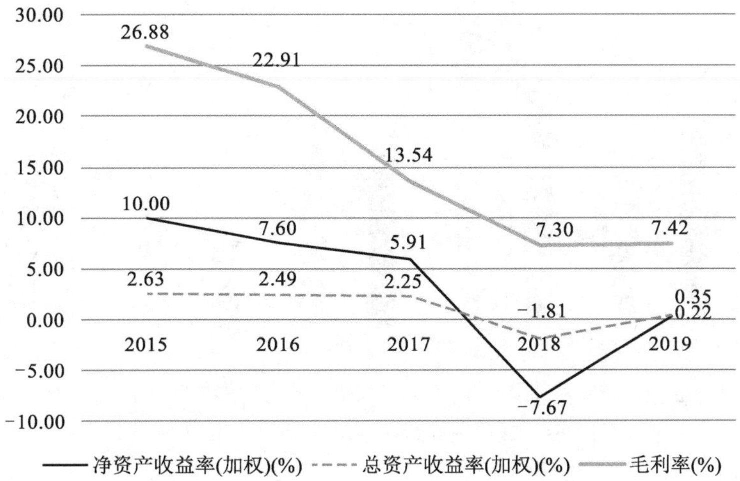

图 1-3 2015—2019 年海航盈利指标变化

(二) 资产结构不合理,大量借款增加财务风险

根据海航集团的财务报表数据,截至 2017 年年末,海航集团负债总额达到 7 365 亿元。到 2018 年,海航集团负债率达到 70.55%,总负债规模达到 7 500 亿元,且该数据仅为海航的数据,不考虑其子公司。如果算上子公司,集团的债务总额应该超过 1 万亿元。过度负债严重影响集团的偿债能力,使公司面临潜在的债务危机。2017 年年末,海航集团 10 家 A 股上市公司整体资产负债率高达 73.37%,8 家公司资产负债率大幅飙升,天海投资、渤海金融控股、海悦股份、东北电器的资产负债率均超过 80%的警戒线,分别为 85.12%、88.34%、82.51%和 163.56%。长期以来,海航集团一直通过借钱购买资产,然后用这些资产作为抵押品获得更多的贷款,以此购买资产来实现增长。其实,其自有资金并不充足,而经营所产生的现金流则用来偿还银行贷款利息。这种高杠杆的开发模式将受到外部市场环境波动的极大影响。当海航购买的资产受到市场青睐时,资产价值将持续上升,有了这些优质资产,海航集团可以加快扩张和发展;相反,当资产价值下降,市场经济下行时,海航集团将面临巨

大的金融风险。2017 年后,我国经济发展增速放缓,经济下行压力加大,金融监管力度空前,金融去杠杆继续推进。在这样的外部环境下,金融机构向海航集团发放贷款变得更加谨慎,海航集团的资金压力倍增。

短期偿债能力直接反映海航短时间内的流动性水平,其指标能直接体现海航的短期债务清偿能力。通过图 1-4,可以发现除 2016 年三个比率有所提升,短期偿债能力相关指标一直呈下降趋势,其中流动比率从 0.90 降至 0.42,速动比率从 0.90 降至 0.41,现金比率从 0.61 降至 0.05,这说明这三年间海航的流动资产变现能力不足,无法偿付企业的短期债务。且现金比率均小于 1,呈不断下降趋势,说明海航的现金流量不足,偿付能力低下,流动性风险较高。2015—2019 年海航集团的短期偿债能力指标如图 1-4 所示。

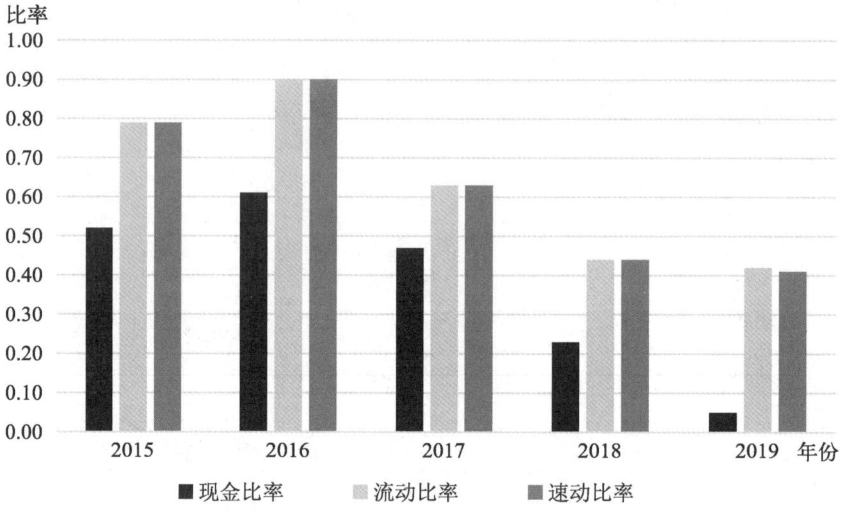

图 1-4 2015—2019 年海航短期偿债能力指标

从 2015 年开始,海航自身留存资金比例大大降低,但是企业经营与后续并购对于资金的需求量巨大,于是,海航开始大量举债。从 2017 年开始海航银行总授信额度明显增加,2017 年的银行总授信额度超过 7 000 亿元,增长接近 1 倍。仅 2017 年一年,海航信贷额度达到了 8 170 亿元,其中以中国进出口银行与国家开发银行额度最大,其中使用额度5 070 亿元,占比约 62.06%。大量的银行借款自然会带来巨额的利息费用,2016 年后海航的负债急速增加,尤其在 2018 年,海航负债中有息负债高达 74.41%。截至 2019 年年末,有息负债占比居高不下,企业资金严重不足,资金周转困难,进一步提高了海航的流动性风险。2015—2019 年海航利息费用及变化如表 1-1 所示。

表 1-1 2015—2019 年海航利息费用及变化

项目	2015 年	2016 年	2017 年	2018 年	2019 年
利息费用(亿元)	42.30	37.62	46.35	52.97	58.55
增速	−4.39%	−6.34%	23.21%	14.28%	10.53%

（三）多元化并购的资源整合难度大

海航多元化范围涉及航空运输、酒店、房地产、互联网和金融等多个行业。虽然大规模的资产扩张给企业带来了一定的优势，但同时也带来负面影响，最明显的就是并购企业间的整合难度大大增加。因协同效应的产生并不只是简单的企业合并，还需要并购方与被并购方在产业经营、管理水平、资产配置等方面存在一定的互补或关联，这样才能实现共同进步。如果只是希望通过并购的方式来控制企业之前未曾涉及的市场，增加市场竞争力，反而容易拖累原产业。而海航的并购就是涉及行业过多，且跨度较大，整合难度较高，盲目追求并购规模与数量，对并购企业的整合质量较低，因此，海航的一系列多元化并购尽管在短时间内大大扩大了企业的资产规模，但是却并没有为经营业绩带来提升和突破。相反，由于并购使用了大量资金，企业流动性变差，且并购而来的企业也占用了大量资产，资源配置效率下降，一定程度上造成了资源的浪费。海航集团及并购问题的具体分析如图1-5 所示。

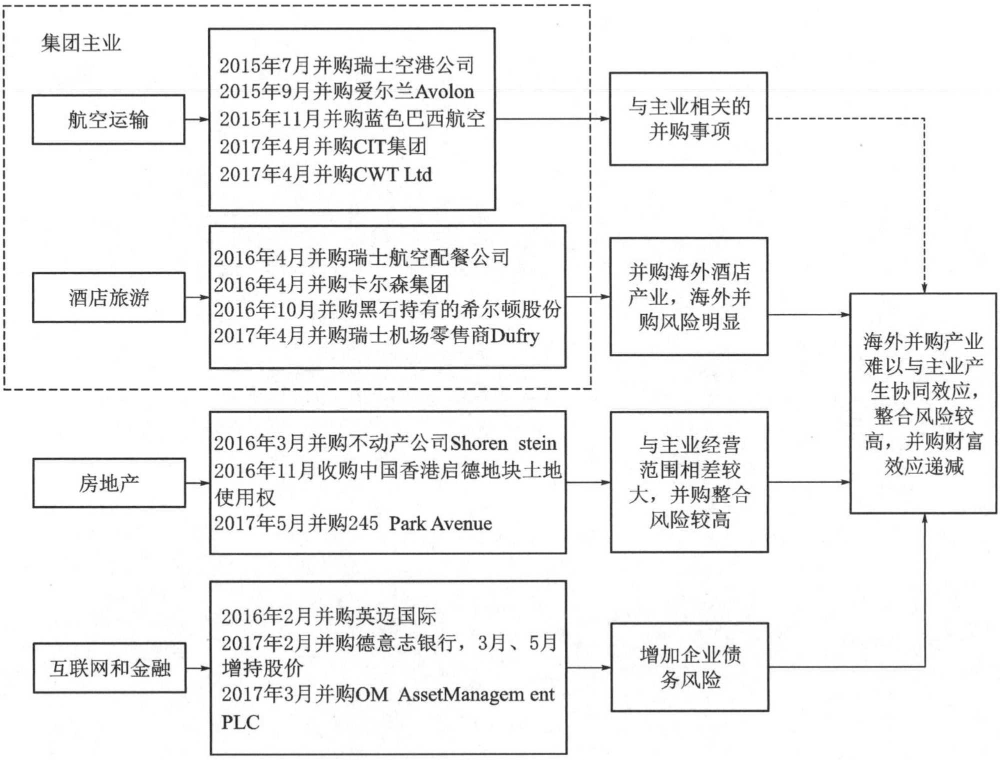

图 1-5 海航集团及并购问题

四、海航控股的结果

“13 海航债券”延迟兑付事件、“16 海航 02 债券”等违约事件频出，但经过以上分析，海航控股的资产流动性弱、资产受限严重、前期的并购占用了大量流动资产，巨额借款到期日集中在 2018—2019 年。2020 年成为海航化解流动性风险关键的一年，然而受新型冠状病毒感染疫情影响，民航产业受到巨大冲击，加上管理层的变动、债券延期等影响，海航危机自救计划宣告失败。2021 年 1 月 29 日，由于资金缺乏无法支付到期债券，海航向法院提出破产重整申请。

课后思考

1. 何为财务困境？解决措施有哪些？

2.（思政）企业发展过程中财务管理的目标是在不断演进的，所承担的社会责任也不同。思考自身的规划或者目标对人未来发展的影响并且如何制定一个合理的目标。

第二章 风险与报酬

案例二 泰禾集团风险控制案例研究

课前思考

1. 风险的特点有哪些？
2. 风险的种类有哪些？

理论背景

风险广泛存在于重要的财务活动中，并且对企业实现其财务目标有着重要影响。要想实现企业价值最大化的目标，就必须正确处理风险与报酬这一对财务管理中的基本矛盾，研究风险、衡量风险并设法控制风险。

风险是在一定条件下和一定时期内可能发生的各种结果的变动程度，是事件本身的不确定性，具有客观性。在财务管理中，风险被定义为出现财务损失的可能性，或者定义为特定资产实现收益的不确定性。随着我国国内市场日趋完善，经济发展的不断进步以及受到政府出台鼓励创业的相关政策的影响，企业作为经济发展的主力军如雨后春笋般成长起来，但在享受机遇的同时也迎来了挑战。经济环境的变化使企业财务风险愈发复杂，由于其独有的特征，很容易对企业未来发展造成不利的影响，加强对财务风险的分析预测，找出财务风险存在的原因，并据此科学合理有针对性地制定财务风险控制措施，对企业稳定健康发展具有促进作用。

思考问题1：财务风险与经营风险有哪些差异？简单描述一下。

一、公司简介

泰禾集团是一家从事住宅地产和商业地产开发的大型知名上市公司(股票代码000732)。公司创建于1996年，2010年成功上市，是当年国内唯一上市的地产企业。公司坚持以房地产为核心，为全面提升城市生活品质和自身多元化发展而践行“泰禾+”战略，依托自身在住宅、商业等领域的优质资源，聚合控股股东泰禾投资集团在相关服务领域的资源，以一站式解决业主的购物、社交、医疗、文化、教育和养老等方面的生活需求为目标，努力开创“中国式美好生活”。

20多年来，泰禾在房地产开发运营方面坚持“文化筑居中国”的品牌理念，以前瞻性的布局战略、高品质的精品战略、差异化的竞争策略持续提升品牌影响力，企业规模不断壮大，享誉全国。

地产，作为泰禾的核心业务，秉持“深耕核心一线，全面布局二线”的战略，坚持“为城市创造作品，为时代奉献精品”，众多精品项目分布于以北京为中心的京津冀、以上海为中心的长三角、以广深为中心的粤港澳大湾区、以福厦为中心的经济区，和以武汉为中心的中部地区，契合“京津冀协同发展”“一带一路”“自贸区”等国家重大战略。地产板块销售业绩连年攀升，中国指数研究院等权威机构联合发布了《2018年中国房地产销售额百亿企业排行榜》。其中，泰禾集团以1 456亿元的销售成绩，稳居中国房企前20强，实现高质量的业绩增长。泰禾院子是泰禾匠心打造的产品IP，短短几年来，泰禾院子已布局北京、上海、深圳、苏州、杭州、南京、江阴、厦门、福州、佛山、南昌、济南、合肥、郑州、武汉、漳州、石家庄、肇庆、天津、广州、镇江、中山，“二十二城四十四院”名动中国。其中泰禾中国院子四次上榜“亚洲十大超级豪宅”，成功实现了“品牌输出”。合作开发的北科建泰禾·北京丽春湖院子以55.3亿元的成绩，成为2017年度中国别墅市场、北京别墅市场和北京商品住宅市场“三冠王”，占据中国别墅市场历年销冠首位。

二、企业经营状况

泰禾集团主要从事房地产开发业务，控股股东为泰禾投资集团有限公司（以下简称“泰禾投资”），实际控制人为自然人黄其森。公司前身为成立于1992年12月的福建三农化学股份有限公司（以下简称“福建三农化学”），注册资本6 352万元，主营业务为农药化工。1997年7月，福建三农化学在深圳证券交易所主板上市，控股股东三明市国有资产管理局持股比例为22.28%。2010年2月，公司注册资本增至101 717.80万元，控股股东变更为泰禾投资，实际控制人变更为自然人黄其森，主营业务由农药化工变更为房地产开发业务。2011年7月，公司名称变更为泰禾集团。2015年9月，公司完成非公开发行股票22 727.27万股，募集资金39.28亿元，总股本增至124 445.07万股。截至报告出具日，公司总股本248 890.14万股，控股股东泰禾投资持有公司股份121 880.16万股，持股比例为48.97%，其中已累计质押的股份数为120 742.00万股，占公司总股本的48.51%，占泰禾投资持有公司股份的99.07%。公司实际控制人仍为自然人黄其森。

公司主要从事房地产开发、化工、服务和零售等业务，其中房地产开发是公司收入和利润的最主要来源。公司房地产项目以高端住宅及商业地产为主，项目在一二线城市占比相对较高，在克而瑞地产研究院发布的《2019年1—12月中国房地产企业销售榜TOP200》《2020年上半年中国房地产企业销售榜TOP100》中，泰禾集团全口径合同销售金额分列第

27 位和第 58 位。

截至 2020 年 3 月末，泰禾集团资产总额 2 234.25 亿元，所有者权益 333.79 亿元，资产负债率 85.06%。

三、公司融资状况

泰禾集团 2020 年内到期总债务为 555.11 亿元。其中，公司债年内到期 80.58 亿元，信托公司贷款年内到期 258.92 亿元，资产管理公司年内到期 137.66 亿元，其他非银行贷款年内到期 9.39 亿元，银行贷款年内到期 68.56 亿元。具体债券发行情况如表 2-1 和表 2-2 所示。

表 2-1 泰禾集团境内债发行情况表

债券名称	债券简称	债券代码	发行日	到期日	债券余额（万元）	利率
2016 年公开发行公司债券	H6 泰禾 02	112394	2016 年 05 月 25 日	2021 年 05 月 25 日	9.06	6.00%
2016 年公开发行公司债券	H6 泰禾 03	112395	2016 年 05 月 25 日	2021 年 05 月 25 日	150 000	7.20%
2017 年非公开发行公司债券	H7 泰禾 01	114205	2017 年 08 月 15 日	2020 年 08 月 15 日	81 800	7.50%
2017 年非公开发行公司债券	H7 泰禾 02	114219	2017 年 10 月 10 日	2020 年 10 月 10 日	159 800	7.50%
2018 年非公开发行公司债券	H8 泰禾 01	114357	2018 年 08 月 02 日	2021 年 08 月 02 日	150 000	8.50%
2018 年非公开发行公司债券	H8 泰禾 02	114373	2020 年 08 月 24 日	2021 年 09 月 19 日	150 000	7.50%

表 2-2 泰禾集团境外债发行情况表

债券名称	债券简称	债券代码	发行日	到期日	债券余额（万元）	利率
2021note（美元）	18 泰禾美元债 01	XS1725031105	2018 年 01 月 17 日	2021 年 01 月 17 日	129 202	7.88%
2023notes（美元）	18 泰禾美元债 02	XS1750991744	2018 年 01 月 17 日	2023 年 01 月 17 日	145 352	8.13%
2021notes（美元债券增发）	18 泰禾美元债 03	XS1725031105	2018 年 03 月 06 日	2021 年 01 月 17 日	148 582	7.88%
2021notes（美元债券增发）	18 泰禾美元债 04	XS1725031105	2018 年 05 月 23 日	2021 年 01 月 17 日	64 601	7.88%

（续表）

债券名称	债券简称	债券代码	发行日	到期日	债券余额（万元）	利率
2022notes（美元）	19泰禾美元债01	XS2022228113	2019年07月10日	2022年07月10日	258 404	15.00%
2020notes－Ⅰ（美元债券364天第一期）	19泰禾美元债02-01	XS2052134140	2019年09月13日	2020年09月11日	64 601	11.25%
2020notes－Ⅰ（美元债券364天第一期增发）	19泰禾美元债02-02	XS2052134140	2019年09月20日	2020年09月11日	64 601	11.25%
2020notes－Ⅱ（美元债券364天第二期）	19泰禾美元债03	XS2090920427	2019年12月12日	2020年12月10日	71 384	11.00%
2020notes－Ⅱ（美元债券364天第二期增发）	20泰禾美元债01	XS2090920427	2020年01月06日	2020年12月10日	24 723	11.00%
2021notes－Ⅰ（美元债券364天第一期）	20泰禾美元债02	/	2020年04月03日	2021年04月02日	32 301	11.00%
2021notes－Ⅱ（美元债券364天第二期）	20泰禾美元债03	/	2020年04月23日	2021年04月22日	29 070	11.00%

思考问题2：设置利率时考虑哪些风险因素？

四、公司部分债券本息兑付及募集资金使用情况

经深圳证券交易所“深证函〔2016〕517号文”批复，公司于2016年5月发行30亿元一般公司债券，债券简称为“H6泰禾02”，票面利率6.00%，起息日为2016年5月25日，到期日为2021年5月25日，每年付息一次，到期一次还本，最后一期利息随本金的兑付一起支付，债券附第三年末回售选择权和上调票面利率选择权。截至本报告出具日，“H6泰禾02”已完成回售数量为29 999 094张，回售金额为3 179 903 964.00元（含利息），剩余托管数量为

906 张，债券余额为0.000 9亿元。

经深圳证券交易所"深证函〔2016〕517 号文"批复，公司于 2016 年 5 月发行 15 亿元一般公司债，债券简称为"H6 泰禾 03"，票面利率 7.20%，起息日为 2016 年 5 月 25 日，到期日为 2021 年 5 月 25 日，每年付息一次，到期一次还本，最后一期利息随本金的兑付一起支付。

截至本报告出具日，"H6 泰禾 02"和"H6 泰禾 03"所募集的 45 亿元资金中，40 亿元已用于偿还金融机构借款，5 亿元已用于补充公司流动资金，公司均按时兑付"H6 泰禾 02"和"H6 泰禾 03"利息。

五、公司债券信息评级情况

2020 年 4 月 28 日，联合信用评级有限公司发布了《关于调整泰禾集团股份有限公司评级展望的公告》，维持公司主体长期信用等级为 AA+，并维持"17 泰禾 01""17 泰禾 02""18 泰禾 01"和"18 泰禾 02"信用等级为 AA+，评级展望由稳定调整为负面。

2020 年 5 月 12 日，联合信用评级有限公司发布了《关于下调泰禾集团股份有限公司信用等级的公告》，将公司主体长期信用等级由 AA+ 下调为 AA-，将"17 泰禾 01""17 泰禾 02""18 泰禾 01"和"18 泰禾 02"信用等级由 AA+ 下调为 AA-，评级展望为负面。

2020 年 6 月 18 日，东方金诚国际信用评估有限公司发布了《关于下调泰禾集团股份有限公司主体信用等级的公告》，将公司主体信用等级由 AA+ 下调至 AA-，评级展望调整为负面，同时将"16 泰禾 02""16 泰禾 03"的信用等级由 AA+ 下调至 AA- 。

2020 年 7 月 3 日，东方金诚国际信用评估有限公司发布了《关于下调泰禾集团股份有限公司主体及相关债项信用等级的公告》，将公司主体信用等级由 AA- 下调至 BB，同时将"16 泰禾 02""16 泰禾 03"信用等级由 AA- 下调至 BB。

2020 年 7 月 3 日，联合信用评级有限公司发布了《关于下调泰禾集团股份有限公司信用等级的公告》，将公司主体长期信用等级由 AA- 下调至 BB，将"17 泰禾 01""17 泰禾 02""18 泰禾 01"和"18 泰禾 02"的信用等级由 AA- 下调为 BB，评级展望为负面。

2020 年 7 月 6 日，东方金诚国际信用评估有限公司发布了《关于下调泰禾集团股份有限公司主体及相关债项信用等级的公告》，将公司主体信用等级由 BB 下调至 C，同时将"16 泰禾 02""16 泰禾 03"信用等级由 BB 下调至 C。

2020 年 7 月 6 日，联合信用评级有限公司发布了《关于下调泰禾集团股份有限公司主题长期信用等级及存续期内非公开发行公司债券信用等级的公告》，将公司长期信用等级及存续期内非公开发行公司债券"17 泰禾 01""17 泰禾 02""18 泰禾 01"和"18 泰禾 02"的信用等级由 BB 下调至 C。

2020 年 8 月 12 日，东方金诚国际信用评估有限公司发布了《泰禾集团股份有限公司主体及相关债项 2020 年度跟踪评级报告》，维持公司主体信用等级为 C，同时维持"16 泰禾 02"和"16 泰禾 03"的信用等级为 C。

美元债券评级情况如下：

2020 年 1 月 6 日，公司在境外完成3 827万美元债券的发行并在新加坡交易所挂牌，债券代码为 XS2090920427。该债券评级情况为：Caa1（穆迪）/CCC+（惠誉）。公司作为担保人的主体评级为：B3（穆迪）/B-（惠誉）。

2020 年 3 月 25 日，穆迪投资者服务公司发布公告，将公司的长期公司家族评级从“B3”下调至“Caa1”，同时将高级无抵押评级从“Caa1”下调至“Caa2”，评级展望由“稳定”调整为“负面”。

2020 年 4 月 29 日，惠誉公司发布公告，将公司的长期外币发行人违约评级和高级无抵押评级“B-”列入负面评级观察。

2020 年 5 月 11 日，惠誉公司发布公告，将公司的长期外币发行人违约评级和高级无抵押评级从“B-”下调至“CCC+”，该评级已从负面评级观察中移除。

2020 年 5 月 14 日，惠誉公司发布公告，将公司的长期外币发行人违约评级和高级无抵押评级从“CCC+”下调至“CC”。

2020 年 7 月 8 日，惠誉公司发布公告，将公司的长期外币发行人违约评级从“CC”下调至“RD”，同时将高级无抵押评级和美元债券从“CC”下调至“C”，回收率评级为“RR4”。

2020 年 7 月 10 日，穆迪投资者服务公司发布公告，将公司的公司家族评级从“Caa1”下调至“Caa3”，同时将高级无抵押评级从“Caa2”下调至“Ca”，评级展望维持“负面”。近年评级汇总情况如表 2-3 所示。

表 2-3　泰禾集团近年部分评级情况表

评级标准	评级日期	信用评级	评级展望	变动方向	评级机构	评级类型
主体评级	2020-07-03	BB	负面	调低	东方金诚	长期信用评级
主体评级	2020-07-03	BB	负面	调低	联合评级	长期信用评级
主体评级	2020-07-03	BB	负面	调低	联合资信	长期信用评级
主体评级	2020-03-25	Caa1	负面	调低	穆迪公司（MOODYS）	长期信用评级
主体评级	2020-07-03	BB	负面	调低	联合评级	长期信用评级
主体评级	2020-07-03	BB	负面	调低	东方金诚	长期信用评级
主体评级	2020-07-03	BB	负面	调低	联合资信	长期信用评级
主体评级	2020-06-18	AA-	负面	调低	东方金诚	长期信用评级
主体评级	2020-05-12	AA-	负面	调低	联合评级	长期信用评级
主体评级	2020-05-12	AA-	负面	调低	联合资信	长期信用评级
主体评级	2020-03-25	Caa1	负面	调低	穆迪公司（MOODYS）	长期信用评级
主体评级	2018-11-05	B3	负面	调低	穆迪公司（MOODYS）	长期信用评级
主体评级	2018-05-04	B2	稳定	调低	穆迪公司（MOODYS）	长期信用评级

思考问题3：泰禾集团信用评级频繁调整的原因是什么。

六、风险的形成

(一) 宏观环境

2020年新型冠状病毒感染疫情暴发以来，对各行各业均产生了不同程度的冲击，也相应地改变了部分行业的运行逻辑，催生了新的发展趋势，促进了社会的变革。全国商品房销售规模一度大幅下滑，随着疫情防控形势的好转，3月后市场逐步平稳回升。国家统计局数据显示，2020年全国商品房销售金额为17.4万亿元，同比增长8.7%。其中，住宅销售金额为15.5万亿元，同比增长10.8%；全国商品房销售面积为17.6亿平米，同比增长2.6%；住宅销售面积为15.5亿平米，同比增长3.2%，增速较2019年有所回升。

从政策面上看，2020年是房地产行业发展历史上意义深远的一年。2020年中央政策从"稳"到"稳"，上半年稳经济、以宽松为主，下半年部分城市市场热度有所提升，政策以收紧为主，稳房价、稳地价、稳预期。地方经历了从"放松"到"收紧"，整体基调与中央政策一致。中央将房住不炒、租购并举、因城施策、促进住房消费健康发展等写入《"十四五"及2035年愿景目标建议》，"稳房价、稳地价、稳预期"依然是当前主要调控目标。

抑制行业金融风险，2020年下半年决策层从供、需两端全面压降房地产信贷规模。需求端房企融资方面，2020年8月，中国人民银行、住房和城乡建设部会同相关部门共同推出了被业内称为"三道红线"的重点房地产企业资金监测和融资管理规则。"三道红线"的出台彻底改写了行业规则，倒逼房地产行业去杠杆，正式宣告依靠高杠杆、高负债、高周转实现高增长的模式难以为继。供应端金融机构方面，为了防范金融体系因房地产贷款过度集中而导致的潜在系统性金融风险，2020年12月31日，中国人民银行、中国银保监会推出房地产贷款集中度管理制度。这一被业内称为"两道红线"的制度分档设置房地产贷款余额占比和个人住房贷款余额占比两个上限，对超过上限的银行业金融机构设置过渡期，并建立区域差别化调节机制。2021年2月，自然资源部自然资源开发利用司表示，重点城市要对住宅用地集中公告、集中供应。首批实施"两集中"政策的22个重点城市相继发文表示，坚决落实关于住宅用地供应工作的要求。随着"三道红线""两道红线""两集中"的政策逐步落地，将有效降低房地产行业风险，优化行业竞争格局。房地产行业也由此正式进入管理红利时代，为了抓住这一难得的历史机遇，房地产企业需提升管理水平，向管理要效益，实现有质量的增长，不断提升产品服务品质，提升企业综合竞争力。

(二) 企业战略布局方面

2017年泰禾集团销售额达到千亿规模，克尔瑞和中指统计全年销售规模分别为1 007亿元和1 010亿元，同比增长152%和148%，在全国房地产企业中排名前20。在此基础上，公司管理层进一步提出了更大规模的销售期望。

2017年12月，泰禾集团董事长及实际控制人黄其森在接受媒体采访时表示，2018年，泰禾集团的销售目标为2 000亿元，争取在2018年上半年将负债率降至79%，全年降至75%。

但泰禾集团随后于2017年12月26日和12月27日分别发布两则公告称，公司董事长黄其森先生关于2018年销售目标2 000亿元，2018年上半年降低负债率至79%、全年降至75%，以及2018年具体项目入市数量及销售目标的说法，系其基于目前公司的土地储备情况、项目储备情况、项目拓展能力、投资进展、管理能力、销售能力、回款进度等作出的判断，属于董事长黄其森先生对公司发展的目标和愿景，不构成本公司的预测和承诺。

尽管泰禾集团在媒体采访后不久就进行了公告说明，并对股价的大幅上涨提示了风险，但基于公司2017年150%左右的销售规模增速，以及2018年2 000亿元销售规模的发展目标，我们可以从中看出公司管理层对销售规模快速增长的愿景。

七、公司治理方面

（一）高管频繁变动

从2016年至2020年的4年时间里，泰禾集团先后有14名副总裁、副总经理、财务总监、董秘等高管离职，其中2018年和2019年就有7人离职。高管的频繁变动，容易导致公司管理混乱。泰禾集团近年高管任职情况如表2-4所示。

表2-4　泰禾集团近年高管任职情况表

姓名	职务	任职日期	离职日期	性别	学历	出生年份
张晋元	副总裁	2016-09-06	2019-04-29	男	硕士	1978
郑　钟	副总裁	2013-04-24	2019-01-10	男	专科	1973
朱进康	副总裁	2013-04-24	2019-01-10	男	本科	1970
沈力男	副总裁	2016-03-16	2018-07-20	男	本科	1967
罗　俊	副总裁	2016-09-06	2018-01-10	男	硕士	1972
成尔骏	副总裁	2016-09-06	2017-05-05	男	硕士	1966
陈　波	副总经理	2018-01-10	2020-05-13	男	本科	1979
王伟华	副总经理	2015-04-09	2016-09-05	男	硕士	1975
姜明群	财务总监	2019-01-11	2020-03-20	男	硕士	1971
李　斌	财务总监	2018-01-10	2019-01-10	男	硕士	1982
罗　俊	财务总监	2016-09-06	2018-01-10	男	硕士	1972
王星明	财务总监	2011-06-07	2016-09-05	男	硕士	1975
夏　亮	董事会秘书	2017-04-28	2019-09-23	男	硕士	1982
洪再春	董事会秘书	2014-04-16	2017-04-28	男	硕士	1971

（二）项目频繁转让

2019年年报显示，2018年泰禾集团旗下子公司“非同一控制下企业合并”的数量为19个，“股权转让减少合并”的数量为11个，2019年的项目转让数量呈现只增不减的态势。2019年项目转让情况如表2-5所示。

表2-5 泰禾集团2019年项目转让情况表

时间	转让方	受让方	交易标的	交易总对价（亿元）
2019年9月27	福州美鸿林业有限公司	漳州嘉广企业管理有限公司	福建泰信置业有限公司30%股权	2.99
2019年9月27	福州泰禾房地产开发有限公司	南京世茂新发展置业有限公司	福州泰盛置业有限公司50%股权	5.97
2019年9月18	杭州泰禾置业集团有限公司	上海煦晓企业管理有限公司	杭州艺辉商务咨询有限公司39%股权	1.08
2019年9月18	福建中维房地产开发有限公司	厦门锦翌企业管理有限公司	佛山市顺德区中维房地产开发有限公司31%股权	4.42
2019年8月16	长沙泰禾房地产开发有限公司	湖南浔龙河投资控股有限公司	湖南浔龙河泰维置业有限公司80%股权	2.64
2019年8月12	泰禾集团股份有限公司	厦门傲祺企业管理有限公司	福州泰禾运成置业有限公司30%股权	1.99
2019年6月28	郑州泰禾红门置业有限公司	河南天伦地产集团有限公司	河南润天置业有限公司100%股权	12.60
2019年6月28	济南中维置业有限公司	济南泰悦房地产开发集团有限公司	达盛集团山东置业有限公司70%股权	3.97
2019年6月24	广州增城区泰禾恒昇置业有限公司、广州增城区泰禾置业有限公司	五矿国际信托有限公司（代表信托计划）	增城荔涛房地产有限公司29%股权、增城荔丰房地产有限公司29%股权	18.22
2019年5月17	苏州锦润置业有限公司	厦门悦衡企业管理有限公司	江苏东恒海鑫置业有限公司20%股权	4.44
2019年5月17	深圳红悦置业有限公司、广州增城区泰禾恒昇置业有限公司	厦门昱则企业管理有限公司	增城荔涛房地产有限公司51%股权	10.87
2019年5月17	深圳瑞德置业有限公司、广州增城区泰禾置业有限公司	厦门衡珲企业管理有限公司	增城荔丰房地产有限公司51%股权	21.18
2019年4月26	杭州泰禾锦鸿置业有限公司	杭州傲润企业管理有限公司	杭州临安同人置业有限公司（项目公司）49%股权	9.29
2019年3月27	厦门泰禾房地产开发有限公司	厦门悦霖企业管理有限公司	漳州泰禾房地产开发有限公司40%股权	6.34

（续表）

时间	转让方	受让方	交易标的	交易总对价（亿元）
2019 年 3 月 25	福州泰禾房地产开发有限公司	福州傲尔企业管理有限公司	南昌茵梦项目四家标的公司：南昌茵梦湖置业有限公司 51%股权、南昌欧风置业有限公司 51%股权、南昌茵梦湖酒店投资管理有限公司 51%股权、南昌安晟置业有限公司 51%股权	18.06
2019 年 3 月 22	杭州泰禾置业集团有限公司	上海煦晓企业管理有限公司	杭州艺辉商务咨询有限公司 51%股权	1.81
合计				125.87

（三）大比例股权质押

作为泰禾集团最主要的经营主体之一，福州泰禾房地产开发有限公司（简称“福州泰禾”）股权出质多达 98 起，而在 2020 年 1 月以来又新增两起质押，质权人均为兴业信托，质押的持股分别属于福州泰盛置业有限公司和泉州华大泰禾广场投资有限公司。

进一步追溯，泰禾集团早在 2016 年 12 月就将福州泰禾股权悉数质押，出质股权数额 5 亿元。实际上，作为泰禾集团的实际控制人，泰禾集团董事长黄其森家族对上市公司持股也大比例质押。

根据泰禾集团 2020 年 1 月公告，黄其森控股 95%的泰禾投资持有泰禾集团 12.19 亿股股份，为上市公司第一大股东，持股质押 12.07 亿股，质押比例 99.07%。

控股股东一致行动人叶荔的质押比例则高达 99.99%，另一位黄其森家族成员黄敏的质押比例也高达 95.15%。截至 2021 年 4 月底，泰禾集团质押比例如表 2-6 所示。

表 2-6　泰禾集团质押基本信息表

股票代码	00732	股票简称	泰禾集团	质押比例	62.84%
质押股数（股）	15.64 亿	质押市值（元）	52.55 亿	质押笔数	31
无限售股质押数（股）	15.64 亿	限售股质押数（股）	0	近一年涨跌幅	9.80%
所属行业	房地产开发				

思考问题 4： 结合泰禾集团的公司治理状况，分析股东及控股股东一致行动人应对风险策略的差异。

八、现金流风险加剧

经过一系列项目甩卖后，公司现金流压力略有缓解。2019 年 9 月，联合资信将公司移出评级观察名单，同时指出公司通过加快项目周转、缩短开盘周期、考核项目回款等管理措施，有效降低了负债率，经营性现金流有所好转，高管人员稳定性有所增强。

但 2020 年的疫情对公司现金流冲击严重，公司销售回款大幅减少，2020 年一季度，公司经营性现金流入仅 32.52 亿元，而 2019 年同期为 211.42 亿元。公司债务开始出现大规模违约，根据 2019 年财报披露的资产负债表日后事项，截至报告日，公司存在的已到期未付借款金额为 235.58 亿元，尚未支付的罚息为 6.40 亿元，公司资金链问题进一步凸显。

在现金流风险不断暴露的同时，市场传言泰禾集团拟引入战略投资者以缓解资金压力。仅 2020 年以来，媒体报道过的战略投资者就有中国金茂、厦门建发、厦门国贸、万科、中国建筑和保利地产等，但截至其债券实质性违约时均未成功。最终，在巨大的债务压力而又无法引入外部资金支援的情况下，泰禾集团债券违约。

九、资产流动性问题

泰禾集团的住宅产品均价较高，其中“院子系”高端别墅是其代表产品。公司住宅地产推出了“院子系”面向高端别墅市场，“红系列”和“拾景园”等产品面向普通住宅市场，但整体均价水平较高，2017 年以来销售的房屋均价 2 万/平方米以上，横向对比来看，2019 年期销售均价在地产公司中也处于较高水平。而一二线城市的高端住宅一方面面临严格的限购、限售等房地产调控措施；另一方面，一般高端住宅去库存较慢，对公司现金流要求较高。

商业地产占比较高，进一步拖累公司现金流。泰禾集团董事长黄其森 2017 年接受采访时表示，商业项目的一个特点是要等竣工备案后才能收到 50％的回款，比住宅晚一年至一年半左右。而 2016—2018 年，泰禾商业地产营收占比分别达到 31.8％、28.6％和 41.5％，较高的商业地产占比，降低了公司的资金周转速度，占用了公司较多现金流。

高端住宅去库存慢，商业地产回款慢，决定了这两类项目周转速度慢，资金占用较多。从多项指来看，公司资金周转速度较慢。而泰禾集团住宅产品偏高端，商业地产占比高，二者兼具，却同时还要追求规模的快速扩张，必然会对现金流产生极大的压力，容易造成公司资金链断裂。此外，公司近年来频繁进行的多元化扩张，也是造成公司现金流承压的部分原因。泰禾集团 2020 年资产负债主要情况如表 2-7 所示。

表 2-7 泰禾集团 2020 年资产负债主要信息表

项目	2020 年末		2020 年初		比重变化	重大变动说明
	金额	占总资产比例	金额	占总资产比例		
货币资金	2 928 926 253.57	1.35％	13 195 907 888.88	5.88％	−4.53％	无重大变化
应收账款	829 603 149.83	0.38％	1 469 018 543.65	0.65％	−0.27％	无重大变化

（续表）

项目	2020 年末		2020 年初		比重变化	重大变动说明
	金额	占总资产比例	金额	占总资产比例		
存货	151 753 876 197.74	69.99%	146 964 774 389.00	65.52%	4.47%	无重大变化
投资性房地产	25 146 597 360.96	11.60%	25 519 240 598.97	11.38%	0.22%	无重大变化
长期股权投资	7 046 206 346.56	3.25%	8 096 630 748.31	3.61%	−0.36%	无重大变化
固定资产	3 432 457 369.76	1.58%	3 567 412 381.71	1.59%	−0.01%	无重大变化
在建工程	3 003 059 338.01	1.38%	2 543 445 831.05	1.13%	0.25%	无重大变化
短期借款	4 630 506 432.45	2.14%	4 830 245 696.57	2.15%	−0.01%	无重大变化
长期借款	62 713 262 212.08	28.92%	29 103 449 595.40	12.97%	15.95%	债务重组借款成功展期

十、债务结构设计

（一）短期偿债压力加剧

营收、利润持续双降的同时，短期偿债压力快速提升。据财报显示，2019—2020 年，泰禾集团分别实现营业收入 236.21 亿元和 36.15 亿元，同比下降 23.77%和 84.70%，同时重要盈利指标均出现大幅下滑，甚至由盈利转为巨额亏损，其中实现利润总额分别为 0.51 亿元和－50.93 亿元，同比下降 99%和 10 176.8%；净利润分别为 7.28 亿元和－51.07 亿元，同比下降 81.39%和 801.51%。此外，据 2021 年一季报显示，泰禾集团实现营业收入 3.97 亿元，同比下滑 17.25%，但利润总额为－4.29 亿元，亏损幅度有所收窄。2021 年7 月15 日，泰禾集团发布 2021 年半年度业绩预告，预计当期归属于上市公司股东的净亏损为 8.5 亿～11.5 亿元，较上年同期净亏损 15.82 亿元有所收窄，但仍处于亏损状态。对此，泰禾集团解释称，“公司亏损与上年同期相比有所下降，主要原因是公司对各类费用和固定成本进行严格管控，在节约开支方面有所成效。”

在营收、利润持续双降的同时，泰禾集团虽债务规模逐年下降，但短期偿债压力增速明显。2018 至 2020 年年末及 2021 年 3 月末，泰禾集团有息债务分别为1 376.29亿元、974.46亿元、950 亿元和937.03亿元，债务规模持续下降，同期短期债务分别为574.28亿元、559.31亿元、322.76亿元和316.51亿元，而现金及现金等价物余额分别为115.58亿元、113.78亿元、16.54和11.67。2021 年 3 月末，泰禾集团本部有息债务 179.65 亿元，其中短期债务154.91 亿元，债务结构短期化特征明显，而现金及现金等价物余额仅 0.16 亿元，对短期债务的覆盖能力极为匮乏。泰禾集团 2019 年与 2020 年相关财务数据如表 2-8 所示。

表 2-8　泰禾集团相关财务指标

项目	2020 年	2019 年
息税折旧摊销前利润	－408 724.07	127 951.57
流动比率	128.47%	120.76%
资产负债率	90.75%	84.95%
速动比率	10.25%	17.66%
EBITDA 全部债务比	－4.32%	1.32%
利息保障倍数	－0.46	0.08
现金利息保障倍数	0.15	2.52
EBITDA 利息保障倍数	－0.44	0.09
贷款偿还率	57.87%	94.99%
利息偿付率	58.48%	100.00%

思考问题 5：结合泰禾集团的财务数据，分析偿债能力的变动情况及原因。

（二）债务集中到期

激进扩张拿地，加重债务和现金流负担。据统计，2016—2017 年，泰禾集团权益拿地金额分别达到 244.78 亿元和 393.13 亿元，同比增长 69.5%和 61%，而对应这两年泰禾的全口径销售额分别为 400.1 亿元和 1 007.2 亿元，对应拿地占销售额的比例达到 61%和 39%，而如果按照权益口径、考虑回款率来进行统计的话，则拿地占回款额的比例还将更高。而快速的扩张造成公司有息负债的快速扩张，2015—2018 年公司有息负债同比增速分别为 28%、51%和 80%。有息负债的快速扩张导致公司杠杆的快速提高。

泰禾集团超高的杠杆一直以来是投资者关注的重点，尽管公司从 2017 年开始逐步降杠杆，但是整体杠杆水平仍然较高。2018 年一季度，公司资产负债率达到 88.46%，剔除预收账款资产负债率仍然高达 87.05%，尽管后期有所降低，但整体仍然处于比较高的水平。而泰禾集团的净负债率更是远高于同行，2017 年净负债率达到 473.38%，随后通过出售资产、减少拿地等措施降低杠杆，2019 年净负债率降低到 248.28%，但仍然处于非常高的水平。房地产企业由于行业特性，如预售制等，天然可能会带有较高的杠杆，但杠杆过高，对公司的现金流安全性造成威胁，是以往违约房企的共性。以往违约的房企中，除华业资本（其并非由于房地产主业出现问题而违约），大多呈现出高净负债率的特点。

高杠杆造成公司融资成本高，加重了企业的财务负担。由于公司的超高杠杆，泰禾集团的融资成本一直较高，且随着财务状况恶化，融资成本进一步提高。2019 年，公司综合融资成本达到 9.94%，在房企中处于较高的水平，加重了企业的财务负担。

思考问题6： 结合泰禾集团的财务杠杆数据，分析如何控制风险。

课后思考

1. 结合泰禾集团，分析公司违约风险的成因。
2. (思政)从守合同重信用的角度，思考如何应对债市违约共振中同行业共振传导带来的共振风险。

第三章　筹资管理与资本结构

案例三　瑞幸咖啡股权筹资案例研究

课前思考

1. 股权融资的特点有哪些？
2. 股权融资的种类有哪些？

理论背景

企业筹资是企业根据生产经营等活动对资金需求数量的要求，通过一定的渠道，采用适当的方式，获取所需资金的一种行为。筹资管理是企业财务管理的一项基本内容，筹资管理解决为什么要筹资、从何种渠道以何种方式筹资、如何合理安排筹资结构等问题。按资金权益特征的不同，企业筹资可分为权益性筹资和负债性筹资。权益性筹资是企业通过吸收直接投资、发行股票、内部积累等方式筹集资金，一般不用归还，因而称为企业的自有资本、主权资本。采用吸收权益资本的方式筹集资金，财务风险小，但资本成本相对较高。

其中股权融资不仅可以获得资金，也可获得投资人的智慧和资源，为企业带来长期、稳定的发展。企业通过上市筹集的充足资本可以帮助企业在市场情况不景气或突发情况时及时进行业务调整或转型，而不至于出现经营困难。上市可以实现企业资产的证券化，大大增强资产流动性，公司股东和管理层可以通过出售部分股权等获取巨额收益。所以，如何在保障企业健康发展的前提下，及时高效地融资成为重要问题。

思考问题 1： 股权融资与债务融资有哪些差异？简单描述一下。

一、公司简介

瑞幸咖啡(luckincoffee)总部位于厦门，是中国最大的连锁咖啡品牌。

瑞幸咖啡以“让每一个顾客轻松享受一杯喝得到、喝得值的好咖啡”为品牌愿景，努力渗透日常生活每一处，传递美好生活的理念，激发对美好生活的热切期望。目前，瑞幸咖啡已逐步建立覆盖食品、饮品及快消品领域的自有产品体系，结合无人咖啡机“瑞即购”与全国超过5 300家门店，同时，以“创造一个源自中国的世界级咖啡品牌”为品牌使命，通过充分利用移动互联网和大数据技术的新零售模式，与各领域顶级供应商深度合作，致力于为客户提供高品质、高性价比、高便利性的产品。

围绕“求真务实、品质至上、持续创新、非我莫属、互信共赢”的核心价值观，瑞幸努力打造世界级咖啡品牌。瑞幸咖啡的咖啡豆，连续 3 年在 IIAC 国际咖啡品鉴大赛斩获金奖，“SOE 耶加雪菲”荣获全球首个铂金奖。2021 年，瑞幸咖啡首个烘焙基地正式投产，基地总投资 2.1 亿元、占地面积 4.5 万平方米、咖啡豆年烘焙产能 1.5 万吨，采用国际尖端技术、配备全套进口先进设备，是全国目前唯一的全产线自动化智慧型烘焙基地，瑞幸咖啡将逐步打通并实现全产业链的延伸。

二、经营状况

最新数据显示，截至 2021 年 6 月底，瑞幸全国门店数已超过 5 200 家，已经超过星巴克在中国门店总数。从 2018 年第四季度到 2019 年第三季度，这四个季度里，瑞幸一共开了 2 491 家新店，平均每个季度大概约增加 623 家店，而星巴克平均每季度增加 150 间新店，无论是门店新增数量增速，还是总门店数，瑞幸已经超过了竞争对手星巴克。瑞幸在 2019 年的第一、第二、第三季度分别拥有 440 万、617 万以及 934 万的活动用户，第二季度相对于第一季度增加了 177 万，第三季度也环比增长了 317 万。可见，从目前的发展趋势来看，瑞幸每月活动用户的环比增速在加快。从人均消费来看，2018 年第四季度的人均消费为 101 元，而 2019 年第三季度的人均消费为 160 元，人均消费提高了 58.4%。瑞幸在月活动用户的数量以及人均消费这两个方面都有了一定的提高，说明瑞幸品牌的知名度在慢慢地提升。

2018 年前半年，瑞幸咖啡店数超过 1 000 家，累计销售收入超过 3 亿元，发展成为国内第二大连锁咖啡品牌。根据 2019 年 11 月瑞幸咖啡发布的第三季度财报显示，瑞幸咖啡营收已经超过 15 亿元，同比增长 540%，实现超亿元盈余。

2019 年 5 月，瑞幸咖啡在纳斯达克股票交易所成功上市，市值超过 40 亿美元，并以 18 个月完成上市的成绩单刷新了历史最快 IPO 的纪录。截至 2020 年 1 月，瑞幸咖啡市值首次冲破百亿美元。

三、公司的营运模式

瑞幸咖啡整个业务模式，从营销推广到用户下单，从门店选址到交付服务，乃至后台的供应链管理，基本实现全数据化，并基于数字化建立了一个小型的新零售场景，采集过往流量和咖啡消费者的行为或消费大数据，进而充分利用信息技术与互联网平台在生产要素配置中的优化和集成作用，实现互联网与传统产业的深度融合。

瑞幸并不是简单地通过卖咖啡赚钱，或者提供一个解决方案为传统行业“赋能”，而是通过资本的驱动，以“咖啡”为切入点，先带动一个传统垂直领域的升级，进而建立产业互联网

“操作系统”。这才是瑞幸和传统咖啡店真正的不同点，也是投资者看重的价值。

四、企业融资上市历程

2017年，瑞幸咖啡向钱治亚、陈敏等以个人免息借款的方式，获得6 000万元人民币现金，限期1年。以其未来利息算作初始投资，如果以1年定期存款利率1.75%来算（下同），实际初始投资额也才105万元人民币，却成功撬动了后续的10亿美元资金。2017年，瑞幸咖啡又陆续向陆正耀旗下公司、股东分别借款9 470万元、2.275亿元。当然，这两笔借款依然是免除利息的，限期1年。同样，如果以未来利息作为投资的话，实际投资额也才564万人民币。

2018年，瑞幸咖啡又向陆正耀旗下公司申请了一笔1.48亿元的免息贷款，限期1年，按未来利息算实际投资额259万元人民币。

以上，通过各种方式以借款的形式形成关联交易，有效降低融资成本，为瑞幸咖啡提供启动资金，实际投资额共计928万元，现金的使用规模却已经达到了5.3亿元人民币！

2018年5月，陆正耀将手中持有的3 530万股神州优车股票作为抵押，从光大融资租赁公司获得3.5亿元的融资额度以购买咖啡机，这笔交易的年利率为5.22%，瑞幸咖啡按月支付利息，一年利息成本共计1 877万元人民币。2018年7月11日，瑞幸咖啡宣布A轮融资，融资2亿美元，投后估值10亿美元，由大钲资本、愉悦资本、新加坡政府投资公司（GIC）和君联资本参与投资。2018年12月12日，瑞幸咖啡宣布完成2亿美元B轮融资，投后估值22亿美元，愉悦资本、大钲资本、新加坡政府投资公司（GIC）、中金公司等参与融资。

2019年4月18日，瑞幸咖啡宣布在2018年11月完成的B轮融资基础上，额外获得共计1.5亿美元的新投资。其中贝莱德（BlackRock）所管理的私募基金投资1.25亿美元，瑞幸咖啡投后估值29亿美元。2019年5月17日，中国新零售品牌瑞幸咖啡在纳斯达克正式挂牌交易，股票代码LK。瑞幸咖啡本次IPO共计发行3 300万股（ADS），发行定价为17美元每股，开盘一度上涨超过50%，随后涨幅缩窄。截至当日收盘，股价为20.38美元/股，涨幅19.88%。从创立到IPO，瑞幸咖啡只花了17个月时间，创造全球最快IPO公司的纪录。瑞幸咖啡融资记录情况如表3-1所示。

表3-1 瑞幸咖啡融资记录表

序号	时间	融资金额	融资方式	投资方
1	2017年	6 000万元	个人借款	钱治亚、陈敏
2	2017年	9 470万元	无息贷款	陆正耀旗下公司
3	2017年	2.275亿元	免息贷款	股东Star Grove
4	2018年	1.476亿元	无息贷款	陆正耀旗下公司
5	2018年5月	3.5亿元	融资租赁	光大融资租赁
6	2018年6月	3亿元	抵押贷款	西藏信托

（续表）

序号	时间	融资金额	融资方式	投资方
7	2018 年 6 月	1.899 亿美元	天使轮融资	陆正耀旗下公司
8	2018 年 6 月	2 亿美元	A 轮融资	大钲资本、愉悦资本、GIC、君联资本
9	2018 年 11 月	2 亿美元	B 轮融资	大钲资本、愉悦资本、GIC、中金公司
10	2019 年 3 月	4 500 万元	抵押贷款	中关村科技租赁
11	2019 年 3 月	6 000 万元	担保贷款	浦发银行
12	2019 年 4 月	1.5 亿美元	B+贷款	贝莱德(BlackRock)
合计		近 10 亿美元		

思考问题 2： 根据企业的发展阶段，分析瑞幸咖啡融资方式的差异化选择背景。

五、资本运作模式

瑞幸咖啡搭建上市架构的亮点包括以下几点。

（一）先境外后境内

首先，瑞幸咖啡实际控制人在境外设立家族信托，然后与外部投资人共同在开曼群岛设立开曼公司，以此作为未来海外上市的上市主体。

2017 年 6 月，开曼公司在英属维尔京群岛设立全资子公司(BVI 公司)，BVI 公司在中国香港设立全资子公司瑞幸香港用于投资中国境内企业。

在公司设立之初，先境外后境内的搭建方式避免了海外上市红筹架构搭建过程中需要缴付的巨额税务成本。现实中，很多公司都是等其发展到一定规模再进行上市重组，此时公司利润和估值已经很高，重组、规范成本将大大增加，特别是公司并购产生的税费。所以，在公司设立之初就做好资本运作的统筹安排，分步实施，将大大降低公司上市的时间成本和经济成本。

（二）搭建境内架构

2017 年 10 月，瑞幸香港在北京设立第一家咖啡门店的运营公司——瑞幸北京 WFOE。

2017 年 12 月，瑞幸香港设立天津瑞幸，主要从事轻食品(如甜品、三明治、零食等)批发。

2018 年 3 月，瑞幸香港设立瑞幸中国，由其设立控制 49 家子公司。

此种境内架构的搭建使各个公司业务分工明确，便于日后公司高效运营和资本运作，如后续开展兼并收购，引进投资人等，同时通过瑞幸中国对快速扩张的各地子公司进行高效的扁平化管理。

(三) 采用 VIE 架构

2017 年 6 月，瑞幸咖啡的实际控制人钱治亚女士直接投资设立北京瑞吉咖啡，申请为 ICP 网站备案主体并持有瑞幸咖啡 547 个商标。

2018 年 7 月到 9 月，瑞幸北京 WFOE 与北京瑞吉咖啡签订一系列(VIE)协议，包括独家经营及技术开发协议、股权质押协议、独家技术咨询协议等，通过协议控制将北京瑞吉咖啡的经营利润输送到海外上市体系内。

VIE(Variable Interest Entities)架构，即可变利益实体，也称为协议控制模式，即不通过股权控制实际运营公司而通过签订各种协议的方式实现对实体运营公司的控制及财务并表。主要是为了规避外商投资准入中对外资企业电信增值服务/ICP 证书的限制，瑞幸咖啡官网网址无法由瑞幸北京 WFOE 直接备案。VIE 架构一直处于“灰色”地带，目前的中国法律，包括 2020 年 1 月 1 日起实施的《外商投资法》也未对 VIE 架构做出明确定性。

(四) 通过抵押取得贷款

瑞幸咖啡实际控制人将其股权委托给设立在境外的信托公司，实现股权的所有权与收益权相分离，委托方享有股权收益权、管理权及指定信托受益人的权力。这样就避免了因委托方在离婚分家产、意外死亡或被人追债等意外情况下导致的股权分割风险，达到资产保护目的，有效地帮助实际控制人规划其资本运作和财富传承。

2018 年 6 月，陆正耀将瑞幸咖啡 VIE 架构下的外商独资公司 48%的股权进行了抵押，通过西藏信托获得一笔 3 亿元的贷款，期限 2 年，年利率 8%，2 年利息成本共计 4 800 万元人民币。

此前瑞幸咖啡 2018 年前 9 个月净亏损 8.57 亿元。瑞幸咖啡联合创始人、CMO 杨飞对此表示，亏损 8 个亿完全符合预期，未来 3～5 年会持续补贴，暂不考虑盈利问题。

2019 年 4 月，瑞幸咖啡新增一条动产抵押信息。信息显示，抵押权人为中关村科技租赁有限公司，被担保债权数额为 4 500 万元。瑞幸的动产抵押物均为咖啡机、奶箱、粉仓等物品，所属地包括北京、上海、广州、深圳、成都等多地门店。

“我们通过设备融资租赁等创新金融工具的应用，保证资产价值最大化。”瑞幸咖啡回应新京报记者称，这次动产抵押是一笔常规的设备融资租赁，符合瑞幸咖啡轻资产运营的思路。

思考问题 3： 瑞幸咖啡选择海外上市的原因有哪些？

六、股权结构变动情况

2019 年 4 月 23 日凌晨消息，瑞幸咖啡周一向美国证券交易委员会(SEC)提交了 IPO 申请，招股书文件显示，陆正耀家族实际持有 969 703 股普通股，持股比例为 30.53%；钱治亚家族信托控制下的 SummerFameLimited 实际持有 625 000 股普通股，持股比例为 19.68%；MayerInvestmentsFund, L. P. 实际持有 393 750 股普通股，持股比例为 12.40%；

CenturiumCapita 实际持有 377 877 股普通股，持股比例为 11.90%；JoyCapital 实际持有 214 471 股普通股，持股比例为 6.75%。

截至 2019 年 5 月 17 日，董事长陆正耀持股比例将由 30.39%稀释为 25.75%，CEO 钱治亚持股比例将由 19.59%稀释为 16.60%，黎辉(大钲资本)占股由 11.84%降低为 10.03%，刘二海(愉悦资本)占股由 6.72%降低为 5.69%。

截至 2020 年 1 月 21 日，陆正耀持有瑞幸咖啡约 4.84 亿股股份，持股比例为 23.94%，而陆正耀的姐姐 SunyingWong 持有约 1.97 亿股股份，持股比例 9.72%，两者合计持有瑞幸咖啡约 6.82 亿股股份，累计持股比例为 33.66%。陆正耀旗下两家实体即将迎来清算，且家族信托基金 Haode 也被申请清盘，这或许意味着，陆正耀在瑞幸咖啡的第一大股东位置可能动摇。瑞幸咖啡股东的持股变动情况如表 3-2 和表 3-3 所示。

表 3-2　2019 年 5 月 17 日瑞幸咖啡股东的持股情况表

股东名称	直接持股数量	占已发行普通股比例	股东类型
陆正耀	484 851 500.00	25.75%	持股 5%以上股东
钱治亚	312 500 000.00	16.60%	持股 5%以上股东
Mayer Investments Fund，L.P.	196 875 000.00	10.46%	持股 5%以上股东
黎辉	188 938 500.00	10.03%	持股 5%以上股东
刘二海	107 235 500.00	5.69%	持股 5%以上股东
合计	1 290 400 500.00	68.53%	

表 3-3　2020 年 1 月 21 日瑞幸咖啡股东的持股情况表

股东名称	直接持股数量	占已发行普通股比例	股东类型
陆正耀	484 851 500.00	23.94%	持股 5%以上股东
钱治亚	312 500 000.00	15.43%	持股 5%以上股东
SunyingWong	196 875 000.00	9.72%	持股 5%以上股东
黎辉	144 778 500.00	7.15%	持股 5%以上股东
刘二海	107 235 500.00	5.30%	持股 5%以上股东
合计	1 246 240 500.00	61.54%	

思考问题 4： 企业的融资动机有哪些？分别有什么区别？

七、公司融资成功的原因

(一) 外部因素

1. 政治环境

自从1999年星巴克进入中国以来，我国的咖啡市场出现了众多国内外咖啡品牌，经过20多年的市场教育，饮用咖啡的普及度得到了大幅度的提升，尤其是近些年，国民收入水平的提升带来了消费的升级，咖啡消费市场的规模逐年递增，咖啡产业也愈发受到政府部门的关注。各地政府给予大量政策方面的支持，对咖啡产业的资金投入也逐渐增大，其中包括扶持资金、补助资金、银行贷款等。同时，外资也不断被引进国内咖啡行业。云南等各地政府目前在咖啡产业的资金投入已经超过25亿元，主要用于咖啡的种植与加工等方面。并且，随着互联网与咖啡产业的融合，政府对咖啡产业的扶持将会继续增大。

2. 经济环境

咖啡经过数百年的发展，已经逐步成为最畅销的饮品之一，全球咖啡的消费量近十年间增加了近200万吨，咖啡市场的规模在稳步扩大并实现持续增长。受到我国茶文化的影响，茶饮品一直作为国内最流行的饮品流传至今，我国国民对咖啡的认知较晚，1999年，星巴克首次落地中国，当时一杯咖啡的价格相当于我国城镇居民人均月收入的3%，较高的价格限制了国内咖啡消费的体量。然而经过20多年的发展，星巴克已经成为部分消费者日常消费的一部分，国内咖啡消费已经取得了巨大的增长。

目前，相较于全球市场，中国咖啡市场的规模占比仍然较小，但中国咖啡市场的增速是全球市场的近8倍，且有望在短期内达到1万亿销售额的惊人数字，我国的现磨咖啡市场与其他咖啡消费大国相比，仍处在发展初期阶段。

3. 社会环境

随着移动互联网在国内的蓬勃发展，移动社交用户也出现了大规模增长。其中，作为中国最为流行的社交媒体，微信逐渐承担了生活和工作等多种社交功能，经过长达十年的发展，微信在国民中的地位与日俱增，围绕着微信建立的个人社交关系网已经形成，用户对移动互联网的依赖也逐渐增大，国民消费习惯也在不断地转变和升级，微信支付、支付宝等技术变革带来了移动支付的飞速发展，购物场景不断丰富，线上支付的安全性也得到了显著提升，可以说，线上消费以及线上支付已经成为我国消费者最主流的消费方式。

目前，移动支付的覆盖率已经提升至70%以上，为消费者的购买便利性带来了质的飞跃，同时也为包括咖啡行业在内的众多领域带来了新的契机。随着年轻一代消费者的成长，消费的便利性逐渐成为消费者在选择过程中越发看重的要素，也势必在零售产业中扮演更加重要的角色。

4. 技术环境

近年来，我国的互联网技术持续腾飞，在经过互联网、移动互联网、互联网+时代之后，我们迈入了AI时代，科技的发展与繁荣带来了消费习惯的改变。传统的消费习惯在朝着移动端和线上转移，移动支付、指纹支付甚至刷脸支付都已成为主要支付方式，淘宝、京东、美团、拼多多等平台已经彻底颠覆了我国的零售产业。商务部数据显示，我国近年来社会零售产业的增长速度逐步放慢，传统的零售产业和电商产业纷纷受到冲击。传统实体零售产业由于运营成本上升、电商竞争、消费覆盖率低等，导致利润不断下降，大量商家难以为继。而电商虽然相较于实体零售具有一定优势，但是随着消费者购买需求的提升，也暴露出一系列的问题，包括购买延迟性、运输效率缺少体验性等。新零售不同于传统电商和传统零售产业，其核心在于跨渠道、跨领域的高度融合，零售企业可以依托互联网，通过云计算、大数据甚至 AI 等技术手段对零售产业的结构和模式进行颠覆。可以说，新零售概念的产生为实体零售以及传统电商零售带来了新升级，众多企业也都开始了从传统零售以及现代电商到新零售的转变，各领域也都出现了一些新兴品牌，且这些新零售品牌经过几年的发展，已经初见规模。

截至 2018 年，我国网络零售市场的规模已占零售总额的 20%以上，规模也接近十万亿元人民币。另外，高科技和 AI 技术的加持也是新零售模式必备的属性，通过科技手段与 AI 技术，企业可以对消费数据进行收集并分析，包括分析顾客的消费习惯、用户需求、供应链设计等。通过对消费者进行有效的数据分析，不仅可以满足顾客日益变化的购买需求，还可以帮助企业对供应链系统、企业战略升级等方面进行优化，从而更加精准地提升企业运营、生产、研发和服务等方面的效率。

（二）内部因素

1. 定价策略合理

瑞幸咖啡短期内就形成了巨大的市场影响力，其主要造势手段包括大额的用户补贴、大资金的广告投入以及对标星巴克的“碰瓷”式营销手段。首先，采取高额补贴的方式进行裂变营销可以直接为客户提供福利，一方面有效提高了客户对品牌的接受和认可度，另一方面高额补贴使店铺销量迅速提升，保证了店铺在全国范围内的高速扩张。其次，相较于星巴克等定位高端的咖啡品牌，瑞幸咖啡的定价较低，且门店的选址靠近写字楼，有利于咖啡的高效派送。

2. 营销效果显著

瑞幸咖啡资金实力雄厚，可以运用大笔资金进行广告投入，增加消费者对品牌的熟悉度，且大额用户补贴又为顾客提供了消费动力。在传播渠道方面，瑞幸咖啡选择了“线上＋线下”结合的模式。线下广告通过分众传播及选择与品牌形象相符合的明星代言的方式，精准定位用户群体将广告投放在写字楼与社区等地。同时，通过微信等社交媒体的 LBS 定向投放，持续性地对门店周围的消费者进行定向精准投放，反复向消费者灌输瑞幸咖啡的品牌理念。而相对于星巴克的价格优势可以进一步加深消费者对品牌的关注度，抓住消费者对品牌的好奇心，带动消费。

3. 品牌视觉设计优良

品牌名称“瑞幸”，寓意吉祥幸运，符合中国文化，可以加深消费者对品牌的第一印象。同时，品牌的 logo 设计是一只麋鹿，中国文化中，麋鹿代表尊贵吉祥的形象，也比较符合瑞幸咖啡的市场定位，即优质的咖啡格调。在 logo 的颜色设计上，主色调蓝色也比较符合目标白领消费群体对品牌的认知。简约的全蓝杯也可让消费者产生亲切感。同时，瑞幸咖啡强调听觉符号，设计了鲜明的品牌口号让人印象深刻。

4. 互联网思维运用成熟

瑞幸咖啡采用互联网销售模式，与顺丰物流合作，用高效的外卖服务提高消费者购买高品质咖啡的效率。结合其门店数量多的优势，基本实现20分钟内送咖啡上门的要求。线下门店的下单操作均需在瑞幸咖啡APP完成，即线上下单售卖，线下实体店只提供制作、派送、自提等服务，可有效精简线下实体店的功能，提高效率，降低人力成本，有利于用户忠诚度和黏性的形成。而“线上＋线下”的新零售模式，也使瑞幸咖啡的投资重点聚焦在小而精的实体门店，形成“自提＋外卖”的高效融合。

思考问题5：不同形式的资本助力，对企业产生哪些影响？

八、公司的重生

(一) 危机的到来

2020年4月2日，瑞幸咖啡公开宣布，在2019年第二季度至第四季度期间，公司伪造了22亿元人民币的交易额，同时也虚增了相关的费用和成本。公开“自爆”财务造假，当天，股价暴跌，市值缩水至16亿美元。

(二) 危机下的融资

经过退市后近一年的调整，瑞幸咖啡重新焕发生机。先是在2021年3月16日宣布与重要债权人达成重组支持协议，又在2021年4月15日透露与股东大钲资本和愉悦资本达成了总额为2.5亿美元的新一轮融资协议(或可按比例追加1.5亿美元)。

自2020年6月退市至今，瑞幸咖啡不仅没有像人们意料中逐渐沉寂，反而不断推出新品。4月15日，瑞幸咖啡更是公告表示，该公司与股东大钲资本和愉悦资本达成了总额为2.5亿美元的新一轮融资协议。

根据投资协议，大钲资本已同意以私募方式，投资约2.4亿美元购买瑞幸咖啡的高级可转换优先股，愉悦资本也同意以私募方式，投资约1 000万美元购买瑞幸咖啡的高级可转换优先股，并且在特定条件下，大钲资本和愉悦资本还可按比例增资1.5亿美元。据悉，大钲资本和愉悦资本都是国内领先的私募股权投资公司，也是瑞幸咖啡的原股东。

瑞幸咖啡称，“本轮融资将主要用于瑞幸咖啡海外债务重组计划，以及履行与美国证券交易委员会达成的和解协议。新一轮融资协议的达成，有利于进一步优化公司的财务结构，以推进公司核心业务的发展，实现长期增长目标。”

2020年12月16日，瑞幸咖啡表示与美国证券交易委员会就某些前高管和员工实施的捏造交易的调查达成和解，并同意向SEC支付1.8亿美元的民事罚款。

2021年3月16日，瑞幸咖啡与重要债权人达成重组支持协议，并宣称这是瑞幸咖啡重组过程中的重要里程碑。“此次协议达成表明瑞幸咖啡在现任管理团队带领下正积极履行债务责任，并有序推动公司重组。瑞幸咖啡近期将根据中国法律规定，启动减少中国境内公司注册资金和汇款出境的相关审批申请流程，减持的资金将用于履行该协议中的债务义务。”

瑞幸咖啡透露，截至2021年2月28日，该公司现金(不包括限制性现金和非流动性投资)约为7.75亿美元(约50亿元人民币)，足以保障债务重组所需资金，并保证公司业务有序发展。瑞幸咖啡所有门店正常运营，持续为消费者提供高品质、高性价比、高便利性的产品和服务。同时，瑞幸咖啡也会如期履行对供应商及合作伙伴的合同义务和对员工工资的支付义务。

不过，就在宣布获得2.5亿美元融资的同时，瑞幸咖啡还任命Centurion ZD CPA & Co.(中正达会计师事务所)为新的独立注册会计师事务所，来接替该公司的前独立审计机构Marcum Bernstein & Pinchuk LLP(麦楷博平会计师事务所)，以尽快提交2019年和2020年年度报告。

思考问题6：为何投资者会相信曾经的“造假者”？

(三) 新股权结构的建立

一笔超4亿美金的收购之后，瑞幸咖啡换了东家。2022年1月27日晚，大钲资本宣布其牵头的买方团完成了对瑞幸咖啡383 425 748股A类普通股的购买，总交易对价超4亿美金。买方团其他成员包括IDG资本和亚太地区最大另类资产管理公司之一的Ares SSG CapitalManagement。本次交易完成后，大钲资本持有瑞幸咖啡超30%的股权，投票权超过50%，成为控股股东。

至此，历时一年多的瑞幸咖啡的各项债务重组画上句号。随着IDG和AresSSG的入局，陆正耀等原管理层的股权彻底完成清算。

九、瑞幸融资带给初创企业的启示

(一) 树立符合企业战略的融资理念

坚持“认知、设计、执行”三步走原则，这是企业成功的保证，是推动企业健康发展的动力。从2019年中国社交电商行业分析报告中可以看到，低价获客的时代已经一去不复返了，当前，互联网公司面临着这样一种现状：线上获客的成本从曾经的几十元攀升到如今的几千元甚至上万元，高额的线上获客成本让传统的线下门店重新占据市场。在瑞幸咖啡“烧钱”和持续扩充门店的背后，是通过低廉的获客成本大面积占据消费市场的战略手段。因此，从一开始瑞幸就开启了急速融资、疯狂补贴、强势营销的模式。所有融资计划的实施都是在符合这个战略的前提下进行的，不仅提升了企业资本供应链效率，也吸引了众多投资方，包括贝莱德。

（二）构建多样化融资渠道

瑞幸咖啡融资渠道的选择完美地诠释了“不要在一棵树上吊死”。从个人借款，VC、PE到银行贷款、海外资本背书加仓，甚至抵押贷款、融资租赁等，瑞幸都是基于企业自身选择融资方式，从容挑选资本伙伴，最终在上市前就成功融到近10亿美元。瑞幸咖啡以其多样化的融资渠道选择和强大的融资能力，支撑其越走越远。因此企业应该努力拓宽视野，将眼光放得更长远，在选择融资渠道时，不仅仅局限于银行贷款、风险投资这些常见的融资渠道，还可以根据资金的不同用途，灵活地选择不同的融资模式，尽量避免因资金不足导致错失抢占市场份额。

（三）保持资产流动性

瑞幸咖啡采取了轻资产的运营模式，将使用设备进行融资租赁，获得更充分的现金流。从2019年4月的融资租赁合同中可以看到，资产实物的所有权、使用权仍归属于瑞幸咖啡（中国）有限公司，这本质上是一种售后回租融资租赁。售后回租的特点在于，瑞幸咖啡作为出售方同时又是承租方，租赁公司作为购买方同时也是出租方。售后回租交易是承租人在不改变其对租赁物占用和使用的前提下，将固定资产转换为流动资产，从而增强其固定资产价值的流动性，促进了本不活跃的固定资金发生快速流动，提高了全部资金的使用效率。这样，一方面解决了企业流动资金困难的问题，另一方面盘活了固定资产，有效地利用了现有资产，加速了资金周转。本次瑞幸为期1年的抵押融资，抵押物大多为门店的咖啡机、奶箱、粉仓等，而这些抵押物在融资中创造了最大价值，同时实现资产价值和交换价值，并且极大地活跃了瑞幸的现金流，提高了瑞幸资金的使用效率。这也正好符合瑞幸咖啡关于融资方面的独特理念，即通过设备融资租赁等创新金融工具的应用，保证资产价值最大化。

（四）做好市场

在资本寒冬时代，瑞幸咖啡能够在非常短的时间内拿到数笔巨额融资，这充分显示了资本市场对瑞幸咖啡的商业模式以及现有成绩的认可，也说明，让出资方看到企业拥有的真正实力，才是吸引投资人注意的根本之策。瑞幸咖啡使用“中档品质＋低档价格”的产品、适应生活节奏的外卖配送方式和互联网营销模式，将咖啡从不够普及的文化象征还原为一种受欢迎的大众消费饮品，完成了对消费者的普及推广，向投资者展示了中国高速增长的咖啡市场。而也正是在瑞幸咖啡证明了咖啡在中国市场的增长能力之后，才吸引了对国际市场背书能力更强的新加坡政府投资公司（GIC）和星巴克的第二大股东——贝莱德旗下的投资基金，为其之后开拓市场提供了充足的资金储备。

课后思考

1. 股权融资时，股权结构变动对企业发展会产生哪些影响？

2.（思政）结合瑞幸咖啡前期造假退市，思考诚信对企业在融资及发展过程中的重要性。

案例四 华夏幸福永续债融资案例分析

课前思考

1. 企业筹资的动机有哪些？
2. 企业筹资方式有哪些？分别有什么特点？

理论背景

近年来，我国实体经济高速发展，促使企业大量融集资金扩大规模，同时金融市场中的融资工具种类也在不断丰富，单一的金融工具逐渐不能完美地契合各类企业的融资需求，人们便开始关注混合型、新型融资工具，永续债作为一种新的筹资方式开始进入人们的视线，关于永续债会计属性的讨论也逐渐变得激烈起来。

自 2003 年，我国对房地产行业实行了政策调控以来，房地产行业就进入了蓬勃成长之中，迅速上涨的房价吸引了大量投资者的目光，虽然推动了国民经济的发展，但是也给经济埋下隐患——房地产行业泡沫大量增加。国家出于压缩房地产行业泡沫、防止利用房地产行业进行投机的目的，出台了一系列政策进行调控，在降低房地产投资热度的同时，也使得众多房地产企业陷入财务危机。根据房地产行业资本结构分析，房地产行业的日常运转需要大量资金，这些资金需求中的大部分都由银行贷款来满足，这使得房地产这一支柱性产业严重依赖银行提供资金，从长期来看对行业自身发展会产生非常不健康的影响，甚至可能引起金融风险。

如果房地产企业想提高自身抵抗风险的能力，就应该拓宽自身的融资渠道，科学地设计资本结构，摆脱对银行的依赖。而自 2013 年永续债这种新兴金融工具在国内债券市场出现之后，通过永续债进行资金筹集的企业数量逐步上升，永续债融资能够帮助融资主体美化财务报表、改善企业资本结构，最终促进企业利益最大化，这使得很多房地产企业开始关注永续债这种融资方式。

一、公司简介

华夏幸福成立于 20 世纪末，原名为华夏房地产开发有限公司，在 2007 年完成了股份制改革，更名为华夏幸福基业股份有限公司，该公司股本总额为 10.5 亿元，通过定向增发及资产置换，2011 年华夏幸福成功上市。

截至 2017 年年底，该公司业务范围从京津冀区域扩展到了中部城市、云贵川地区、长江三角洲和珠江三角洲等地域，公司总资产约3 758亿元。该公司作为产业新城运营商，主营业务不仅包括地产开发，还有一部分业务重心放在建设产业新城上。从华夏幸福的历年公告来看，当华夏幸福中标以后，当地政府会和华夏幸福达成长期的、排他性的合作协议，华夏幸福由此取得中标地块范围内的园区开发经营权，负责园区的筹备、建设、营销以及经营。之后华夏幸福会注册专门的子公司来负责园区的一应事务，政府也会形成专门管理园区的管委会，两者共同对园区实施控制，实现合作共赢。

二、华夏幸福的融资背景

(一) 华夏幸福的经营情况

2018—2019 年，中国平安人寿保险股份有限公司完成了与华夏幸福基业股份公司的股权交易，以 137.7 亿元和 42.03 亿元的对价换入华夏幸福 19.7%、5.69%的股份。经过这一系列交易，中国平安依靠其持有的华夏幸福 25.25%的股权，一跃成为华夏幸福的第二大股东，华夏幸福控股股东的持股比例也由一开始的 41.99%下降为 36.3%。

虽然自 2019 年以来，华夏幸福已经数十次发布了控股股东将股份质押进行解除的公告，例如 2019 年 1 月 8 日、9 日以及 21 日，华夏控股股东先后共解除质押4 803.75万股。以 2019 年 1 月 22 日为节点计算，华夏控股股东曾经质押过的股权累计已经达到了 6.33 亿股，是其控制的所有上市公司股份中的一半，占了其上市公司总股本的 1/5。

尽管股权质押融资是上市公司非常常见的融资方式之一，但是股权质押的比例过高将给企业的稳定运营和可持续管理带来更大的风险。只要股票价格下跌明显，就极可能引起股票爆仓，从而产生实际控制人变更的危机。此外，如果股票质押过度的话，也会动摇资本市场对企业后续经营发展的信心，引起股价下跌。尽管现在有一部分控股股东将原先质押的股权解除了质押，但是华夏幸福总体的股权质押比例还是比较高的，且质押比例在短时间内无法做到迅速降低，所以不难推断，华夏幸福现阶段的融资压力依旧很大。

(二) 华夏幸福的财务状况

2010 年年初，华夏幸福董事长王文学一举入主了 ST 国祥，通过近一年半的运作，成功地把自己手下的房地产业务转移给了上市公司。六年中，华夏幸福实现了高速发展，企业规模得到迅速的扩张，2016 年华夏幸福销售额达到 1 200 亿元，相较 2015 年上涨 66.3%。接下来的一年，华夏幸福销售额也仍然实现了 26.5%的增长。

从表 4-1 可以看出，由于中国平安的资金加持，华夏幸福实现了筹资活动现金流量净额由负转正，虽然 2018 年华夏幸福的现金流量净额还是负数，但是在 2019 年最后一个季度来临之前，华夏幸福由筹资活动引起的现金流量净额已经达到了近 400 亿元。

在 2019 年中，华夏幸福展开一系列强力扩张。根据华夏幸福年报中披露的信息，整个 2019 年华夏幸福总共支付了约 300 亿元用于购买土地，这个数额相较于上一年翻了一番，这也造成现金流压力日益增加。2019 年后，华夏幸福的经营状况持续低迷，相关现金流又下降了约 250 亿元，创造了历史新低。

表 4-1　2018—2019 年季度华夏幸福筹资活动产生的现金流量净额　　单位：亿元

时间	2018 年一季度	2018 年年中	2018 年三季度	2018 年年末	2019 年一季度	2019 年年中	2019 年三季度
现金流量净额	−68.34	−97.2	−111.13	−64.9	165.32	317.42	385.51

思考问题 1：永续债是什么？这种筹资方式有哪些特点？

三、华夏幸福永续债融资必要性分析

（一）丰富企业融资渠道

企业的主要融资手段一般包含向银行贷款、对外发行股票和债券等。而银行信贷一般都存在手续繁冗、所需时间较长且难度较高等缺点；股票筹资资金成本较高，存在稀释原有控制权的风险；发行债券容易增加财务风险，受到的相关限制多，资金使用不够灵活。而永续债兼具“股”与“债”的部分优点，能起到降低杠杆的作用，还能保护原有的股东权益不被稀释。如果在发行永续债时，相关条款中将任意延迟支付本息的主动权给了发行方，那么发行永续债融集的资金就能够被划分为企业的权益资本，在报表中体现在所有者权益中的“其他权益工具”科目之中，从而维持股本数量不变，避免对股权的稀释现象。

（二）满足企业资金需求

华夏幸福从 2011 年成功上市之后，就一直处在强力扩大规模的状态之中，其近十年里购置土地的动作愈加频繁。华夏幸福 2011 年全年只购置了十二宗土地，但是 2017 年却一口气购置了近 170 宗土地，为购置土地支付的总价款也从约 10 亿元增加到249 亿元左右。2017—2020 年华夏幸福拿地情况如表 4-2 所示。

表 4-2　2017—2020 年华夏幸福拿地情况

年份	2017 年	2018 年	2019 年	2020 年
拿地宗数(宗)	172	71	107	60
总价款(亿元)	248.64	87.71	235.25	305.76

结合表 4-2 可以看出，2017—2020 年，华夏幸福实际拿地面积反映出其获取土地能力在下降，而从大体趋势来看，华夏幸福拿地宗数在不断下降，为得到土地所付出的总价款却在逐年上升，这反映出受到 2018 年政府进行楼市管控对房地产业造成了巨大影响。华夏幸福 2018 年的拿地宗数下降到 2017 年拿地宗数的一半，而 2019 年华夏幸福又恢复了扩张态势，但是由于土地成本的上涨，华夏幸福的拿地宗数并没有创下新高，拿地总价款却在逐年攀升。这反映出华夏幸福要想维持企业发展经营，获取强有力的资金支撑是非常必要的。

（三）增加财务弹性

对于企业而言，投资决策和融资决策是企业业务流程中的核心环节。按照资本结构理论的观点来看，一旦企业获得了大量的股权融资资本，那么就很可能损害因财务杠杆带来的效益，从而丧失节税效果。如果企业运用高比重的债务融资手段，一旦企业财务杠杆过度增加，就很可能给企业带来极大的财务风险，导致危机成本和代理成本的大幅上升，如果风险足够大，出于保障利益的目的，债权人只能采取各种措施降低自身风险，如在合同条款中添加限制性内容、规定企业债务资本使用途径等，这也使得企业的财务弹性大大降低。

当企业决定用发行永续债券的方式融资时，发行方不仅拥有自主赎回权，还能任意决定是否递延支付孳息，赋予了自己更丰富的自主权。华夏幸福运用永续债融资不但可以给企业带来财务杠杆收益，还能通过具体条款规定将筹集的资金纳入权益范围，完全不会增加负债，偿还时间的选择更多样更主动，有利于企业随时考量外部环境和自身情况，做出最合时宜的决定。

如果华夏幸福资金充足，经营状况优良，且外部利率处在合理范围内，则可以主动赎回永续债券，在完成最低水平资本成本的同时优化资金使用效率。可是如果外部经济环境恶劣，行业发展前景低迷，公司急需大量现金流且无法找到更加合适的融资方式，那么华夏幸福就可以选择继续持有永续债，确保企业现金流不会断裂，提高公司的财务弹性。

四、华夏幸福永续债发行方案

2019 年 9 月份开始，华夏幸福连续发行了 5 期永续债，重点条款设置如表 4-3 所示。

表 4-3 华夏幸福永续债核心条款一览表

公告	第一期	第二期	第三期	第四期	第五期
时间	2019 年 9 月 4 日	2019 年 9 月 7 日	2019 年 11 月 7 日	2019 年 11 月 7 日	2019 年 12 月 12 日
金额	不超过 40 亿元人民币	不超过 20 亿元人民币	不超过 10 亿元人民币	不超过 15 亿元人民币	不超过 25 亿元人民币
初始利率(年)	9.5%	9.5%	9.5%	9.424%	9.5%
初始期限	1.5 年	1.5 年	1.5 年	1 年	1 年
延续投资期限	1.5 年	1.5 年	1 年	1 年	1 年
重置利率	初始投资收益率 $K_o=9.5\%$ 每年，第 n 个周期使用的投资收益率为 $K_n=K_{n-1}+2.0\%$ 每年，但是最高不超过每年 12%，每三年为一周期重置一次利息		初始投资收益率 $K_o=9.5\%$ 每年，第 n 个周期使用的投资收益率为 $K_n=K_{n-1}+2.0\%$ 每年，按照此种方法递推，重置次数最多为三次	初始投资收益率 $K_o=9.424\%$ 每年，第 n 个周期使用的投资收益率为 $K_n=K_{n-1}+2.0\%$ 每年，但是最高不超过每年 12%，每一年为一周期重置一次利息	初始投资收益 $K_o=9.5\%$ 每年，第 n 个周期使用的投资收益率 $K_n=K_{n-1}+2.0\%$ 每年，每一年为一周期重置一次利息。按照此种方法递推，重置次数最多为三次
资金用途	投资公司部分产业新城 PPP 项目以及偿还债务	补充经营资金、偿还借款、支付票据等	补充流动资金	投资 PPP 园区项目	用于产业新城项目
付息时间	结息日定在每个季度最后一个月的 20 日和永续债权的到期日，结息日同时也是付息日				
延期付息说明	若无强制支付事件，发行方可以自行选择是否将投资收益递延至下一个付息日进行支付				

据华夏幸福报表披露，2019 年，华夏幸福拿来购买土地的资金金额超过 300 亿元，相较于 2018 年上涨了 204%，而华夏幸福因经营活动带来的现金净流量在不断降低，已从 -154.54亿元下降至 -395.54 亿元了。这“一增一减”导致华夏幸福的资金状况急剧恶化，需要大量资金用于周转。2018 年年底，华夏幸福偿还兴业财富和华能信托共计 40 亿元的永续债。2019 年 1 月，华夏幸福迫于巨大的资金压力，又偿还了兴业银行和中信信托 20 亿元的永续债，短短 3 个月里，华夏幸福已经偿还了 80 亿元的永续债，其资金压力可想而知。故而就在 2019 年下半年，华夏幸福紧接着发行了几次永续债，筹集的资金总金额高达 110 亿元。先是大额偿还旧债务，随后又立刻借入巨额永续债新债，不难看出，华夏幸福使用的策略就是“借新还旧”。

(一) 三种不同融资方式融资效果对比分析

本案例将从资本成本、财务风险和收益三个角度切入，主要研究华夏幸福本次永续债券发行后的融资效果，并将其与使用其他两种主要融资方式的融资效果进行比较，分析实施永续债融资之后，企业现金流及再融资情况、资本结构及偿债水平、盈利与成长水平产生的变化。本案例需要用到的基本财务数据，如表 4-4 所示。

表 4-4　华夏幸福基本财务数据

项目	2019 年 6 月 30 日	2019 年 12 月 31 日
股本(万股)	3 002 591 709.00	3 013 285 909.00
每股收益(元/股)	2.78	4.75
资产总额(元)	457 067 486 847.01	457 811 946 545.48
负债总额(元)	402 776 713 843.12	384 125 735 616.80
所有者权益(元)	54 290 773 003.89	73 686 210 928.68
财务费用(元)	73 686 210 928.68	2 781 666 160.66
利润总额(元)	12 019 986 685.23	22 256 710 540.43
净利润(元)	8 578 186 447.36	14 684 950 797.91
EBIT(元)	12 927 414 187.01	25 520 724 267.03
利息费用(元)	907 427 501.78	3 264 013 726.60
所得税(元)	3 441 800 237.87	7 571 759 742.52

1. 本次发行资本成本的计算

1) 假设华夏幸福通过增发新股融集资金 110 亿元人民币

按照我国 2006 年发布的《上市公司证券发行管理办法》中的相关规定，如果上市公司决定增发股票，那么价格应该遵循相应规则确定。如果是公开发行的股票，则股票价格不能低于以下两个价格中随意一个，即公告日前 1 个交易日该公司股票的平均价格，公告日前 20

交易日该公司股票的平均价格。如果是定向发行的股票，则股票价格不能比定价基准日之前20交易日内该公司股票平均价格的90%低。关于上述规定中的基准日，可以是发行股票的第一天也可以是将董事会、股东大会所做决定公告的日期。

由于本案例的假设是华夏幸福通过增发新股进行融资，故而本文对新股价格的确定将采用永续债融资公告前(2019年9月4日)20个交易日的股票交易均价为基准价格，至于股票交易均价则是将股票的交易总额除以交易总量算出的。按照以上要求，最后计算得出的股票发行股数为408 942 395股，发行价格为26.899元。

目前有两种模型可以用于计算股权融资带来的资本成本，即股利增长模型及资本资产定价模型。由于华夏幸福分配股利数据容易获得，故本案例决定使用股利增长模型来计算华夏幸福的股权资本成本。

思考问题2： 本案例主要针对华夏幸福2011年到2019年发行的现金股利展开计算，得到股利增长率 g 为29%，预计下一年的股利 D_1 是1.483 5元。而2019年12月31日华夏幸福股价 P 为28.7元，请使用股利增长模型计算华夏幸福股权资本成本K。

2）假设华夏幸福通过发行普通债券融资110亿元人民币

用于估计企业债务资本成本的方法有很多，例如税后债务资本成本法、风险调整法、到期收益率法以及可比公司法等。因为华夏幸福发行过上市的长期债券，所以根据华夏幸福发行债券的实际状况，为了更好地计算出华夏幸福通过债券融资的资本成本，本案例选取了到期收益率法。在分析了华夏幸福近几年发行债券的实际状况之后，本文挑选了3只有代表性且年限超过5年的债券作计算依据，具体的债券选择如表4-5所示。

表4-5　华夏幸福三只5年以上债券

债券	期限(年)	利率	融资额(亿元)
18华夏06	5	7.0%	700 000
18华夏07	7	8.3%	700 000
19华夏01	5	5.5%	100 000

思考问题3： 以表4-5的资料，计算普通债券融资加权平均资本成本，同时写出计算过程。

3）假设华夏幸福通过发行永续债券融资110亿元

依照华夏幸福2019年永续债券的实际发行情况，得到华夏幸福110亿元永续债券融资的发行利率为9.5%。

2. 三种方案的综合资本成本比较

1）使用股权融资

若华夏幸福通过股权融资融得了共计 110 亿人民币的资金，与此同时假设华夏幸福的债务资本成本、负债总额维持上文相同水平，其股权融资加权资本成本如表 4-6 所示。

思考问题 4：以表 4-6 的资料，计算股权融资后的综合加权平均资本成本，同时写出计算过程。

表 4-6　股权融资加权资本成本

股权融资	资产	负债	权益
融资前规模(元)	457 067 486 847.01	402 776 713 843.12	54 290 773 003.89
融资前比重		88.12%	11.88%
融资后规模(元)	468 067 486 847.01	402 776 713 843.12	65 290 773 003.89
融资后比重		86.05%	13.95%
资本成本		7.50%	34.17%
综合加权平均资本成本			

2）使用普通债券融资

若华夏幸福通过普通债券进行 110 亿元的资金筹集，而普通债券融资的资本成本按照上文计算得出为 7.5%，假设企业的权益资本总额不变，其普通债券融资加权资本成本如表4-7 所示。

思考问题 5：以表 4-7 的资料，计算债券融资后的综合加权平均资本成本，同时写出计算过程。

表 4-7　普通债券融资加权资本成本

普通债券融资	资产	负债	权益
融资前规模(元)	457 067 486 847.01	402 776 713 843.12	54 290 773 003.89
融资前比重		88.12%	11.88%
融资后规模(元)	468 067 486 847.01	413 776 713 843.12	54 290 773 003.89
融资后比重		88.40%	11.60%
资本成本		7.50%	34.17%
加权平均资本成本			

3）使用永续债融资

若华夏幸福通过永续债券进行融资，由于永续债筹集的资金可以计入企业的权益之中，这样一来在不改变债务资本成本的前提下，因为永续债券的融资成本由上文得出是 9.5%，能够降低企业的权益资本成本，其永续债券融资加权资本成本如表 4-8 所示。

思考问题 6：以表 4-8 的资料，计算永续债融资后的综合加权平均资本成本，同时写出计算过程。

表 4-8 永续债融资加权资本成本

永续债券融资	资产	负债	权益	永续债券
融资前规模	457 067 486 847.01	402 776 713 843.12	54 290 773 003.89	
融资前比重		88.12%	11.88%	
融资后规模	468 067 486 847.01	402 776 713 843.12	54 290 773 003.89	11000000000
融资后比重		86.05%	11.60%	2.35%
资本成本		7.50%	34.17%	9.50%
综合加权平均资本成本				

经过上述计算过程不难看出，当企业仅使用股权融资时，加权平均资本成本是 11.22%，仅使用普通债券进行融资时，加权平均资本成本是 10.59%，但是当企业运用永续债券进行资金筹集时，企业的加权资本成本会变成 10.64%。将三种情况下的资本成本进行排序可以得到，永续债融资的加权平均资本成本刚好介于普通债权融资资本成本和股权融资资本成本之间，远低于股权融资资本成本且略高于普通债券融资资本成本。永续债融资另一个优势在于不像普通债券融资那样需要到期偿还本金，由此可见永续债融资相较于权益融资和普通债券融资更能满足企业的融资需求。

3. 基于财务风险角度的比较分析

企业的财务风险，出现的原因多为企业未能控制好发行债务的程度，负债迅速增加导致存在债务到期之后企业可能出现无法还本付息的困境。关于财务风险的计算，运用财务杠杆公式计算：DFL＝EBIT/(EBIT－I)。计算结果如表 4-9 所示。

表 4-9 财务杠杆计算

项目	股权融资	普通债券融资	永续债券融资
EBIT(元)	12 927 414 187.01	12 927 414 187.01	12 927 414 187.01
DFL	2.682 3	1.667 4	1.716 1

根据结果得出，华夏幸福发行永续债融资造成的财务风险是1.716 1，发行股权融资造成的财务风险是2.682 3，不难看出永续债融资比股权融资更能降低企业财务风险。

4. 基于收益角度的对比分析

企业的收益一般会在两个方面受到永续债融资的影响：首先，永续债能带来税盾效应，可以在支付所得税之前扣除利息；其次，发行永续债并不能使得公司股本发生变化。总而言之，永续债融资能够保护企业每股收益不会受到波动影响。

为了更好地计算收益的稀释效果，本案例选择将每股息税前利润消除掉税前扣除利息影响的方式，进而对比永续债融资对收益产生的效果和其他两种融资方式所产生效果的差异。经计算后不难发现，华夏幸福发行永续债融资之后的每股息税前利润（EBIT）会与债权融资的相同，而相较于发行股权融资增加了0.516 1。

稀释每股收益为永续债融资后每股息税前利润与股权融资后每股息税前利润的差额，其计算结果如表 4-10 所示。

表 4-10　稀释效果计算

项目	股权融资	普通债券融资	永续债券融资
EBIT(元)	12 927 414 187.01	12 927 414 187.01	12 927 414 187.01
股本(万股)	3 002 591 709.00	3 002 591 709.00	3 002 591 709.00
融资后股本变化(股数)	408 942 395.00	—	—
每股 EBIT	3.789 3	4.305 4	4.305 4
稀释效果	0.516 1		

(二) 华夏幸福永续债融资效果分析

1. 资本结构及偿债能力分析

考虑到我国房地产行业发展的特点，首先对华夏幸福权益资本所占的比重进行分析，其资产、负债及所有者权益金额表，如表 4-11 所示。

表 4-11　华夏幸福资产、负债及所有者权益金额表　　单位：亿元

项目	2016 年	2017 年	2018 年	2019 年
资产总额	2 499.03	3 759.20	4 097.12	4 578.12
负债总额	2 118.72	3 048.46	3 549.96	3 841.26
所有者权益	380.32	710.74	547.16	736.86
权益比重	15.22%	18.9%	13.35%	16.10%
永续债	10	90	90	58

在发行永续债的会计处理方面，华夏幸福选择依据会计准则，将永续债划分为权益，永续债发行所得的资金在资产负债表中体现在“其他权益工具”科目中，这样一来筹集的资金

能够在一定程度上提高权益资本比例。

华夏幸福在 2019 年发行的永续债并不是它在发行永续债领域的首次尝试，早在 2016 年，华夏幸福就已经发行过永续债了。而 2016—2019 年华夏幸福权益资本的比重都比较低，约为 15.22％、18.9％、13.35％和 16.1％，均小于行业平均水平。不难设想，如果没有计入权益资本的永续债来拉高华夏幸福的权益资本比重，华夏幸福的权益资本比重水平会更低，这也就意味着华夏幸福可能主要依靠债务资本来进行企业日常经营的资金供给，过高的债务比率对企业而言，在还本付息时很可能会由于无法及时偿付而对企业资金链产生严重的消极影响。

由于房地产企业可能会面临长期发展项目，许多必要的资金主要依赖于中长期资金，而过度增加流动债务会增加企业出现财务风险的可能性。当今公司的债务比率相对较高，一味地提高长期负债会影响公司的债务比率，使负债率变得更高，更容易受到流动性风险的影响，甚至导致企业违约。因此，在公司使用融资工具时，应该在长期借款和获取资产之间达到平衡，并避免公司的财务杠杆上升。华夏幸福负债组成比率情况如表 4-12 所示。

表 4-12 华夏幸福负债组成比率

项目	2016 年	2017 年	2018 年	2019 年
流动负债占负债总额比率	0.754	0.748	0.683	0.691
非流动负债占负债总额比率	0.246	0.252	0.317	0.309

由表 4-12 可知，2016—2019 年华夏幸福的长期负债都在 40％以下，远没有达到负债总额的一半，其长期负债占负债总额比率小于行业平均水平，可见华夏幸福债务资本部分主要是由短期负债组成，而之所以华夏幸福的长期负债可以保持这么低的水平，是因为它在这四年中大量持有永续债，并将永续债计入了权益。华夏幸福及房地产行业平均资产负债率如图 4-1 所示。

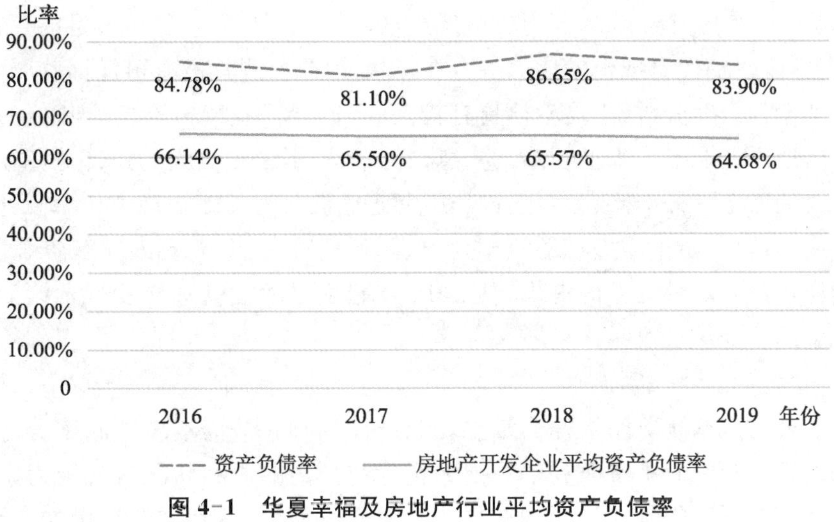

图 4-1 华夏幸福及房地产行业平均资产负债率

图 4-1 中 2019 年的统计数据表明，中国房地产行业中一半以上的企业资产负债率超过 80%。根据其公司年报显示，恒大有 83.75%，碧桂园甚至达到了 88.54%，绝大部分实力强劲的房地产企业都逃不开高资产负债率的阴影。但是我们从图 4-1 中可以看到，华夏幸福的资产负债率略高于房地产行业平均负债率水平，因此与别的公司对比分析可以得出，华夏幸福通过发行永续债来筹集资金，很好地降低了自身的偿债压力，提高了偿债能力的同时也增强了企业的竞争力。

根据华夏幸福在 2019 年出具的公告中披露的数据信息能够看出，在 2019 年下半年发行 5 期永续债共募集资金 110 亿元之前，华夏幸福在 2018 年 11 月和 2019 年 1 月共计清偿了 40 亿元的可续期委托贷款，且 2018 年 12 月和 2019 年 1 月又清偿了 40 亿元永续债券。大额的资金流出给华夏幸福造成了极大的压力，而与此同时华夏幸福手中还持有众多在建工程，这些都需要源源不断的资金流入支持，由此看出，华夏幸福发行永续债的主要目的在于偿还债务以及支撑建造工程。使用永续债这种方式能够增加企业的权益性资产，还可以降低企业资产负债率水平，有效缓解公司出现的贷款融资难现象。华夏幸福重要财务指标与行业对比情况，如表 4-13 所示。

表 4-13　华夏幸福重要财务指标与行业对比

指标		2016 年	2017 年	2018 年	2019 年
短期偿债指标	速动比率	0.48	0.52	0.47	0.48
	速动比率(行业均值)	0.66	0.72	0.68	0.65
	现金比率	0.28	0.30	0.19	0.16
长期偿债指标	产权比率	5.57	4.29	6.49	5.21
	产权比率(行业均值)	3.43	3.64	3.80	4.33

根据表格 4-13 中的数据和从 2016—2019 年华夏幸福的发展轨迹中分析可知，华夏幸福的债务偿还能力略低于房地产行业的平均水平。华夏幸福的现金比率自 2017 年起出现了降低的趋势，到 2019 年年末降至历史最低点，这表明在 2017 年公司很可能存在资金短缺的问题，使得华夏幸福偿付现金的比例一直在降低，由此推测其极有可能面临资金流断裂的危险。从长期偿债力度分析，华夏幸福具有较大的财务风险，2016—2019 年，华夏幸福的产权比率都比房地产行业平均水平要高，这意味着公司资本中相当大的一部分归债权人所有，由于存在巨大的财务杠杆，导致公司正在经历财务危机。为了缓解现金比率急速下降、公司债务资本过高的情况，出于增加权益资本比例、降低资产负债率、有效缓解资金流问题以及提升公司的偿还债务能力等方面考虑，从 2016 年起华夏幸福就选择发行永续债进行融资，并将融资得来的资金计入权益。

2. 盈利与成长能力分析

能够评价公司盈利状况的指标非常多，如总资产利润率、资本净利润率等，但是就上市房地产公司而言，净利润、销售净利率等财务指标与公司的盈利状况有着极为紧密的关联，因此对于本案例在研究华夏幸福利润获得能力时不仅使用了净利润，还增加了销售净利率和净资产收益率作为研究标准。华夏幸福盈利指标与行业对比如表 4-14 所示。

表 4-14 华夏幸福盈利指标与行业对比

指标	2016 年	2017 年	2018 年	2019 年
净利润(亿元)	64.92	88.40	117.46	146.12
净利润(行业)(亿元)	11.40	15.07	17.60	19.61
销售净利率	11.46%	14.77%	14.08%	13.96%
销售净利率(行业)	−8.04%	11.57%	7.79%	5.63%
净资产收益率	29.54%	31.40%	35.19%	35.72%
净资产收益率(行业)	8.81%	10.73%	10.49%	7.26%

由表 4-14 可知,华夏幸福近四年的盈利能力都比较强,远高于房地产行业的平均盈利水平,净利润高说明该公司的经营效益较好,经营能力较强,但是只靠这一个数据来说明华夏幸福的整体盈利状况是不够的。从华夏幸福的年报中可以看出,通过永续债筹集的资金大都用于产业新城的建设,经过多年的发展,华夏幸福建设的诸多产业新城项目大都已经成为非常成熟的房地产项目。华夏幸福产业新城收入占总销售额比重情况如表 4-15 所示。

表 4-15 华夏幸福产业新城收入占总销售额比重

项目	2016 年	2017 年	2018 年	2019 年
销售额(亿元)	1 203.25	1 522.12	1 627.61	1 431.72
产业新城业务算收入额(亿元)	901.24	299.12	310.39	368.37
产业新城收入占比	74.90%	19.65%	19.07%	25.73%

由表 4-15 可以看出,产业新城一直都是华夏幸福的重点建设项目,它是华夏幸福年销售收入的重要构成部分,公司为确保该项目健康发展每年都发行了永续债,尤其 2019 年下半年连续发行了 5 期,金额高达 110 亿元。有了永续债的资金支持,华夏幸福增加了获取建设用地等方面的经营支出,本年度投资活动产生的现金流量净额和筹资活动产生的现金流量净额均出现正增长,企业的现金运转恢复健康,资金安全性也有了提升。

关于销售净利率,华夏幸福近四年的销售净利率指标呈现出稳定且略微上升的趋势,与行业平均值相比,华夏幸福盈利情况一直保持了一个平稳向上发展的态势,行业平均值在 2016 年以后出现了一个较大的波动,说明外界形势经历了一个较为严峻的时期。2016 年,华夏幸福选择发行了自己的第一支永续债,在尝到了发行永续债的甜头之后,行业平均值在 2019 年跌到近几年最低值时,华夏幸福又一次选择发行总计 110 亿元的永续债,使得其销售净利率相较于上一年基本没有下降,与行业均值更是拉开了 6%的差距。净资产收益率显示了股东依靠权益能够有怎样的收益能力,也展示了企业运用自有资本的成果。鉴于华夏幸福对永续债选择的会计处理方法是将其计入权益,那么就可以将净资产收益率视作评价华夏幸福对永续债筹集资金运用效率的评价标准之一,同时它还可以用于分析公司的获利能力。2016—2019 年的房地产行业净资产收益率一直都在 11%以下,而华夏幸福的净资产收益率始终在30%左右,尤其2019年房地产行业净资产收益率猛跌3%的时候,华夏幸福的净资产收益率还略微有上升,企业的盈利能力整体呈增强的趋势。

3. 偿还永续债之后对企业的影响分析

通过发行永续债进行融资,可以维护原有股东的既有利益。永续债的发行企业都会尽可能地将永续债筹集的资金划分为权益,这样一来既不会削弱原有大股东对企业的控制权,也不会稀释股本。此外购买永续债的投资者是无法参与企业日常经营活动和管理活动的,也不能参与每年的企业年末分红,这不仅可以保护企业大股东的权益,也很好地维护了企业的股权结构不会产生变化和波动。

永续债的发行改善了企业的资本结构。一般来说,赎回权也就代表着发行方对资金的使用期限,这一权利通常都掌握在永续债的发行企业手中,推迟永续债的赎回时间,就意味着增加了企业的长期资本,进而改善企业的资金结构,保障了企业投资项目的长期资金需求。

如果企业避免经营风险的办法是利用长期债务的增加来优化投资融资匹配程度,那么这种办法并不十分适合资产负债率原本就偏高的企业,只有发行永续债能够在改善企业资产负债率的同时帮助企业筹集资金。

而且企业发行永续债之后还可以利用特殊的合同条款把永续债划分到权益中,以此改善企业的资金运转情况,强化再融资能力,在改善资产负债率的同时解决公司的资金需求,丰富企业的融资渠道,减少融资风险。

信用评级不但能决定公司筹集外部资金的规模和获得外部融资的渠道,对于追求充足现金流以维持外部市场良好公司形象的企业来说,它代表着企业的整体实力,及该企业获得银行信贷、业务来往以及获得融资的能力。国际上受到广泛认可的有标准普尔、穆迪等三家专业评级机构,而现阶段我国主要有五家较为权威的评级机构。

华夏幸福的信用评级自2016年起就一直在上调,这也意味着华夏幸福近几年的企业资金流较为稳定且债务资本占比处在一个较为安全的范围里,其中很大一部分归功于发行永续债。的确,除了补充公司的现金流,永续债还有助于将企业信用评级维持在较高水平并降低其风险。而保持良好的信用等级不仅可以保持公司在公众中的形象,给市场发出利好的信号,还能减少公司融资的成本。

有金融专家针对不同信用评级级别公司的融资成本进行了统计,根据统计结果分析得出,评级越高的公司所需的融资成本就越低,这是因为投资者在进行投资决策的时候会更倾向于将资金投资给评级更优的公司,故而评级更低的公司只有靠支付更多的利息来换取投资。

4. 永续债的潜在风险分析

首先,永续债融资可以帮助企业较好地隐藏财务杠杆,可是过度地使用财务杠杆极有可能会引起企业的财务风险,因此房地产企业更应该关注的是如何达到最优资本结构。房地产行业不仅要联合金融机构处理融资事项,推动自身项目对外销售,还要关注各项采购业务,合理降低企业成本,这都要求房地产企业建立并完善管理决策结构,只有做出最科学合理的决策并严格执行，才能提高企业经营效率，促进企业蓬勃发展。

其次，华夏幸福的资产负债率持续保持着较高的水平，长期偿债能力下降。从2016—2019年的主要负债数据可见，2019年华夏幸福的短期借款同比增速最快，2017年次之，应付利息在4年间增长了约2倍，由短期应付债券构成的其他流动负债在4年间增长了约3倍，长期借款亦持续走高。华夏幸福有息负债呈扩大态势。

根据华夏幸福2018年年报公告，2018年年末的货币资金总额为472.82亿元，相较于2018年年初降低了30.58%，主要用于偿还债务。此外华夏幸福资产负债表中短期借款科目列示有41.82亿元，需要支付利息且一年内到期的负债高达201.19亿元，合计约240亿元，由此可见华夏幸福的短期偿债压力很大。

最后，华夏幸福在整个永续债融资过程中，对相关信息的披露并不完全，存在有损市场形象的风险。比如五笔永续债的发行公告中均未对外披露偿付顺序、交易费用、持有人救济条款等，这些信息的不主动、不完全披露可能影响公司与投资者之间的关系，进而破坏公司的市场形象，引发信用风险。

五、案例启示

(一) 满足企业资金需求，支持企业发展

相较于普通权益融资，永续债融资拥有无可替代的亮点，即有抵税作用、避免稀释股东股权、融资门槛低、融资成本低。如若一个上市公司通过股票增发或配股的方法筹集资金，获取的资金都会进入股本，从而稀释股东控制权、降低每股收益，在这之后公司还可能需要支付股息红利，这部分将从公司支付完所得税之后的净利润中分离，相较之下永续债作为债务应该支付的利息还能起到抵税作用。永续债融资的门槛更低，更不受约束，是十分有力的融资手段。

由于永续债融资发行方可以在条款中赋予自己偿还本金的完全主动权，若在永续债存续期间发行方不偿还本金，就只需定期支付利息，没有了偿还本金的巨大压力，减轻了企业的财务压力。永续债融资资本成本远低于股权融资产生的资本成本，会更靠近但略高于普通债券融资的资本成本，且永续债条款设计得当可以直接将其划分为权益，避免了股本的增加，维持每股收益不会下降。

(二) 增加企业付息压力，筹资使用效率偏低

房地产企业一般发行的债券金额都在数十亿以上，从这个基础上分析，无论前期支付利息压力多么轻松，一旦利率跳升机制生效，企业付息压力就会迅速增大。此外，房地产企业运营的项目一般都比较庞大，故而很难分出心神认真思考如何运用好筹集的资金，无法发挥资金的最优效益，如此一来，企业资金支出增加，却没有能与之平衡的资金收入，资金使用效率极低，长此以往会导致企业盈利水平下降，危害企业的健康发展。如果没有良好的资金运作能力，企业无法长期持有原有的永续债，只能在急需资金的时候发行永续债，在利率还未跳升至无法承受的水平时偿还永续债，如此永续债就失去了自身的优势。

如果企业想通过永续债达到长远发展的目的，就必须科学规划出针对永续债的利用方

式，考虑清楚各方面可能存在的收益与风险，明确每一份资金的使用用途。

（三）降低资产负债率，增强企业融资能力

因永续债融资筹集的资金是可以被划分为权益的，故而能够改善企业的资产负债率，使企业的财务报表业绩看上去更突出。此外永续债券的发行还能帮助企业丰富融资渠道，优化资金流。

尤其 2017 年之后，我国对房地产行业实行了严格的政策调控，进一步限制了房地产企业的融资渠道。然而时值华夏幸福的迅速扩张期，华夏幸福对资金有着很强烈的渴求，也试图通过各种融资手段获取资金。也正是这样，永续债得天独厚的融资能力引起了华夏幸福的注意。发行永续债能够避免法律法规带来的限制及压力，因其不仅可被划分为权益工具进而增加企业的净资产，而且不会占用公司发行债券的额度，进一步帮助发行企业拓宽了融资空间。

利用永续债筹集资金可以解决企业在短期内资金紧张的状况。尽管永续债融资能够使得企业财务报表展现的业绩更加突出，但这并不能改变企业的经营实际。仔细研究永续债融资的相关条款不难发现，永续债条款中对于支付利息有特殊的规定，也就是派发红利后必须支付利息。这意味着只要企业就发行的普通股实行了分红，那么当年就必须向永续债购买者付息。如果企业不只是想要在短期使用该笔资金，那就必须承担起由于利率跳升机制的存在而不断增长的资金压力，在利息过高的情况下，企业的净利润也会受到一定影响。由此可见，即使永续债在理论上是一种可以永久持有的债券，由发行人完全自主决定是否赎回、何时赎回，但是由于利率跳升机制的存在，面对庞大的付息压力，企业注定不能长时间持有同一支永续债券。因此，企业在进行融资选择的时候应该谨慎考虑融资方式的选择，评判其是否能真正迎合企业的需要。

课后思考

1. 结合华夏幸福的筹资方案，谈谈从中得到的启示。

2.（思政）近几年很多小型信贷机构以“校园贷款”的形式非法筹集资金，请同学们结合自身情况谈谈如何避免陷入校园贷款的陷阱。

第四章　投资管理

案例五　本钢可转债案例研究

课前思考

1. 可转债投资的特点有哪些?
2. 投资可转债的潜在收益有哪些?

理论背景

可转换公司债券是一种被赋予了股票转换权的公司债券,也称可转换债券。发行公司事先规定债权人可以选择有利时机,按发行时规定的条件把其债券转换成发行公司的等值股票(普通股票)。可转换公司债是一种混合型的债券形式。当投资者不太清楚发行公司的发展潜力及前景时,可先投资于这种债券,待发行公司经营业绩显著,经营前景乐观,其股票行市看涨时,则可将债券转换为股票。可转换债券对于投资者来说,是多了一种投资选择机会。因此,即使可转换债券的收益比一般债券收益低些,但在投资机会选择的权衡中,这种债券仍然受到投资者的欢迎。

投资可转债时应根据发行公司的偿债能力、行业地位、发展战略以及财务、产品、管理、技术、市场等综合基本因素,重点对其未来业绩和现金流做出预测,确定可转债投资品种。为了提高可转债投资收益,投资者应依据自身的资金数量和要求的收益水平选择合适的投资策略和投资时机。

思考问题 1: 投资可转债应考虑的因素有哪些? 简单描述一下。

一、公司简介

本钢板材股份有限公司(简称“本钢板材”)位于辽宁省本溪市,是本钢集团有限公司所属的国有控股钢铁主业上市公司(股票代码:000761,200761)。1997 年经辽宁省人民政府

（辽政〔1997〕57 号文）批准，由本溪钢铁（集团）有限责任公司以其拥有的炼钢厂、初轧厂及热连轧厂有关经营钢铁板材业务的资产及负债进行重组设立，于 1997 年 6 月 27 日成立。注册资本 31.36 亿元。公司下设 17 个职能部室、4 个直属单位和 17 个生产单位。2016 年年末，总资产 541 亿元，固定资产 206 亿元，净资产 127 亿元，在职职工 20 731 人。

本钢板材是集炼铁、炼钢、轧钢等为一体的特大型钢铁联合企业，拥有东北最大容积4 747立方米高炉、世界最宽幅2 300热连轧机组、世界最先进的冷轧生产线，钢铁整体技术装备达到世界先进水平，具备年产生铁1 000万吨、粗钢1 000万吨、热轧材1 300万吨、冷轧材600 万吨、特钢材 110 万吨的优质钢材生产能力。

本钢板材拥有 1 个国家级技术中心、2 个国家级理化检测实验室和博士后科研工作站、院士专家工作站以提高企业科研与产品开发水平。依靠国家级科研机构，在汽车板、家电板、石油管线钢、集装箱板等产品的开发研制中处于国内领先水平，形成以汽车用钢、家电用钢、管线用钢、集装箱用钢、高端装备用钢、特殊钢铁产品等为主导的具有高科技含量和高附加值的产品体系。公司坚持以市场需求为导向，以产品结构调整为主线，以客户要求为中心，不断创新经营模式，实施协调、有序、高效的生产管理，提高产品质量，产销率始终保持100%。产品广泛应用于国内汽车、家电、建筑、石油化工、交通运输、高端装备、能源环保等重点行业，并远销世界各地，产品出口量位居全国钢铁行业前列。本钢板材通过构建质量管理体系、环境管理体系、能源管理体系、职业健康安全管理体系、两化融合管理体系、汽车板国际标准体系的标准化管理，为产品品质保证和企业科学发展提供了坚实基础。

本钢板材公司作为受公众关注的上市公司，在加强企业经济运营的同时，始终坚持绿色发展、和谐发展的理念，坚持把安全、环保、节能和人文发展作为企业发展的重要组成部分，实现发展成果与员工和社会共享。未来，本钢板材将紧紧抓住加快东北老工业基地调整改造的历史机遇，肩负以钢铁力量支撑美好生活的神圣使命，为社会和公众提供最具价值的优质产品与良好服务，为国家和民族的钢铁事业发展做出更大的贡献。

二、可转债发行基本情况

（一）本次发行证券的种类

本次发行证券的种类为可转换为公司 A 股股票的可转换公司债券（以下简称“可转债”）。该可转债及未来转换的 A 股股票将在深圳证券交易所上市。

（二）发行规模

本次发行可转债总额不超过人民币 680 000.00 万元（含 680 000.00 万元）。

（三）票面金额和发行价格

本次发行的可转债每张面值 100 元人民币，按面值发行。

（四）债券期限

本次可转债期限为自发行之日起 6 年，即自 2020 年 6 月 29 日至 2026 年 6 月 28 日。

（五）债券利率

第一年为0.6%，第二年为0.8%，第三年为1.5%，第四年为2.9%，第五年为3.8%，第六年为5.0%。

（六）付息的期限和方式

1. 年利息计算

年利息指可转债持有人按持有的可转债票面总金额自可转债发行首日起每满一年可享受的当期利息。年利息的计算公式为：

$$I = B_1 \times i$$

其中，I 为年利息额，B_1 为本次发行的可转债持有人在计息年度(以下简称“当年”或“每年”)付息债权登记日持有的可转债票面总金额，i 为可转债的当年票面利率。

2. 付息方式

本次发行的可转债采用每年付息一次的付息方式，计息起始日为可转债发行首日。每年的付息日为本次发行的可转债发行首日起每满一年的当日，如该日为法定节假日或休息日，则顺延至下一个交易日，顺延期间不另付息。每相邻的两个付息日之间为一个计息年度。每年的付息债权登记日为每年付息日的前一交易日，公司将在每年付息日之后的5个交易日内支付当年利息。在付息债权登记日前(包括付息债权登记日)申请转换成公司A股股票的可转债，公司不再向其持有人支付本计息年度及以后计息年度的利息。可转债持有人所获得利息收入的应付税项由可转债持有人承担。

（七）转股期限

本次发行的可转债转股期限自发行结束之日(2020年7月3日)起满6个月后的第一个交易日起至可转债到期日止，即2021年1月4日至2026年6月28日。

（八）转股价格的确定及其调整

1. 初始转股价格的确定依据

本次发行的可转债的初始转股价格为5.03元/股。本次发行可转债的初始转股价格不低于募集说明书公告日前20个交易日公司A股股票交易均价(若在该20个交易日内发生过因除权、除息引起股价调整的情形，则对调整前交易日的交易价按经过相应除权、除息调整后的价格计算)和前一个交易日公司A股股票交易均价，以及最近一期经审计的每股净资产和股票面值。相关计算公式如下：

前20个交易日公司股票交易均价＝前20个交易日公司股票交易总额÷该20个交易日公司股票交易总量

前一个交易日公司股票交易均价＝前一个交易日公司股票交易总额÷该日公司股票交易总量

2. 转股价格的调整方式及计算公式

在本次发行之后，当公司因派送股票股利、转增股本、增发新股(不包括因本次发行的可转债转股而增加的股本)或配股、派送现金股利等情况时，将按下述公式进行转股价格的调整(保留小数点后两位,最后一位四舍五入)。

(1) 派送股票股利或转增股本:$P_1=P_0/(1+n)$

(2) 增发新股或配股:$P_1=(P_0+A\times k)/(1+k)$

上述两项同时进行:$P_1=(P_0+A\times k)/(1+n+k)$

(3) 派送现金股利:$P_1=P_0-D$

上述三项同时进行:$P_1=(P_0-D+A\times k)/(1+n+k)$

其中,P_0 为调整前转股价,n 为派送股票股利或转增股本率,k 为增发新股或配股率,A 为增发新股价或配股价,D 为每股派送现金股利,P_1 为调整后转股价。当转股价格调整日为本次发行的可转债持有人转股申请日或之后,转换股份登记日之前,则该持有人的转股申请按公司调整后的转股价格执行。

当公司可能发生股份回购、合并、分立或任何其他情形使公司股份类别、数量及股东权益发生变化从而可能影响本次发行的可转债持有人的债权利益或转股衍生权益时,公司将视具体情况按照公平、公正、公允的原则以及充分保护本次发行的可转债持有人权益的原则调整转股价格。有关转股价格调整内容及操作办法将依据届时国家有关法律法规及证券监管部门的相关规定来制订。

(九) 转股价格向下修正条款

在本次发行的可转债存续期间,当公司A股股票在任意连续20个交易日中至少有10个交易日的收盘价低于当期转股价格的85%时,公司董事会有权提出转股价格向下修正方案并提交公司股东大会审议表决。

上述方案须经出席会议的股东所持表决权的2/3以上通过方可实施。股东大会进行表决时,持有本次发行的可转债的股东应当回避。修正后的转股价格应不低于前述的股东大会召开日前20个交易日公司股票交易均价和前一个交易日公司股票交易均价之间的较高者,同时,修正后的转股价格不得低于最近一期经审计的每股净资产和股票面值。若在前述20个交易日内发生过转股价格调整的情形,则在转股价格调整日前的交易日按调整前的转股价格和收盘价计算,在转股价格调整日及之后的交易日按调整后的转股价格和收盘价计算。

(十) 转股股数确定方式

本次发行的可转债持有人在转股期内申请转股时,转股数量的计算方式为:$Q=V/P$,并以去尾法取1股的整数倍。

其中,Q 为转股数量,V 为可转债持有人申请转股的可转债票面总金额,P 为申请转股当日有效的转股价格。

本次可转债持有人申请转换成的股份须是整数股。转股时不足转换为一股的可转债余额,公司将按照深圳证券交易所等部门的有关规定,在可转债持有人转股当日后的5个交易日内以现金兑付该不足转换为1股的可转债余额及该余额所对应的当期应计利息。

(十一) 赎回条款

1. 到期赎回条款

在本次发行的可转债期满后 5 个交易日内，公司将以本次发行的可转债发行面值的 119%(含最后一期年度利息)的价格向可转债持有人赎回全部未转股的本次可转债。

2. 有条件赎回条款

在本次发行的可转债转股期内，当出现下述两种情形中的任意一种时，公司有权决定按照债券面值加当期应计利息的价格赎回全部或部分未转股的可转债。在本次发行的可转债转股期内，如果公司股票连续 30 个交易日中至少有 15 个交易日的收盘价格不低于当期转股价格的 130%(含 130%)。当本次发行的可转债未转股余额不足 3 000 万元时，当期应计利息的计算公式为：$I_A = B_2 \times i \times t/365$。$I_A$ 指当期应计利息；B_2 指本次发行的可转债持有人持有的将赎回的可转债票面总金额；i 指可转债当年票面利率；t 指计息天数，即从上一个付息日起至本计息年度赎回日止的实际日历天数(算头不算尾)。若在前述 30 个交易日内发生过转股价格调整的情形，则在调整前的交易日按调整前的转股价格和收盘价格计算，调整后的交易日按调整后的转股价格和收盘价格计算。

(十二) 回售条款

1. 有条件回售条款

本次发行的可转债最后两个计息年度，如果公司 A 股股票在任意连续 30 个交易日的收盘价格低于当期转股价格的 70%时，可转债持有人有权将其持有的全部或部分可转债按面值加上当期应计利息的价格回售给公司。若在上述交易日内发生过转股价格因派送股票股利、转增股本、增发新股或配股、派送现金股利等情况(不包括因本次发行的可转债转股而增加的股本)而导致本钢板材公司公开发行调整的情形，则在调整前的交易日按调整前的转股价格和收盘价格计算，在调整后的交易日按调整后的转股价格和收盘价格计算。如果出现转股价格向下修正的情况，则上述"连续 30 个交易日"须从转股价格调整之后的第一个交易日起重新计算。

本次发行的可转债最后两个计息年度，可转债持有人在每年回售条件首次满足后可按上述约定条件行使回售权一次，若在首次满足回售条件而可转债持有人未在公司届时公告的回售申报期内申报并实施回售的，该计息年度不能再行使回售权，可转债持有人不能多次行使部分回售权。

2. 附加回售条款

在本次发行的可转债存续期内，若公司本次发行的可转债募集资金投资项目的实施情况与公司在募集说明书中的承诺情况相比出现重大变化，且该变化被中国证监会认定为改变募集资金用途的，可转债持有人享有一次回售的权利。可转债持有人有权将其持有的可转债全部或部分按面值加上当期应计利息的价格回售给公司。可转债持有人在附加回售条件满足后，可以在公司公告后的附加回售申报期内进行回售，该次附加回售申报期内不实施回售的，不能再行使附加回售权。

当期应计利息的计算公式为：$I_A = B_3 \times i \times t/365$

I_A 指当期应计利息；B_3 指本次发行的可转债持有人持有的将回售的可转债票面总金额；i 指可转债当年票面利率；t 指计息天数，即从上一个付息日起至本计息年度回售日止的实际日历天数(算头不算尾)。

(十三) 转股年度有关股利的归属

因本次发行的可转债转股而增加的公司股票享有与原股票同等的权益，在股利发放的股权登记日当日登记在册的所有普通股股东(含因可转债转股形成的股东)均参与当期股利分配，享有同等权益。

思考问题 2： 可转换债券面值、利率、期限和付息方式的设计对投资者评估投资价值有什么影响?

(十四) 发行方式及发行对象

1. 发行方式

本次发行面向股权登记日收市后登记在册的发行人原股东优先配售，优先配售后余额部分(含原 A 股股东放弃优先配售部分)采用网上向社会公众投资者通过深交所交易系统发售的方式进行。认购不足 68.00 亿元的余额由保荐机构(主承销商)包销。

2. 发行对象

1) 向原 A 股股东优先配售

本发行公告公布的股权登记日(即 2020 年 6 月 24 日，T－1 日)收市后登记在册的发行人原 A 股股东。

2) 网上发行

持有深交所证券账户的自然人、法人、证券投资基金、符合法律规定的其他投资者等(国家法律、法规禁止者除外)。

3) 限制条件

本次发行的承销团成员的自营账户不得参与申购。

(十五) 配售比例

原股东优先配售 16 836 427 张，占本次发行总量的 24.76%；优先配售后的部分通过深交所系统网上发行为 47 151 591 张，占本次发行总量的 69.34%；国泰君安证券股份有限公司包销 4 011 982 张，占本次发行总量的 5.90%。

(十六) 本次募集资金用途

本次拟公开发行可转债总额不超过人民币 680 000.00 万元(含 680 000.00 万元)。扣除发行费用后，募集资金拟全部投资于项目如表 5-1 所示。

表 5-1 投资项目列示表 单位：万元

序号	项目名称	投资总额	拟投入募集资金
1	高牌号高磁感无取向硅钢工程项目	114 500.00	105 700.00
2	炼钢厂 8 号铸机工程项目	39 500.00	33 500.00
3	炼铁厂 5 号高炉产能转换工程项目	150 000.00	96 000.00
4	特钢电炉升级改造工程项目	160 000.00	141 600.00
5	CCPP 发电工程项目	98 826.80	83 300.00
6	炼钢厂 4 号—6 号转炉环保改造工程项目	27 000.00	19 900.00
7	偿还银行贷款	200 000.00	20 000.00
合计		789 826.80	680 000.00

若本次发行扣除发行费用后的实际募集资金少于上述项目募集资金拟投入金额，在不改变本次募投项目的前提下，公司董事会或董事会授权人士可根据项目的实际需求，对上述项目的募集资金投入顺序和金额进行适当调整，募集资金不足部分由公司自筹解决。在本次发行募集资金到位之前，公司将根据募集资金投资项目进度的实际情况以自筹资金先行投入，并在募集资金到位后予以置换。

（十七）担保事项

本钢集团有限公司为公司本次发行的可转换公司债券提供全额无条件不可撤销的连带责任保证担保，保证范围包括债券的本金、利息、违约金、损害赔偿金和实现债权的全部费用。

三、本次发行资金到位情况

本次发行可转换公司债券募集资金扣除承销及保荐费 4 080.00 万元后的余额 675 920.00 万元已由保荐机构（主承销商）于 2020 年 7 月 6 日汇入公司指定的募集资金专项存储账户，扣除其他发行费用后募集资金净额为人民币 6 758 915 298.82 元。立信会计师事务所（特殊普通合伙）已进行验资，并出具了信会师报字〔2020〕第 ZB11494 号《验资报告》。

四、承销方式及承销期

本次发行由主承销商以余额包销方式承销，承销期为 2020 年 6 月 23 日至 2020 年 7 月 3 日。本次可转换公司债券发行总额为 68.00 亿元。

五、发行费用

本次发行费用包括承销及保荐费、审计验资费、律师费、信息披露及发行手续费等其他费用，下列费用均为预计费用。本次可转债的承销及保荐费将根据保荐协议和承销协议中的相关条款结合发行情况最终确定，其他费用等将根据实际发行情况增减。本次发行费用共计 41 084 701.18 元（不含税），具体如表 5-2 所示。

表 5-2 发行费用支出情况表

单位：元

序号	项目	发行费用金额(不含增值税金额)
1	承销及保荐费用	38 490 566.04
2	审计及验资费用	471 698.11
3	法律服务费	471 698.11
4	评级费	283 018.87
5	发行登记费	641 509.43
6	信息披露及其他费用	726 210.61
合计		41 084 701.18

六、发行日程

承销期间的停牌、复牌及本次发行证券上市的时间安排、申请上市的证券交易所本次发行期间的主要日程示意性安排如表 5-3 所示。

表 5-3 发行日程安排表

日期	事项	停牌时间
T－2 日 (6 月 23 日)	刊登《募集说明书》及其摘要、《发行公告》《网上路演公告》	正常交易
T－1 日 (6 月 24 日)	网上路演 原 A 股股东优先配售股权登记日	正常交易
T 日 (6 月 29 日)	刊登《发行提示性公告》 原 A 股股东优先配售日 网上申购日	正常交易
T＋1 日 (6 月 30 日)	刊登《网上中签率及优先配售结果公告》 进行网上申购的摇号抽签	正常交易
T＋2 日 (7 月 1 日)	刊登《网上中签结果公告》 网上中签缴款日	正常交易
T＋3 日 (7 月 2 日)	保荐机构(主承销商)根据网上资金到账情况确定最终配售结果和包销金额	正常交易
T＋4 日 (7 月 3 日)	刊登《发行结果公告》	正常交易

七、本次发行证券的上市流通

本次可转债上市流通，所有投资者均无持有期限制。本次发行结束后，公司将尽快办理本次可转债在深交所挂牌上市交易。

八、本次发行证券的评级

本公司聘请中诚信国际信用评级有限公司(简称“中诚信国际”)为本次发行的可转换公司债券进行了信用评级,根据《本钢板材股份有限公司公开发行A股可转换公司债券信用评级报告》(信评委函字[2019]G245-1号),本钢板材主体信用等级为AA+,评级展望稳定;本次债券信用等级为AAA。本次发行的A股可转换公司债券上市后,中诚信国际将进行跟踪评级。

中诚信国际对本次发行的可转债的持续跟踪评级包括每年一次的定期跟踪评级和不定期跟踪评级,定期跟踪评级在该债券存续期间的公司年度审计报告出具后进行,不定期跟踪评级自首次评级报告完成之日起进行。

思考问题3: 投资时如何正确看待机构的评级?

九、发行人的主要状况

(一) 股权控制关系

公司控股股东为本溪钢铁集团,间接控股股东为本钢集团,实际控制人为辽宁省国资委。截至2019年年末,公司与控股股东、间接控股股东、实际控制人之间的股权控制关系如图5-1所示。

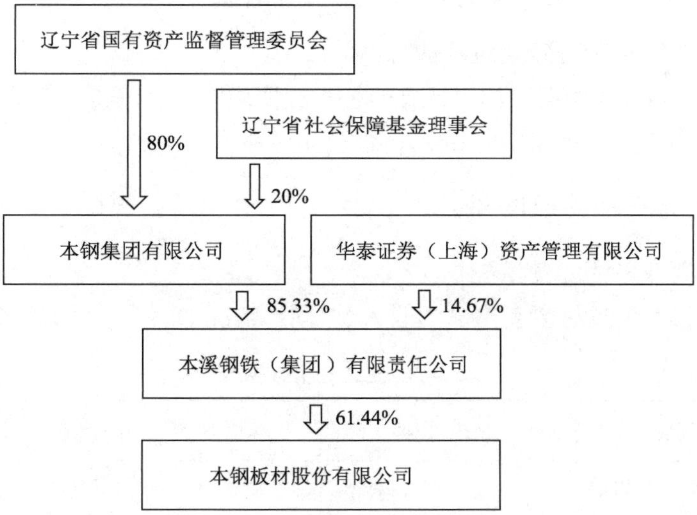

图5-1 股权控制关系图

(二) 控股股东基本情况

公司控股股东为本溪钢铁集团,截至2019年年末,本溪钢铁集团持有公司2 381 105 094股股份,持股比例为61.44%。本溪钢铁集团成立于1996年7月,注册资本为629 166.88万元，注册地址为辽宁省本溪市平山区人民路 16 号，经营范围包括钢铁冶炼、矿山开采、板材轧制、制管、发电、特钢型材、供暖、水电风气供应、金属加工、机电修造、设备制造、建筑安装、铁路、公路运输、进出口贸易、旅游、住宿、饮食娱乐服务；印刷、报刊发行、建筑材料、耐火材料、计器仪表、物资供销、房地产开发、科研、设计、信息服务、物业管理、通讯、废钢铁收购、加工和销售、房屋、人防工程租赁、钢材调剂、废油收购（以上项目限分公司经营）、资产经营管理、《本钢日报》出版；设计制作印刷品广告、利用自有（本钢日报）发布国内外广告、设计、制作电视台广告。本溪钢铁集团 2020 年度经审计的主要财务数据如表 5-4 所示。

表 5-4　主要财务数据表　　单位：万元

项目	2020 年 12 月 31 日	项目	2020 年度
资产合计	1 801 326.08	营业收入	12 902.13
负债合计	1 476 219.49	净利润	3 429.81
所有者权益合计	325 106.59		

（三）实际控制人基本情况

截至本募集说明书签署日，本钢集团持有公司控股股东本溪钢铁集团 85.33％的股权，本钢集团为公司间接控股股东。辽宁省国资委持有本钢集团 80％的股权，辽宁省社会保障基金理事会持有本钢集团 20％的股权；而根据辽宁省国资委和辽宁省社会保障基金理事会的约定，由辽宁省国资委代辽宁省社会保障基金理事会行使出资人权利，辽宁省社会保障基金理事会仅享有股权的收益权和处置权。因此，辽宁省国资委为公司的实际控制人。

（四）公司控股股东所持股票质押情况

截至 2019 年年末，本溪钢铁集团持有的公司股票中有 11 000.00 万股处于质押状态，质押股份数量占其持有公司股份数的 4.62％，占公司总股本的 2.84％。

十、财务状况及相关风险情况

（一）公司主要业务的经营情况

2017—2020 年本钢板材主要产品的收入、毛利率情况如表 5-5 所示。

表 5-5　主要业务数据表　　单位：万元

项目	2020 年度		2019 年度		2018 年度		2017 年度	
	收入	毛利率	收入	毛利率	收入	毛利率	收入	毛利率
钢板	4 532 184.96	4.41％	4 680 525.28	6.21％	4 622 833.42	9.26％	3 748 823.12	11.18％
其他	336 294.31	8.72％	593 610.08	10.53％	395 353.55	16.62％	301 962.46	21.10％

（二）偿债能力

2017—2020 年本钢板材的偿债能力指标如表 5-6 所示。

表 5-6 偿债能力指标表

项目	2020 年 12 月 31 日/2020 年度	2019 年 12 月 31 日/2019 年度	2018 年 12 月 31 日/2018 年度	2017 年 12 月 31 日/2017 年度
流动比率(倍)	0.82	0.87	1.02	0.78
速动比率(倍)	0.57	0.65	0.69	0.53
资产负债率	66.85%	67.05%	67.03%	76.43%
利息保障倍数(倍)		1.59	1.98	3.17

(三) 本公司商业信誉情况

最近三年,公司与公司主要客户发生业务往来时不存在严重的违约现象。

(四) 股价的变动情况

公司 2019 年 7 月 20 日至 2022 年 3 月 22 日的股价变动情况如图 5-2 所示。

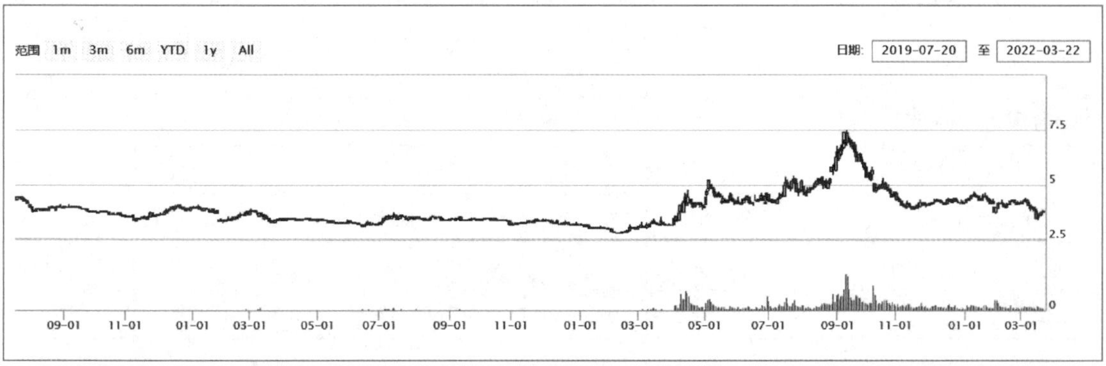

图 5-2 股价变动图

思考问题 4: 结合案例企业,分析投资其可转债时存在的投资风险。

十一、本钢可转债转股及股份变动情况

(一) 2021 年第一季度

本季度转股价格为人民币 5.03 元/股。本钢可转债因转股减少 2 656 000 元(26 560 张),转股数量为 527 021 股。截至 2021 年 3 月 31 日,公司剩余可转债余额为 6 797 344 000 元(67 973 440 张)。公司 2021 年第一季度股份变动情况如表 5-7 所示。

表 5-7　第一季度股份变动情况表

项目	本次变动前		本次变动增减(+,-)	本次变动后	
	数量	比例		数量	比例
一、有限售条件股份					
二、无限售条件股份	3 875 371 532	100.00%	527 021	3 875 898 553	100.00%
1. 人民币普通股	3 475 371 532	89.68%	527 021	3 475 898 553	89.68%
2. 境内上市的外资股	400 000 000	10.32%	0	400 000 000	10.32%
三、股份总数	3 875 371 532	100.00%	527 021	3 875 898 553	100.00%

(二) 2021 年第二季度

本季度转股价格为人民币 5.03 元/股。本钢可转债因转股减少 46 087 200 元(460 872 张),转股数量为 9 162 052 股。截至 2021 年 6 月 30 日,公司剩余可转债余额为 6 751 256 800 元(67 512 568 张)。公司 2021 年第二季度股份变动情况如表 5-8 所示。

表 5-8　第二季度股份变动情况表

项目	本次变动前		本次变动增减(+,-)	本次变动后	
	数量	比例		数量	比例
一、有限售条件股份					
二、无限售条件股份	3 875 898 553	100.00%	9 162 052	3 885 060 605	100.00%
1. 人民币普通股	3 475 898 553	89.68%	9 162 052	3 485 060 605	89.70%
2. 境内上市的外资股	400 000 000	10.32%	0	400 000 000	10.30%
三、股份总数	3 875 898 553	100.00%	9 162 052	3 885 060 605	100.00%

(三) 2021 年第三季度

本季度转股价格为人民币 5.02 元/股。本钢可转债因转股减少 1 119 957 200 元(11 199 572 张),转股数量为 223 096 752 股。截至 2021 年 9 月 30 日,公司剩余可转债余额为 5 631 299 600 元(56 312 996 张)。公司 2021 年第三季度股份变动情况如表 5-9 所示。

表 5-9　第三季度股份变动情况表

项目	本次变动前		本次变动增减(+,-)	本次变动后	
	数量	比例		数量	比例
一、有限售条件股份					
二、无限售条件股份	3 885 060 605	100.00%	223 096 752	4 108 157 357	100.00%
1. 人民币普通股	3 485 060 605	89.70%	223 096 752	3 708 157 357	90.26%
2. 境内上市的外资股	400 000 000	10.30%	0	400 000 000	9.74%
三、股份总数	3 885 060 605	100.00%	223 096 752	4 108 157 357	100.00%

(四) 2021 年第四季度

本季度转股价格为人民币 4.55 元/股。本钢可转债因转股减少 155 000 元(1 550 张)，转股数量为 34 022 股。截至 2021 年 12 月 31 日，公司剩余可转债余额为 5 631 144 600 元(56 311 446 张)。公司 2021 年第四季度股份变动情况如表 5-10 所示。

表 5-10　第四季度股份变动情况表

项目	本次变动前		本次变动增减（+，-）	本次变动后	
	数量	比例		数量	比例
一、有限售条件股份					
二、无限售条件股份	4 108 157 357	100.00%	34 022	4 108 191 379	100.00%
1. 人民币普通股	3 708 157 357	90.26%	34 022	3 708 191 379	90.26%
2. 境内上市的外资股	400 000 000	9.74%	0	400 000 000	9.74%
三、股份总数	4 108 157 357	100.00%	34 022	4 108 191 379	100.00%

思考问题 5： 结合案例企业股价的波动，分析更有利于投资者行使转换权的时机。

十二、利息及权益分派情况

(一) 2021 年付息情况

"本钢转债"于 2021 年 6 月 29 日按面值支付第一年利息，每 10 张"本钢转债"(面值 1 000.00 元)利息为 6.00 元(含税)。债权登记日是 2021 年 6 月 28 日，除息日是 2021 年6 月 29 日，付息日是 2021 年 6 月 29 日。对于持有"本钢转债"的个人投资者和证券投资基金债券持有人，利息所得税由证券公司等兑付派发机构按 20%的税率代扣代缴，公司不代扣代缴所得税，实际每 10 张派发利息为 4.80 元；对于持有"本钢转债"的合格境外投资者(QFII 和 RQFII)，根据《关于境外机构投资境内债券市场企业所得税、增值税政策的通知》(财税〔2018〕108 号)规定，暂免征收企业所得税和增值税，实际每 10 张派发利息 6.00 元；对于持有"本钢转债"的其他债券持有者，每 10 张派发利息 6.00 元，其他债券持有者自行缴纳债券利息所得税，公司不代扣代缴所得税。

(二) 权益分派情况

1. 2020 年度权益分派

2021 年 7 月 10 日公布了 2020 年度权益分派方案，以公司实施权益分派方案时股权登记日(2021 年 7 月 16 日)的公司总股本 3 885 064 373 股为基数，向全体股东每 10 股派发现金股利 0.099 750 元(含税)。"本钢转债"的转股价格由原来的 5.03 元/股调整为 5.02 元/股，调整后的转股价格于 2021 年 7 月 19 日生效。

2. 2021 年半年度权益分派

2021 年 9 月 28 日公布了实施 2021 年半年度权益分派方案，以公司实施权益分派方案时股权登记日(2021 年 10 月 12 日)的公司总股本 4 108 157 357 股为基数，向全体股东每10 股派发现金股利 4.728 471 元(含税)。根据前述权益分派实施方案，“本钢转债”的转股价格由原来的 5.02 元/股调整为 4.55 元/股，调整后的转股价格于 2021 年 10 月 13 日生效。

思考问题 6： 试算复盘两次调整后的转股价格。

十三、公司的竞争优势

(一) 资源优势

本钢板材位于辽宁省本溪市，所在区域铁矿资源非常丰富，有亚洲最大的单体露天矿——南芬露天矿，具备明显的资源优势。本钢板材生产所需原料铁精粉有相当大比例可以向本溪钢铁集团采购，对外部原材料依赖性低，可以充分保障原材料供应，有效避免铁矿石供应短缺等因素对本钢板材生产经营活动的不利影响。

(二) 技术优势

近年来，公司对焦化、炼铁、炼钢、轧钢系统进行了大规模持续性技术改造，使得整体技术装备达到了世界先进水平，形成了较为合理的工艺装备结构及具有自身特点的专有技术和核心技术，部分技术填补了国内空白。在汽车板产品的研发、生产和管理上，消化吸收了汽车板一贯制技术，提高了汽车板产品的产成率和质量水平。目前，公司已具备了大型焦炉及干熄焦技术、大高炉冶炼技术、汽车板一贯制技术等多项核心技术。

(三) 产品优势

近年来，公司坚持以市场需求为导向，通过与中石油、华晨汽车、东风本田等重点企业开展新产品研发的战略合作，不断调整优化产品结构，建立了品种规格齐全的汽车板、家电板、管线钢、集装箱钢、高端装备用钢和特殊钢铁产品等为主导的具有高科技含量和高附加值的产品体系，是国内板材品种较为齐全的钢铁生产企业。最近三年，公司成功开发 120 个新产品牌号，包括 42 项汽车板新产品、21 项家电板产品、32 项热轧高强钢新产品和25 项特钢产品，包括 2 000 MPa 级热冲压成形超高强钢、车轮轮辐用马氏体双相钢、高级别抗酸腐蚀管线钢、冷轧低合金高强钢等产品。目前，公司已形成了近 110 个系列、300 多个牌号，上千个规格的产品系列，高附加值和高技术含量产品比例达到 80%以上，主导产品包括汽车高强钢、热成形钢、汽车表面板、家电板、石油管线钢、集装箱板、船板等，广泛应用于汽车、家电、石油化工、航空航天、机械制造、能源交通、建筑装潢和金属制品等领域，并远销 60 多个国家和地区。

(四) 客户优势

公司的高端产品获得了多家知名汽车厂商的认可，并建立了紧密的合作关系，部分加磷高强钢系列、低合金高强钢系列、烘烤硬化钢系列、高强 IF 钢系列等冷轧板、热镀锌和热成形钢产品成功通过了奔驰、通用汽车、一汽丰田、长安汽车、北汽新能源、长城哈弗、东风日产等多家知名汽车厂的认证，产品性能和质量良好，绝大部分品种已实现批量供货。冷轧板和热镀锌板 CR1-CR5、CR210P、CR340LA、CR270LA、CR300LA 共计 16 个钢种(牌号)通过美国通用汽车全球认证，这是继宝钢之后第二家通过此类产品认证的国内钢铁企业。

(五) 科研优势

本钢板材有先进高强产品研发所、汽车板表面技术研究所、用户服务技术研究所、冷轧(涂镀)产品技术研究所和热轧高强钢研究所等五个研究所。此外，公司还拥有1个国家级技术中心、2 个国家级理化检测实验室和博士后科研工作站、院士专家工作站。2017—2019 年公司研发投入金额分别为 13.90 亿元、14.96 亿元和 12.87 亿元，目前持有 59 项发明专利和 127 项实用新型专利。

课后思考

1. 相比股票投资，可转债投资的优势体现在哪些方面。

2. (思政)从科学发展观的角度，分析本次可转换公司债券转股对原投资者有哪些影响。

案例六 恒大集团的多元化投资案例研究

课前思考

1. 投资方式有哪些?

2. 多元化投资的类型有哪些?

理论背景

投资是企业或个人用其积累起来的货币把资金投放到企业内部生产经营所需的长期资产或购买股票、债券、基金等有价证券的行为。前者称为内部长期投资，后者称为间接投资。

企业往往通过不同领域的多元化投资实现企业价值的最大化以及分散风险。正如产品发展周期理论分析的那样，每一产业都有一个由幼稚期、成长期、成熟期到衰退期的生命周期。如果企业过于依赖某单一产品，将会面对较高的经营风险。若实现多元化经营，则可以使企业及时转向，取得一定程度的风险互补。同时，多元化发展可迅速扩大企业规模，通过一系列兼并、重组和联合能够使企业在某一行业发展的初期就占得先机，获得超额利润。若企业盲目搞不相关多元化，则可能丧失规模经济和核心竞争力，非但起不到风险分散的作用，反而会增大风险。这也是证券投资分散化选择与企业多元化投资战略选择最大的不同。此外，过多的多元化投资，使企业的决策者进入一个陌生的新领域，由于对新产业不熟悉，在业务方向的把握上及对危机事件的处理上常常难以准确。所以，如何实现企业在分散风险的同时，实现投资收益的最大化，成为投资管理的重点内容。

思考问题1： 投资时面临的风险有哪些？简单描述一下。

一、公司简介

恒大集团是“多元产业＋数字科技”的世界500强企业集团，旗下拥有恒大地产、恒大新能源汽车、恒大物业、恒腾网络、房车宝、恒大童世界、恒大健康、恒大冰泉等八大产业，为数亿用户提供全方位服务。目前，恒大总资产2.3万亿元，年销售规模超7 000亿元，累计纳税超3 000亿元，慈善公益捐款超185亿元，员工20万人，每年解决就业380多万人，在世界500强排名第122位。公司荣获党中央、国务院授予的“全国脱贫攻坚先进集体”，以及“全国抗击新冠肺炎疫情先进民营企业”等荣誉，集团董事局主席许家印多次荣获“全国劳动模范”等荣誉称号，并连续八届荣膺中国慈善领域最高政府奖“中华慈善奖”。

二、恒大集团多元化发展的历程

恒大集团作为世界500强企业，构建了庞大的商业帝国。恒大集团旗下产业划分为十大板块，所控制企业近3 000家。其中，地产1 932家、新能源汽车67家、童世界286家、恒大健康114家、房车宝52家、恒大物业46家、恒大人寿26家、恒大冰泉55家、恒腾网络23家。

从2009年集团在港上市开始，就以发展职业体育俱乐部的形式率先尝试进行多元化发展，4年后又分别尝试了食品业及农牧业。至2015年，在完成了一系列准备工作后，恒大集团正式提出多元化发展战略的实施要求，准备在集团发展过程中，逐步构建起一个以房地产开发与文化旅游、食品健康、金融保险等服务业并行发展的多元化发展雏形。

恒大集团上市初期，我国政府逐步出台限售、限购等政策调控房地产行业，房地产市场整体出现“政策市”的特征。恒大集团的多元化发展过程也受到不断调整的政策的影响。虽然均受到宏观政策与中观行业的影响，但是恒大集团仍然是大型房地产企业中最早尝试多元化、涉足领域最广的企业。

首先，恒大集团成功上市后不久，便率先收购了两家职业体育俱乐部，其中广州恒大足球俱乐部甚至成为我国体育史上最成功的职业足球俱乐部，这不仅有利于恒大集团的品牌建设，也为集团发展多元化开了一个好头。

2010年，恒大立足于发展已趋成熟的传统房地产行业，开辟出与之较为接近的旅游地产市场。旅游地产可以依托于传统房地产，同时又是传统房地产的一种有益补充。

2013年，恒大冰泉上市，标志着恒大集团开始进军食品行业。凭借着恒大足球俱乐部带来的良好品牌效应，恒大冰泉作为恒大足球俱乐部的赞助商，享有得天独厚的品牌宣传效应，迅速进入大众视野，并在相应领域占据了一定份额。

2014 年，恒大集团分别向畜牧、粮油与乳业等农产品行业注入资金，成立专门的分管子集团，进军农牧业，并在此期间充分利用国家颁布的一系列鼓励性质的惠农政策，积极响应号召向新型农牧业的发展方向靠拢。

由于经济发展水平不断提升，人均可支配收入不断增加，人们对保险与康养的意识增强。2015 年，恒大集团进军保险及医疗健康行业。恒大的医疗健康发展也与其自身支柱性的传统房地产有密切联系，医疗健康业务的发展可以利用其本身具备的大量住宅性质的房地产业务，反过来也是提升房地产品质的一个举措，两者起到相互补充的作用，发展较为迅速。

2016 年，恒大集团进军互联网金融行业，可谓牢牢抓住了当时互联网新业务发展的方向，这一发展策略也成为了恒大集团进入金融行业的敲门砖；同年，恒大集团也迈入了银行业发展的范畴。银行业与互联网金融互为补充，齐头并进，无疑是集团纵深发展多元化的重要举措。

2018 年，恒大集团进军高科技产业。在新业务发展初期，集团便投入了大量的资金用于夯实研发硬件基础，同时注重提升软实力，不断推进其发展高科技的进程，紧紧跟上科技为先的时代发展步伐。

2019 年，公司正式进军新能源汽车产业，目标是到 2025 年实现年产销超 100 万辆、2035 年超 500 万辆，打造世界上规模最大、实力最强的新能源汽车集团，助力中国从汽车大国迈向汽车强国。

可见，自 2009 年起，恒大的多元化扩张布局也逐渐从内涵式演变成了外延式，先后进入了文化、百货、超市、矿泉水、粮油、畜牧业、乳业、母婴、整形医疗等行业，搭建起一个复杂而庞大的架构。

三、恒大集团多元化战略选择的背景

（一）资源的有限性

房地产企业发展的重要限制因素是资源和土地，而我国人多地少的国情制约了企业的可持续发展。且由于房地产业的经营周期较长，其投资的回款速度也远远落后于其他行业。而且可供房企选择的融资渠道并不多，若此时国家再推行紧缩的货币政策，房地产企业想要获得资金更是难上加难，资金受到限制就会影响项目的正常进行，使其面临严峻的经营风险，所以房地产企业实施战略转型是必然的结果。

（二）政策的影响

近几年，房地产业市场发展迅速，房价也随之一路上涨，使得公众的不满和对房地产企业的攻击愈发加重。在这种背景下，政府为了稳定社会公众的情绪，也为了稳定房地产业，构建稳定和谐的社会环境，开始对房地产业进行政策性调控，使房价在一定合理区间内波动。但频频出炉的房地产调控政策使得房地产行业遭受了巨大的压力。在这样的环境下，规模庞大的恒大集团所受到的影响更是不可估量的，因此恒大集团为了规避政策调控所带来的系统风险，也为了实现企业可持续发展的目标，实施了多元化战略。

(三) 获取市场优势

多元化经营会在一定程度上影响市场结构变量。通过改变市场结构变量,可以大大提高市场进入壁垒,减少竞争对手数量,获取超额利润,使企业获得“集团力量”,最终起到反竞争的作用。从目前房地产行业的格局来看,万科集团已经发展成为住宅地产的龙头,而万达集团也稳坐商业地产的第一把交椅,恒大集团以多元化经营为突破口,以期率先找到适合的产业来发展其规模,从而获取更多的市场优势。

(四) 优化资源配置

企业所拥有的资源往往不能被全部利用,因此会产生一定的剩余资源,而企业的资源主要包含有形资源和无形资源两种。企业的有形资源包括闲置的原材料、未充分利用的设备、富裕的资金等;企业的无形资源包括品牌商誉、研发技术、管理制度等。企业采取多元化战略可以很好地利用这些剩余资源,帮助企业不断提高经营业绩。因此,大型企业一般都会采用多元化战略利用剩余资源扩大规模。恒大集团作为国内房地产排名前列的企业,可利用的剩余资源极其丰富;通过不断夯实基础获取迅速反应的管理能力及灵活的科学配置资源能力。因此,恒大有绝对的优势进行多元化战略实施,充分将剩余资源利用最大化,不断发展企业规模,保持行业前列地位。

(五) 分散经营风险

市场环境的变化日新月异,行业发展总是面临革新与挑战,企业间的激烈竞争,企业内部经营的跌宕起伏,无不影响着企业未来的生存和发展。如果企业采取单一经营的模式,生产活动局限于一个行业,风险就会很大。一旦在资金、运营等方面出现危机问题,就会造成难以挽回的重挫。在我国宏观环境背景下,近几年政策不断出台,通过调控与规范房地产行业的发展,使得房地产市场不断收紧。面对人民生活水平的提高,对于房产的品质要求也随之提高,这加剧了房地产行业的竞争难度,让房地产企业面临着不断升级的挑战与相应的风险。此外,资金流运转慢、资金回收周期较长是房地产行业最大的特征之一。房地产因前期建设项目需投入大量的资金且无法短时间内收回,这样的资金运营无疑是对房地产企业的严峻挑战。恒大集团实施多元化战略,把企业的资源和资金运用到各个产业市场中,在一定程度上可以有效分散企业的经营风险。

思考问题 2: 试对恒大集团多元化投资进行 SWTO 分析。

四、恒大集团多元化投资现状

(一) 房地产产业

恒大地产一直坚持“民生地产”的定位,夯实企业管理能力,实行简化高效的管理模式,不断扩大规模,多种创新型产品与服务层出不穷,始终走在行业前列,为打造万千业主的宜居梦不断奋斗。在管理模式方面，恒大集团重视上下级公司的联系，实行紧密型管理。在如此高效的执行模式下，推行标准化运营，使得集团在整体运转中极具效率。通过设立多个职能模块细分，使企业管理覆盖各个方面，如企业财务、合同履约、人力资源等。在产业链方面，恒大通过并购、新建与战略合作的方式，已形成庞大的行业上下游产业链。恒大集团具有前瞻性的目光，很早就开始与国内房地产上下游的企业进行战略合作，迅速拓展产业链规模，从最开始的43家合作企业发展到目前的800多家，可见恒大集团对于打造产业链的必胜决心。形成产业链后，与各个合作企业充分利用各自资源，形成优势互补，最大程度发挥产业链效益。如在恒大集团与麦当劳的战略合作中，双方利用各自的品牌、渠道以及相关资本等有利条件，形成资源互补，达到互利共赢的效果。在营销方面，恒大集团紧随形势，大胆创新。2020年，突如其来的疫情让原本因宏观环境而受限的房地产市场的雪上加霜，各个房地产企业被迫关闭售楼处，而恒大面对这一困境，发挥营销优势率先转身，实施网上售楼，以互联网思维推出新的营销方式，迎合时代新潮，利用高科技VR看房为客户提供身临其境的服务体验，使得客户足不出户便可以实现购房需求。此外，大胆宣传“无理由退房”这种较为创新的营销方式，免去客户的后顾之忧，将疫情的不利影响降到最低。在客户服务方面，恒大始终坚持诚信经营，真诚对待每个客户，为他们提供贴心的服务。在社区服务中，以业主需求为导向，除了提供周到的贴心服务外，还提供极具文化气息的优质服务，注重社区文化打造，2019年度以“友邻友爱”为主题在全国范围开展系列社区文化活动，旨在弘扬尊老爱幼的中国传统文化及健康生活理念，打造和谐文明、幸福有爱的社区环境。

（二）新能源汽车产业

随着国家不断提倡绿色环保理念，鼓励新能源行业的发展，各个企业都试图在新能源行业领域分一杯羹。而恒大集团利用其自身的资源优势，布局新能源汽车产业，致力于打造具有民族品牌特色的新能源汽车，是其多元化战略发展的重要举措。从产业整体目标上看，恒大宏大的战略规划与大手笔的投入建设，志在把恒大新能源汽车板块打造成为世界上实力最强、规模最大的新能源汽车集团，目标到2025年实现年产销超200万辆，到2035年实现年产销超500万辆。在产业链方面，从2019年开始，恒大集团首先通过外部合并的方式先后入股、收购超跑公司Koenigsegg等企业；之后，通过企业自建方式投资建设整车生产基地，并与国家电网合作成立合资公司以解决新能源汽车充电难的问题，组建新能源汽车造型设计专家委员会，致力于打造高科技优质产品。此外，恒大集团与多家国际知名汽车零部件供应商通过战略合作的方式，签订合作协议，为打造新能源汽车业务奠定坚实的基础。只用了一年的时间，恒大就大体建立了一条完整的新能源汽车产业链。在产品方面，恒大新能源汽车预计推出14款车型，包含各级档次与各种功能，车型覆盖面广，全面满足了各类用户的需求。在营销方面，恒大集团联合体育产业推出了新能源汽车品牌“恒驰”。在队员球衣上的新颖宣传形式，成功夺得了人们的眼球，央视频道的广告宣传中，每款车型的飒爽英姿以及针对不同人群的产品设计定位，更是吸引了人们的注意力。此外，互联网传媒的渗透效应使得恒大的营销范围更加全面，策略具有针对性且丰富多样。

(三) 数字科技产业

2020 年,数字科技产业作为新加入的业务板块,占据了恒大集团多元化战略的四分之一布局。数字科技产业集合了恒大集团原有的房地产、互联网、新能源汽车等业务的资源基础,应用大数据、人工智能等数字科技进行创新建设,构建了线上线下房产、汽车交易服务平台。在产品方面,数字科技产业主要拥有三大平台。其一是房车宝,进行房产、汽车相关交易的综合服务平台;其二是房车宝全民经纪平台,已拥有上千万的会员规模。其三是房车宝 Saas 管理数据资源共享平台,利用数字技术高效全面地为线下门店提供解决方案,实现企业在房源等各项管理的线上化,构建全链条系统,大大提升运营效率。三种产品互相合作、互相补充,共同为恒大打造大规模的互联网服务集团提供有力的产品支撑。

(四) 文旅康养产业

恒大集团在文旅板块经过多年的探索,大力推出两项跟随时代趋势、弥补产业空白的游乐项目,并布局全国多个城市。在康养板块,恒大集团充分迎合我国老龄化社会现状,响应国家号召,大力发展健康养老产业,打造别具一格的养生养老产品。在产业链方面,恒大集团以房地产核心业务为主导,发挥房地产上下游产业链优势,选择文化旅游、健康养老这两类朝阳产业作为多元化战略发展的新业务,充分利用了原有产业资源,形成规模链条,促进发展。在产品方面,恒大集团准确定位消费群体。正在建设的"恒大童世界",是融合了中西文化文明,采用高科技创新的游乐设备及技术,打造出的顶级童话神话主题乐园。与此同时,"恒大水世界"的打造也耗费了企业巨大的投入规划,恒大精心挑选出最优的 100 个项目,通过最先进成熟的技术设备力保项目建成后的成功运营,并得到广大客户的青睐。"恒大养生谷"是一款高档次的国内大规模养生养老胜地,产品特色众多,具有为各类人群创建全方位的健康养生生活体验、健康会员机制等多种健康管理创新模式。

(五) 体育产业

恒大集团从 2010 年 3 月开始展开了其在体育领域的布局,并在广州成立了自己的足球俱乐部。恒大足球俱乐部成立后,在中国甲 A 联赛取得了非常好的成绩,随之恒大开始进入排球、羽毛球等多个领域,并意向收购篮球俱乐部,大力发展体育领域多元化计划。之后,恒大集团旗下的足球俱乐部以俱乐部的形式上市,这也是国内首次,甚至被誉为"亚洲足球第一股"。恒大集团还在广东建设了新型国际学校,在我国体育事业的振兴上起到了推动作用。在国家鼓励体育事业的大环境下,恒大集团仅仅作为体育事业的投资者很难获得高利润,但恒大集团绝对不是纯粹的跨界混血儿。恒大有自己的销售理念,集团对自身市场的定位非常准确,同时其产品的实际价值远高于同行。恒大集团在体育领域的布局,更多的是通过足球、羽毛球、排球等运动提升企业形象,提升企业整体水平。

(六) 快消品产业

2013 年,恒大集团将多元化的步伐迈向了快速消费品市场。随后恒大集团先后推出了恒大冰泉等快消品牌,销售业绩斐然。另外,在快消行业恒大集团还投资了粮油、乳业和畜牧三大产业,试图打造特大型现代农业企业。但由于快消品行业与恒大的主营业务房地产开发差异较大，恒大对其了解不足，且市场环境竞争激烈，次年恒大冰泉销售业绩开始下滑。2016年，恒大集团决定放弃这方面的多元化经营，将恒大冰泉、乳制品和粮油等业务出售给第三方。

(七) 金融产业

2014年1月，凭借33亿元的巨额入股费用，恒大集团一跃成为华夏银行的第五大股东，正式开启了在金融服务领域的多元化路程。次年11月，恒大集团控股了中新大东方人寿保险公司，并以打造出中国大型寿险品牌为目标，成立了恒大人寿，同年其保费收入近150亿元，位居当时中国寿险公司前30名。2016年3月，恒大又耗资百亿在银行板块收购了盛京银行。当然恒大在金融领域的布局并不只是限制在银行和保险行业，恒大的金融板块还向证券、信托等行业扩张，最终打造一条全金融产业链。

(八) 医疗产业

恒大集团在健康领域实行多维度发展，它将互联网与健康相结合，把互联网医疗战略规划纳入多元化经营布局体系之中。为了实现健康领域多元化目标，恒大集团成立了恒大健康产业有限公司，主要业务包括养老项目、社区健康管理、国际医疗、医疗美容抗衰老、专业康复。恒大集团瞄准医疗健康产业这一领域的经济价值，利用现有资源和政策优势对健康领域进行了规划，以寻求能在该行业获得更多效益。总体来看恒大集团多元化投资现状如表6-1所示。

表6-1　恒大集团多元化投资现状

投资行业	投资时间	经营内容	经营成果
房地产	1997年	恒大地产	净利润呈总体增长趋势，但2021年上半年房地产开发业务开始出现亏损，亏损约40亿元
体育	2009年	恒大足球	恒大足球俱乐部每年达亏损10亿元以上
文化	2010年	恒大文化	除恒大音乐持续盈利，其他板块均处于亏损状态
快消品	2013年	恒大冰泉等	投资54亿元成立恒大冰泉，3年内亏损高达40亿元，于2016年以18亿元被剥离
金融	2014年	恒大人寿等	斥巨资控股华夏银行，收购中新大东方人寿公司，盛京银行及集付通支付有限公司
健康	2015年	恒大健康	斥资9.5亿港元收购新传媒，虽投入运营但项目仍处于连年亏损状态
旅游	2015年	恒大旅游	恒大童世界、恒大水世界等文旅项目处于亏损状态
高科技	2018年	新能源、人工智能、集成电路等	恒大新能源汽车投资数达千亿，连年亏损，巨额投入至今仍未实现量产

思考问题 3：恒大集团多元化投资具有哪些特点？以及这些特点对企业管理提出什么样的要求？

五、恒大集团多元化经营财务绩效

多元化业务的拓展消耗了大量资源，渐增的融资成本以及现金流量短缺等问题引起了恒大集团整体财务风险激增，加之紧缩的房地产调控政策，使得恒大集团经营业绩不断下滑，最终于 2021 年下半年爆发了财务危机。

（一）基本财务状况

恒大自上市之初就积极进行多元化的战略布局，以房地产业为主，其涉足的产业还包括文化、旅游、保险、健康、体育、农牧、医疗、银行及高科技行业。下面将从筹资风险、投资风险、流动性风险三个方面对恒大多元化的财务风险展开分析。恒大集团 2010—2020 年主要财务指标，如表 6-2 所示。

表 6-2　恒大集团 2010—2020 年主要财务指标

单位：十亿元

指标	2010 年	2011 年	2012 年	2013 年	2014 年	2015 年	2016 年	2017 年	2018 年	2019 年	2020 年
资产总额	104.45	179.02	238.99	348.15	474.76	757.04	1 350.87	1 761.75	1 880.03	2 206.58	2 301.12
营业收入	45.8	61.92	65.26	93.67	111.4	133.13	211.44	311.02	466.20	477.56	507.25
营业利润	13.82	19.93	16.52	25.04	28.55	32.32	48.23	85.25	141.41	94.85	69.71
净利润	8.02	11.78	9.18	13.71	18.02	17.34	17.62	37.05	66.55	33.54	31.4

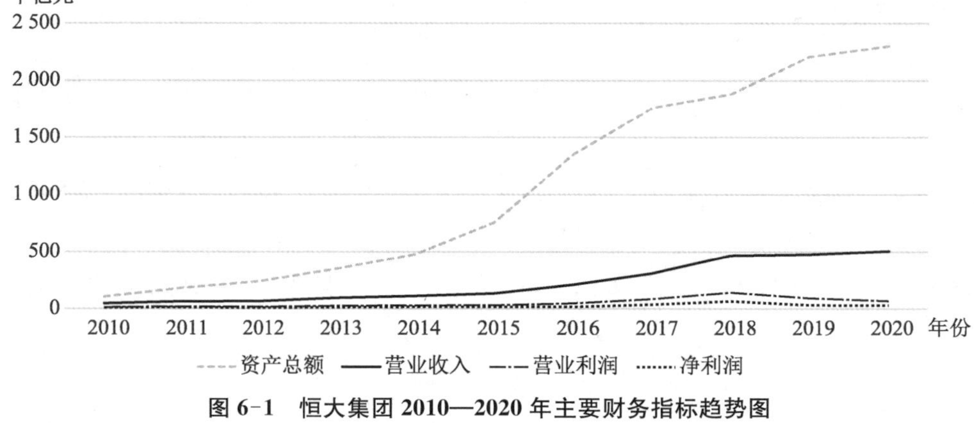

图 6-1　恒大集团 2010—2020 年主要财务指标趋势图

从主要财务指标趋势图(图 6-1)中我们可以看到,恒大集团的总资产规模在 2010—2019 年这十年间呈现了快速增长势头。2019 年,恒大的营业收入达到 4 775.6 亿元,是 2010 年营业收入的 10.4 倍,这说明多元化战略的实施使恒大集团的营业收入有了大幅提升。恒大集团的净利润在 2010—2011 年间整体呈波动上升趋势,受国家限贷限购调控政策的影响,2012 年净利润呈下降趋势。2012—2014 年,受益于房地产市场的新一轮增长,恒大的净利润停止下滑。而到了 2015 年,恒大集团的净利润又稍有下降,但幅度不大。2016—2018 年呈大幅上升趋势,2019 年再度下降。恒大集团资产总额和营业收入一直保持着迅猛增长,可是其利润指标增速却略显缓慢。

(二) 筹资风险分析

筹资风险产生于企业筹资时面临的还本付息压力及偿债期限限制,偿债能力分析是判断企业是否存在筹资风险的一个重要方面,企业主要偿债能力指标如表 6-3 所示。

表 6-3　恒大集团 2010—2019 年偿债能力主要财务指标

指标	2010 年	2011 年	2012 年	2013 年	2014 年	2015 年	2016 年	2017 年	2018 年	2019 年
流动比率	1.59%	1.54%	1.33%	1.54	1.43%	1.34%	1.52%	1.40%	1.36%	1.37%
速动比率	0.63%	0.54%	0.35%	0.56	0.51%	0.5%	0.62%	0.52%	0.42%	0.39%
资产负债率	79.54%	80.94%	82.56%	77.21	76.31%	81.22	85.75%	86.25%	83.58%	83.75%

2010—2019 年恒大集团的流动比率、速动比率均未达到行业标准,从资产负债率来看,也一直维持在较高水平,说明公司借债较多,偿债能力较弱,筹资风险较大。恒大集团的筹资风险主要在于筹资规模大和筹资方式比较单一。多元化需要大量资本投入,而新业务增长较为缓慢,很难在短时间内产生正向现金流,需要不断补充资金。公司主要通过负债的方式筹集资金,早期的资金供应大部分来自银行借款,高额的本金和负债利息的偿还增加了公司的偿债压力,公司还通过私募融资的方式筹集资金,累计约 15 亿美元,而私募融资成本更加高昂,这对于恒大集团的筹资风险无疑是雪上加霜。

思考问题 4: 结合产品生命周期理论分析多元化投资对恒大偿债能力的影响。

(三) 投资风险分析

投资风险是指企业投入资金后可能产生的对企业经营和财务状况造成的不利影响,评价投资风险的指标一般以企业盈利能力和发展能力为主。恒大集团 2010—2019 年偿债能力主要财务指标如表 6-4 所示。

表 6-4　恒大集团 2010—2019 年偿债能力主要财务指标

指标	2010 年	2011 年	2012 年	2013 年	2014 年	2015 年	2016 年	2017 年	2018 年	2019 年
净资产收益率	46.49%	42.47%	24.22%	22.65%	18.79%	13.63%	10.53%	17.04%	24.16%	10.06%
资产报酬率	9.58%	8.31%	4.39%	4.67%	4.38%	2.82%	1.67%	2.38%	3.65%	1.64%
销售净利率	17.52%	19.03%	14.07%	14.64%	16.17%	13.02%	8.33%	11.91%	14.27%	7.02%
销售毛利率	29.19%	33.28%	27.90%	29.52%	28.53%	28.10%	28.10%	36.09%	36.24%	27.84%

恒大集团的资产报酬率呈现波动下降趋势，且在多元化战略开展前后，即 2014—2015 年，下降了 1.56 个百分点，到 2016 年多元化布局基本完成后，资产报酬率呈持续上升趋势，这说明多元化布局在很大程度上对盈利能力发挥了积极影响。2016 年，为了减少损失，恒大集团抛售了以恒大冰泉为代表的快消品产业，使得企业的盈利能力大幅提高。恒大为了募集资金向公众发行了股票，净资产收益率大幅增长，提高了 6.51 个百分点，使企业的资产报酬率上升了 1.16 个百分点。恒大集团在完成了多元化布局之后，其销售净利率和销售毛利润大幅增涨，集团在多元化成型后的利润增长要高于收入增长。

恒大集团在单一经营时期，其盈利能力指标就一路下滑，主要因为这个时期恒大集团在三、四线城市开发了太多的项目，因政策和购买力的问题，使得恒大积压了大量库存。直到 2013 年恒大花费了高达 500 多亿元的资金购买了 80 多块土地（面积约有 760 万平方米，主要布局在北上广等一二线城市）后，才给恒大带来了较大的收益。而 2012—2013 年间利润的提升是恒大淘宝足球俱乐部所带来的。与单一经营时期的指标比较，恒大集团在初步完成多元化布局的时候，就已经实现了利润的增长。

（四）流动性风险分析

房地产属于资金密集型行业，稳定的现金流是房地产企业正常运转的基础。经营性现金流是反映企业自身是否有足够的造血能力、现金是否安全的重要指标。恒大集团 2015—2020 年经营活动产生的现金流量净额仅在 2018 年和 2020 年为正，2017 年低至 1 509.73 亿元，2020 年增幅较大，主要原因是迫于“降负债”的压力，恒大在全国推行降价促销及网上售房活动，营销力度大，营业收入增加产生了正向现金流。恒大集团经营活动现金流为负，一方面说明其应收账款回款速度较慢，更多需要依靠外部融资来维持自身的正常运转，另一方面也说明恒大的短期偿债能力较差，存在“拆东补西”的情况。恒大集团部分现金流量状况如表 6-5所示。

表 6-5 恒大集团部分现金流量表

单位：亿元

净现金流	2015 年	2016 年	2017 年	2018 年	2019 年	2020 年
经营活动净现金流	−237.49	−586.10	−1 509.73	547.49	−673.57	1 100.63
投资活动净现金流	−125.53	−1 195.59	−474.82	−603.63	−553.08	−241.28
筹资活动净现金流	1 094.46	2 730.79	1 529.13	−176.51	1 431.63	−768.85

另外，投资活动产生的现金流量净额连续 6 年为负，表明恒大在新业务投资领域投资支出短期内未见回报。筹资活动产生的现金流量净额仅在 2018 年和 2020 年为负，但数额较小，进一步说明近些年恒大主要依赖筹资现金流进行投资、经营，结果使负债的“雪球”越滚越大，加之因 2020 年未满足融资监管新规“三道红线”的标准，导致其不能新增有息负债，现金流短缺，偿债风险进一步加剧。

六、恒大集团多元化投资存在的问题分析

（一）多元化布局投资成本过高

无论是何种产业的投资，恒大集团都始终秉持着其一掷千金的豪气做派。比如恒大淘宝足球俱乐部，就是当年恒大豪掷 1 个亿买下的。而这笔出资仅仅是恒大集团为振兴体育迈出的第一步，每年恒大在为这支球队聘请明星球员和教练员上的投资都较大，据披露，恒大集团仅仅在这方面的花费就达到 5 亿元人民币之多。当恒大集团决定开展畜牧业业务时，初期建设和并购生产基地就耗费了 70 亿资金，成本的高投入非常不利于企业的财务绩效。

（二）大多数产业尚处于初级培育阶段

截至 2020 年，恒大集团的多元化进程已经发展了 10 年，但恒大集团目前多元化发展状况还处于建设和培育的初级阶段，需要为布局和建设多元化投入巨大的成本。一个新领域的进入，从进军到经营发展直至实现最终为企业盈利的目标，是一个覆盖整个产业周期的漫长过程。根据对恒大多元化板块经营的分析发现，恒大集团多元化布局中包括体育行业、金融行业、互联网行业和快消品行业在内的其他业务板块一直没有实现盈利，而恒大却为其投入了过多的资金，可见，即使是再高成本的投资也不能带来立竿见影的收入增长，这也不可避免地造成了恒大集团在财务业绩上落后于同行业的其他企业。

（三）多元化布局节奏过快

2014 年恒大集团宣布开展多元化布局，2016 年初步完成，2019 年便全面完成了布局，恒大集团多元化战略的实施还存在布局节奏过快的问题。这十年中先后进军了体育行业、文化行业、金融行业、旅游行业、健康行业、快消行业和新能源汽车行业，只注重数量而忽视质量的多元化不但不会给企业带来新的经济增长点，还会因为产业建设初期的大量资金投入而给企业带来沉重的资金负担。

（四）多元化经营目标不够明确

企业选择多元化经营的原因有许多，或许是受限于房地产业有限的发展空间，或许是为了降低融资成本，或许是由于自身战略转型的考虑，但无论是以什么为出发点，企业都应该在进行多元化布局前对自身进行评估，为多元化的实施确立一个合理清晰的目标。而恒大集团在进行多元化布局时制定的目标还不够明确。纵观恒大集团自实施多元化经营的这十多年来，投资的行业遍布多个领域，关联性低，行业与行业间的差异比较大，这既为业务的发展增加了难度，也会给不熟悉恒大品牌的消费者带来困惑，从而影响客户忠诚度。因此，企业在展开多元化布局前的首要任务就是确定多元化经营的方向和方式，如果没有明确的目标而盲目地实施多元化，那么极有可能使企业陷入经营困境。

（五）多元化行业选择的失误

恒大集团高调进军快速消费品行业，最终却黯然离场，究其原因，是其错误地选择了实施多元化的行业，即其所选择开展多元化经营的行业与其主业毫无关联。以恒大投资快消品行业为例，虽然，恒大在其多年的房地产经营管理过程中积累了丰富的经验，但这些经验只是针对房地产行业的，对于快速消费品行业来说并不能完全适用。其次，从环境因素来看，中国实体经济的发展速度有待提高，即便如快消业的佼佼者娃哈哈，与房地产经营企业相比其盈利能力也有很大差距。所以，实施多元化所选择的行业至关重要，如果选择不当，则会给企业带来了巨大的风险。

思考问题5：企业选用不同的投资策略会产生哪些差异？

七、优化恒大集团多元化投资策略的相关建议

（一）选择适当的多元化行业

企业在实施多元化战略时涉猎数个行业与领域，这些行业不应是毫无关联的，其实它们之间的内在联系十分紧密，甚至行业之间可以实现部分资源的共同利用，比如技术、设备和管理体系，可有效提升企业资源的利用效率。如碧桂园一直以与房地产主业相关的其他行业作为支持，进行多元化战略大布局时也选择与房地产板块相关的现代农业，选择发挥自身优势的新行业。因此，在进行多元化战略拓展新行业时要深入分析企业实际情况，利用原有的资源优势，再选择适当的多元化行业。

（二）坚定企业多元化战略的布局

企业采取多元化战略的行业布局各有不同，在一定程度上这和企业多元化战略的目标侧重不同有关。在房地产行业，有的企业侧重充分利用房地产业务给企业带来的资金等资源，有的侧重发展上下游行业产业链的市场优势，有的侧重通过多元化战略分散房地产业务的经营风险等。而恒大集团步入多元化战略阶段后，多元化战略目标看上去并不明确，导致其多元化战略布局一直发生改变。自2016年起，恒大保持地产、文化、养老行业不变的前提

下，在金融、高科技等行业上进行战略调整，并新加入了新能源汽车一大板块。这样的布局变化，很容易导致企业多元化战略上的失误，造成企业的资金、人力、管理等方面的资源浪费。因此，恒大集团应明确战略目标的侧重点，坚定企业多元化战略的布局。

（三）加强多元化战略的控制和管理

在企业进行多元化战略布局时，是否能控制好多元化节奏是影响战略实施效果的关键因素。恒大集团曾尝试快消行业失败，最后选择出售此行业全部权益。当时恒大在拓展快消行业的前期便大手笔地投入各种资源，没有合理控制进入多元化新行业的节奏，也没有控制多种行业共同发展的节奏，造成企业财务等方面的负担。此外，多元化高度扩张还会增加企业的管理难度，企业管理制度需要及时变更，人才队伍也需要及时扩大，若企业不能很好地做到这些，只是一味地加大多元化战略的投入，终将会使企业陷入经营困境，给企业带来难以缓解的危机。因此，恒大应加强对多元化节奏的控制，保持并不断优化企业的管理制度与能力，避免企业资金运营等方面陷入困境。比如，在营运资金方面，可以吸取万科集团的宝贵经验，实行统一调度模式，利用资金结算中心对资金统一调配控制，在此基础上，提升企业的资金运营效率，严格把控企业的财务状况，及时获取财务信息，以便进行科学的资金管理。

（四）保持房地产核心竞争优势

恒大集团选择多元化战略后能够迅速拓展产业布局，离不开其原有的房地产核心业务的支撑。企业进行多元化战略实施时，需要充足的资金作为发展基础。虽然，我国目前房地产市场因政策调控发展不如从前，房地产企业的经营风险也随之加大。但与其他行业相比，房地产行业仍对我国经济贡献发挥着不可替代的作用。然而，当房地产企业实施多元化战略时，如果弱化房地产主业务，企业盈利能力就会受到影响，各项指标可能也会随之降低，甚至会造成企业的经营困境。因此，恒大集团应继续在多元化战略实施过程中巩固原有的房地产主业，可以向万科集团和碧桂园两个房地产企业学习，选择的多元化产业大多与房地产板块相关，这样不仅可以促进房地产主业的发展，还可以实现企业资源利用效率的最大化。

思考问题6：影响企业进行多元化投资的因素有哪些？

课后思考

1. 试分析恒大集团多元化投资对我国房地产的投资管理有何启示。
2. （思政）恒大集团发展过程中所体现的企业家精神有哪些？

第五章　营运资金管理

案例七　美特斯邦威存货管理案例研究

课前思考

1. 存货的内容有哪些？

2. 存货的功能有哪些？

理论背景

我国《企业会计准则》对于存货的定义是企业在日常活动中持有以备出售的产品或商品、处在生产过程中的在产品、在生产过程或提供劳务过程中储备的材料或物料等。一般来说，存货就是一种为企业现在和未来生产或者销售所必需提前准备的物质资源。

企业通过对存货信息的管理和在此基础上进行的决策分析，达到有效控制和提高经济效益的方式叫作存货管理。实现存货管理的目标，要求企业以客户的需求为基础，并且要有计划有组织地结合自身经营特点协调、控制存货，除了做到保证企业自身所需要的必须存货之外，还需要做到最小化存货持有量，最大程度地降低存货成本，增加企业利润。一般通过存货周转速度、存货相对规模等指标来衡量存货管理水平。

思考问题 1：存货管理的方法有哪些？简单描述一下。

一、公司简介

我国是世界上最大的纺织服装生产国和出口国。根据 2019 年上半年的统计数据，我国服装企业服装产量 104.1 亿件。在出口方面，根据来自海关的最新数据显示，我国 2019 年上半年累计完成服装及衣着附件出口金额为 665.74 亿美元，服装出口数量 141.32 亿件。

从 1990 年开始，我国的服装行业发展经历了三个阶段。第一个发展阶段是 1990—2000 年，这十年是服装批发商快速发展壮大的阶段，也是我国服装行业发展的初级阶段，此时竞争格局尚未形成，服装市场整体是处于供小于求的状态。2000—2010 年是服饰行业的黄金发展期，随着人民生活水平不断提高，对服装的需求量也稳步攀升，我国的服装行业也进入了第二阶段，国产服饰品牌急速扩张，涌现出了一批知名品牌如李宁、森马、美特斯邦威等。第三阶段是 2010 年以后，我国的服装市场进入成熟期，国外的服饰品牌纷纷把眼光瞄准中国市场，且由于服饰行业壁垒比较薄弱，国内大批优秀新兴品牌和电商品牌崛起，此时不同品牌的差异化服务成为吸引消费者购买的主要因素之一，而依靠开设新店来刺激销量增长的策略难以再继续维持下去。在国内外竞争对手的双重压力下，我国服饰企业陷入了库存积压严重、加盟代理商业绩不佳的困境，这些情况限制了我国服装企业的进一步发展，由此也加速了整个行业进行战略转型。

上海美特斯邦威服饰股份有限公司（以下简称“美邦公司”）从浙江温州起家，1995 年开设了第一家专卖店，确定了走品牌连锁经营的道路。接着抓住了经济发展的浪潮，利用明星效应，美邦公司迅速成长为国内一线品牌。创始人周成建便是带领美邦发展成为休闲服饰帝国的关键人物。2005 年美邦公司将总部迁到上海，意味着公司将围绕上海这个国际都市开始了“二次创业”。2008 年 8 月，美邦公司在深圳交易所成功上市，美特斯邦威实现了新的飞跃，正式成为公众企业。同一时间美邦公司在深圳发布了其旗下新品牌 ME&CITY，美邦公司实现了从单品牌战略向多品牌战略的转变。与以往的品牌定位不同，ME&CITY 是美邦公司旗下针对都市白领人群的子品牌。在之后的 2011 年和 2012 年，随着童装市场需求大涨，美邦瞄准这次机会，推出了自己的童装品牌“米喜迪”和“MooMoo”。美邦公司的品牌介绍如表 7-1 所示。

表 7-1　美邦服饰子品牌风格定位

子品牌		风格定位
时尚休闲品牌	Meters/bonwe	定位于 16—25 岁的学生群体和初入社会的职场新人。由单一休闲风格变为五大风格，围绕五大独特的生活方式打造产品
	ME&CITY	ME&CITY 品牌的目标是为新中产消费者提供品质生活体验，ME&CITY 的产品有三个系列，围绕时尚都市人群的不同生活场景打造。简约生活提供最适穿的必备款式，摩登生活通过精致的小细节表达态度
童装品牌	米喜迪（ME&CITYKIDS）	米喜迪（ME&CITYKIDS）作为 ME&CITY 的子品牌，主打中高端时尚童装。该品牌紧跟现下童装的流行趋势，将产品设计得时尚又不失精致
	MooMoo	MooMoo 童装，定位于 1—14 岁儿童服饰，为其提供一站式购物服务。为每一位追求得体感、设计感与品质感的父母提供更合乎其品味的、百搭且品质出众的多彩儿童休闲服饰

二、美邦公司的经营模式

美邦公司从 1995 年成立至今，发展成为一个总资产 70 多亿元的知名品牌，创下了每两秒钟卖出一件衣服的惊人纪录，它的成功之路离不开创始人周成建的正确选择，其借鉴了耐克公司的模式，采取了“虚拟经营”的扩张策略。

虚拟经营，是指企业在实际工作中不像常规企业一样拥有完整的组织架构，只留下最重要的功能部门如设计、研发、品牌等，而把其他的功能“虚拟”化，即利用外部的某些资源来替代。通俗来讲便是企业只把核心部分保留，让其他企业来协助自己做不擅长或者非核心的部分。这样一来就可以让企业在竞争激烈的市场环境中规避资源有限的劣势，最大程度地借助外来力量进行优势互补，整合资源。从形式上来看，虚拟经营有代工生产、战略联盟等形式。

美邦公司是国内实行虚拟经营战略的“第一人”，把这一战略的精髓发挥到极致。1994 年，美邦公司利用 400 万元起家，在资金很不充裕的情况下，创始人毅然决定放弃其他企业所实行的自己建造工厂开设门店的模式，把占用资金严重的生产和销售环节外包，集齐公司所有的资源专注于品牌打造。“干自己最擅长的，做附加值最高的环节”，美邦公司凭借国际先进的品牌理念，超出所有人的预期，迅速成长，重点部分和非重点部分相切割后，美邦公司专注做高回报值的业务——品牌打造和产品设计。在上游的生产环节，美邦选择与实力较强、产品质量达到标准的厂商合作。在创业阶段其充分利用当时闲置的工厂以降低成本。在下游的销售环节，美邦主要依靠加盟代理的方式来铺设门店，占领市场。

利用虚拟经营的理念，美邦公司专注核心经营，打造专属品牌。公司只涉及行业中的设计研发、品牌推广以及终端销售环节，上游的生产制造交给了其他工厂来做，下游的销售门店也大多是加盟代理商开设的，其充分利用了社会上的闲置资源。经过十余年的努力美邦公司在品牌建设与推广、营销网络建设等方面取得了卓越成绩。

三、美邦公司的经营状况

截至 2019 年第三季度，美邦公司的总资产规模为 70.72 亿元，其中总负债金额为44.35 亿元。美邦公司的存货余额为人民币 21.57 亿元，占公司资产总额的比重为 32.58%。2018 年美邦公司合并财务报表显示营业收入为人民币 7 677 369 050 元，其中零售业务收入金额为人民币 4 608 179 513 元，批发业务收入金额为人民币 3 011 101 536 元，零售业务主要是通过直营店、专柜和电商平台销售服饰产品获取的收入，批发业务主要为向加盟商销售服饰产品获取的收入。应收账款总额为人民币 1 302 707 213 元，计提坏账准备为 85 463 986 元。美邦公司的应收账款主要来自加盟商，加盟商的运营绩效和财务能力将直接影响其应收账款的偿还。

从营收构成来看，2018 年公司男装及女装产品合计营收占总营收的 91.36%，是公司主要的利润来源，其他产品收入占 7.88%，其他业务收入占 0.76%，几乎可以忽略。从营收增长情况来看，2018 年在公司主营的服装销售业务中，男装产品营收 42.12 亿元，同比增长 10.95%，女装产品营收 28.02 亿元，同比增长 31.58%，其他产品营收 6.05 亿元，同比增长 25.26%。从主要产品销售毛利率看，2018 年公司男装产品销售毛利率为 45.11%，同比下滑了 3.05 个百分点。女装产品销售毛利率为 45.12%，同比下滑了 2.13 个百分点。公司主要产品平均销售单价有所下滑而单位平均销售成本抬升，是毛利率下滑的主要原因。另外，由于时尚服饰行业的特点，美邦公司设计的服装要紧跟潮流，这十分考验设计团队的水平，设计师要能够提前预知时尚趋势，设计出能够让顾客满意的潮流服饰。其中秋冬衣物相效于春夏衣物，面料成本高售价也高，利润较为丰厚。美邦公司作为一家休闲服装零售商，公司的业绩具有季节性特征，从产品结构的角度来看，秋冬服装产品占产品销售总收入的很大一部分。公司经营产品的销量高峰期虽然并不固定，但是公司的营业收入和利润通常在下半年较高，而在上半年较低。

2018 年，美邦公司实现税前利润 4 878.09 万元，实现扭亏为盈，较上年亏损 2.99 亿元的税前利润有了非常大的改善。不过，从利润构成情况看，本年投资收益 4 832.80 万元，主要是美邦公司对参股公司华瑞银行的股权投资收益，其他收益 3 310.64 万元，为计入当年损益的政府补助，上述投资收益及政府补助合计 8 143.44 万元，已经远远超过了税前利润 4 878.09 万元，也就是说，美邦公司主营业务实际仍是不赚钱的。

从公司期间费用率的情况看，2018 年，美邦公司的期间费用率较上年有所降低，从2017 年的 45.15%下降至 38.33%。从明细项目上看，2018 年，销售费用为 27.11 亿元，同比上升 7.97%，管理费用为 1.52 亿元，同比下降 18.65%，财务费用为 0.81 亿元，同比上升 23.97%。美邦公司近年来布局营销网络，通过升级店铺形象、开发新渠道等方式扩大产品影响力，需要持续对下属直营店铺与加盟店铺进行销售费用上的投资，2018 年销售费用占营业总收入的比重为 35.31%，较 2017 年下降了 4.56 个百分点，一定程度上表明销售费用利用效率有所提高。

美邦公司所在的休闲服饰行业竞争激烈，在 2010 年以前，美邦公司已经力争成为国内一线服饰品牌，可是随着国外品牌的进入及电商的兴起，国内的行业形势已经发生了很大变化，市场处于完全竞争状态，格局分布也并不集中。在国内品牌中其竞争对手主要有森马、以纯、佐丹奴、真维斯、班尼路等老牌服饰企业，以及太平鸟、拉夏贝尔等后起之秀。这些品牌在产品价格、时尚度、目标消费人群等方面与美邦公司较为接近，是美邦的主要竞争对手，这些品牌的经营模式大多与美邦相似。当本土品牌在忙着消化库存时，“洋品牌”乘虚而入，许多具有全球视野的休闲服饰零售商将目光瞄准了人口众多、国民收入不断提高的中国，例如来自西班牙的 ZARA、瑞典的 H&M 和日本的优衣库等，这些国外品牌具有强大的品牌建设与推广能力，严重挤压了美邦公司的销量，从而影响美邦公司的财务状况和经营业绩。以西班牙品牌 ZARA 为例，中国现已变成其除了西班牙本土外的第二大市场，而来自瑞典的 H&M，其店铺已经覆盖了中国所有大城市，日本的优衣库更是势头猛劲，2019 年创下了历史最佳营收记录，借助电商平台快速发展，中国市场对其营收贡献颇多。

四、美邦公司的存货管理基本情况

（一）四种生产采购模式

美邦公司的生产环节全部外包，根据面料、辅料采购方式的不同，可以分为公司自行采购和委托成衣厂采购两大类。具体细分为四种采购模式，分别是来料加工（CMT）、异向指定（IFOB）、定向指定（CFOB）和包料加工（FOB）。在前三种模式下美邦公司上游的面料、辅料供应商都是经过公司资格评价估量后选定的。在包料加工的模式下,美邦公司委托成衣厂全权进行采购,但是公司会对产成品进行质量检测。

美邦设有单独的面料采购部,负责与面料、辅料和供应商相关的工作。根据不同产品对质量、生产进度的要求来选择合适的采购模式,与供应商签订合同,规定双方的责任与义务。在定价方式上,秉持公开竞争、同等质量选择最优价格、同等价格选择最优质量的原则。四种采购模式简介如表 7-2 所示。

表 7-2　四种采购模式简介

模式	概述	公司的参与情况
CMT	来料加工	此种模式下面料、辅料的采购由美邦公司全权负责,成衣厂只负责加工服装,对成衣质量负责,但对面辅料的质量不承担责任
FOB	包料加工	公司完全委托成衣厂负责面料、辅料采购及服装加工。成衣厂负责所有的采购且对面料、辅料和成衣质量负责
IFOB	异向指定	公司批准面料和辅料成本的上限,由制衣厂选择公司指定范围内的面料和辅料供应商。成衣厂对面料、辅料和成衣质量负责
CFOB	定向指定	公司先向合适的供应商下订单,然后由成衣厂来负责向该供应商进行采购。成衣厂对面料、辅料和成衣质量负责

(二) 建立供应商备忘录

在筛选供应商上,美邦公司有一系列评估标准。首先会依据新制定的公司战略计划来制定本年度供应商扩展计划,然后根据扩展计划去寻找满足要求的供应商,在寻找过程中经常会利用网络的便捷来加大搜索范围。找到合适的供应商后会进行严格的考察,首先是产品质量是否过关,随后对生产规模和定价成本等多方面进行综合考察,最后还会评估厂商的配合度等。在每季度产品生产结束后公司会对本批次的供应商进行绩效评价,为以后的筛选提供参考依据。公司设有《供应商备忘录》,面对不同产品的不同生产要求,公司会从中挑选出最适合的工厂。

(三) 监控生产质量和进度

在产品质量、生产进度和生产成本的控制上,美邦公司根据自身商业模式的特点,建立了内部生产管理组织体系来进行严格把控。该体系负责生产的各个方面,责任明确,体系结构清晰。通常情况下,相关部门主要从五个方面来保证商品的质量符合要求,分别是合同条款设计、流程与制度设计、供应商选择、生产流程跟踪以及产品质量检测。

美邦公司的质检部主要负责产品的质量检测,一般会从产品的内在品质和外观质量两个方面来检测。在内在品质方面,质检部负责将面辅料送到公司理化测试室进行内部检测和外部权威检测机构检测,检测结果生成报告后将及时发送到相关工厂。另外,在产品出厂前进行总核对,到仓后按比例进行抽查。在外观质量上,产品生产环节中美邦公司会派专员到工厂负责监督,出厂前由质检人员检查合格后才可以发货,产品到仓后也会进行抽查。

（四）存货状况分析

在存货的构成上，服饰行业的存货主要分为原材料和产成品，由于美邦公司的采购模式中很少需要公司采购原材料，大多是由供应商来负责采购，因此其存货主要集中在产成品上，基本都是往年积压的库存。从表 7-3 可知，近几年美邦公司存货的构成中原材料所占的比例很小，绝大多数情况下不到百分之一，而库存商品则是存货的主要构成。此外存货分类中还有价值很低的周转材料。美邦公司存货构成情况如表 7-3 所示。

表 7-3　美邦公司存货构成情况

单位：元

项目	2014 年	2015 年	2016 年	2017 年	2018 年
原材料	29 363 418	16 601 849	8 809 916	11 926 437	15 227 997
库存商品	1 403 314 570	1 855 537 152	1 825 873 244	2 550 916 382	2 331 725 054
周转材料	2 957 563	2 627 300	2 667 849	1 835 366	1 868 157
存货合计	1 435 635 551	1 874 766 301	1 837 351 009	2 564 678 185	2 348 821 208

根据美邦公司的财务报表中存货总量数据可以发现，在 2009 年之前美邦的存货总量呈缓慢上升的趋势，但涨幅数额不大；2009 年美邦存货达到 9 亿元，同比上涨了 35.8%；到了 2010 年美邦公司的存货总量猛涨到了 25.48 亿元，同比增长了 183%。再分析其披露的 2011 年第一季度的季报，存货同比增长超过 300%，对此美邦公司解释说由于受到当年极端天气的影响，消费者的需求跟预期发生偏差导致销售受到影响，并表示会在不低于成本价的基础上，通过较低的折扣尽快把这批库存销售出去，不会致使公司净利润为负值。但在接下来的四年，美邦的存货总量也一直维持在 20 亿元以上。2014 年随着美邦公司采取了一系列消化库存的措施，存量总量有所下降，但到 2015 年美邦的存货总量又出现了反弹增长的趋势。2017 年美邦公司的存货总量又达到一个较高点，同比增长了 40%，再次突破了 25 亿元大关。美邦公司表明此次存货突增的主要原因是 2017 年度新开店铺增加，店铺备货需求增加导致采购规模较去年同期增加。最近三年，美邦的存货总量一直维持在 20 亿元以上的水平。

思考问题 2： 在企业中，存货的数量过多或者过少对企业都会有不良的影响，试分析存货过多对企业的影响？

2014—2019 年美邦公司存货周转天数和存货周转率，如表 7-4 所示。

表 7-4　2014—2019 年美邦公司存货周转天数和存货周转率

年份	存货周转天数	存货周转率	年份	存货周转天数	存货周转率
2014 年	150	2.41	2017 年	233	1.55
2015 年	169	2.13	2018 年		
2016 年	182	1.98	2019 年	257	1.05

思考问题 3： 已知 2018 年年初存货数量为 2 564 678 185 元，年末存货为 2 348 821 208 元。2018 年营业成本为 4 248 566 805 元。请计算 2018 年美邦的存货周转天数和存货周转率并填入表 7-4 中。

存货周转天数是企业的存货从取得到销售结束所经历的天数，在一定程度上可以反映企业存货变现的速度。根据 2019 年第三季度报表显示，美邦公司存货周转天数为 257 天，较 2018 年增加了 49 天。从表 7-4 可知，与 2017 年相比，2018 年美邦服饰的存货周转天数下降，但相较于 2017 年之前的数据仍呈增长态势。总体来看，美邦公司的存货周转天数呈曲折上升的态势，存货周转率与存货周转天数的发展趋势一致。

思考问题 4： 与存货相关的持有成本有哪些？

五、美邦公司存货管理问题分析

（一）过度依赖生产供应商、面料供给低效

美邦的虚拟经营战略将生产环节全部外包给供应商，虽然公司在选择供应商时制定了一套严格的筛选机制，但公司产品的产量、质量和生产周期仍受限于面料供应商和辅料供应商提供的品质，并受到成衣厂的生产能力、加工工艺和管理水平的影响。随着美邦的发展壮大，对成衣厂的要求也越来越高，一旦成衣厂达不到公司的要求，就会导致产品供应延迟、产品质量下降等一系列问题，从而影响商品的销量，一旦滞销便会转为存货，进而对公司产生不利的影响。

成衣加工厂会根据美邦提交的订单组织生产，首先向面料供应商下订单，但面料供应商为了避免积压不会过多地囤积面料，而是在接到订单后安排生产线进行加工生产。成衣加工厂只能等到面料、辅料送达后才能生产出成衣。加上沟通、物流的时间，生产加工就需要三到六个月左右的时间，等到新品上架时如果流行方向改变就有存货积压的风险。此外每个供应商的生产能力也不同，若只安排一家企业生产，就可能出现工期过长的现象。而如果将生产任务安排给不同的供应商同时进行的话，可以缩短工期，但又存在不同工厂加工技术水平不同而出现的成品差异。再者美邦公司与供应商之间只是合作的关系，美邦无法直接管理供应商的生产，对于生产进程也无法实时掌控，即使得到了供应商的进度反馈，对于出现的工期延误的状况也并没有很好的应对措施。向工期延误的供应商索要赔款也并不能从根本上解决工期延误的问题。在产品质量上，美邦有 300 多家代工厂遍布全国，工厂的生产技术各不相同，想要实现对每款产品的质量监控，难度非常大，而质量问题又是服饰企业不得不面对的，一旦失去对质量的监控出现残次品，就会影响品牌的口碑形象和顾客的忠

诚度。

还有一个值得注意的问题，美邦公司前五名供应商合计采购金额占年度采购总额比例已经从 2008 年的 19.95%下降到 2018 年的 13.46%。供应商太过集中会对企业带来很大风险，但若过于分散也会减小供应商的应对弹性，相应增加公司的进货成本。时尚服饰企业经常需要根据消费者不停变换的喜好来设计新的产品，但是新产品的生产也可以用到“旧”材料和之前的供应商。例如西班牙的 ZARA 快速供应链的诀窍之一就是经常囤积常用原材料，在设计新品时尽量利用到这些材料，这样的做法给生产节约了时间成本，也给成衣加工厂留出了时间来等待原材料的送达。美邦使用许多不同供应商可能会造成浪费，作为快时尚品牌，服装生产的效率是影响服装销售情况的重要因素。

思考问题 5： 在经济订货批量模型下，最佳经济订货批量与哪些因素相关？请写出相应的公式。

（二）上游环节快速反应能力低

美邦的订货模式与加盟连锁经营也决定了其快速响应能力较弱。面对突发事件或流行风向的改变，美邦难以做出快速反应。在订货会模式下，美邦在新品上市前十个月开始做新品企划，提前八个月做新品设计，提前六个月召开新品订货会，订购会结束后再按照订单数量交给上游供应商生产。美邦的这一操作流程大大拖慢了整条供应链的反应速度。

很明显，面对突发情况，美邦不能及时生产设计出新的商品。顾客为了更快买到流行单品，很容易转向其他服饰品牌，长此以往，顾客会转而青睐其他竞争对手。即使在现货模式下，美邦的新品上市也需要两个月的时间进行设计、生产和配送。对比快时尚服饰的标杆企业 ZARA，从设计到成衣上柜出售，其最短时间只有 7 天，平均时间是 14 天。数据对比下可以看到即使在美邦的快速反应模式下，其周期也是 ZARA 的 5 倍以上，常规订货会模式下则是 ZARA 的 20 倍以上。美邦加盟商的存货积压情况比较严重，直营店的情况稍好，而美邦的现货模式却是大多服务于直营店的，这就导致了一种失衡的局面，直营门店存货压力小且能做出快速反应订购新品，加盟门店存货压力大，对时髦商品的反应能力迟钝。

（三）存货积压严重

图 7-1 反映了 2008—2017 年美邦公司存货总额占公司流动资产的比例，可以看出 2014—2016 年存货占公司总资产的比例不停攀升，2016 年随着美邦服饰存货量的暴增，其占流动资产的比例也达到峰值，2017 年该比例有所下降，总体来看近几年该比值一直维持在 20%及以上。这就意味着，美邦公司总资产中有 1/5 以上都是由存货构成，其巨额存货已经大量占用了公司的资金，且由于美邦公司所经营的时尚服饰产品生命周期短，一旦适销期过去产品的变现能力极差。从美邦近几年的财报中得知，美邦公司的流动负债中约有 1/4 以上为短期借款，该部分借款还款期限短，而美邦的大部分流动资产又是变现能力较弱的存货，如果美邦公司的存货周转过慢，其现金流会面临断裂的风险。实际上，库存问题是整个

服饰行业普遍存在的问题,大量存货严重占用着公司运营管理成本,降低了现金流效率,限制着公司的可持续发展。

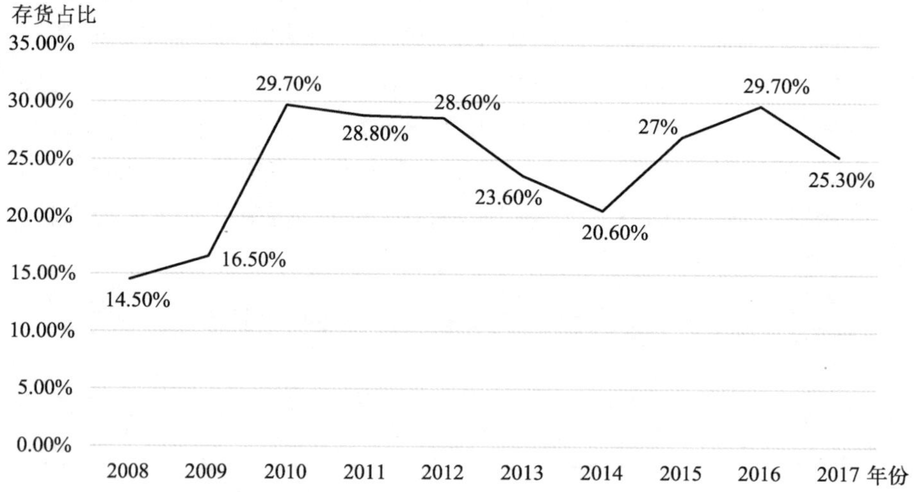

图 7-1　2008—2017 年美邦公司存货占总资产的比例

为了排除外部环境因素的影响,将美邦公司的存货周转天数与森马服饰相对比,两者在经营范围、品牌定位上十分相似。由图 7-2 可知,尽管近年来两家公司的存货周转天数都在不断上升,但美邦公司的存货周转天数要多于森马服饰 80 天左右,这也从侧面反映出美邦公司的存货管理工作效率偏低。而国际品牌 ZARA 平均库存时间只有 37 天,遇到活动高峰期库存时间不足 15 天,且 ZARA 每季过后需要打折处理的产品只占产量的 15%。

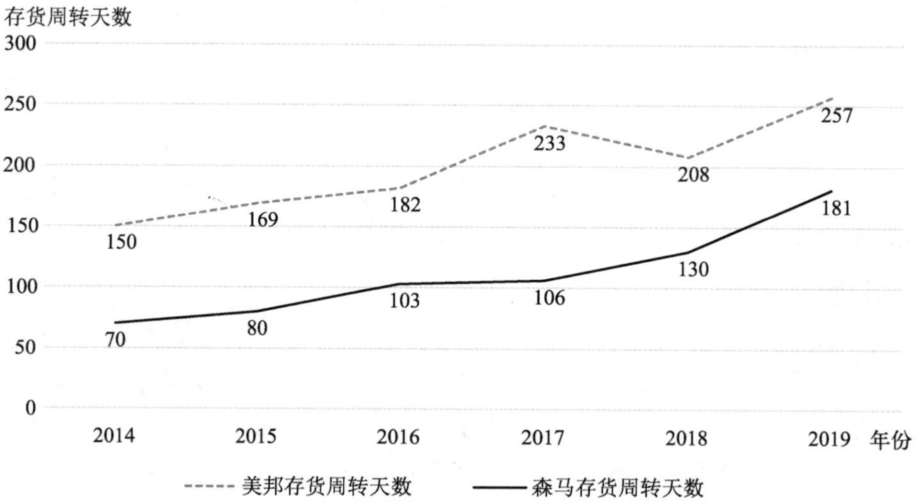

图 7-2　2014—2019 年美邦、森马存货周转天数对比

(四) 终端门店缺乏库存管理的意识

在订货会模式下,零售商需要依据以往销售经验来预测未来的销量,向公司提交订单,

产品送达后自己管理库存。由于加盟店实力不同，对销量的预判能力、库存的管理能力都不同。一些小的加盟商没有强烈的控制库存防止积压的意识，为了实现利益最大化的目标，他们往往过于乐观地预测销量。这种脱离了市场调研仅凭主观感受来下订单的方法极不科学。且在订货会模式下，由于复杂信息流动不通畅极易出现订单的牛鞭效应，一般来讲，供应链越复杂牛鞭效应就会越明显。美邦公司复杂的供应链系统造成信息扭曲，最后生产的商品远超过市场的真实需求量，导致存货积压的产生。

（五）供应链下游内部损耗严重

美邦一直致力于扩展销售渠道，除了线下实体直营店和加盟店外，还在淘宝、京东等设有线上旗舰店，此外还有公司自营的线上购物平台“邦购”。各个销售终端为了实现利益最大化，抢占市场，争夺资源，造成供应链内部损耗严重。

由于直营店比加盟店的进货价格和售价更低，导致消费者更倾向于去直营店购买，从而引起加盟商的不满，在这一矛盾还没解决时，美邦又上线了邦购网和专供线上的品牌AMPM。线下的租金、装修费用远远高于线上的运营成本，于是线上商品的售价甚至比直营店还要低，这对线下门店造成了更大的冲击。消费者更倾向于在线下试衣服然后去线上下单，这加大了实体店的库存压力。

此外，库存增加的原因还在于每个销售渠道使用一个单独的供应链，供应链具有不同的信息并且不能共享库存，受欢迎的产品供不应求，而滞销产品库存高垒。且美邦的绩效考核系统并不合理，由于邦购网是独立的业务部门，因此独立计算收入，如果商品管理部门的员工将商品发送到加盟店和直营店，则可以计入自己的绩效中，但发送到邦购网上却不能增加绩效。这就使得邦购网中经常出现产品短缺的情况。同时，美邦公司对专供线上品牌AMPM的市场前景的估算脱离实际，在AMPM没有推广建设成功时，就已经产生了3亿元的存货。

在线上线下矛盾还没得到解决的时候，美邦又不断推出旗下新品牌及新系列，公司的部门被独立出来，这显然增加了不同部门之间的沟通成本，导致信息不能及时有效地流通。例如，在2009年时Meters/bonwe和ME&CITY被划分为两个独立的业务部门，随着品牌和部门数量的增加，信息交流的障碍不可避免地增加，从而影响总销售预测和采购决策。如果这两个品牌的采购分开进行，则单次购买数量将减少，这可能导致若干负面后果，例如减弱规模经济效益，降低与供应商讨价还价的能力。

（六）缺乏与加盟商的深度合作

加盟商订购的滞销货物如果是在现货模式下订购则可以根据其与公司签订协议中的退货率来申请退货。美邦公司收到申请后，核算出可退货清单，然后要求加盟商在规定的时间内将货物退回，收到退回的货物后，公司会将其集中在上海的物流中心进行分类处理，这些货物最终会通过超低折扣促销出去，或者将其留到次年再进行售卖。但如果滞销货物是在订货会上订购，美邦公司规定除了残次品之外不接受加盟商的退货请求，由于在订货会模式下工厂可以提前几个月获取订单信息组织生产，商品一旦发出，相应的风险便转移到了加盟商身上。为了给整条供应链的运作留出充分的准备时间，美邦会提前一个季度举行订货会，从订货会到新品上市一般需要3～6个月的时间，但流行风向极易发生变化，一旦期间流行趋势发生不可预测的变化或者遭遇经济环境的衰退，这些新品就容易滞销，造成存货积压。

美邦曾强制要求加盟商每年的订货量要比上一年增长1/4，并用合约的形式来确保加盟商的执行。由于这一合约的强制性，加盟商脱离了实际需求加大订货量，美邦公司第二年存货总额就上涨了2/5。而随着公司继续实行扩张市场的策略，同时外部市场环境变化，且受到暖冬影响而导致服饰销售不佳，美邦积压了大量的库存。此时，美邦开始意识到存货积压的原因，在下一季度解除了对加盟商的这一限制，但这一举措明显降低了该季度的业绩，于是美邦从自身利益考虑便又恢复了这个规定，库存积压的风险被重新施加到加盟商身上，这也导致了双方关系的恶化，加盟商苦于存货压力纷纷要求美邦取消强制订货条约，却被美邦拒绝。

而同样是生产和销售环节外包的海澜之家，其线下门店大部门都是加盟店，但与美邦公司的管理策略不同，海澜之家加盟门店的经营管理由公司全权负责，与此同时加盟商也不需要承担压货的风险。在采购时，海澜之家同供应商签订协议约定滞销货物可以退回，为加盟商减轻了资金压力和经营压力，免除了其后顾之忧。但这种方式也导致海澜之家账面的存货金额很高，始终在35％以上，有时甚至超过40％。比较美邦和海澜之家的管理模式可以看出，加盟商是否承担存货滞销的风险是两者最主要的区别。单从公司角度来看，美邦的政策更利于公司规避库存风险，但从供应链全局来看，美邦公司只追求其自身利益可能会造成全局利益的损害。当加盟商货物售卖不佳资金回笼缓慢时，自然没有资金订购下一个季节的衣服，这对品牌商和上游供应商都是不利的，破坏了整个供应链的资金循环。要回笼资金，加盟商必须以折扣价出售货物，这会对品牌形象产生负面影响，也有悖于美邦近年来试图打进高端服饰市场的战略目标。

（七）信息沟通不畅

尽管美邦公司在信息系统开发上投入了大量人力物力，但在生产管理、商品企划、产品生命周期管理等业务系统和财务、人事等支持系统方面仍无法与ZARA等国际知名休闲服饰企业相比较。且在美邦复杂的供应链环境下，上下游的信息壁垒极高，下游零售商无法了解上游生产进度、物流详情，上游的生产商也不能获取门店的销售业绩、库存情况。在这种情况下，容易出现某一地区销售终端出现缺货，另一地区库存充足，门店无法掌握其他地区的存货数量，不能及时调货而造成资源浪费。

另一方面是对现有反馈信息利用不充分。美邦公司目前对销售信息的利用只建立在数据分析、财务管理等方面，并没有上升到产品设计、销量预测。设计师在设计新品时脱离了对往期销售数据的分析。而许多知名的快时尚服饰品牌正通过对潮流趋势的把握和复制，在最短的时间内满足大众消费者对时尚性的需求，规模庞大、背景多元和反应灵敏的产品设计团队正是休闲服饰零售业需要的。加盟商在下订单时为了规避脱销风险就会盲目下单，对销量预测不准确造成存货积压。

而ZARA的信息系统则具备较大优势，门店会记录每一款产品试穿次数、销量和库存量、购买者的特征（例如年龄、身材等）、顾客以及店员对商品的评价，甚至是购买当天的天气等，这些销售信息会反馈给总部。总部的设计师们会根据这些信息来研究畅销款的款式特征，并在设计新款时作为参考，同时会根据销售情况来确定生产计划。由于ZARA首次投产比例只有预计销量的15%左右，因此对于滞销的商品，可以取消原定生产计划，避免库存的产生，而对于畅销的商品，可以利用现有面料加快生产，若面料不足可以利用已有面料生产款式相似的商品。ZARA还会利用饥饿营销的理念来适当“断货”，使消费者拥有“限量款”的商品，提高他们对品牌的忠诚度。

六、针对美邦公司存货管理提出的优化建议

（一）使用ABC存货管理法

思考问题6： 根据ABC控制系统的内容，填写表7-5。

表7-5 ABC存货管理方法

种类	种类价值高低	数量占比	价值占比
A类			
B类			
C类			

根据美邦公司存货的特点，建议其使用ABC存货管理法。将存货根据数量和价值，分为A、B、C三类，也就是根据物品的重要性，采取不同程度的库存控制手段。管理时，对数量少价值高的A类存货，由于会占用较大量的资金，所以要对其进行严格的控制。一般来讲秋冬季服饰特别是羊毛制品、羽绒服等面料成本高的产品可以将其列为A类存货。对B类存货可以实行普通管理，允许一定量的持有，但不必进行十分严格的管理，定期检查即可。对于春夏新品以及秋冬的普通服饰可以将其列为B类存货。对于价值低数量多的C类存货可以实行较为宽松的管理，由于美邦公司的库存中有大量的滞销货物，这些物品的变现能力极低，可以将其列为C类存货。此外，对于日常使用的包装物等低价值易耗品也将其放到C类存货当中，日常管理尽量简化手续以节约成本。

（二）建立联合存货管理机制

美邦公司实施零售商管理库存模式，在这种模式下各节点企业的存货管理是相互独立的。由于订货提前期的存在，零售商通常都会留有一定的库存，以使顾客能够随时买到心仪的产品。另一方面，生产制造商又不得不保留一定的库存来缩短提前期，这样一来物流渠道中的每一个部门都各自管理自有库存。这种相互封闭的库存控制策略使得信息在传递的过程中不可避免地出现产品需求逐级放大的牛鞭效应。对于一个突然到来的订单只有通过增

加存货来满足客户需求，特别是在电商环境下，订单的数量难以进行有效预测。但是由于有些产品的价格昂贵，存货过多费用较大，对加盟商来说是个沉重的负担。因此必须寻找一种新的解决办法。

实施联合存货管理能够有效解决以上问题。在供应链管理中，联合存货管理要求双方同时加入到制定库存计划的过程中，以便于供应链中每个节点（供应商、制造商、加盟商）在制订计划时充分沟通，考虑整条供应链的协调性，上下游之间保持需求的一致性从而消除牛鞭效应。

引入联合库存管理的第一步就是要建立供应链协调管理机制，供应链上的各方利益相关者都必须根据互惠互利的原则制定共同的合作目标。其次，要实现信息在供应链中的共享，打破信息壁垒并创建库存管理系统，这可以提高供应链各方之间的合作效率，降低成本并提高质量。因此，必须创建一个用于信息交换的渠道或系统，以确保准确的信息在传递过程中不会中断。同时需要集成条形码技术、扫描技术、POS 和 EDI 系统，并充分利用网络渠道，在供应链中形成通畅的信息桥梁。对美邦而言需通过现代信息系统，建立零售商一体化的战略联盟，把各个销售终端的库存联合在一起，每个零售商都可以通过信息系统来查看其他零售商的库存，同时由公司协调调货，这样就可以降低整条供应链的储备库存，还能及时响应顾客的需求，提高服务质量，减少脱销的风险。最后要充分发挥第三方物流作用提高供应链的敏捷性。

（三）提高直营店占比

尽管美邦在发展前期通过加盟店的模式快速占领了市场，但加盟店的粗犷管理也出现了种种弊端。表 7-6 展示了 ZARA、H&M、优衣库、GAP 的经营模式，从中不难发现这些行业巨头的销售终端大部分都是公司的自营店。数据显示，在美国直营门店的销售占比达到 45%，日本门店的直营化比例也超过了 1/3，可见门店直营化已经成为行业发展趋势。相较于加盟模式，提高公司直营门店的占比更利于门店的统一管理，打破不同门店间的信息壁垒，管理者可以更加直观地观察到各门店的库存情况，更利于统一调配。对于直营门店，公司可以统一装修，打造良好的门店形象，及时响应公司出台的新政策。

表 7-6　国外服饰品牌的经营模式

品牌	设计	采购	配送	销售
ZARA	由公司设计师和市场买手、专家一起设计	50%以上自己生产	自有配送中心 运输环节外包	90%直营 10%特许加盟或合资经营
H&M	自主设计研发	基本外包	自有配送中心 运输环节外包	基本直营
优衣库	自主设计研发	基本外包	基本外包	基本直营
GAP	聘请外部知名设计公司辅助设计	基本外包	自有配送中心 运输环节外包	基本直营

（四）与原材料供应商建立战略联盟

面料可以分为成衣面料和半成品面料，半成品面料一般为未染色的坯布，主要是为了提高适应性，而成衣面料可以直接用来生产服装，而不用再经过染色等工序，这种面料适用于生产销量稳定的经典款式或可能畅销的款式，因为使用成品面料可以直接投入生产，节省下将初始面料进一步加工所需的时间，缩短服装的制作周期。对品牌商而言，成品服装想要准时交付和及时补货都要重视面辅料的交期，而这是美邦供应链管理中的薄弱环节，供应链延迟策略可以提供解决方案。

首先，需要提取企业采购面料的历史数据，并对其进行分析，其中包括上一年同季节使用的面料信息以及最近的畅销面料信息，为提前预备面料提供参考。其次，按照公司的计算模型定下各种面料的采购比例，可以有效缩短产品设计开发和生产所需时间。ZARA 通常花费 5～7 天的时间用于面辅料采购，美邦所花时间是 ZARA 的三倍。美邦想要在不进行重资产投资的情况下尽量缩小这一差距，就必须和少数几家面料及辅料供应商建立战略联盟，达成部分数据透明化的协议。通过这种合作关系，在新产品生产之前，采购部门可以按照往年销售情况来粗略预计各种面料及辅料的需求品种及用量，依照一定的比例向战略供应商下订单，提前备货，并实时了解供应商库存情况，然后利用信息系统打通美邦研发部及采购部之间的沟通渠道，将信息传递给研发部门，使公司的研发团队在研发过程中始终考虑原料的供应成本，尽量将现有材料投入到新产品的设计中去。这样的操作可以缩短设计与生产之间的时间间隔，使产品在上市时依旧符合潮流，降低了存货过时积压的风险。供应商也可以查看企业的动态生产计划，以此来调节存货数量及构成。

与供应商的战略伙伴关系还可以加强双方的合作研发，美邦公司可凭借长期信任关系来获取一些紧缺的面辅料的优先供应权，或者使面料供应商开发出符合企业特殊要求的产品，帮助美邦获得核心竞争力。

美邦是虚拟经营的品牌商，没有条件进行生产设备的升级改造，这时应积极地寻求与部分供应商的战略合作，并以订单作为后盾鼓励联盟方改进设施及工艺，最大限度地提高生产柔性并缩短制造提前期，提前期的缩短可以使生产出的服装切合潮流，间接地降低存货积压的风险。

（五）建立小批量、多品种的精益生产模式

精益生产模式最初是丰田公司建立的，初衷就是满足小批量多品种的市场需求，实现快速反应，追求零库存，避免浪费。精益生产的制造体系卓越之处在于不同制造流程的步骤都最大限度满足效率的要求，相互协调。生产能力、各工序产品作业时间等都有严格的设定，并严格监控各环节的质量，最大限度减少废品率。

以行业标杆 ZARA 为例，ZARA 能够实现精益生产，归功于其出色的小批量、多频次的短周期产品开发模式。这种模式要求将服装企业一个季度的完整系列分拆成多个连续的小系列，这对企业的供应链提出了很高的要求，需要高效的新产品研发团队、有实力的原材料供应商及反应迅速的各部分生产商的合作配合。

ZARA 采用制造延迟策略，即提前预备白坯布，通过管控染色和加工为新款式提供所需面料，按需生产，从而大大缩短了产品的开发和生产周期，使产品供应更匹配市场需求，减少了库存压力。ZARA 不会在计划时就安排满负荷生产，而是空出一部分产能，以备意外状况，通过资产投资来增加企业生产系统的整体柔性。ZARA 将简单的经典款式外包给亚洲拥有廉价劳动力的低成本供应商，对于制作工艺复杂的产品，如新款的潮流女装，制造数量较难控制，ZARA 则自己制造生产。由此可见，对于不同品类的服装，企业可以采取不同的生产策略。

课后思考

1. 试分析 ZARA 的存货管理对我国服装品牌的存货管理有何启示。

2. (思政)结合 H&M 等品牌的新疆棉事件，思考当代年轻人在选择服装品牌时应该考虑的因素。

案例八 格力电器现金周转管理案例研究

课前思考

现金有广义和狭义之分，分别指什么？现金持有量是越多越好，还是越少越好？

理论背景

对于企业来说，持有一定的现金可以为企业生产经营提供良好的物质资源保证，但是持有过多的现金则会导致资金机会成本过高，甚至会给企业带来管理层滥用资金的风险。企业现金持有行为一直都是财务管理中的重要研究主题，也是企业管理者及投资者需重点关注的方面。

家电行业作为国民经济的支柱性产业，对国家经济和社会发展起着不可替代的作用。近几年随着家电行业消费市场的逐渐饱和，家电企业正在逐步转型升级。企业现金持有决策不仅关系着企业的日常运作，更关乎着企业的生存和发展。因此，合理配置资源、高效管理现金对家电企业的发展至关重要。

思考问题 1： 什么是最佳现金持有量，确定最佳现金持有量的模型有哪些？

一、公司简介

珠海格力电器股份有限公司(简称格力电器)成立于 1991 年，1996 年 11 月在深交所挂牌上市，股票代码为 000651，注册资本为601 573万元。公司成立初期，主要业务是组装生产家用空调，现已发展成为拥有全球规模最大空调生产线的多元化科技型工业集团，产业覆盖空调、智能装备、生活电器、通信设备等领域，产品远销160多个国家。

格力电器拥有全国空调市场规模最大的自主型流通渠道，而且是全球唯一一个空调产品收入达到1 500亿元的企业。格力凭借其卓越的产品品质、国际领先的研发技术、独特的营销模式一直引领着中国家电制造业的发展方向。据2018年全球知名的日本经济新闻数据，格力电器以21.9%的全球市场占有率位列家用空调领域榜首，超第二名7个百分点；据产业在线数据，格力家用空调产销量自1995年起连续24年位居中国空调行业第一。

二、格力电器经营特征

格力电器是一家以生产和销售空调、空气能热水器和生活电器为主的家电企业。其经营特征包括业务向多元化转型、营销活动具季节性、现金流量波动不规则等特征。

(一) 经营业务向多元化转型

格力电器一直以来都以空调业务为其主营业务，所以其收入来源构成中空调业务占比最重。但是，近几年家电行业市场已经趋于饱和状态，消费增长缓慢，受全球多元化趋势影响，格力电器已经开始寻求新的增长点，逐步向多元化扩张转型。因此，伴随多元化战略布局的不断深入，格力电器的业务也呈现出多元化趋势，逐渐涵盖生活电器、智能装备等板块。

表8-1显示的是格力电器2014—2018年按产品分类的营业收入构成情况。其中，“其他”项包括漆包线、压缩机、精密模具等业务。根据表8-1可以看出，虽然格力电器空调收入所占比重最高，但是其所占比例从2014年的96.72%逐年下降到了2018年的78.58%。而生活电器、智能装备等业务收入的占比在逐年提升，说明格力电器的经营业务逐渐呈现出多元化的趋势。

表8-1 格力电器按产品分类的营业收入构成表

营业收入	2014年	2015年	2016年	2017年	2018年
空调	96.72%	95.21%	94.52%	83.22%	78.58%
生活电器	1.46%	1.73%	1.84%	1.55%	1.92%
智能装备	—	—	—	1.43%	1.57%
其他	1.82%	3.06%	3.63%	13.79%	17.94%
合计	100.00%	100.00%	100.00%	100.00%	100.00%

(二) 营销活动具季节性特征

格力电器2014—2018年各季度营业收入和营业成本变化情况，如图8-1所示。

从图8-1中我们可以看到，格力电器的销售活动具有明显的季节性波动特征，每年的一季度和四季度是销售淡季，二季度和三季度是销售旺季。进入夏季之后，人们购买空调的需求最强烈，空调销售量最高。因此，空调经销商会在7月之前备足货源，一方面可以满足迅速上升的终端需求，另一方面可以预防空调厂商旺季提价。

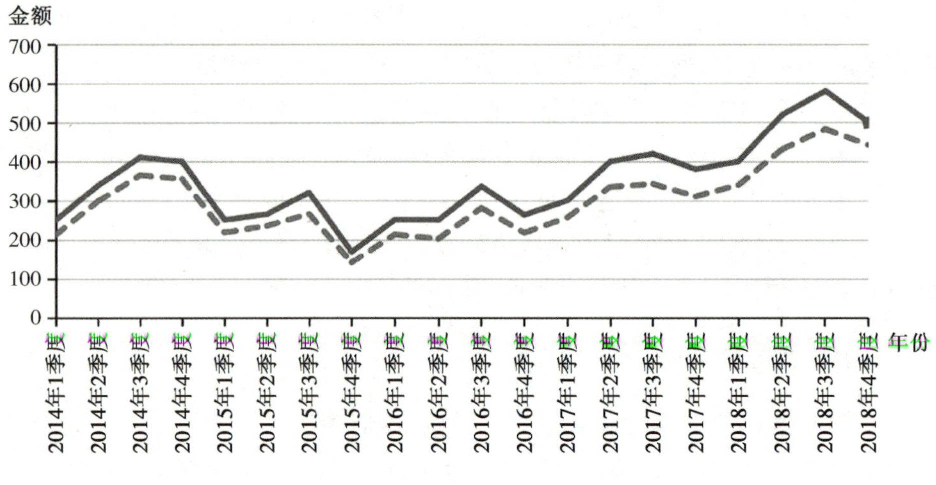

图 8-1　格力电器营业收入和营业成本变化图

(三) 现金流量波动较大

格力电器 2002—2018 年的货币资金余额变化情况如图 8-2 所示。从图中我们可以看到,格力电器货币资金余额 2002—2008 年呈平稳波动状态,2008 年之后呈急剧增长态势,且呈不规则波动特征,无法准确预测。

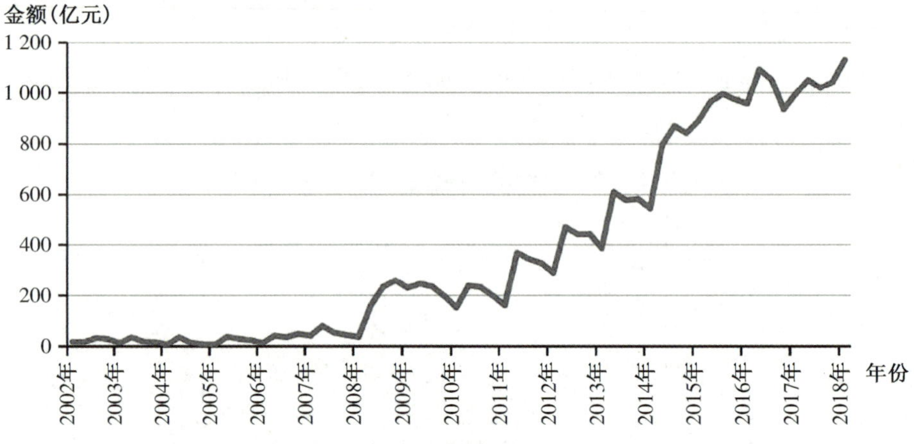

图 8-2　格力电器货币资金余额变化图

三、格力电器现金持有现状

(一) 现金持有规模

格力电器 2014—2018 年货币资金规模情况如图 8-3 所示。从图中我们可以看到,格力电器货币资金规模巨大,2014 年其货币资金余额就超过了 500 亿元,截至 2018 年,其货币资金余额已高达1 130.79亿元。此外,格力电器货币资金余额呈现持续增长的趋势,2014 年至 2018 年间翻了一番。

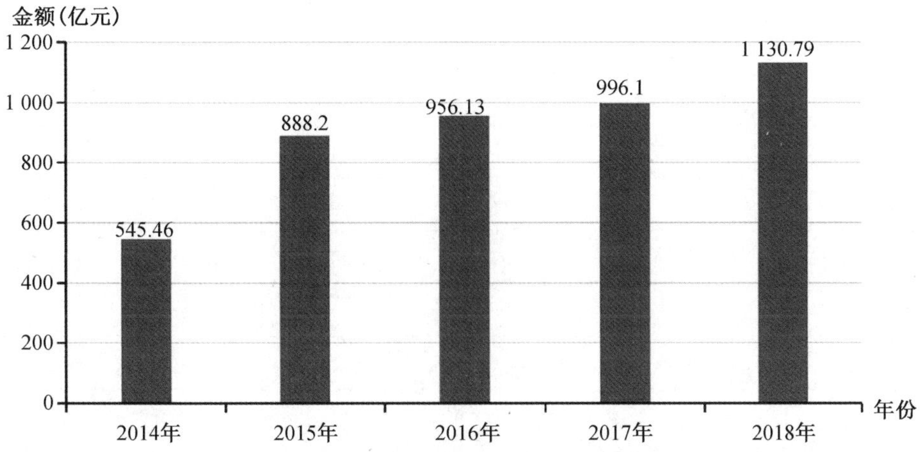

图 8-3　格力电器货币资金规模变化情况图

(二) 现金持有水平

格力电器 2014—2018 年货币资金占总资产比率情况如图 8-4 所示。从图中我们可以看到,格力电器现金持有水平较高,近 5 年货币资金占总资产比率始终维持在 35%以上,且 2015 年和 2016 年货币资金占总资产比率均超过了 50%。此外,格力电器现金持有水平 2015 年大幅上升,2016 年开始缓慢下降,但整体还是呈现出上升的趋势。

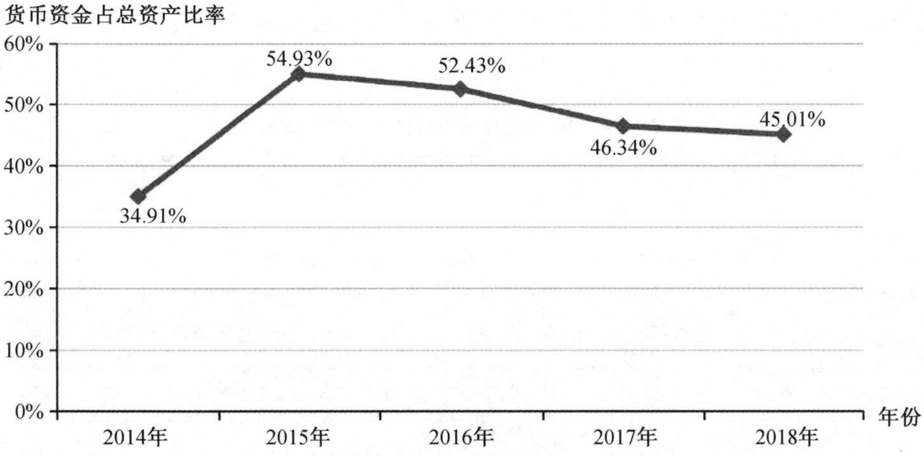

图 8-4　格力电器现金持有水平情况图

(三) 货币资金的存在形态

格力电器 2014—2018 年货币资金组成结构情况如表 8-2 所示。从表中我们可以看到,格力电器以"现金"形态存在的货币资金数额非常小,这是由于国家规定企业的库存现金不能超过日常零星支出 3—5 天所需数额。格力电器的货币资金中银行存款金额较大,且增长幅度明显。此外,2018 年格力电器银行存款占货币资金比例最高,占比 56.97%,存放同业款项所占比例次之,占比 37.14%,说明格力电器的货币资金主要闲置在银行。

表 8-2 格力电器货币资金结构表 单位：亿元

项目	2014 年	2015 年	2016 年	2017 年	2018 年
现金	0.02	0.02	0.02	0.03	0.02
银行存款	202.21	399.51	543.49	591.71	644.18
其他货币资金	62.21	76.87	51.08	86.3	36.08
存放中央银行款项	48.21	37.70	27.06	29.43	30.48
存放同业款项	232.81	374.10	324.48	288.62	420.03
合计	545.46	888.20	956.13	996.11	1130.79

四、基于行业对比的适度性分析

(一) 行业平均水平对比分析

现金持有水平指的是货币资金占资产总额的比率，这个指标可以消除企业规模的影响，便于同行业之间进行比较。根据中国证监会的行业分类，格力电器属于家用电器制造行业(简称家电行业)，我国家电行业上市公司共 49 家，本案例选择了我国 45 家家电行业上市公司作为样本(剔除了被证监会特别处理的 ST 德豪、ST 狮头、ST 毅昌及财务数据不完整的小熊电器这四家公司)，运用 Excel 表格对样本公司的货币资金余额及总资产数据进行了统计，最终整理出家电行业各年现金持有水平的最小值、最大值以及平均值，数据如表 8-3 所示。

表 8-3 家电行业现金持有水平统计结果表

年度	现金持有水平最小值	现金持有水平最大值	现金持有水平均值
2014 年	1.59%	53.69%	20.31%
2015 年	1.55%	54.93%	18.12%
2016 年	3.15%	53.75%	20.05%
2017 年	1.90%	51.63%	18.66%
2018 年	3.34%	47.14%	18.72%

从表 8-3 可知，我国家电行业公司 2014 年至 2018 年的现金持有平均水平分别为：20.31%，18.12%，20.05%，18.66%，18.72%。我国家电行业 2014 年—2018 年现金持有水平最大值在 50%左右，最小值在 2%左右，说明家电行业间的现金持有水平存在较大的差异。格力电器与家电行业现金持有平均水平对比，如图 8-5 所示。

从图 8-5 中可以看出格力电器这 5 年的现金持有水平整体呈现上涨的趋势，且每年的现金持有水平都比家电行业的平均水平要高出许多，可以初步得出格力电器现金持有水平相对偏高的结论。

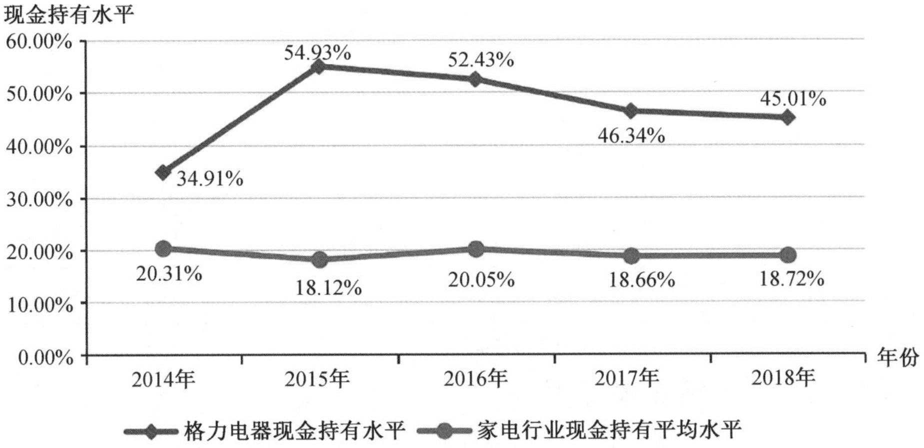

图 8-5　格力电器与家电行业现金持有平均水平对比图

（二）行业前十的企业对比分析

由于家电企业之间的现金持有水平存在较大的差异，现金持有平均水平会受到影响，而分析结果也会受到影响。净资产收益率（ROE）是指公司净利润与平均股东权益的百分比，反映股东权益的收益水平，是评价企业综合实力的有效指标。因此，为了使分析结果更加可靠，本案例计算了同行业 49 家企业 2018 年 12 月 31 日的净资产收益率，选择了综合实力排名前十的企业作为研究样本，对这 10 家企业 2018 年的合并资产负债表中的相关数据进行分析，结果如表 8-4 所示。从现金持有规模来看，格力电器的货币资金余额最多，高达 1 130.79 亿元，是货币资金余额位列第二的海尔智家的 3 倍。从现金持有水平来看，前 10 名企业 2018 年的平均货币资金持有比率为 23.04%，而格力电器的货币资金持有率为 45.01%，远高于平均水平。无论是从现金持有规模的角度还是从现金持有水平的角度，都可以得出格力电器现金持有水平偏高的结论。

表 8-4　行业前十的企业与格力电器的现金持有水平对比表

公司名称	ROE	货币资金（亿元）	资产总计（亿元）	现金持有水平
小熊电器	50.55%	2.59	10.59	24.46%
飞科电器	34.46%	9.73	36.97	26.32%
浙江美大	29.28%	8.39	17.81	47.11%
苏泊尔	28.84%	14.17	106.33	13.33%
华帝股份	28.34%	15.80	52.94	29.85%
老板电器	26.40%	21.97	94.55	23.24%
美的集团	25.66%	278.88	2 637.01	10.58%
海尔智家	21.00%	374.56	1 667.00	22.47%

（续表）

公司名称	ROE	货币资金(亿元)	资产总计(亿元)	现金持有水平
九阳股份	20.70%	10.91	66.60	16.38%
海信家电	19.79%	36.48	218.28	16.71%
平均值	—	—	—	23.04%
格力电器	33.36%	1 130.79	2 512.34	45.01%

五、采用随机模型的定量分析

随机模型的假设前提是企业的现金流是随机波动、不可预测的，格力电器经营业务具有季节波动性特点且目前业务规模呈不断扩张的趋势、公司的现金流量波动性较大，符合随机模型的假设前提。而且随机模型的计算结果是一个区间值，允许企业现金量在此区间波动，这样的测算结果也能满足企业未来难以预测的现金需求。

思考问题 2：什么是随机模型，前提及目标是什么？

（一）确定随机模型的参数值

随机模型的计算公式是：

$$R=\sqrt[3]{3F\delta^2/4K}+L$$

$$H=3R-2L$$

其中，R 是最佳现金余额，H 是控制上限，L 是控制下限，F 是每次转换的固定交易成本，δ^2 是每期净现金流量的方差，K 是持有现金的机会成本，即有价证券的利率。

为了运用随机模型进行计算，我们需要确定的参数值包括时间周期、现金余额下限、持有现金的机会成本、现金与有价证券之间的转换成本以及净现金流量的方差。

1. 时间周期的确定

确定时间周期是整个测算过程的基础。目前关于随机模型应用方面的研究对于时间周期的设置各有不同。目前，本案例资料来源仅限于格力电器的公司公告和财务报告，财务数据最短是以季度为时间单位，只要将随机模型中各个参数值的选取口径统一为季度周期，就可以实现评价格力电器现金持有量适度性的目的。因此，本案例以每季度作为随机模型的时间周期。

2. 现金余额下限的确定

现金余额的下限(L)是指企业在一定时期内所必需的最低现金持有量。本案例拟通过对格力电器每季度的现金流出量进行分析来确定其现金余额下限。格力电器 2014—2018 年各季度现金流出量情况，如表 8-5 所示。

表 8-5 格力电器现金流出量季度表 单位：亿元

年度	一季度	二季度	三季度	四季度	最小值	均值
2014 年	21.12	249.38	191.95	240.64	191.95	220.77
2015 年	237.10	173.83	255.20	327.35	173.83	248.37
2016 年	215.50	160.06	299.48	360.84	160.06	258.97
2017 年	280.92	343.60	510.69	741.49	280.92	469.17
2018 年	448.98	256.83	440.95	615.13	256.83	440.47

从表 8-5 可知，格力电器 2014—2018 年现金流出量的最小值分别为 191.95 亿元、173.83 亿元、160.06 亿元、280.92 亿元、256.92 亿元。由于格力电器经营活动季节性特征较强，而季节性特征会影响到企业的现金需求，所以为了消除其季节性特征对分析结果的影响，本文将现金余额下限设置为现金流出的季度均值，即 2014 年至 2018 年现金余额下限分别为 220.77 亿元、248.37 亿元、258.97 亿元、469.17 亿元、440.47 亿元。

3. 持有现金的机会成本的确定

持有现金的机会成本(K)是指由于生产经营需要持有现金而放弃的投资收益，通常用有价证券的利率来表示。现金可进行的投资主要包括股票、通知存款、国债和银行理财产品。格力电器的企业特点对现金流动性要求较高，且风险偏好属于保守型，不会盲目地购入有价证券。根据格力电器历年年报可知，格力电器很少将资金用于股权投资，更多的是将资金用于银行理财，所以本案例选择银行理财产品作为格力电器的有价证券投资途径。格力电器 2014—2018 年持有现金的机会成本情况，如表 8-6 所示。从表 8-6 可知，2014—2018 年银行理财产品的年收益率分别为 4.31%、5.22%、4.16%、4.98%、4.32%；持有现金的机会成本分别为 1.08%、1.31%、1.04%、1.25%、1.08%。

表 8-6 格力电器持有现金的机会成本表

项目	2014 年	2015 年	2016 年	2017 年	2018 年
银行理财产品收益率	4.31%	5.22%	4.16%	4.98%	4.32%
机会成本	1.08%	1.31%	1.04%	1.25%	1.08%

思考问题 3：什么是机会成本？

4. 现金与有价证券之间的转换成本的确定

有价证券的固定转换成本(F)是指企业进行现金和有价证券转换时要付出的交易费用。本文通过查阅格力电器历年年报发现，相对于股权投资，格力电器更偏向于银行理财产品作为公司的有价债券投资途径，理财产品的销售服务费用一般为交易金额的 0.3%。保守估计格力电器一年 365 天每天都在进行有价证券的转换，转换的金额为现金流出的季度均值。格力电器现金与有价证券之间的转换成本计算结果如表 8-7 所示。从表 8-7 可知，2014—2018 年格力电器现金与有价证券之间的转换成本分别为 0.66 亿元、0.75 亿元、0.78 亿元、1.41 亿元、1.32 亿元。

表 8-7　现金与有价证券之间的转换成本表　　单位：亿元

年度	转换金额	交易费用率	转换的固定成本
2014 年	220.77	0.30%	0.66
2015 年	248.37	0.30%	0.75
2016 年	258.97	0.30%	0.78
2017 年	469.17	0.30%	1.41
2018 年	440.47	0.30%	1.32

思考问题 4： 什么是转换成本？

5. 净现金流量方差的计算

净现金流量方差（δ^2）指的是计算周期内净现金流量的波动率。以季度为周期选取格力电器的净现金流量数据，根据公司每季度的净现金流量计算出每年的 δ^2，结果如表 8-8 所示。

表 8-8　净现金流量方差（δ^2）表　　单位：亿元

年度	一季度	二季度	三季度	四季度	δ^2
2014 年	210.92	−35.20	15.04	−48.29	14 402.87
2015 年	238.79	96.97	−27.47	30.30	13 144.56
2016 年	68.79	52.36	−21.31	−160.28	10 901.72
2017 年	111.79	−59.66	−121.39	−430.36	51 199.95
2018 年	82.23	61.62	17.98	−87.70	5 733.54

思考问题 5： 什么叫方差？

(二) 随机模型测算分析结果

各个参数确定后，根据随机模型公式计算出格力电器 2014—2018 年的最佳现金持有量，如表 8-9 所示。随机模型计算的格力电器 2014 年至 2018 年最佳现金余额(R)分别为 308.01 亿元、330.94 亿元、343.81 亿元、632.30 亿元、521.20 亿元；现金余额下限(L)分别为 220.77 亿元、248.37 亿元、258.97 亿元、469.17 亿元、440.47 亿元；现金余额上限(H)分别为 482.50 亿元、496.07 亿元、513.51 亿元、958.57 亿元、682.66 亿元。

表 8-9　格力电器随机模型最佳现金持有量表　　单位：亿元

年度	F	δ^2	K	L	R	H
2014 年	0.66	14 402.87	1.08%	220.77	308.01	482.50
2015 年	0.75	13 144.56	1.31%	248.37	330.94	496.07
2016 年	0.78	10 901.72	1.04%	258.97	343.81	513.51
2017 年	1.41	51 199.95	1.25%	469.17	632.30	958.57
2018 年	1.32	5 733.54	1.08%	440.47	521.20	682.66

将格力电器的实际现金持有量与根据随机模型的计算结果进行对比，分析格力电器现金持有量的适度性。分析结果如表 8-10 所示。

表 8-10　格力电器随机模型现金持有适度性分析表　　单位：亿元

年度	合理范围	实际持有量	超出金额	超额百分比	适度性
2014 年	220.77—4 852.50	545.46	62.96	13.05%	超额
2015 年	248.37—496.07	888.20	392.13	79.05%	超额
2016 年	258.97—513.51	956.13	442.63	86.20%	超额
2017 年	469.17—658.57	996.10	37.54	3.92%	超额
2018 年	440.47—682.66	1 130.79	448.13	65.64%	超额

从表 8-10 可知，格力电器 2014 年至 2018 年现金持有量都超出了合理的持有范围，而且超额情况严重。格力电器 2014 年至 2018 年现金持有超出最佳持有量的金额从 62.96 亿元增长至 448.13 亿元，超额百分比也从 13.05%增长至 65.64%，可以得出格力电器现金持有量偏多的结论。

(三) 现金持有量分析结果

利用随机模型进行计算，格力电器 2018 年满足日常经营需求的现金合理范围为 440.47 亿～682.66 亿元，最佳现金持有量为 521.20 亿元。格力电器 2019 年的现金需求量估算出为 26.34 亿元，结合格力电器经营活动的现金需求，格力电器合理的总现金持有的范围应为 466.81 亿～709.00 亿元，最佳持有量为 547.54 亿元，如图 8-6 所示。

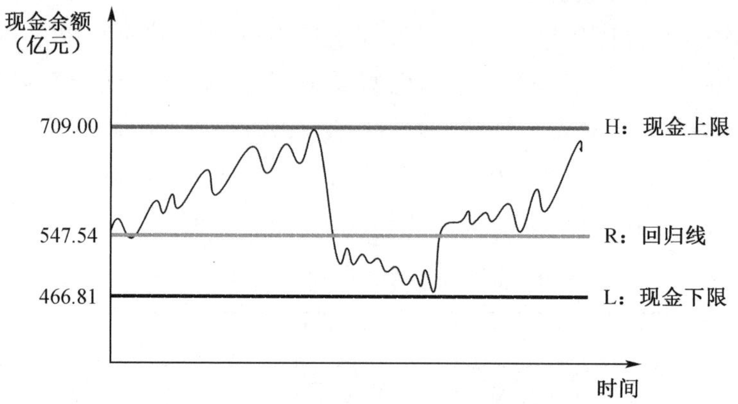

图 8-6　格力电器 2019 年现金持有合理范围图

思考问题 6：根据下表数据分别推算出返回线、上限和下限数据？

	案例 1	案例 2	案例 3
上限	40	?	50
返回线	?	20	20
下限	10	15	?

六、格力电器现金超额影响因素分析

（一）“类金融”经营模式

“类金融”的经营模式是格力电器持有巨额现金的重要影响因素之一。“类金融”模式是指企业通过预收账款和延期付款占用经销商和供应商的大量资金，将占用的外部资金通过周期循环投入到自身发展中，使得其账面上长期存有大量浮存现金。“类金融”模式的资金内循环体系如图 8-7 所示。

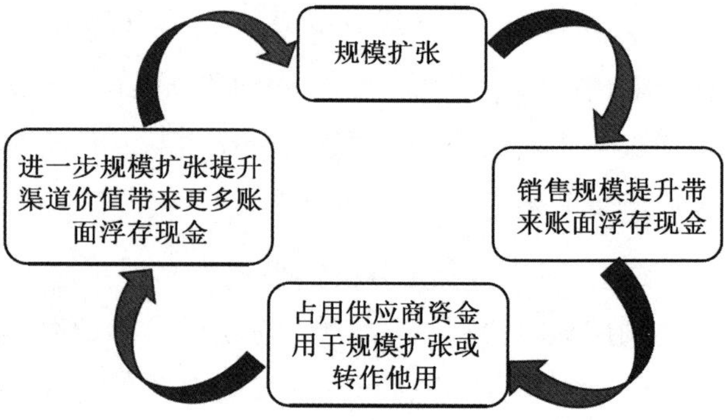

图 8-7　“类金融”模式资金内循环体系

格力电器采用“类金融”的运作模式，主要通过应付票据、应付账款、预收款项的方式占用供应商和经销商的资金。案例整理了格力电器 2014—2018 年的负债情况，如表 8-11 所示。

表 8-11 格力电器负债结构表

项目	2014 年	2015 年	2016 年	2017 年	2018 年	平均值
资产负债率	71.11%	69.96%	69.88%	68.91%	63.10%	68.59%
流动负债/总负债	97.56%	99.55%	99.55%	99.57%	99.47%	99.14%
应付票据/流动负债	6.35%	6.60%	7.19%	6.62%	6.87%	6.73%
应付账款/流动负债	24.71%	22.01%	23.28%	23.43%	24.72%	23.63%
预收账款/流动负债	5.93%	6.77%	7.90%	9.59%	6.21%	7.28%
(应付票据+应付负债+预收款项)/流动负债	36.99%	35.38%	38.38%	39.64%	37.81%	37.64%
短期借款/流动负债	3.30%	5.57%	8.43%	12.64%	13.99%	8.79%

从表 8-11 可知,格力电器的资产负债率一直在 70%左右,而流动负债占负债总额的比例一直都很高,维持在 99%以上,说明格力电器对流动负债的依赖程度较高。其中应付账款占比最大,保持平稳状态,平均占比 23.63%;预收账款占比次之,呈上升趋势,平均占比 7.28%;应付票据占比最低,平均占比 6.73%。格力电器的应付票据、应付账款和预收账款三项指标之和占流动负债的比例相对较高,平均占比为 37.64%,而其短期借款平均占比较低,仅为 8.79%。由此可见,格力电器主要通过流动负债中的应付账款、预收账款和应付票据占用其他方的资金,形成了“类金融”经营模式。

格力电器利用自身规模优势以及对渠道的控制权,依靠商业信用占用供应商和经销商资金,这种“类金融”经营模式会影响企业应收账款、应付账款及存货的周转,进而加速现金的周转,增加企业账面上的浮存资金。

1. 应收账款管理

在应收账款方面,格力电器一直以来采用“先款后货”的销售模式占用经销商的资金,还向各大卖场及经销商提供了“淡季打款、年终返利”的优惠以加快账款的收回。此外,格力电器更多地采用应收票据进行赊销,缩短回款周期,减少应收账款对资金的占用。

格力电器 2014—2018 年应收账款相关情况如表 8-12 所示。从表中可以看到格力电器应收账款的规模随着其销售收入的增长而呈现出持续增长趋势,但应收账款占流动资产比重却不到 5%,说明格力电器的应收账款管理能力较强。格力电器近几年应收账款管理水平得到了提升,应收账款周转期为 10 天左右,说明公司收回资金的速度快,资金流转迅速。

表 8-12 格力电器应收账款相关情况表

项目	2014 年	2015 年	2016 年	2017 年	2018 年
应收账款(亿元)	26.61	28.79	29.61	58.14	77.00
流动资产(亿元)	1 201.43	1 209.49	1 429.11	1 715.35	1 997.11
应收账款占流动资产比例	2.22%	2.38%	2.07%	3.39%	3.86%

（续表）

项目	2014 年	2015 年	2016 年	2017 年	2018 年
营业收入（亿元）	1 400.05	1 005.64	1 101.13	1 500.20	2 000.24
应收账款周转期（天）	5.80	9.92	9.55	10.53	12.16

2. 应付账款管理

在应付账款方面，格力电器采取的是质押应收票据，待下游实现销售后再结算上游供应商账款的“下线结算”模式。这种“下线结算”模式能够延长支付供应商价款的付款周期，实现对上游供应商资金的合理占用，使得格力电器账面维持较高比例的资金。

格力电器 2014—2018 年应付账款相关情况如表 8-13 所示。从表中可以看到格力电器应付账款规模逐年扩大，应付账款周转期为 100 天左右，说明公司占用上游供应商资金的能力不断增强。格力电器充分践行“类金融”经营模式，延迟支付应付账款，合理利用供应商的资金进行生产经营。

表 8-13　格力电器应付账款相关情况表

项目	2014 年	2015 年	2016 年	2017 年	2018 年
应付账款（亿元）	267.85	247.94	295.41	345.53	389.87
流动资产（亿元）	1 201.43	1 209.49	1 429.11	1 715.35	1 997.11
应付账款占流动资产比例	22.29%	20.50%	20.67%	20.14%	19.52%
营业收入（亿元）	1 400.05	1 005.64	1 101.13	1 500.20	2 000.24
应付账款周转期（天）	89.14	117.93	115.88	99.57	84.72

3. 存货管理

格力电器近几年采用各种措施“去库存”，包括降低产品价格、增加销售补贴等措施。格力电器 2014—2018 年存货相关情况如表 8-14 所示。从表中可以看到格力电器存货规模随着其销售收入的增长而呈现出持续增长趋势，但存货占流动资产的比重一直保持在 10%以下，存货周转天数保持在 30 天左右，说明格力电器的去库存能力加强，对存货实现了良好的控制。

表 8-14　格力电器存货相关情况表

项目	2014 年	2015 年	2016 年	2017 年	2018 年
存货（亿元）	85.99	94.74	90.25	165.68	200.12
流动资产（亿元）	1 201.43	1 209.49	1 429.11	1 715.35	1 997.11
存货占流动资产比例	7.16%	7.83%	6.32%	9.66%	10.02%
营业收入（亿元）	1 400.05	1 005.64	1 101.13	1 500.20	2 000.24
存货周转期（天）	27.93	32.35	30.24	30.71	32.92

4. 现金周转

格力电器2014—2018年的现金周转天数如表8-15所示。从表中可以看到格力电器的现金周转期在2014年至2018年都是负数，且绝对值逐渐增大，这表明公司现金周转期在不断缩短。格力电器"类金融"模式的实施很有成效，它成功地利用占据的供应商及经销商资金来维持自身日常经营活动。

表8-15　格力电器现金周转天数表　　单位：天

项目	2014年	2015年	2016年	2017年	2018年
应收账款周转期	5.80	9.92	9.55	10.53	12.16
应付账款周转期	89.14	117.93	115.88	99.57	84.72
存货周转期	27.93	32.35	30.24	30.71	32.92
现金周转期	−55.41	−75.66	−76.09	−58.33	−39.64

综合上述分析，格力电器利用自身规模优势以及对渠道的控制权实施"类金融"经营模式，实现了对供应链上下游企业资金的低成本占用，提升了企业现金管理效率，缩短了现金周转周期，进而使得公司账面上存有大量浮存资金。

思考问题7：什么是现金周转期，包括哪些内容，具体公式是什么？

（二）缺乏好的投资机会

格力电器2014—2018年的投资情况如表8-16所示。从表中可以看到，除2018年外，格力电器对固定资产和在建工程的投资呈现出金额少、增长慢的特征，主要是因为近几年格力电器在几大城市建设的"格力工程"项目已于2016年完工转入固定资产，在建工程资金需求较少。格力电器近几年的长期股权投资金额更少，年均投资仅8.83亿元，主要是因为格力电器近几年没有找到好的投资项目。2015年格力电器尝试涉足智能手机领域，但收效甚微，目前格力手机销量所占市场份额几乎可以忽略不计，2016年格力电器企图通过收购珠海银隆来布局新能源汽车领域，但是该计划最终在股东大会上遭到中小股东的反对，最终董明珠只能以自己的名义进行投资。

表8-16　格力电器2014—2018年投资情况表　　单位：亿元

项目	2014年	2015年	2016年	2017年	2018年
固定资产投资	10.02	13.21	17.63	10.91	18.43
在建工程投资	6.84	12.50	9.71	10.61	16.67
长期股权投资	5.65	3.14	8.50	7.40	19.44
合计	22.51	28.85	35.84	28.92	54.54

总的来说,格力电器通过多年的妥善经营积累了大量资金,但是近几年公司投资项目较少,这些资金没有被投入到好的投资项目中去,造成了巨额资金闲置。虽然格力电器暂时没有好的投资项目,但是格力电器正在进行多元化布局,向多元化方向转型,这些闲置的现金对格力电器在未来更好地抓住投资机会一定会有所帮助。

(三) 现金具有竞争效应

掠夺理论认为现金充裕的公司通过实施更有利的竞争战略可以对竞争对手产生掠夺性威胁,能够有效提升公司的竞争力,使得公司在产品市场竞争中获取优势地位。因此,本案例认为现金所具备的竞争效应使得格力电器选择储备大量现金以应对竞争对手。

1. 充足的现金有助于提升企业的竞争能力

在产品市场竞争的背景下,持有充足的现金有利于企业更好地应对竞争对手实施的掠夺性行为,也有利于企业主动实施竞争战略,从而提升企业的竞争力,获得战略优势。2019 年11 月 9 日格力电器公布要推出“双十一让利 30 亿”活动;11 月 11 日格力电器又推出“差价补贴”活动;11 月 26 日格力电器开展“再掀百亿大让利”活动。格力的促销活动和让利措施使得格力电器在零售市场份额大幅提升,11 月格力线上零售额同比增长 119%,同时零售额占比提升至 36%。此外,格力电器实施价格战这一竞争策略对刚进入空调行业的小企业也能起到威慑作用,有助于格力电器抢夺市场份额甚至淘汰掉一些小品牌企业。价格战对企业来说是一种消耗,格力电器的“差价补贴”“百亿让利”等大幅降低产品价格的活动会减少企业的营业收入从而影响企业的现金流,一旦企业的资金无法支撑日常营运,那么企业就会面临破产的风险。因此,充足的现金资源是格力电器实施价格战威慑竞争对手、抢夺市场份额的强力后盾,是提升企业产品市场竞争力的有力保障。

2. 充足的现金有助于增强企业的创新能力

创新是引领发展的第一动力,而公司的研发活动对于创新力的提升至关重要。格力坚持研发经费“按需投入,不设上限”的原则,仅 2017 年和 2018 年其研发投入就超过了 100 亿元。研发活动需要大量资金的投入,而且对资金的持续性要求较高,一旦资金供应不足,研发活动中断甚至半途而废必定会给企业带来许多不利影响。融资优序理论认为信息不对称会造成企业外部融资成本较高,因此企业在融资时会偏好于增加现金持有减少外部融资。储备更多现金能够减轻格力电器的融资约束,还能提高公司的财务柔性,有效地避免公司陷入财务困境。因此,格力电器选择持有更多现金以保障企业研发投入的持续性和稳定性,从而提升企业的创新能力。

七、案例启示及建议

(一) 最佳现金持有量的测算有利于企业现金管理

最佳现金持有量的测算有利于企业优化现金管理工作,将企业的现金持有量控制在合理的范围,有助于企业合理配置现金、有效利用资源、降低机会成本。本案例基于格力电器多元化业务发展、现金波动大、未来现金流难预测等特征选择了随机模型测算其最佳现金持有量。结果发现,格力电器 2014 年至 2018 年现金持有量都超出了合理的持有范围,而且超额情况严重。

出于谨慎性财务决策的考虑,企业管理层更倾向于持有大量的现金以保障企业的稳定运营,因此大部分企业的现金持有量都会超出企业自身需求。持有现金有利于维持企业生产运营活动,有助于格力电器发展成为全球家电行业的引领者,但是巨额现金长期闲置不但不能给公司带来利益流入,还会使公司承担较重的机会成本。因此,格力电器应当将现金持有量维持在合理的范围内,企业的财务人员应妥善规划闲置资金,除了银行定期存款之外,格力电器还可以将闲置的现金用于购买国债,也可以委托信誉较好、规模较大的专业机构进行投资理财,这样既可以保证现金流动性又可以兼顾财务稳健性。

(二) 测算最佳现金持有量需考虑战略需求

目前,最佳现金持有量测算模型所计算的结果反映的都只是企业在经营活动中的资金需求,忽视了企业在战略规划上对资金的需求。在评价公司现有的现金储存量是否适度时,用随机模型只能估算出满足日常经营活动的合理现金储备。随着市场竞争的不断加剧,企业越来越重视制定战略性投资规划以提升竞争优势,实现长远发展。而企业的战略性投资具有规模大、周期长的特征,并且在一定程度上会影响企业的资金需求。因此,测算企业的最佳现金持有量时还应考虑企业战略投资的现金需求,只有同时满足了经营需求和战略需求的现金持有量才是符合企业的合理现金储备量。

思考问题 8: 企业持有现金的原因有哪些?

(三) 现金的战略价值促使企业持有大量现金

现金在产品市场中的战略价值会使得企业偏好于持有更多的现金以威慑竞争对手,提升自身竞争力。首先,现金有助于企业更好地应对竞争对手之间的掠夺风险。融资约束使得企业面临来自竞争对手的掠夺性威胁,而避免威胁的有效途径就是提高现金持有量,降低负债融资的比例。其次,持有充足的现金有助于企业实施价格战、广告战、研发、建造营销渠道等竞争战略来掠夺竞争对手的市场份额。再者,持有充足的现金可以保障企业在研发投入上的持续性和稳定性,从而提升企业的创新能力。最后,持有现金有助于企业更好地抓住投资机会、增加投资。

(四) “类金融”模式有利于增加现金持有量

格力电器采用“类金融”的运作模式,合理占用了供应链上下游企业的资金,满足了自身对营运资金的需求,缩短了现金周转周期,进而增加了公司的账面货币资金存量。首先,格力电器“先款后货”的销售模式以及“年终返利”优惠政策加速了应收账款的收回,缩短了回款周期。其次,格力电器的质押应收票据的“下线结算”方式延长了公司对供应商资金的占用时间。最后,格力电器的“类金融”模式缩短了资金回笼时间,延长了付款周期,进而加速了现金的周转,实现负现金周转周期,增加了企业账面的浮存现金。

课后思考

1. 随机模型下现金余额如何决策？

2. 如何根据现金周转期确定最佳现金持有量？假设某公司全年的现金需求量为 240 万元，其原材料购买和产品销售均采用赊购赊销方式，应收账款的平均收账期为 40 天，应付账款的平均付款期为 40 天，存货平均周转期为 60 天，则最佳现金持有量是多少？

3.（思政）现金是最受欢迎的资产，管理上最容易出问题，思考如何洁身自好，守住底线，提高自身财务素养？

案例九 关于中联重科应收账款管理案例分析

课前思考

1. 应收账款的功能有哪些？

2. 应收账款的管理目标具体有哪些？

理论背景

应收账款是企业流动资产的一个重要项目，也是商业信用的一种表现形式，指企业在正常的经营过程中因销售商品、产品、提供劳务等业务，应向购买单位收取的款项，包括应由购买单位或接受劳务单位负担的税金、代购买方垫付的各种运杂费等。

企业通过对客户的评估和应收账款成本的权衡，达到降低或避免信用风险和提升企业经营效率的方式叫作应收账款管理。应收账款管理属于企业后期信用管理的范畴。制定合理的应收账款信用政策，可以促进企业销售，增加营业收入，确保企业健康、可持续发展。

思考问题 1： 企业在运营过程中必须制定恰当的信用政策，信用政策包含哪几部分内容？

一、公司简介

中联重科股份有限公司（以下简称“中联重科”）成立于 1992 年，由原建设部长沙建设机械研究院孵化而来，20 多年的创新发展使中联重科逐步成长为一家全球化企业，已从中国工程机械技术发源地成长为国际标准制定者、全球工程机械前五强。公司主要从事工程机械、农业机械等高新技术装备的研发制造，主导产品覆盖 11 大类别、70 个产品系列、568 个品种。中联重科先后于深港两地上市，成为业内首家 A＋H 股上市公司，股票代码为

000157。目前，公司正在积极推进战略目标转型，将中联重科打造成一家集工程机械、农业机械及金融服务于一体的高端装备制造企业。

中联重科已覆盖全球100余个国家和地区，在“一带一路”沿线均有市场布局，产品远销中东、南美、非洲、东南亚、俄罗斯以及欧美、澳大利亚等高端市场。公司在东亚、东南亚、欧洲等全球近20个国家建有分子公司，在意大利、德国、巴西、印度、白俄罗斯投资建有工业园，在土耳其、沙特拟新建工厂，并在全球设立50多个常驻机构。以阿联酋、巴西为中心，正逐步建立全球物流网络和零配件供应体系。作为科研院所转制企业，中联重科不断推进改革，形成了科研支持产业、产业反哺科研的良性体制机制，成为国有科研院所改制的典范；作为建立了现代企业制度的上市公司，中联重科通过重组并购，参与到传统国企的改革、改组、改造之中，在老企业植入新机制、新技术，取得了经济和社会的双重效益。

二、经营状况回顾

（一）经营评述

公司主要从事工程机械和农业机械的研发、制造、销售和服务，公司所处行业已步入相对成熟阶段，主要呈现以下三个特点。一是市场集中度进一步提升，国产替代持续加速。近年来，工程机械市场集中度不断提高，通过技术积累竞争胜出的龙头企业在品牌效应、规模效应等方面优势越来越突出，资源进一步向龙头聚拢，强者恒强效应凸显，行业集中度有望继续提升。伴随我国工程机械制造水平的提升和产品竞争力带来的优势，国产替代趋势持续加深。二是行业周期波动性趋于缓和。无论从持续时间还是需求强度来看，本轮行业景气度均显著高于上两轮景气周期。环保政策趋严、机械替代人工趋势加深以及“两新一重”“一带一路”建设纵深推进等利好驱动，平滑行业周期性波动。从产品来看，起重机械、混凝土机械等作为工程机械后周期产品，未来两年将持续处于设备更新高峰期，有望接力挖掘机，拉长工程机械行业景气周期。此外，高空作业平台人均保有量和产品渗透率均远低于发达国家，发展空间十分广阔，将以其高成长性助力工程机械可持续稳健发展。三是向自动化、数字化、智能化加速转型。进入智能互联时代，以5G、大数据、工业互联网为代表的新技术日新月异，为工程机械的数字化、智能化发展充分赋能。与此同时，中国人口红利减弱、现代施工项目大型化、日益严格的环保要求以及客户对产品价值提升的诉求等，要求行业加快向自动化、数字化与智能化方向转型升级。

（二）经营状况

中联重科自创立以来，凭借国家基础设施建设以及国内工程机械行业迅猛发展的势头，不断创新研发，扩大生产经营规模，迅速成为业内的龙头企业，其营业总收入与利润总额也在不断增加。

但是，2012年之后由于国家对房地产行业进行宏观调控，以及行业自身周期的循环影响，中联重科的营业收入和利润出现了明显下滑。中联重科的营业总收入和净利润在2012—2016年期间一直呈下滑趋势，年营业总收入分别为480.7亿元、385.4亿元、258.5亿元、207.5亿元、200.2亿元，2016年营业总收入与2012年相比下降58.35%；年净利润大幅下降,由2012年的75.29亿元下降至2016年的−9.048亿元。中联重科2012—2016年营业总收入变动和净利润变动情况如图9-1所示。

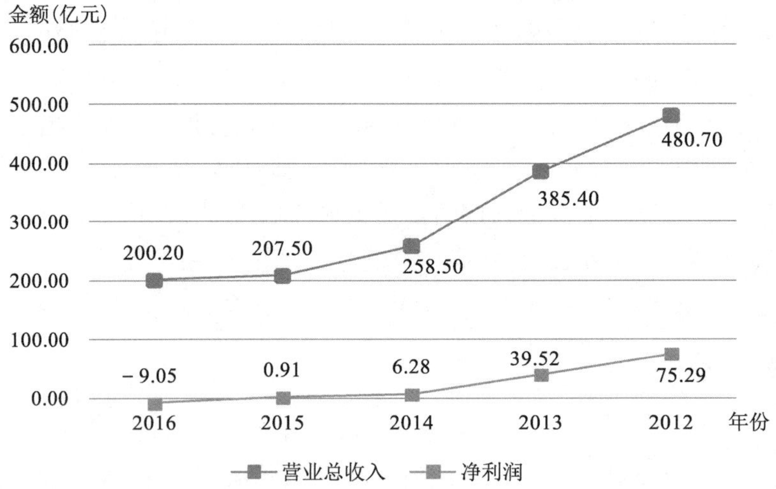

图9-1 中联重科2012—2016年营业总收入和净利润情况

按照行业分类,2019—2021年主营业务收入主要由三部分构成,分别为工程机械、农业机械和金融服务。工程器械业务所产生的收入和对净利润的贡献占比均在九成以上,可见,中联重科的主营业务较为集中,有利于公司特色化、专业化发展。但是公司业务过于集中的话,也会让公司经营变得脆弱,受外部环境影响更大。中联重科2019—2021年主营业务构成如表9-1所示。

公司工程机械板块中,混凝土机械、起重机械和土方机械2021年分别实现收入364.9亿元、163.8亿元、32.4亿元,同比增速分别为+4.6%、−13.7%、+21.5%。主要产品保持市场领先地位,公司混凝土长臂架泵车、车载泵、搅拌站市场份额居行业第一,建筑起重机械销售规模全球第一,30吨及以上汽车起重机销量居行业第一,履带起重机国内份额居行业第一。

同时,2021年公司海外收入同比增长51.1%,超大吨位履带起重机产品批量出口海外市场,混凝土和起重设备参与雅万高铁项目建设,高空作业机械代理商网络已覆盖全球五大洲重点市场。子公司意大利CIFA拓展升级为涵盖混凝土、工起、建起产品的综合型全球化公司,整合全球领先的农机具制造商拉贝公司与农机板块的协同,白俄罗斯基地全面投产,印度工业园启动建设。未来海外市场仍将成为公司业绩增长的重要来源。

表9-1 2019—2021年中联重科主营业务构成 单位:亿元

	主营构成	主营收入	收入比例	主营成本	主营利润	利润比例	毛利率
2021年	工程机械	635.20	94.63%	487.60		93.16%	
	农业机械	29.07	4.33%	25.02		2.55%	
	金融服务	7.01	1.04%	0.20		4.29%	

（续表）

	主营构成	主营收入	收入比例	主营成本	主营利润	利润比例	毛利率
2020 年	工程机械	613.80	94.28%	442.90		91.83%	
	农业机械	26.44	4.06%	22.00		2.38%	
	金融服务	10.82	1.66%	0.05		5.79%	
2019 年	工程机械	409.90	94.65%	288.00		93.84%	
	农业机械	15.83	3.66%	15.15		0.52%	
	金融服务	7.33	1.69%	0.01		5.63%	

思考问题 2：请计算 2019—2021 年中联重科的主营利润和毛利率并填入表 9-1 中。

（三）中联重科资本构成分析(以 2019—2021 年为例)

公司的资产主要由货币资金、应收账款和存货构成，其中，应收账款占比三成左右，占比较高。公司的负债主要由流动负债构成。中联重科资产构成如表 9-2 所示。

表 9-2　2019—2021 年中联重科资产构成　　单位：亿元

指标	2021 年年末	占比	2020 年年末	占比	2019 年年末	占比
总资产	1 220.00	100.00%	1 163.00	100.00%	920.70	100.00%
流动资产	892.50	73.15%	812.50	69.86%	631.80	68.62%
货币资金	151.70	12.43%	124.80	10.73%	65.72	7.14%
应收账款	430.30	35.26%	327.20	28.13%	254.00	27.59%
存货	135.00	11.07%	146.50	12.60%	117.70	12.78%
预付账款	8.45	0.69%	8.80	0.76%	8.80	0.96%
非流动资产	327.60	26.85%	350.30	30.12%	288.90	31.38%
固定资产	67.73	5.55%	61.09	5.25%	58.03	6.30%
无形资产	54.72	4.48%	45.55	3.92%	40.48	4.40%
长期待摊费用	0.15	0.01%	0.10	0.01%	0.13	0.01%
商誉	19.45	1.59%	20.91	1.80%	20.53	2.23%
总负债金额	637.20	100.00%	683.90	100.00%	525.30	100.00%
流动负债	496.70	77.95%	469.50	68.65%	345.80	65.83%
非流动负债	140.50	22.05%	214.40	31.35%	179.50	34.17%

三、应收账款管理基本情况

2012—2016 年，工程机械行业整体处于下行时期，而中联重科的利润近九成都源自该项业务，因此，公司受此次行业周期影响很大。行业内的各大企业均采用较为激进的信用政策，进行大量的信用赊销，在一定程度上虽然可以刺激企业产品的销售，但也积累了较多的应收账款。

本案例将对中联重科 2012—2016 年和 2017—2021 年的应收账款分别进行分析，探讨(2012—2016 年)公司应收账款管理政策存在的问题以及中联重科的解决措施。

(一) 应收账款分析

1. 应收账款与存货分析

中联重科 2012—2016 年应收账款和存货情况，如表 9-3，图 9-2 所示。我们可以看到中联重科在这 5 年间的应收账款总额和存货均呈现波动上升趋势。中联重科 2016 年的应收款金额相比 2012 年增加了 112.20 亿元，变动幅度为 59.37%，存货变动幅度不大。

表 9-3　中联重科 2012—2016 年应收账款和存货情况　　单位：亿元

项目	2016 年	2015 年	2014 年	2013 年	2012 年
应收账款	301.20	297.40	304.40	278.10	189.00
存货	127.70	140.80	103.80	87.47	117.30

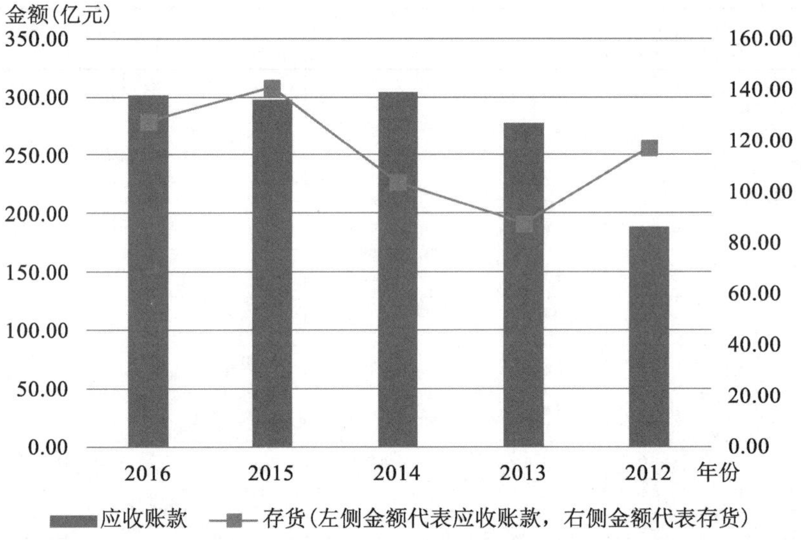

图 9-2　中联重科 2012—2016 年应收账款和存货情况

中联重科应收账款数额于 2012—2013 年期间快速上升，增长率高达 47.14%，存货量大幅下降，下降幅度为 25.43%，这说明企业在这期间为了应对整体行业下行，采用了宽松的信用政策，信用销售高度扩张。2013 年后，应收账款增长率开始出现回落，下降了 9.46%。2015 年，应收账款出现了负增长。总的来说，在 2012—2016 年期间，中联重科为了实现当时的经营管理目标，持续采用过于宽松的赊销策略，尽管获利水平有所提高，但隐藏着的赊销风险却并未引起企业的高度重视。

2. 应收账款与主营收入分析

应收账款和主营业务收入的比值是反映企业经济效益情况的重要衡量标准之一。比值越大，说明企业可能出现的应收账款逾期越多，坏账越多。中联重科 2012—2016 年应收账款和营业收入情况，如表 9-4，图 9-3 所示。

表 9-4 中联重科 2012—2016 年应收账款和营业收入情况 单位：亿元

项目	2016 年	2015 年	2014 年	2013 年	2012 年
应收账款	301.20	297.40	304.40	278.10	189.00
营业收入	200.20	207.50	258.50	385.40	480.70
占比	150.45%	143.33%	117.76%	72.16%	39.32%

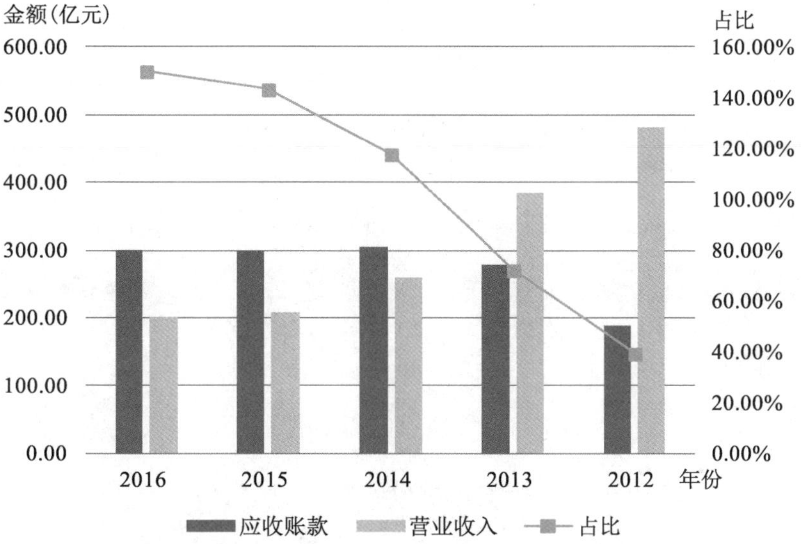

图 9-3 中联重科 2012—2016 年应收账款和营业收入情况

从表 9-4 和图 9-3 中，我们可以看到，中联重科在这 5 年中，应收账款所占营业收入比例大幅攀升，占比从 39.32%上升至 150.45%。2014—2016 年占比均超过 100%，这表明企业采用了过松的信用政策，通过这种激进的销售方法增加企业营业所得，不仅会使企业产生虚构利润的风险，呆账、坏账风险也会一并增加。

营业收入在这几年中持续下跌，这是整个工程机械行业的普遍现象，相较于安徽合力、杭叉集团和宇通重工等企业，这段时间内各工程机械企业的销售情况均呈下滑趋势且幅度较大，经营及销售普遍萧条。在这种情况下，企业不得不采用积极的信用销售政策以增加营业收入，减少库存。虽然采用激进的销售政策可以刺激销售增长，但是持续增长的应收账款加剧了企业的运营风险，且会造成营业利润虚增、企业亏损虚减的假象，企业的经营风险就会被放大。另外，2012—2014 年应收账款快速增长，在 2014—2016 年增速放缓，但金额居高不下，表明企业已经意识到当前的信用政策虽然可以促进销售，但回款和高昂的应收账款成本给企业带来了较大的压力，不利于企业健康发展。

3. 应收账款周转及账龄分析

应收账款周转率可以反映企业应收账款的回款速度，一般情况下，应收账款周转率越大，说明企业应收账款回款效率越高，资金的利用效率越高。中联重科 2013—2016 年应收账款周转率和周转天数如表 9-5 所示。

思考问题 3: 应收账款成本包含哪些内容？计算 2015 年中联重科的应收账款周转率和周转天数并填入下表。一年按 360 天计算。

表 9-5　中联重科 2013—2016 年应收账款周转率和周转天数

项目	2016 年	2015 年	2014 年	2013 年
应收账款周转率	0.633		0.849	1.564
周转天数(天)	568.6		424.2	230.2

从表 9-5 可知，中联重科 2013—2016 年应收账款周转率逐年减小，周转天数逐年增大，2016 年高达 568.6 天，即这 5 年间中联重科应收账款回款能力逐渐下降。

思考问题 4: 假设营业收入与赊销收入相等，变动成本率为 50%，资金成本为 10%，请计算 2013—2016 年应收账款机会成本。

中联重科 2012—2015 年应收账款账龄分析如图 9-4、表 9-6 所示。需要说明的是，2016 年中联重科对应收账款账龄划分方式进行了调整，因此这里未列示。

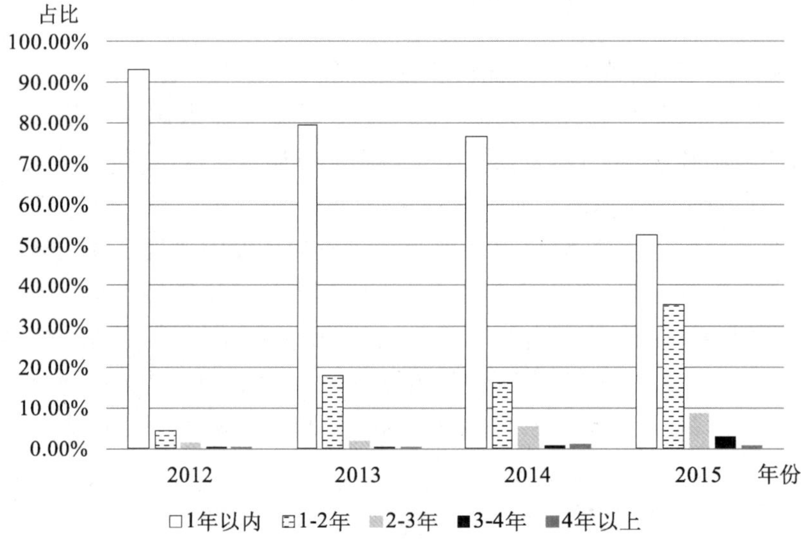

图 9-4　2012—2015 年中联重科应收账款账龄分析图

从各账龄阶段应收账款数额变化情况可以看出，1 年以内（含 1 年）应收账款的比例在逐渐下降，除此之外的各账龄阶段的应收账款的比重都呈现增加趋势，长账龄应收账款数额上升速度快，说明回款困难程度在不断加大，同时呆账、坏账的风险亦在增加。企业 2012—2015 年时间长短为 1—2 年（含 2 年）及 2—3 年（含 3 年）的应收债权存量非但未减少，反而大幅增加，因而形成了账龄长达 3 年以上的应收账款，对于这类"高龄"应收账款，企业如果不采取办法催回，将其置于账表中太久，会加剧形成呆账、坏账的风险。

表 9-6　2012—2015 年中联重科应收账款账龄占比分析表

分段	2012 年	2013 年	2014 年	2015 年
1 年以内	93.17%	79.38%	76.71%	52.57%
1—2 年	4.49%	17.87%	16.11%	35.24%
2—3 年	1.45%	1.71%	5.43%	8.75%
3—4 年	0.51%	0.53%	0.76%	2.79%
4 年以上	0.38%	0.51%	0.99%	0.65%

（二）应收账款管理存在的问题分析

1. 行业变化引起销售收入

销售是获取利润的首要途径，而中联重科所面临的最大风险就是销售收入一直下降。工程机械行业中，上游是钢材、劳动力、零部件等供应商，下游是房地产、基础建设投资、采矿业等，是中国机械工业的重要产业。国家对房地产和基础建设的投资，影响着下游的产品市场，2008 年国家出台"四万亿"政策刺激经济，缓解金融危机，带动了社会对工程机械的需求，推动了这一行业的高速发展。

然而，国家经济结构改革及行业结构深度调整对中联重科所在的工程机械行业造成巨大影响，开始了长达 5 年的调整期，销量大幅下降，库存日益增长，各项经济指标都呈衰退趋势。行业背景梳理如表 9-7 所示。

表 9-7　2012—2016 年工程机械行业背景

2012 年	国内外的经济在缓慢复苏，国内固定资产投资增速下降，在优胜劣汰的背景下，市场份额的集中度提高
2013 年	外需不足加上国内投资增速下降，工程机械行业市场需求低落，无法从根本上解决产能过剩的问题，行业竞争依旧激烈
2014 年	国内固定资产投资、房地产投资增速跌破近十年来最低点，中国经济发展进入"新常态"；为控制财务风险，提升经营质量，中联重科采取逐渐收紧的销售政策
2015 年	混凝土机械和起重机械市场需求持续低落
2016 年	"一带一路"的启动给工程机械行业带来转机；环卫机械行业随政府对环保力度的加大，市场持续平稳增长，产业迎来更广阔的发展空间

2. 产能过剩与产品同质化

2001—2011 年是工程机械行业的黄金十年。2008 年,美国的次贷危机引发了全球金融危机,这导致我国工程机械行业出口市场份额迅速下降。另外,随着国家对房地产企业的管控力度加大,工程机械行业作为房企的下游企业,出现了向下的反曲点,国内外市场需求双双跌落,迎来了行业寒冬。

中联重科面对国内外竞争环境激烈和企业产品同质化严重等问题,抢夺客户和争夺市场成了企业应对困境的良策,要想以量取胜,那就需要强有力的生产能力来配合。因此,走"规模经济"之路成了中联重科等诸多企业的最佳抉择。走"规模经济"之路要求企业要加大固定资产的投入,以求与产能、产量相适应,中联重科在较短时间内通过对内投资,已拥有 14 个大规模工业园区。

3. 信用政策过于宽松

中联重科作为以工程机械产品研发和制造为主的企业,其核心产品具有行业产品单位价格较高的普遍特点。因此,客户通常情况下会采用分期付款、银行按揭、融资租赁等形式购买。虽然这种信用销售方式可以减小库存、提升营业收入,但是面对形形色色的客户,其财务和征信状况管理及更新有较大难度。另外,由于客户原因形成的呆账、坏账在管理和风险控制方面也存在一定困难。

中联重科 2012—2021 年存货占公司流动资产的比例一直在攀升。2013 年中联重科应收账款暴增,2016 年年末占比高达 43.70%,2015 年较 2014 年略有减少,主要原因在于中联重科对应收账款管理政策的改进有了一定成效。总体来看,自 2013 年后,公司的应收账款占比始终维持在 40%及以上,这就意味着中联重科流动资产中有四成都是由应收账款构成的,其巨额应收账款已经大量占用了公司的流动资金,应收账款变现能力较差,回款周期较长,给中联重科带来了不小的营运压力。2012—2016 年中联重科应收账款总额占公司流动资产的比例变动情况如图 9-5 所示。

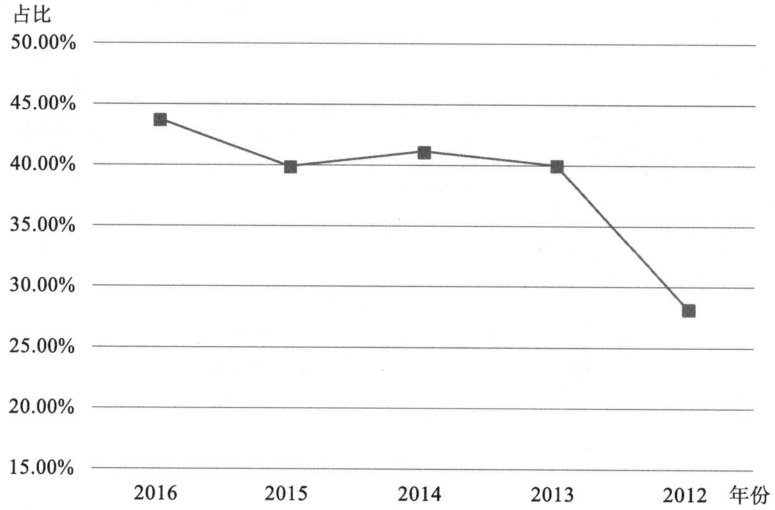

图 9-5　2012—2016 年中联重科应收账款与流动资产比值

根据“中国工程机械工业协会”公布的信息，2012 年以来，中联重科信用销售的三种方式比例均快速增加，“银行按揭”方式约占 20%，“融资租赁”方式约占 31%，“分期付款”方式约占 16%，而对于生产企业来说更为可靠、安全的传统“现销”方式只占到全部销售的 33%，而上述三种信用销售方式占到销售总数的比例却高达 67%。由于客户和企业对信用销售方式的接纳度如此之高，导致企业面临由于回款难而产生的一系列问题。

四、解决措施

通过以上分析可知，中联重科 2012—2016 年受到行业寒冬的影响，采取了较为激进的销售策略和信用政策，积累了较高的应收账款风险。中联重科从 2013 年开始意识到这一点，但并未拿出具体的管理措施，直到 2016 年，企业才拿出实际有效的解决方案，收紧信用政策，经过几年的摸索和实践，中联重科形成了一套有效的应收账款管理政策。

对中联重科近几年应收账款管理政策进行梳理，具体情况如表 9-8 所示。

表 9-8　中联重科应收账款管理政策梳理

年份	政策	备注
2012—2013	仅提出需要加强应收账款管理，但并未拿出具体管理措施	
2014	提出“一户一策”管理方案	由于前期过于宽松的信用政策，应收账款积累严重，导致该管理方案见效较慢
2016	重视合同质量	调整信用销售比例，调整首付款比例
2017	推进数字化管理	开发了一套行之有效、操作便捷的“应收账款管理系统”

2014 年提出“一户一策”政策，首先对客户进行信用额度评估，对所有超过一定信用额度的客户展开个别信贷评估。企业要求客户依照已签订的合同并结合评估结果支付合同价格的 30%～50%的款项，如果客户评估等级较低，还需进行其他增信措施。如果是海外销售，则需要购买信用保险。

企业规定应收款项超期 3 个月及以上的客户，将转交给风险管理部门实施跟进监管，必要时可以在客户违约时收回机器设备并重新销售，或者要求对方履行担保措施。

同时，中联重科根据客户的所有权背景、财务实力以及客户所处的经营环境等因素对客户进行群组划分，对具有类似信用损失模式的客户群组进行损失准备估计。

思考问题 5：“产品的赊销可以理解为无资金成本或成本较低的融资活动”这一说法对吗？并说明理由。

五、优化应收账款管理后分析

（一）应收账款与存货分析

中联重科应收账款和存货规模在 2017 年有明显的下降，在 2018 和 2019 年有较小幅度增加。2020 年春节，受到新型冠状病毒感染疫情（以下简称“新冠疫情”）爆发的影响，全国范围停工停产，对所有行业都带来前所未有的打击。2012—2021 年中联重科应收账款与存货具体情况如图 9-6 所示。

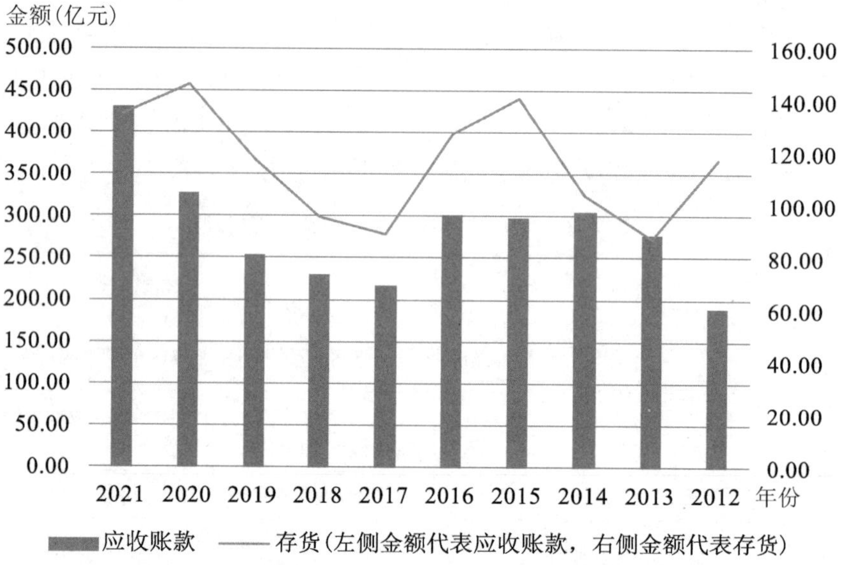

图 9-6　中联重科 2012—2021 年应收账款与存货情况

在后疫情期间，中联重科在“两新一重”建设和房地产稳增长政策的推动下，工程机械景气度持续不减，公司传统业务均为施工后周期品种，随着本轮项目施工的推进，需求将逐步释放。此外，公司挖机、高机等新业务不断突破，在产品创新、商业模式、市场布局、服务网络等方面多点发力，产品销量和市场地位不断提升。同时公司不断推出智能农机新产品，创新上下游合作模式，农机业务销量和利润率也均有所改善，新业务发力有望为公司业绩带来新的弹性空间。

（二）应收账款与营业收入分析

受益于国内基建、新能源等下游行业产品迭代和环保升级拉动设备需求的影响，公司核心板块产品订单和销量持续高增长。另外，公司严控各项费用支出，随着销售规模增长，平均生产成本和费用率同比显著下降。总体而言，公司疫情期间业绩逆势增长的背后是核心产品竞争力的持续提升以及新兴业务的亮眼表现。

应收账款所占营业收入的百分比在 2017—2021 年持续下降，4 年间下降了 28.85%。这表明企业坚持持续收紧的信用政策，不再过度依赖赊销来增加营业收入，虚构利润的风险在慢慢消除，企业经营状况逐渐转好。具体情况如图 9-7 所示。

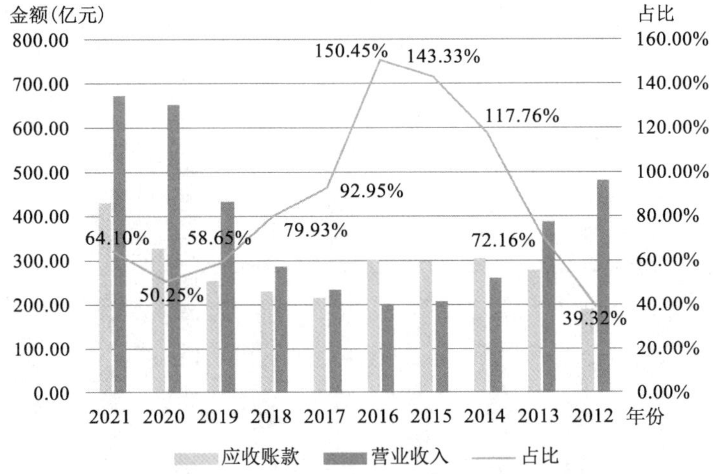

图 9-7　中联重科 2012—2021 年应收账款与营业收入情况

思考问题 6： 试分析应收账款过多会对企业产生什么影响。

(三) 应收账款周转与账龄分析

根据中联重科年报数据，2017—2021 年企业应收账款周转率分别为 0.828、1.226、1.791、2.231、1.759，应收债权回笼天数分别为 435、294、201、161、205 天。这五年间企业应收账款回收速度逐渐提升，2021 年应收债权资金的回笼速度比 2017 年上升了 0.931 次，应收账款周转天数相应地减少了 230 天。对比 2012—2016 年的应收账款周转率和周转天数，表明中联重科通过几年来持续不断的强化应收账款管理，提升风险控制意识，应收账款周转率呈上升趋势，且企业的赊销款回收速度愈来愈快，中联重科的应收账款管理迈入了良性发展的通道。应收账款周转情况统计如图 9-8 和图 9-9 所示。

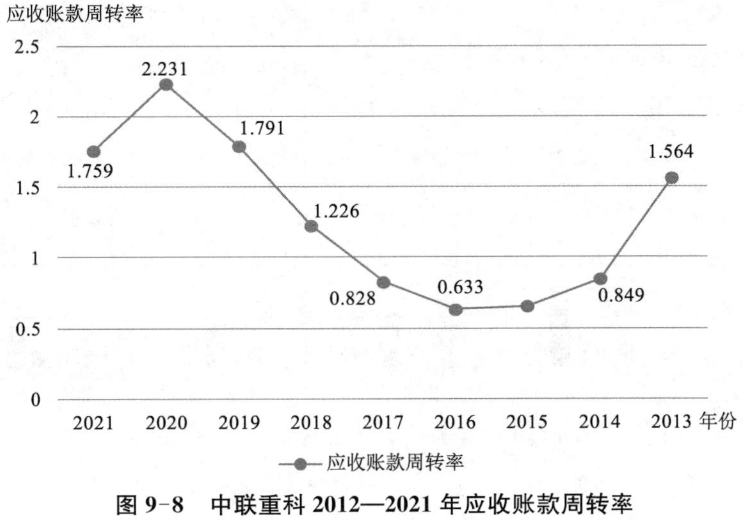

图 9-8　中联重科 2012—2021 年应收账款周转率

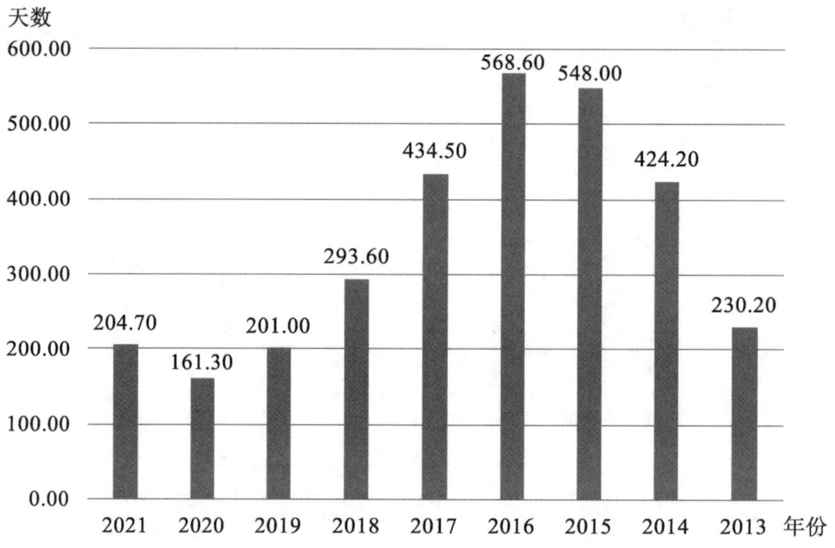

图 9-9　中联重科 2012—2021 年应收账款周转天数

中联重科在 2016 年及 2017 年调整了应收账款账龄划分方式及坏账计提比例(3—4 年计提比例为 40%,4—5 年计提比例为 70%,5 年以上全额计提坏账),故此处不对 2016 与 2017 年应收账款账龄进行分析。

中联重科 2018—2021 年应收账款账龄结构得以优化。1 年以内(含 1 年)应收账款的比重在不断上升,1—2 年、2—3 年、3—5 年的应收账款比重不断下降,这说明一系列应收账款管理措施的实施,企业应收账款质量在逐渐转好,回款风险也在变小。同期收入不断增加,长账龄应收账款比重下降,说明经过销售人员、催收人员的共同努力,合同预收款以及进度款的催收取得了一定成效。优化后的应收账款账龄结构如图 9-10 和表 9-9 所示。

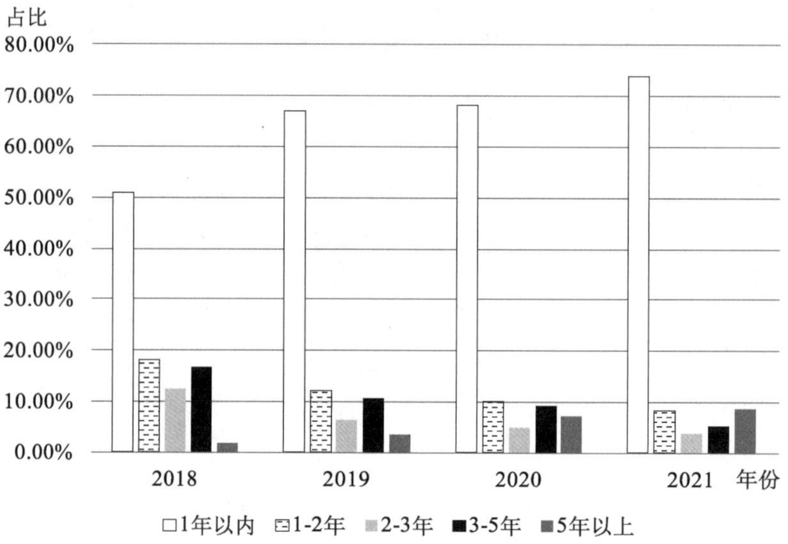

图 9-10　2018—2021 年中联重科应收账款账龄分析图

表 9-9 2018—2021 年中联重科应收账款账龄占比分析表

分段	2018 年	2019 年	2020 年	2021 年
1 年以内	50.90%	67.15%	68.31%	73.98%
1—2 年	18.30%	12.20%	10.21%	8.29%
2—3 年	12.46%	6.49%	4.99%	3.72%
3—5 年	16.62%	10.67%	9.16%	5.35%
5 年以上	1.73%	3.45%	7.33%	8.66%

课后思考

1. 假设企业应收账款回款出现较大问题，试分析企业可以采取什么措施获得流动资金支持，以保证资金链正常运行。

2. (思政)结合近期俄乌局势以及新冠疫情反复的现状，分析中联重科在出口产品时重点需要考虑什么因素(从财务会计的角度)。

第六章　利润分配

案例十　关于上海家化员工持股计划案例研究

课前思考

1. 常见的员工股权激励方式有几种？
2. 为什么要进行员工股权激励？

理论背景

员工持股计划以管理层之外的员工为主要实施对象，通过让员工持有本企业股票的方式，实现与员工“利益绑定”的目的。在实施员工持股计划之前，员工一般只领取固定薪酬，难以分享企业的剩余收益，这使得员工不愿付出超出其薪酬价值的努力，也缺乏对企业的归属感，甚至缺少关注企业长期价值的意愿。而员工持股计划赋予了员工企业所有权和剩余收益分享权，其制度设计上的长期导向也促使员工更加关注企业的长期价值。

思考问题 1: 企业的利益相关者有哪些？

一、公司简介及股权架构

（一）公司简介

上海家化联合股份有限公司（以下简称“上海家化”）是中国美妆日化行业的民族企业之一，前身是成立于 1898 年的香港广生行，于 2001 年在上海证券交易所上市。上海家化专注于美妆、个护家清、母婴三大领域，以“一个中心、两个基本点、三个助推器”为经营方针，即以消费者为中心，以品牌创新和渠道进阶为两个基本点，以文化、系统和流程、数据化为三个助推器，秉持“公开透明、创新进取、尽责高效、共享共赢”的价值观，以尽善之心追求至美的产品与服务，为消费者、员工、股东和社会创造最大价值。

上海家化高度重视品牌建设，在众多细分市场中确立了领先地位。上海家化旗下的双妹品牌曾广受民国名媛的欢迎，代表中国赢得了国际至高荣誉；美加净品牌生产的发蜡、摩丝、护手霜，是三代人的集体记忆；六神品牌在花露水中创新地加入了中草药元素，是花露水品类的主导者；高夫品牌则是男性护肤品牌的领跑者；佰草集品牌充分运用平衡之道，将中华文化融于现代科技，让东方美闪耀世界；家安品牌坚持科技创新，在不断创造家居清洁新品类的基础上进一步向成熟品类进军；启初品牌取自然之初，育生命之初，陪伴中国宝宝健康成长；玉泽品牌与瑞金医院进行合作，产品品质经过临床医学专业的严格检验；TommeeTippee 汤美星品牌是享誉全球的婴幼儿喂哺品牌；典萃品牌是为中国女性打造的高科技、高功效的科研级护肤品牌。上海家化自 2008 年起曾四次被认定为高新技术企业，是集研发、生产与销售为一体的综合性日化企业，至今已存续 124 年，在中国日化历史上创造过许多奇迹，在日化行业中也有着不可撼动的地位。

但是，日化产业链中众多新生代的崛起，使得国内产品一直处于价格战中，一旦涨价，消费者便会产生抗拒心理。

思考问题 2： 请简述波特五力模型的内容有哪些？在当前这个阶段，上海家化主要受到哪几个力的影响？

（二）股权架构

上海家化自上市以来，股本总额发生过多次变化，由上市之初的 27 000 万股，增至目前的 67 796.95 万股。究其原因，主要是由于公司自 2008 年开始实施的四套股权激励计划，致使公司不断回购、增发股票，以实现激励目的。股权结构是上市公司治理结构的基础，也是决定公司组织架构、经营决策的依据。截至 2020 年，上海家化共有 30 883 位股东，其中，上海家化(集团)有限公司为控股股东，持股比例 49.37%，其余股东持股比例均低于 4%，股权结构分散，大股东持股比例高。截至 2020 年年末，上海家化的股权结构如图 10-1 所示，前五大股东与前五大无限售条件股东情况如表 10-1 所示。

表 10-1　前五大股东与前五大无限售条件股东情况

股东全称	期末持股数	比例	股东性质
上海家化(集团)有限公司	334 700 413	49.37%	国有法人
上海高毅资产管理合伙企业(有限合伙)一高毅邻山 1 号远望基金	23 800 000	3.51%	其他
上海久事(集团)有限公司	19 187 000	2.83%	国有法人
上海重阳战略投资有限公司一重阳战略聚智基金	18 971 234	2.80%	其他
香港中央结算有限公司	14 758 119	2.18%	其他

说明：根据 2020 年年报，前五名股东与前五名无限售条件股东及其持股数均相同，上海家化(集团)有限公司、上海太富祥尔股权投资基金合伙企业(有限合伙)、上海惠盛实业有限公司同受中国平安保险(集团)股份有限公司控制；上海重阳战略投资有限公司一重阳战略聚智基金、上海重阳战略投资有限公司一重阳战略同智基金为一致行动人，公司未知其他关联关系或一致行动关系

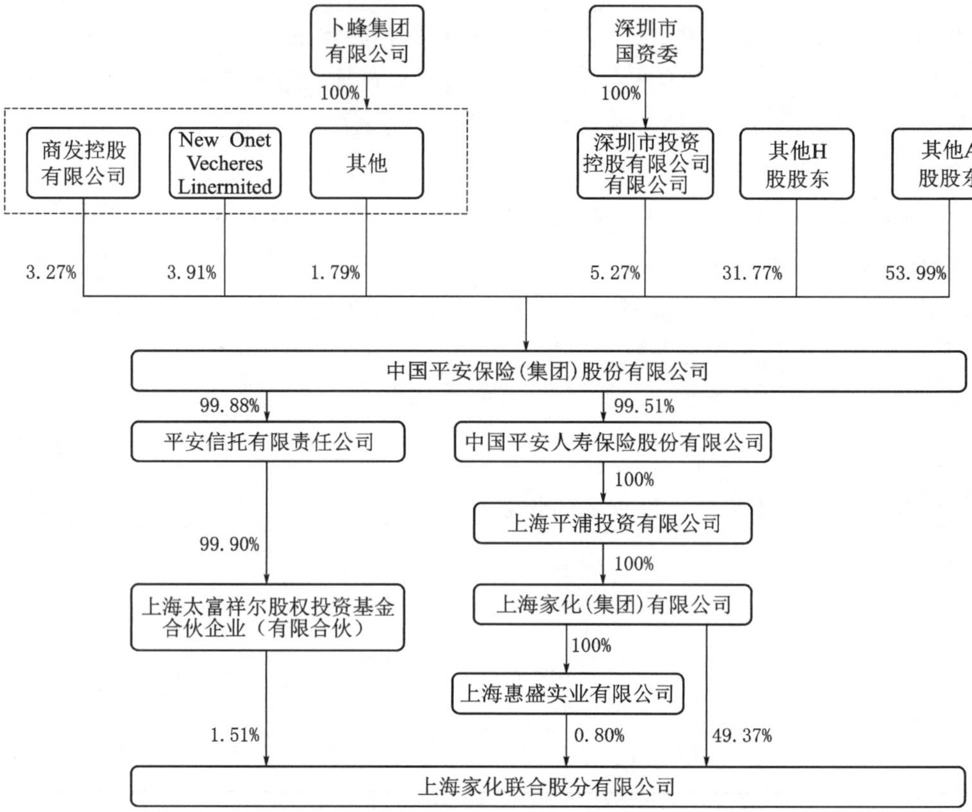

图 10-1　上海家化股权结构图

二、上海家化员工股权激励动因分析

上海家化先后分别在 2008 年、2012 年、2015 年以及 2018 年实施四次股权激励计划，其动因主要有以下三个方面。

（一）支持战略转型，避免人才流失

有学者指出员工持股计划是混合所有制改革中的重要策略，企业制度的改革必然伴随着企业战略的转变。股份制改革之前，企业的战略集中于实现多元化业务增长，注重分散资源；股份制改革之后，则强调集中资源打造重点品牌。

上海家化是依靠技术创新发展的日化企业，核心的科研人才是公司最重要的竞争力，如果人才流失现象频繁发生，则会给企业带来很大的不良影响。有资料统计发现，上海家化在第一次实施股权激励之前的五年期间，企业的科技研发人员和营销人员离职数高达 79 人。虽然上海家化是我国日化行业的龙头企业，但由于未注重专业技术人才的保护，导致人才严重流失，进而影响了企业的盈利水平。

人才的培养和长期保留对企业的发展至关重要，上海家化逐渐提高对人才流失问题的关注度。为了达到这一目标，提高员工工作的积极性，上海家化开始推行股权激励这一长期

激励手段，争取留住核心的科研创新人才，创造出更多新产品来提高企业的核心竞争力，以保障企业的持久发展。

(二) 提高公司经济效益，向市场释放积极信号

企业发展优劣的标准之一就是企业的经济效益，企业绩效的高低是股东和投资者最为关心的问题。上海家化在 2008 年实施股权激励计划之前，公司业绩出现了很大程度的下降，遇到了很大的危机与挑战。因此上海家化非常需要新的战略举措来激发员工的工作热情和积极性，以此来提高企业经营管理的作用效果，进而提高企业的利润额。随着股权激励在当代企业中的逐渐兴起，上海家化也开始了股权激励的试探之旅。同时，通过给予员工股票，让内部员工做公司的所有者，能够加大对管理层的监督力度，向外界传递企业的发展决心，消除投资者的质疑。

(三) 增强行业竞争力

近年来我国化妆品市场对外资全面开放，随着国际知名品牌入驻中国市场，我国日化行业迎来了全新的发展契机和巨大的挑战。上海家化所面临的竞争越来越激烈，逐渐从比较单一的价格战向技术、产品等综合实力延伸，日化行业的竞争力一度飙升到最高点。中国护肤品市场规模呈现逐年上升的趋势，从 2010 年的 408 亿元上升到 2020 年的 1 542 亿元，年复合增长率(CAGR)达到 12.85%，其规模扩张速度不可轻视。上海家化想要在竞争如此激烈的行业市场中巩固自己的地位，企业的综合实力至关重要，而优秀的人才队伍是企业综合实力的基础保障。上海家化通过采取股权激励的手段来为企业吸引和挽留人才，将高管和核心员工的激励制度与企业的绩效相关联，进而提高企业的经济效益和该企业在日化行业所占的市场份额。2010—2020 年中国护肤品市场规模走势如图 10-2 所示。

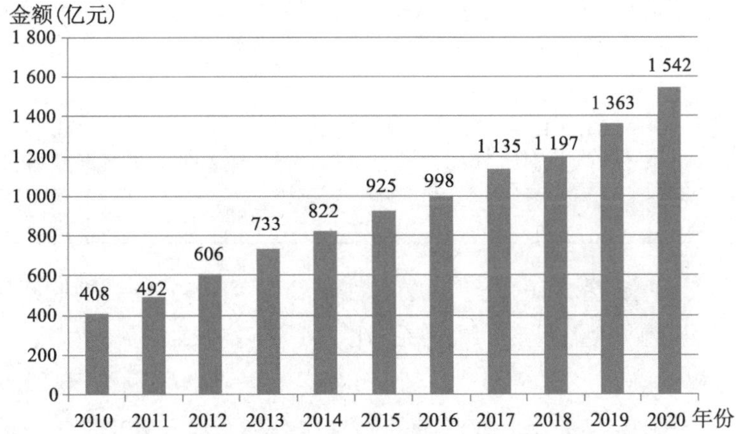

图 10-2　2010—2020 年中国护肤品市场规模走势图

思考问题 3： 请简述信号传递理论的相关内容。

三、上海家化 2015 年股权激励回顾

(一) 股权激励回顾

本案例以上海家化 2015 年 3 月实施的股权激励计划为例，分析该次员工股权激励计划的实施情况。

2015 年，上海家化集团与平安集团之间的争斗以平安集团收购上海家化后落下了帷幕。中国平安集团推举谢文坚为新一任董事长，葛文耀领导的家化集团高管纷纷离任，上海家化人才流失严重。上海家化于 2015 年 3 月推出了第三次股权激励计划，此次选用混合型激励模式，将限制性股票和股票期权结合使用。两种激励计划都对公司使用股票期权的三年业绩提出了要求。即 2016—2018 年的平均净资产收益率要超过 18%，这三年的营业收入增长率分别比 2013 年高出 37%、64%和 102%，禁售期内的净利润不能出现负数。上海家化第三套股权激励方案的主要内容如表 10-2 所示。

表 10-2　上海家化第三次股权激励计划

项目	2015 年
激励方式	限制性股票和股票期权
激励对象	限制性股票 333 人；股票期权 58 人
激励额度	限制性股票。一次性授予 180 万股，占总股本 0.267 4% 股票期权。一次性授予 80.8 万股，占总股本 0.120 2%
激励价格	限制性股票 19.61 元/股 股票期权 41.43 元/股
禁售期	1 年
解锁期	2016 年、2017 年、2018 年
业绩考核条件	2016—2018 年的平均净资产收益率超过 18%；三年营业收入增长率分别比 2013 年高出 37%、64%和 102%；禁售期净利润不能为负数
解锁比例	33%；33%；34%

2016 年 3 月，上海家化发布的关于回购和注销 2015 年部分限制性股票和股票期权的公告表明，2015 年的营业收入额是 58.46 亿元，比 2013 年增长了 30.8%，没有达到 37%的要求，未满足股票行权的条件。2017 年 3 月，2016 年公司营业收入额为 53.21 亿元，比 2013 年增长了 19%，不符合 2015 年关于股权激励的第二次绩效评估标准，因此公司按规定回购并注销了未行权的限制性股票和股票期权。2018 年 3 月，2017 年的营业收入额为 64.88 亿元，增长了 45%，没有达到比 2013 年的增长率 102%的条件，不符合 2015 年第三次绩效评估的条件，因此公司按规定回购并注销了未行权的限制性股票和股票期权。至此上海家化第三次股权激励计划的实施工作顺利完成。

2015 年，上海家化改变了此前仅对高管和核心员工实施股权激励计划的做法，开始启

动新的员工持股计划。公司先从二级市场购买部分股票后，分配给公司的普通员工，从而达到激励的目的。此次，公司打算向拥有股份的员工提供 150 900 股股票，占到总股本数的 0.022 4%。此次股权激励要求上一年的个人绩效评估达到 C 级，且满足该评估标准，则可以按比例行使股票权利。经统计，这个计划中符合条件的员工有 1 183 名，与前两次股权激励计划相比，上海家化的第三次股权激励计划涉及的员工更多，还实施了复合型的股权激励手段，效果显著。上海家化第三次员工持股计划详情如表 10-3 所示。

思考问题 4： 限制性股票、股票期权的联系和区别是什么？

表 10-3　上海家化员工持股计划

核心要素	主要内容
存续期	48 个月
参与对象	签订劳动合同且符合业绩考核指标的员工，共 1 183 人
资金来源	提取业绩奖励金 634.37 万元(实际回购费用 577.22 万元)
股票来源	二级市场回购
股票数量	预计 15.09 万股(实际回购 146 578 股)
锁定期	36 个月
管理模式	华宝信托有限公司＋管理委员会

企业董事会和证监会于 2015 年 3 月 17 日通过了员工持股计划的草案，职工代表大会于 2015 年 5 月 20 日通过，股东大会于 2015 年 6 月 8 日通过，因此，2015 年 6 月 8 日为授予日。2015 年 12 月 7 日，华宝信托有限责任公司以均价 39.38 元/股回购 146 578 股股票，完成回购任务。

(二) 第三次股权激励特点分析

上海家化第三次股权激励的特点，主要体现在以下几个方面：

(1) 二级市场回购引起成本变化。由于二级市场回购需要在方案实施前预估回购的股数，而等到实际回购时，股价的变化会影响预估回购股数的成本。2015 年 6 月 8 日，企业根据 2014 年的业绩情况提取业绩奖励金 634.37 万元，按草案公布日 3 月 18 日股价42.04 元/股预估回购 15.09 万股股票。根据规定，华宝信托有限公司需在 6 个月内完成回购，于 2015 年12 月 7 日按当日股价 39.38 元/股回购 146 578 股，股价下降 6.33%，节约回购成本 39 万元。

(2) 资金全部来源于业绩奖励。员工持股计划的资金全部来源于业绩奖励金，由于资金全部来源于企业，实质是员工分享企业的利润。

(3) 双重管理模式。由企业内部人力资源部门组织成员成立管理委员会，负责监督资产管理机构的各项行为。

(4) 混合型激励方案。上海家化实施员工持股计划的当年还制定了包括董事长在内针对高管的股票期权计划和限制性股票激励计划，是具有企业特色的混合型、多元化的股票激励方案。

三、上海家化员工持股计划激励效果分析

为对该次员工持股计划效果进行判定，即该次是否可以实现激励的最初动因，以下将从人才流失情况、市场反应、公司财务效益和研发效果进行评判。

（一）人才流失情况

上海家化实施员工持股计划最主要的动因就是激励员工、留住人才，员工离职情况是衡量激励计划实施效果最重要的判断标准。员工离职情况的影响因素有很多，如工作环境、公司福利、社会地位等都会造成企业人才的流失。其中，公司的福利性政策是影响员工留任与否的最主要因素，员工持股计划作为上海家化推行的重要职工福利政策，员工离职率越高，说明企业股权激励的效果越不明显。2019 年年报显示，员工持股计划在行权日冲回激励成本 125 万元，占总成本的 31%，说明有部分员工未达到业绩考核标准或已经离职。同时，参考 2015 年同期实施的股票期权和限制性股票激励计划的离职率可知，本次激励计划的离职率高达 14%，比上期增长 12.78%。由此推测，上海家化在实施员工持股计划期间的员工离职人数有大幅度提升，企业推行的职工福利化政策并未缓解人才流失的情况。

（二）市场反应

员工持股计划的草案公告日为 2015 年 3 月 17 日，将其设为基准日，窗口期为公告日前后 6 天，同时选取公告日前 40 天作为事件估计期。计算上海家化的超额收益率为 3.49%，说明草案的公告给市场带来利好，具备一定的积极效应。超额收益率计算结果如表 10-4 所示。

表 10-4　上海家化员工持股计划草案公告效应

项目	上证指数	上海家化
估计期的平均收盘价	3 250.64	37.56
窗口期平均收盘价	3 490.04	41.63
平均实际收益率	7.36%	10.85%
超额收益率	3.49%	

然而，从每日异常收益率曲线来看，整体波动较大，$t=-5$ 和 $t=-4$ 时点，股价在出现较高幅度的上涨后迅速回落为负数，而 $t=-3$ 时，股价出现缓慢上涨，可能是由于内幕消息走漏而造成的股市上行。草案公布的当天 $t=0$ 时，收益率出现正向上涨，但由于草案公布的第二日 $t=2$ 时，企业便公布了 2014 年的年报，所以这部分上涨是受草案与年报的双重影响。可以看出，即使是在双重公告的作用下，每日异常收益率上涨幅度也较低，这说明市场对上海家化此次的员工持股计划认可度较低，草案的公布带来的市场反应有限。每日异常收益率曲线如图 10-3 所示。

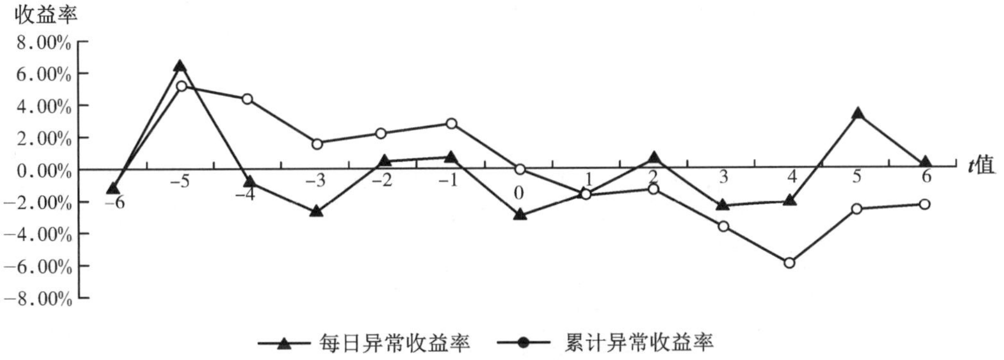

图 10-3 上海家化股票收益率变化图

(三) 公司财务效益分析

接下来,将从财务报表分析和业绩评价两个方面选取指标,对员工持股计划前后的盈利能力、营运能力以及偿债能力进行横向和纵向的整体性评价。

1. 盈利能力分析

2015 年,为解决企业人才流失的难题,上海家化推出了新一期的员工持股计划,净资产收益率(扣非/加权)、营业净利率和总资产收益率(加权)也在这一年中达到最高水平,但 2016 年之后,扣非净利润却始终保持在低水平。2012—2021 年,企业的营业毛利率始终保持在 60%左右,这说明企业产品的盈利能力毋庸置疑,而 2016 年净利润大幅度缩水 74.94%,营业净利率的快速下降,无疑是受宏观经济环境、市场竞争和股份支付费用增加、经营不善等诸多因素的影响。2015—2019 年间是企业实施员工持股计划的主要时期,不考虑资产计划中的收益与委托费用,上海家化共确认相关费用 282.81 万元,累计确认相关收益 13.7 万元,净利润减少 269.11 万元,负债增加 269.11 万元。虽然员工持股计划对净利润的影响数额较少,但它的实施也并未导致企业的盈利状况发生好转,因此可以认为上海家化实施员工持股计划对企业盈利能力的提升效果并不明显。详情如表 10-5 所示。

表 10-5 上海家化 2012—2021 年盈利指标 单位:亿元

指标	2021 年	2020 年	2019 年	2018 年	2017 年	2016 年	2015 年	2014 年	2013 年	2012 年
扣非净利润	6.76	3.96	3.80	4.57	3.31	2.05	8.18	8.74	7.82	5.52
净资产收益率	10.02%	6.19%	6.27%	8.18%	6.09%	3.68%	17.21%	25.81%	29.93%	27.77%
总资产收益率	5.54%	3.83%	5.23%	5.47%	3.83%	2.13%	32.28%	18.05%	20.03%	17.31%
营业毛利率	58.73%	55.89%	61.88%	62.79%	64.93%	60.12%	59.18%	61.82%	62.96%	61.75%
营业净利率	8.49%	6.12%	7.33%	7.57%	6.01%	3.37%	37.8%	17.01%	18.34%	15.87%

思考问题 5： 假设上海家化 2015—2019 年股价始终为 30 元/股，请补齐表格 10-6。

表 10-6 上海家化 2015—2019 年盈利指标

指标	2019 年	2018 年	2017 年	2016 年	2015 年
普通股股数(亿元)	6.712	6.712	6.734	6.734	6.74
营业收入(亿元)	75.97	71.38	64.88	59.62	58.46
扣非净利润(亿元)	3.795	4.568	3.314	2.05	8.179
所有者权益(亿元)	62.86	58.13	53.77	52.62	57.29
扣非每股收益					
每股净资产					
市销率					
市盈率					
市净率					

2. 营运能力分析

营运能力反映了企业对资产的利用和管理能力，通常用各种资产的周转速度表示。一般来说，企业资产周转速度越快，说明企业的资产管理水平越高，资产的利用效率也就越高。上海家化 2012—2021 年的存货周转率、应收账款周转率和总资产周转率的分析结果如表 10-6 所示。

表 10-7 上海家化 2012—2021 营运能力分析

指标	2021 年	2020 年	2019 年	2018 年	2017 年	2016 年	2015 年	2014 年	2013 年	2012 年
存货周转率	3.63	3.46	3.22	3.27	3.01	3.30	3.97	4.24	3.97	3.85
应收账款周转率	6.96	6.07	6.72	7.25	6.99	7.08	8.95	10.89	10.20	10.14
总资产周转率	0.65	0.63	0.71	0.72	0.64	0.63	0.85	1.06	1.09	1.09

总体来看，2012—2014 年，上海家化各项资产的周转能力整体保持上升水平，而 2015 年之后，在员工持股计划实施阶段，三个指标均出现下降趋势。具体来看，存货周转的速度越快，说明存货的流动性越好，占用的资金越少，管理和销售能力越强。实施员工持股计划前后，上海家化的存货周转率出现小幅度的下降，存货周转率整体低于行业平均水平，说明企业的存货积压成本较高，存货管理能力有待提升，产销难以平衡。应收账款周转率是指未收回欠款的变现速度，周转率越高，企业收账速度越快，坏账越少。随着营业收入的增长，上海家化的应收账款周转率于 2014 年达到最高值，在实施员工持股计划之后，周转率开始下行，虽然整体始终高于行业平均值，但仍说明企业的坏账损失增多，收入流动性开始变差。总资产周转率则用来衡量企业整体的销售能力，自 2015 年开始，上海家化的总资产周转率开始

跌落至 0.8 以下，企业总资产的管理质量下降。可见，员工持股计划对上海家化的营运能力激励效果欠缺。

3. 偿债能力分析

偿债能力是指企业如期偿付债务的能力，主要分为短期偿债能力和长期偿债能力。短期偿债能力衡量指标主要有流动比率、速动比率和现金流量比率；长期偿债能力主要的衡量指标有资产负债率、权益乘数和产权比率等。上海家化 2012—2021 年偿债能力分析如表 10-8，图 10-4 所示。

表 10-8　上海家化 2012—2021 年偿债能力分析

指标	2021 年	2020 年	2019 年	2018 年	2017 年	2016 年	2015 年	2014 年	2013 年	2012 年
流动比率	2.11	2.14	2.05	1.78	1.74	1.57	3.33	2.69	2.51	2.56
速动比率	1.84	1.84	1.73	1.45	1.44	1.38	3.01	2.36	2.17	1.85
现金流量比率	0.31	0.22	0.26	0.33	0.36	0.03	0.24	0.71	0.79	0.85
资产负债率	42.67	42.46	43.61	42.79	44.02	50.99	29.79	31.23	31.06	26.95
权益乘数	1.74	1.74	1.77	1.75	1.79	2.04	1.42	1.45	1.45	1.37
产权比率	0.74	0.74	0.77	0.75	0.79	1.04	0.42	0.45	0.46	0.37

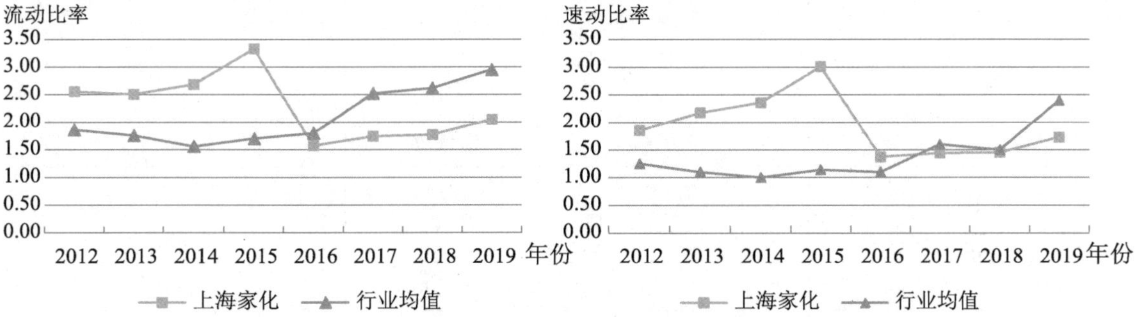

图 10-4　上海家化短期偿债比率

从表 10-8、图 10-4 中我们可以看到，2012—2015 年上海家化的流动比率和速动比率都比较高，且远高于行业平均水平，说明此时企业的短期偿债能力较强，偿债压力较小。2016—2019 年，流动比率和速动比率出现明显下降且逐渐低于行业平均水平。从现金流来看，2015 年，现金流动负债比率下降 0.47，2016 年现金流动负债比率只有 0.03%，这说明企业由于现金收购、成本上升等原因，致使现金净流量减少，偿债压力增大，而员工持股计划则进一步增加了企业的资金压力。从长期偿债能力来看，2016 年之后，负债占比逐渐上升。总体来看，员工持股计划对上海家化的偿债能力并无提升作用，反而加重了企业的资金负担。

4. 研发能力分析

在日化行业增速放缓，品牌竞争愈发激烈的情况下，公司的研发创新能力显得尤为重要。化妆品更新换代快，消费者需求不断变化，对公司的研发能力提出了较大的挑战。上海家化以“研发先行”作为公司的经营方针，从上海家化的股权激励中可以看出上海家化对科研人员的重视，对科研人员的激励可以吸引到更多优秀的科研人才加入，以提升公司的科研实力，实现通过自主创新让产品在激烈的竞争中占据一席之地的战略目标。

2015 年第三次股权激励实施后，上海家化的科研人员数量在上升后大幅减少，2018 年人数下降至 145 人，占比下降至 4.14%，研发投入占比也呈现下降趋势。上海家化的第三次股权激励范围比前两次都要广，理论上科研人员的数量应比前两次股权激励期间有大幅提高，但是从上海家化的实际情形看，上海家化的第三次股权激励不但没有提升科研人员的占比，反而大大低了科研人员的比例，科研人员的数量不断减少，这说明上海家化的第三次股权激励计划对科研人员并不具备吸引力。而 2020 年和 2021 年科研人员占比大幅下降的原因可能在于随着短视频等直播平台的兴起，上海家化招募了大量销售人员，拉低了科研人员的占比。上海家化 2012—2021 年研发效果分析如表 10-8 所示。

表 10-8　上海家化 2012—2021 年研发效果分析

年份	研发支出(亿元)	研发占营业收入的比例	科研人员数量	科研人员占总员工的比例
2012	0.91	2.56%	193	17.22%
2013	1.33	2.96%	202	17.18%
2014	1.40	3.13%	211	13.85%
2015	1.31	2.45%	162	7.79%
2016	1.25	2.13%	180	7.91%
2017	1.61	3.03%	177	5.24%
2018	1.68	2.59%	145	4.14%
2019	1.73	2.27%	235	6.92%
2020	1.44	2.05%	200	3.64%
2021	1.63	2.13%	205	3.71%

思考问题 6：根据以上分析，你认为上海家化此次员工股权激励成功与否？并说出你的理由。

四、上海家化股权激励存在的问题分析

(一) 行权指标缺乏有效性

成功的股权激励方案需要有科学的考核体系和行权条件。上海家化的股权激励存在着行权指标设置单一的问题。该次股权激励考核营业收入和加权平均净资产收益率。从考核指标上看，上海家化只考核财务指标，非财务指标没有涉及。公司的经营情况除了体现在财

务数据上还应当考虑非财务方面，单纯的财务指标容易受到管理层操控，同时也不能全面反映出公司的经营状况。同时，该次股权激励考核指标设置过高，导致股权激励没有解锁成功。第三次股权激励考核公司的营业收入增长率和加权平均 ROE，此次行权标准的设置没有考虑行业和自身的发展状况。2015 年前后，国家宏观经济低迷，经济增长速度和日化行业增速放缓，不仅如此，在此期间上海家化的花王代理业务也即将终止，2012—2016 年上海家化代理花王业务产生的营业收入占公司总营业收入的 20%左右，终止此项业务必然会对公司的营业收入造成影响。公司将营业收入的高增长作为考核指标，可能是想要通过股权激励刺激营业收入增长，以弥补终止花王代理业务带来的损失，但是没有综合考虑可行性，因此导致了第三次股权激励最终解锁失败，也影响了公司的经营状况。

（二）激励力度不足

股权激励要发挥效果需要有合适的激励范围、适当的激励力度。要避免股权激励使员工间的薪酬差距过大，也要避免平均主义导致股权激励失去激励效果。

上海家化的第三次股权激励计划的范围相比前两次大幅增加，不仅包括中高层管理人员，还包括所有符合要求的正式员工，这样大范围的股权激励似乎应当比前两次股权激励取得更好的效果，但是此次股权激励实施后公司的经营状况不但没有得到改善反而有恶化的趋势。深入分析此次的股权激励方案发现，虽然授予的人数众多，但是不管是中高层还是普通员工，得到的股份数量都比较少，尤其是员工持股计划中，普通员工人均只获授 127 股，可以说完全没有吸引力。激励力度不足使此次股权激励变成一种可有可无的形式化机制，起不到对员工的激励作用，也因此导致此次股权激励没有取得预期的效果。

（三）治理结构和控制权不完善

当前我国许多上市公司都是国有企业，公司内部股东大会职能较弱、监事会有名无实等问题普遍存在，内部控制存在很大缺陷，进而影响了国有企业的股权激励效果。上海家化的前身是国有企业，公司治理结构和控制权不够完善属于历史遗留问题。

企业的监事会如果都是由公司内部人员组成，那么很难保证其监事会能够独立地做出判断。有数据表明，上海家化在 2013 年和 2014 年的两年内，监事会员都产生于企业的内部人员，例如 2013 年的监事会就是由上海家化的董事长、联合办主任、审计主任组成的；2015 年的监事会成员中来自平安信托的有两人，另一名来自企业内部，上海家化的监事会成员结构是无法真正起到监督作用的。

课后思考

1. 请你为上海家化员工股权激励提供些合理化建议。

2. (思政)根据企业实施员工持股计划的初心，如果你是企业老板，如何在承担社会责任的同时培养员工的集体感，留住人才。

案例十一 格力电器股利分配政策分析

课前思考

1. 公司股利政策有哪些?
2. 股利理论有哪些?

理论背景

股利政策是上市公司在资金留存和回报股东之间的权衡,是公司对于是否发放股利及股利发放多少的界定,同时也是公司各方面利益的均衡体现。股利政策选择的过程中既要考虑公司内部经营及战略方面的因素,也要顾及国家相关政策及经济环境的变化。公司选取不同的股利政策不仅对投资者的投资行为产生影响,也与公司自身经营和整个资本市场的长期稳定发展息息相关。

现金分红是最常见的股利支付方式,在一些资本市场发展较为完善、投资者保护制度较为健全的国家,现金分红的比例通常较高。在我国,大部分上市公司仍然吝啬于现金分红,只有少数公司多年以来一直维持着稳定和高比例的派息,格力电器是其中具有代表性的公司。

一、公司简介

珠海格力电器股份有限公司(以下简称"格力电器")成立于1989年,1996年11月在深交所挂牌上市。经过30多年的不断壮大,格力电器现已从单一的家用空调生产和组装发展成为如今多元化、科技型的全球工业集团。这与格力电器坚持科技进步的理念是分不开的,多年来,格力电器不断追求技术上的精益求精,相信只有获取核心技术,才能掌握发展的方向。与此同时,格力电器将创新理念贯穿于生产制造和人才培养的各个环节,通过创新理念的融入,格力电器一直保持着制冷领域的较高水平。格力电器的具体信息如表11-1所示。

表11-1 格力电器股份有限公司简介

公司中文名称	珠海格力电器股份有限公司
公司英文名称	GREE ELECTRIC APPLIANCES,INC.OF ZHUHAI
公司法定代表人	董明珠
成立日期	1989-12-13
注册资本	601 573 万元人民币
注册地址	广东省珠海市前山金鸡西路
主营业务	家用空调、暖通设备的研发、生产和销售

（续表）

股票代码	000651
股票简称	格力电器
员工总数	88 846
公司类型	股份有限公司（国有控股、上市）

二、格力公司的高股利分配情况

截至2019年年底，自上市24年以来，格力电器共实施了1次送红股，6次转增股，21次现金分红，平均股利支付率高达55.62%。格力电器2002—2019年股利发放情况如表11-2所示。

表11-2 格力电器2002—2019年股利发放情况

年度	股利股票（股）	转增股（股）	现金股利（万元）	净利润（万元）	股利支付率
2019	0	0	721 887.71	2 469 664.14	
2018	0	0	1 263 303.48	2 620 278.77	
2017	0	0	0.00	2 240 157.62	—
2016	0	0	1 082 831.56	1 542,096.50	
2015	0	0	902 359.63	1 253,244.28	
2014	0	10	902 359.63	1 415,516.72	
2013	0	0	451 179.81	1 087 006.83	
2012	0	0	300 786.54	737 966.63	
2011	0	0	150 393.27	523 693.86	
2010	0	0	84 536.66	427 572.16	
2009	5	0	93 929.62	291 345.04	
2008	0	5	37 571.85	196 651.89	
2007	0	5	25 047.90	126 975.79	
2006	0	0	0.00	62 815.91	—
2005	0	5	21 477.60	50 961.66	
2004	0	0	20 403.72	42 078.43	
2003	0	0	17 719.02	33 727.51	
2002	0	0	17 182.08	29 680.94	

思考问题1： 请计算表11-2中最右列格力电器各年的股利支付率并填入表中。

格力电器自上市以来，除 1997 年、2006 年和 2017 年没有以现金方式派息，及 2009 年在现金分红外还通过送红股向股东分红，将税后利润转化成了股本。从表 11-2 也可以看出在其余年份，格力电器的股利支付率一直保持较高的水平。

其次，观察 2002 年至 2005 年格力电器分红派息情况可以看到，每十股派现金额稳定维持在 3 元到 4 元之间，股利支付率也保持在 40%到 60%之间，说明当时格力经营状况较为稳定；2007 年和 2008 年格力电器采用转增股和派现相结合的方式分红，说明当时格力电器有足够的资金且盈利状况良好，能够给投资者较好的资金回报。

最后，从股利支付率来看，格力电器从 2011 年的 28.72%增长到 2015 年的最高值 72%仅用了短短四年的时间。现金分红金额从 2011 年的 523 693.86 万元增长到 2015 年的 1 253 244.28 万元，增长了近 2.4 倍。虽然 2017 年公司受 2018 年经营战略的影响未进行分红，但在 2018 年和 2019 年格力电器仍然持续以往高股利支付率的政策，并在 2018 年半年度和年度进行了两次现金股利分配，年度股利支付率达到了 48.21%，维持了格力电器连续且稳定的高股利分配政策。

截至目前，关于高股利分配定义的界定还不完全统一。国内大多数学者认为，当每股派现金额在 0.3 元以上时，认为该公司存在高派现现象；若参考的指标为股利支付率，当现金分红总额占公司当年实现净利润的额度不少于 60%，则被认为是高派现。

部分学者认为高派现行为的界定还应在分析公司整体分红现状的条件下结合同行业公司的派现情况对比研究。当公司指标整体处于同行业的高水平时，认为其存在高派现的行为。随着投资者更加关注所投入资金的收益和我国市场经济的飞速发展，一些发展条件良好的公司开始意识到提高分红比例的重要性。我们将格力电器和其他同类型行业的企业股利分配政策进行比较，具体情况如表 11-3 所示。

表 11-3　2010—2019 年每十股派现金额行业内公司对比　　单位：元/十股

主体	2010 年	2011 年	2012 年	2013 年	2014 年	2015 年	2016 年	2017 年	2018 年	2019 年
格力电器	3	5	10	15	30	15	18	—	15	12
海尔智家	1	1.7	3.7	4.6	4.92	2.12	2.48	3.42	3.51	3.75
长虹美菱	0.5	0.5	0.5	0.6	0.6	0.6	0.6	0.6	0.6	0.5
海信家电	2	—	3.7	3.65	3.25	3.4	4.04	4.40	3.03	3.95
行业平均	3.2	2.8	2.4	2.6	2.3	2.6	2.8	1.8	1.8	1.7

从表 11-3 可以看出，格力电器 2014 年每十股派现 30 元甚至达到了行业均值每十股 2.3 元的 10 倍以上，其他各年也遥遥领先。总体来说，格力电器派现情况处于稳定的高水平。

从股利支付率的角度比较结果如表 11-4 所示。

表 11-4　近 5 年格力电器与 A 股市场、白色家电行业股利支付率对比

主体	股利支付率						平均股利支付率
	2014 年	2015 年	2016 年	2017 年	2018 年	2019 年	
格力电器	63.75%	72.00%	70.22%	0.00%	48.21%	29.23%	41.42%
A 股市场所有上市公司	29.47%	19.28%	22.45%	25.85%	27.39%	31.75%	23.37%
白色家电行业	34.78%	33.63%	29.50%	59.92%	33.95%	33.14%	37.66%

由表 11-4 看出，格力电器 2014 年、2015 年、2016 年股利支付率明显处于优势地位，分别是同行业的 1.83 倍、2.14 倍和 2.38 倍。说明在此期间，格力电器现金充足，相较于对外投资，格力电器更愿意将多余的资金以现金股利的形式回馈股东。2017 年则将资金用于转型升级和扩大市场份额，2019 年格力电器将留存资金用于实施公司的扩张型战略，导致股利支付率有所下降。就近五年平均股利支付水平来说，格力电器高于 A 股市场所有上市公司和白色家电行业上市公司。

思考问题 2： 请思考有哪些因素会影响企业的利润分配政策。

三、与股利政策相关的因素分析

（一）内部因素

1. 自由现金流量

上市公司自由现金流量的多少是分红能力大小的关键，只有公司各项活动带来充足的现金流才能保证较高的股利分配水平。一般来说，公司派息能力与其自由现金流量呈现正相关关系。当自由现金流量较多时，公司股利支付能力会随之增强，当自由现金流量减少时，股利支付能力也会相应下降。自由现金流量指由公司经营活动现金流量与资本性支出的差值。资本性支出具体指合并现金流量表中列示的“购建固定资产、无形资产和其他长期资产支付的现金”。格力电器自由现金流量、净利润、现金分红及股利支付率对比分析如表 11-5 所示。

表 11-5　格力电器自由现金流量、净利润、现金分红及股利支付率对比分析

项目	2015 年	2016 年	2017 年	2018 年	2019 年
经营活动现金净流量（万元）	4 437 838.18	1 458 995.21	1 635 853.82	2 694 079.15	2 789 371.41
资本性支出（万元）	288 451.13	327 693.60	242 480.70	383 754.92	471 318.80
自由现金流量（万元）	4 149 387.05	1 131 301.61	1 393 373.12	2 310 324.23	2 318 052.61

（续表）

项目	2015年	2016年	2017年	2018年	2019年
净利润(万元)	1 262 373.26	1 556 645.37	2 250 859.90	2 620 278.77	2 469 664.14
现金分红总额(万元)	902 359.63	1 082 831.56	0.00	1 263 303.48	721 887.71
股利支付率	72.00%	70.22%	0.00%	48.21%	29.23%
股利支付占自由现金流比例	21.75%	95.72%	0.00%	4.68%	31.14%

从表11-5可以看到，格力电器2015年自由现金流量呈现最大值4 149 387.05万元，这主要得益于格力电器当年巨大的经营活动现金流量。格力电器2015年经营活动现金流量达4 437 838.18万元，是其他年度的2倍左右。同时，当年股利支付率也达到近五年峰值72%，说明格力电器的高自由现金流量对股利支付水平起带动作用。

从自由现金流量的变化趋势可以看出，格力电器该指标在2016年下滑后呈现上升趋势。观察现金分红占自由现金流量的比率发现，充裕的自由现金流量是格力电器保持高分红的基础，尤其是在2016年，格力电器现金分红占自由现金流量的比例高达95.72%，而在2015年现金分红占自由现金流量比例较小的原因在于当年，公司经营活动带来了巨大的自由现金流量。

综合分析可知，格力电器实现了自由现金流量的有效利用，充裕的现金为格力电器高派现行为提供了坚实的保障。

思考问题3：思考哪些指标可以反映企业的盈利能力并写出计算公式。

2. 企业盈利能力分析

盈利能力是上市公司利用各项资产获取利益的能力，是投资者在选取投资目标时的判断依据，盈利能力也是影响公司制定和实施股利政策的重要考虑因素。格力电器2015—2019年盈利能力指标分析如表11-6所示。

表11-6　格力电器2015—2019年各项盈利能力指标分析

指标	2015年	2016年	2017年	2018年	2019年
净利润(万元)	1 263 373.26	1 556 645.37	2 250 859.90	2 620 278.77	2 469 664.14
净资产收益率	26.68%	28.62%	34.16%	28.70%	25.73%
销售净利率	12.91%	14.33%	15.18%	13.31%	12.53%
基本每股收益(元/股)	2.08	2.56	3.72	4.36	4.11

由表 11-6 数据可以看出，格力电器 2015—2019 年净利润呈现上升的变化趋势，净资产收益率和销售净利率变化较为平稳，说明格力电器近五年资本盈利能力和产品盈利能力处于稳定状态。对比格力电器每股收益的变化趋势可以看出近五年呈上升趋势，这表示格力电器股东获得了较好的报酬。

为了更加清晰地看出格力电器盈利能力对其现金分红水平的影响，本案例选取格力电器销售毛利率、销售净利率、净资产收益率与白色家电行业各年均值进行对比，结果如表 11-7所示。

表 11-7　格力电器盈利能力指标与白色家电行业对比

指标		2015 年	2016 年	2017 年	2018 年	2019 年
销售毛利率	格力电器	32.46%	32.70%	32.86%	30.23%	27.58%
	行业均值	27.55%	29.10%	27.55%	27.87%	29.14%
销售净利率	格力电器	12.91%	14.33%	15.18%	13.31%	12.53%
	行业均值	8.58%	9.29%	8.33%	7.48%	3.03%
净资产收益率	格力电器	26.68%	28.62%	34.16%	28.70%	25.73%
	行业均值	19.64%	20.95%	22.47%	20.11%	7.40%

通过表 11-7 可以看出，格力电器各年销售毛利率虽然有下降的趋势，但是与行业均值相比仍保持在较高水平；对比销售净利率，格力电器较行业均值存在明显优势，说明格力电器产品盈利能力强大，这主要得益于格力电器独特的营销模式。随着经营范围的不断拓展，股份制区域销售公司渐成规模，格力电器把诚信理念贯穿到生产营销的各个环节中，大力开拓终端销售渠道并积极宣传，引导经销商拓展促销活动，进一步提高了市场份额和公司知名度。目前，格力电器致力于线上销售渠道的扩建，并在此基础上利用云平台适时进行库存产品的大数据分析。通过低库存的预警信号来推动产品生产，有助于格力电器优化库存结构，降低滞销带来的风险。净资产收益率代表公司运用自有资本获取利润的效率。

可以看出，格力电器高于平均水平的盈利能力为其高股利分配政策提供了强有力的保障。

思考问题 4： 思考哪些指标可以反映企业的偿债能力并写出计算公式。

3. 企业偿债能力分析

公司的偿债能力间接影响派息水平，偿债能力能否满足高现金股利支付率以及现金股利支付能力是否与偿债能力相匹配都是上市公司在选取和实施股利政策时需要重点考虑的因素。本案例选取两项代表偿债能力的指标与白色家电行业均值对比分析格力电器偿债能力，如表 11-8 所示。

表 11-8 格力电器 2015—2019 年偿债能力指标与行业均值对比

指标		2015 年	2016 年	2017 年	2018 年	2019 年
流动比率	格力电器	1.07	1.13	1.16	1.27	1.26
	行业均值	1.29	1.25	1.29	1.33	1.33
资产负债率	格力电器	69.97%	69.89%	68.92%	63.11%	60.41%
	行业均值	57.32%	60.86%	62.89%	61.27%	60.10%

由表 11-8 可以看出，格力电器 2015—2019 年的流动比率呈现上涨的趋势，表示短期偿债能力有所改善。但由于其各年指标都处于白色家电行业平均水平之下，表示格力电器的流动负债偏高，同时流动资产偏低。虽然格力电器资产负债率呈现逐年下降的趋势，但其各年指标都在家电行业均值以上，说明格力电器的长期偿债能力较行业均值还有待提升。针对这种情况，本案例对格力电器负债构成要素进行深入剖析，如表 11-9 所示。

表 11-9 格力电器 2015—2019 年负债构成要素占比

年份	2015 年	2016 年	2017 年	2018 年	2019 年
负债总额(亿元)	1 131.31	1 274.46	1 474.91	1 585.19	1 709.25
无息负债(亿元)	398.42	486.91	584.63	596.15	751.68
无息负债占比	35.22%	38.21%	39.64%	37.61%	43.98%

从表 11-9 中可以看出，格力电器近五年无息负债占比一直维持在 35%以上，尤其是 2019 年达到了负债总额的 43.98%，占负债总额的比重较高。除去无息负债所占的比重，有息负债比重仅在 65%以下。无息负债在使用过程中不用承担利息费用，由此带来的财务风险也较小。这表明虽然整体资产负债率较高，偿债能力不及行业平均水平，但是负债构成要素中无息负债占比较大，格力电器利用上下游企业关系为生产经营所需资金提供稳定来源，也为高派现股利政策的实施提供了便利。

4. 成长能力分析

本案例选取反映公司成长能力的各项指标：每股收益同比增长率、营业收入同比增长率、净利润同比增长率、净资产收益率同比增长率，选取海尔智家与格力电器对比近十年成长能力指标，对比结果如表 11-10 所示。

表 11-10 2010—2019 年格力电器与海尔智家成长能力指标对比

指标	主体	2010 年	2011 年	2012 年	2013 年	2014 年	2015 年	2016 年	2017 年	2018 年	2019 年
每股收益同比增长率	格力电器	−1.94	22.37	32.80	46.15	30.47	−11.49	23.08	44.75	17.20	−5.73
	海尔智家	76.95	−34.08	21.56	25.78	13.43	−24.44	17.00	37.36	6.80	5.67
营业收入同比增长率	格力电器	42.34	37.61	19.44	19.45	16.13	−29.05	10.81	36.93	33.62	0.03
	海尔智家	37.57	13.86	8.13	8.30	2.51	−7.41	32.59	33.68	12.17	9.05

（续表）

指标	主体	2010年	2011年	2012年	2013年	2014年	2015年	2016年	2017年	2018年	2019年
净利润同比增长率	格力电器	46.77	22.49	40.93	47.32	30.23	−11.47	23.06	44.88	16.98	−5.76
	海尔智家	47.07	20.09	21.54	27.49	19.59	−19.42	17.03	37.37	7.71	9.66
净资产收益率同比增长率	格力电器	9.99	−7.46	−7.23	13.91	1.99	−17.74	8.56	19.29	−15.99	−21.86
	海尔智家	94.65	11.32	−8.94	−1.93	−20.67	−17.08	0.81	12.53	−12.17	−9.25

由表11-10可以看出，格力电器每股收益同比增长率与海尔智家差别较大且格力电器每股收益同比增长率高于海尔之家，说明格力电器股东获取利润的能力增长较快。对比营业收入同比增长率可以看出，除2015年、2016年、2019年外，其余各年格力电器该指标均高于海尔智家。结合两公司净利润同比增长率对比看出，格力电器同样处于优势地位。与分红情况结合来看，格力电器近十年每10股派现金额是海尔智家的36倍；而格力电器净资产收益率指标较海尔智家增长缓慢，该指标的变化情况对股利政策的选取影响不大。综合以上分析，影响上市公司现金分红水平的成长能力指标有每股收益同比增长率、营业收入同比增长率、净利润同比增长率。

5. 企业生命周期理论分析

观察格力电器股利政策发现，格力电器在保持高派现股利政策实施的同时，也存在股利支付率变化不稳定的状况，这种状况可以从生命周期的视角展开分析。

企业生命周期理论动态分析了一个企业在存续过程中所遇到的风险、机会以及挑战。公司可以通过不同周期所具备的特点提前判断所处的生命周期以合理避免将要面临的风险，抓住适当的机会制定合适的发展战略。我国家电业兴起自20世纪80年代，从最开始的传统家电到目前的数字化智能家电，已经发展了40年。21世纪以来，家电行业迎来了长达10年之久的高速发展阶段，在企业数量、产品数量、产品质量等多方面都有了很大程度的提升。在此之后，市场对家电的需求逐渐下降，传统家电企业纷纷开启转型之路。这预示着我国家电企业开始进入成熟期，部分面临衰退期。我国家电企业不同生命周期阶段的特征如表11-11所示。

表11-11　我国家电企业不同生命周期阶段所具备的特征

时期	发展阶段	特征
20世纪八九十年代	初创期	竞争对手少、销售费用高、净利润低、公司规模小、经营风险大
21世纪初	成长期	市场扩大、竞争日益激烈、获利能力提升、公司争夺市场份额
2010年以后	成熟期	经营状况维持稳定，公司需要寻找机会提高投资报酬率

思考问题5： 思考企业处在不同的发展阶段所适用的不同股利政策。

关于公司生命周期各阶段的划分标准，目前仍有较多争议。本案例结合我国上市公司常用的营业收入同比增长率和净利润同比增长率作为不同阶段划分的标准。格力电器营业收入、利润与行业均值对比如表 11-12 所示。

表 11-12　格力电器营业收入、利润与行业均值对比

年份	净利润同比增长率		营业收入同比增长率	
	格力电器	行业均值	格力电器	行业均值
2006	36.42	−168.22	44.18	9.51
2007	83.56	16.95	44.33	20.84
2008	54.87	54.25	10.58	−2.64
2009	48.15	63.52	1.01	16.13
2010	46.76	−250.02	42.33	42.05
2011	22.48	34.53	37.60	17.82
2012	40.92	−5.62	19.43	0.32
2013	47.31	48.55	19.44	26.85
2014	30.22	28.41	16.12	2.40
2015	−11.46	10.50	−29.04	0.90
2016	23.05	62.53	10.80	1.80
2017	44.87	53.29	36.92	113.69
2018	16.97	−49.99	33.61	39.00
2019	−5.75	−33.79	0.02	2.10

由表 11-12 可以看出，相比白色家电行业平均指标，格力电器净利润增长率和营业收入增长率在 2011 年以前整体高于行业均值，这表示此时格力电器处在成长期，资金流向更多地偏向扩大再生产以增大企业规模，增强竞争力。而在 2011 年以后，格力电器净利润增长率和营业收入增长率基本处于行业均值之下，这表示 2011 年以后格力电器开始迈入成熟期。一方面，进入成熟期以后，公司规模达到一定程度，筹资能力增强，有条件获取更多的外部资金满足各项生产经营活动，同时公司盈利能力增强，投资回报率较高，有较多的资金积累用于股利支付。另一方面，尽管处在成熟期的格力电器净利润和营业收入都处于较高水平，但出于风险的考虑，公司有较大的可能将剩余资金用于股利支付。表 11-12 的数据显示，发展成熟期的格力电器股利支付率有明显的增长，符合生命周期理论的描述。特别是在 2015 年，格力电器在净利润和营业收入都有所下降的情况下，股利支付率却快速增长到近年峰值，反映出格力电器内部完善有序的运营状况。

从以上对格力电器近年来各项内部因素分析发现，上市公司想要采取高比例的分红政策，首先要考虑公司整体财务状况，在盈利状况良好的情况下有充足的自由现金流量支持大量的资金流出用于发放股利；其次，应合理评估公司的偿债水平和应对未来风险的能力；此外，公司的成长能力和生命周期所处的阶段也对股利政策的选取有一定程度的影响。财务状况不仅是决定上市公司是否有足够的能力发放高额现金股利的重要因素，更是吸引投资者再融资的强大武器。格力电器的高派现政策来源自其多年来有序的经营管理和良好的盈利能力以及由此带来的充足的现金流量。

（二）外部因素

1. 股权分置改革

股权分置改革是中国证监会在2005年发布的平衡流通股股东和非流通股股东之间利益的政策。格力电器紧跟国家政策号召，是家电行业最先实行股权分置改革的公司，于2005年12月编制股权分置改革说明书，并于2006年起开始实行股权分置改革。首先，实现国有股的流通，提升国有股的价值并为进一步改革创造基础。其次，格力电器通过向公司中高层管理者出售股份的方式消除了股权分置改革的内部阻力，增强了管理层改革的决心。最后，格力电器将公司股份的10%出售给京海担保有限责任公司，使其位居公司第二大股东，也促进了公司后来多元化战略的实施。通过此次股权分置改革，格力集团对格力电器的持股比例下降了近一半，这次改革有利于实现国有股的流通，一定程度上增强了公司的治理水平，发挥了市场的资源配置作用，提升了可持续发展的能力。此次股权分置改革中实施的送股、扩股、派现等方案促进了高派现政策的实施。

2. 半强制分红政策

中国证监会出台的半强制分红政策有利于引导上市公司结合自身资金利用的情况实施合理的股利政策。首先，上市公司只有在分红的条件下才能申请再融资，使得一些公司不得不派发现金股利。其次，明确了处于不同发展阶段的上市公司适用于不同的派息制度。

根据证监会的决定，格力电器若想通过再融资来支持其多元化战略的实施，就必须满足最近三年分红金额合计超过三年平均可分配利润的30%。2013年证监会颁布了更为细致和具备可实施性的半强制分红政策。其中，处于发展成熟阶段且无重大资金支出安排的公司，现金分红比例应达到分红当年所获利润总额的80%以上，若有重大资金支出安排，则分红总额不低于当年所获利润总额的40%。格力电器处于成熟期且有重大资金支出安排，所以分红总额应占利润总额的40%以上。综合以上分析，证监会半强制政策的出台也是格力电器高派现政策的影响因素之一。

四、格力高股利分配政策的动因

（一）传递公司利好信息

根据信号传递理论，上市公司在不同阶段实施不同的股利政策会给市场上的投资者带来不同的影响。高股利支付率会向市场传递公司经营状况良好的信号，让投资者接受“业绩预期良好”的信息。那么格力电器多年来的高派现政策是否获得了投资者的欢迎？本案例通过对比现金分红实施公告发布日前后股价变化的程度来说明这一现象。

经分析得出，在现金分红实施的公告日，大多数年度分红公告当日超额收益率都为正，说明近五年格力电器高派现政策实施公告当日受到了投资者的大力追捧。而从累计超额收益率的变化来看，公告日后仍然领先于公告日前。综合上述分析，格力电器近五年高派现政策的实施大都受到了较好的市场反应，即公告日后累计超额收益率都较公告日前有不同程度的增长，这表示投资者对高派现政策是持欢迎态度的。

（二）保护股东权益

受我国资本市场发展的限制以及投资者相关知识体系的欠缺，资本市场上大多数投资者沉迷短期利益而忽视长期利益。相比股票股利现金股利以货币的形式让投资者获取收益，是能够即刻获取的真实收入，是投资者普遍更愿意接受的较为稳定的分红方式。格力电器多年以来将经营所积累的资金以较高的比例分发给股东，说明格力电器对公司经营发展有着清晰的战略规划，能够在满足公司未来经营发展所需资金的条件下，兼顾投资者利益，让投资者投入的资金获取相对安全的回报，很大程度上保护了股东的权益。

（三）降低代理成本

基于代理成本理论，当公司的管理者利益和股东利益存在不一致的情况时，负责公司运营的管理者往往会做出利己行为导致股东不满情绪的出现。随着公司业务的日渐繁杂，管理者可支配的活动增多，这种利益冲突很可能愈演愈烈。中国证监会股权分置改革政策的出台促使格力电器高管人员持有相当比例的股权，2019 年高层管理人员持股比例达到了所有流通股比例的 1%以上。通过将管理者利益和股东利益相联系，较大程度上减少管理层损害股东利益的行为动机。在此背景下，格力电器历年来保持较高的股利支付率使得持股比例较大的高层管理人员有了可观的个人资金流入。综合以上分析，格力电器股权激励政策和高派现政策的共同作用很大程度上限制了管理者对股东利益的侵害，降低了由股权过度分散、管理层过度自利所引起的损失，即代理成本。

课后思考

1. 收集资料，试着分析格力电器 2017 年不分红的原因。

2. 总结什么样的企业适合高股利分配政策。

3. （思政）2021 年 12 月淘宝主播薇娅被爆偷逃税款被追缴并处罚款 13.41 亿元（摘自财经网），请同学们结合利润分配的知识谈一谈作为中国公民的纳税义务和社会责任。

第七章　财务分析与业绩评价

案例十二　伊利股份公司财务报表分析案例

课前思考

1. 财务报表的概念及包括哪些？
2. 什么是财务分析，具体内容有哪些？

理论背景

股份有限公司在市场经济中占据着重要的地位，最充分反映股份有限公司的便是上市公司。上市公司财务绩效决定着投资者的相关投资情况。因此对财务绩效、财务报表进行分析就变得尤为重要。由于经济的不断发展，人们对乳品的需求也在不断增大，乳品市场的竞争也逐渐激烈。乳制品上市公司的财务绩效优劣反映了乳制品企业的优劣。

思考问题 1： 什么是财务绩效？

一、公司简介

（一）公司概况

1956 年，呼和浩特回民区成立养牛合作小组。1958 年，改名为“呼市回民区合作奶牛场”，拥有 1 160 头奶牛，日产牛奶 700 千克，职工人数 117 名。它就是伊利的前身。1997 年 2 月，内蒙古伊利实业集团股份有限公司正式成立(以下简称伊利股份)。

伊利股份的产业布局分为两大块：①国内市场。在国内伊利股份通过对一些小型的乳业公司进行兼并，从而扩大自己的生产基地，产业链也得到扩大；②国外市场。在国外伊利股份主要将投资放在了新西兰和意大利，因这两个国家拥有优质的奶源带，伊利股份在此建设了大量的生产基地，并已经正常运行。

（二）行业发展情况

1. 竞争特征

2014年液态奶竞争格局图，如图12-1所示。

2014年液体奶五大类品牌合计占比达74.6%，其中国内占比最高的两家企业就是伊利股份和蒙牛股份，两家企业合计占比达到了48.4%，国内液体奶市场形成了两家独大的格局。

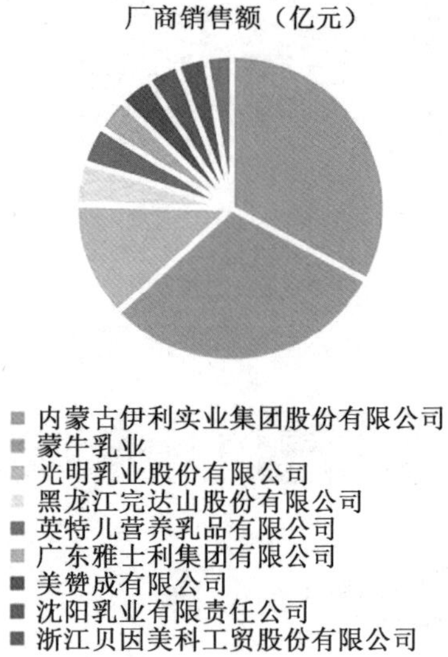

图12-1　2014年液态奶竞争格局

2. 产量情况

2009—2018年中国乳制品产量与增长率统计表，如表12-1所示。

根据表12-1可以发现，国内乳制品产量每年都在增加，而2017年出现了负增长，引起该现象的原因主要是消费增长减速，进口量大幅提高，对国内乳制品的生产形成了冲击，高价格、高成本影响了消费的增长；2018年，国内乳制品行业扭转了下降的势头，转而上升。

3. 主营业务收入情况

2013—2018年乳业行业主营业务收入走势表，如表12-2所示。

从表12-2可以看出，2013—2018年，乳制品业主营业务收入额上升，2013—2018年的6年间，收入额从1 725.85亿元增长到3 328.39亿元，表明国内乳制品市场具有很大的潜力，市场前景明朗。

表12-1　2009—2018年中国乳制品产量与增长率统计表

年份	年度产量(万吨)	同比增长	年份	年度产量(万吨)	同比增长
2009年	1 459.57	—	2014年	2 387.49	10.56%
2010年	1 787.44	22.46%	2015年	2 545.19	6.61%
2011年	1 810.56	1.29%	2016年	2 698.03	6.01%
2012年	1 935.12	6.88%	2017年	2 651.81	−1.71%
2013年	2 159.39	11.59%	2018年	2 773.89	4.60%

表12-2　2013—2018年乳业行业主营业务收入走势表

时间	主营业务收入(亿元)	同比增长	时间	主营业务收入(亿元)	同比增长
2013年	1 725.85	—	2016年	2 831.59	14.85%
2014年	2 315.56	34.17%	2017年	3 297.73	16.46%
2015年	2 465.36	6.47%	2018年	3 328.39	0.93%

(三) 伊利股份的行业地位

1. 财务数据雷达图

通过对 wind 行业资讯分析数据库的提取分析,计算出乳业行业的四家龙头企业——伊利股份、光明乳业、蒙牛乳业、天润乳业 2018 年年报的财务数据,包括短期公司营业收入、净利润、负债合计、长期公司股权投资、流动资产销售额合计、资产销售额总计、流动负债资产合计、所有者合法权益八个重要统计指标,同时通过数据提取计算出乳业行业的各相应行业统计指标的均值和水平,绘制出了如图 12-2 的雷达示意图。

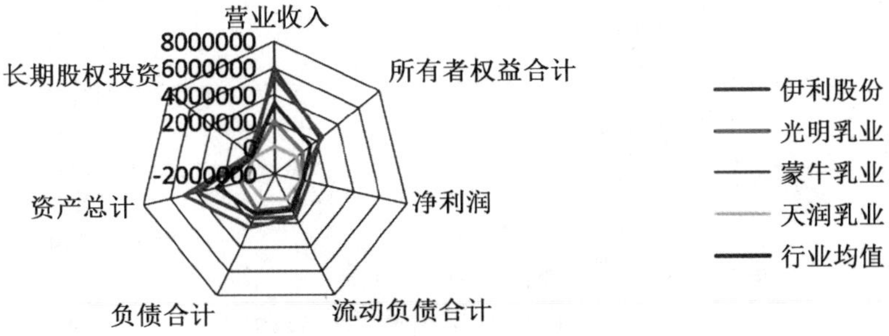

图 12-2 2018 年财务数据雷达图

从图 12-2 的雷达示意图中可以发现,从直接反映乳业公司整体经营规模的几大重要指标来看,伊利股份的龙头企业经营规模和水平次于天润和蒙牛乳业,在此规模下,伊利股份的利润能力和水平却不输于天润和蒙牛乳业。因此可以肯定地说伊利股份的盈利能力和水平高,行业地位也遥遥领先。

2. 财务比率雷达图

通过对 wind 行业资讯分析数据库的提取分析得出,乳业行业的四家龙头企业——伊利股份、光明乳业、蒙牛乳业、天润乳业 2014—2018 年企业年报的均值和财务速动比率的统计数据,包括其龙头企业净资产综合收益率、销售净利率、销售毛利率、存货应收账款周转天数、应收账款周转天数、流动比率、速动比率七个指标,同时提取乳业行业相应行业和指标的均值和水平,绘制出如图 12-3 至图 12-7 的雷达图。

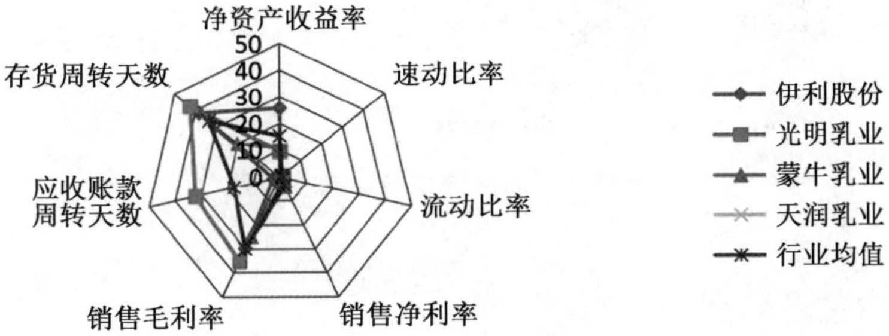

图 12-3 2014 年财务比率雷达图

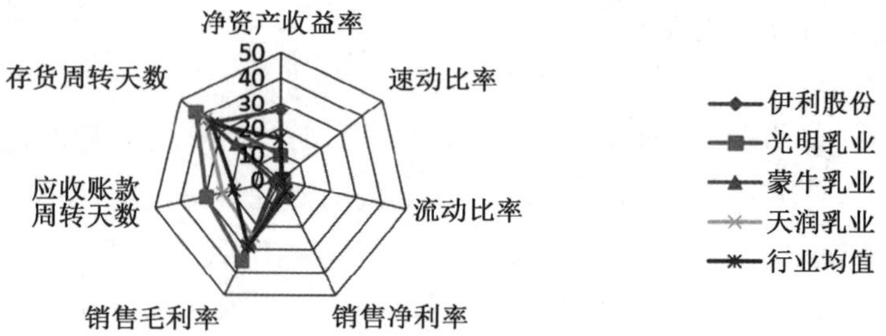

图 12-4　2015 年财务比率雷达图

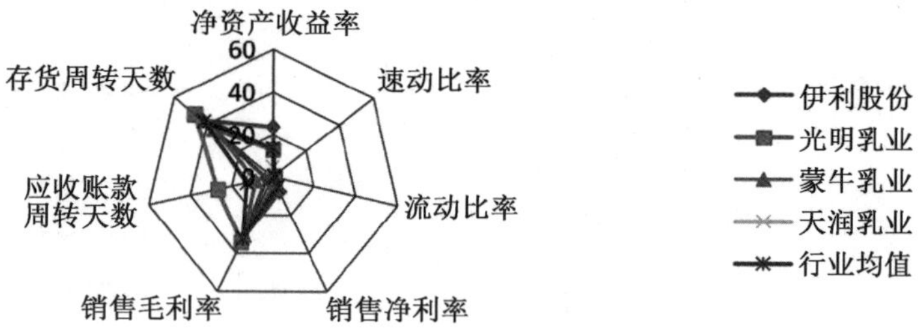

图 12-5　2016 年财务比率雷达图

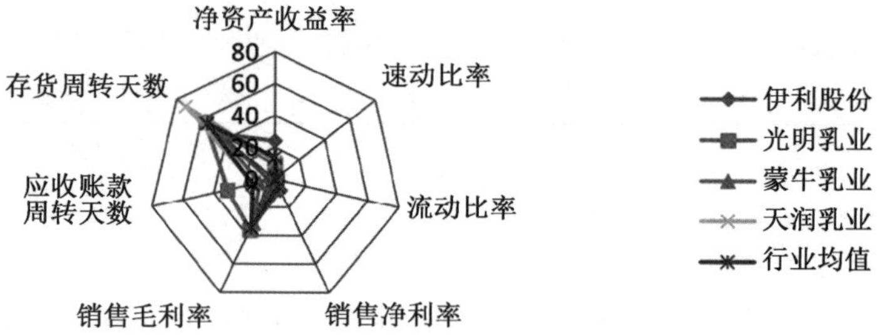

图 12-6　2017 年财务比率雷达图

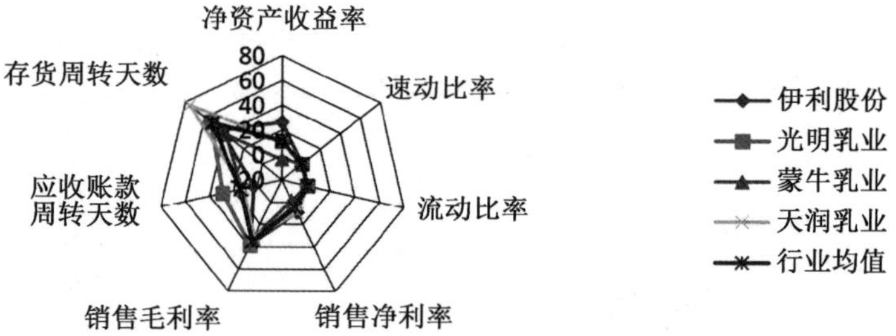

图 12-7　2018 年财务比率雷达图

二、资产负债表分析

(一) 流动资产结构分析

2014—2018 年伊利股份流动资产质量分析，如表 12-3 所示。

表 12-3　2014—2018 年伊利股份流动资产质量分析

增长比率(与上年相比)	2014 年	2015 年	2016 年	2017 年	2018 年
货币资金	5.66%	−8.33%	74.62%	307.81%	−48.89%
应收票据	−22.30%	5.58%	−23.38%	38.94%	23.76%
应收账款	−0.01%	11.53%	50.85%	17.56%	5.85%
预付款项	−9.13%	57.59%	18.31%	−49.12%	−22.41%
应收利息	−50.64%	2.78%	1645.38%	−91.29%	−53.28%
其他应收款	−21.94%	−24.7%	−46.47%	−8.74%	−48.73%
存货	−7.23%	−6.89%	35.99%	22.98%	−9.52%
流动资产合计	2.05%	−5.79%	27.53%	165.29%	−28.88%

2014—2018 年伊利股份流动资产构成，如图 12-8 所示。

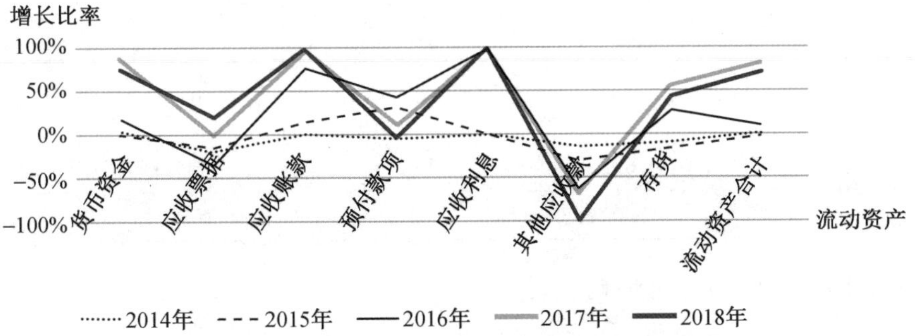

图 12-8　2014—2018 年伊利股份流动资产构成

从表 12-3 和图 12-8 中可以清楚地看到，2017 年流动资产总计急剧增加，相较于上年增长了 165.29%，但 2018 年比上年减少了 28.88%。

(二) 非流动资产结构分析

2014—2018 年伊利股份非流动资产总额，如表 12-4 所示。

表 12-4　非流动资产总额　　单位：元

项目	2014 年	2015 年	2016 年	2017 年	2018 年
非流动资产合计	1 906 957.43	1 984 481.58	1 849 323.25	1 641 020.75	1 360 810.48
增长比	−3.91%	7.31%	12.69%	20.59%	21.48%

2014—2018 年伊利股份非流动资产总额，如图 12-9 所示。

由图 12-9 可知伊利股份过去五年非流动资产结构，2018 年比上年增长了 21.48%，2017 年比上年增长了 20.59%，2016 年比上年增长了 12.96%，2015 年比上年增长了 7.32%，而 2014 年则比上年下降了 3.91%。

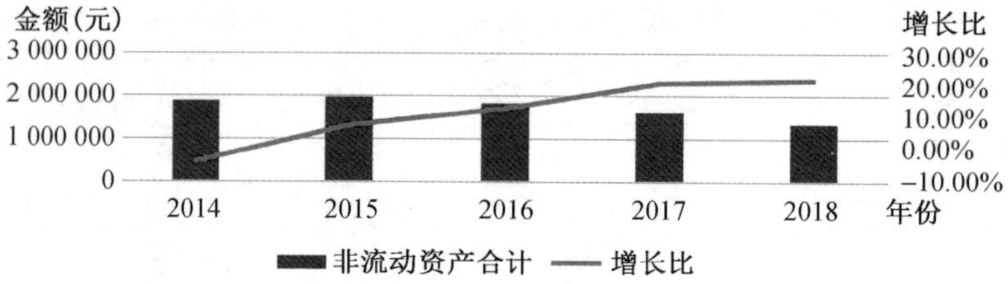

图 12-9　非流动资产总额

(三) 负债结构分析

1. 负债趋势分析

2014—2018 年伊利股份负债构成,如表 12-5 所示。

表 12-5　负债构成

单位:元

项目	2014 年	2015 年	2016 年	2017 年	2018 年
流动负债合计	1 147 789.61	1 551 699.59	1 875 654.73	1 820 202.33	1 490 745.47
非流动负债合计	81 252.07	104 760.97	191 619.7	128 302.86	111 893.03
负债合计	1 229 041.68	1 656 460.56	2 067 274.43	1 948 505.19	1 602 638.5
增长率	−9.79%	34.78%	24.8%	−5.75%	−17.75%

2014—2018 年伊利股份负债构成,如图 12-10 所示。

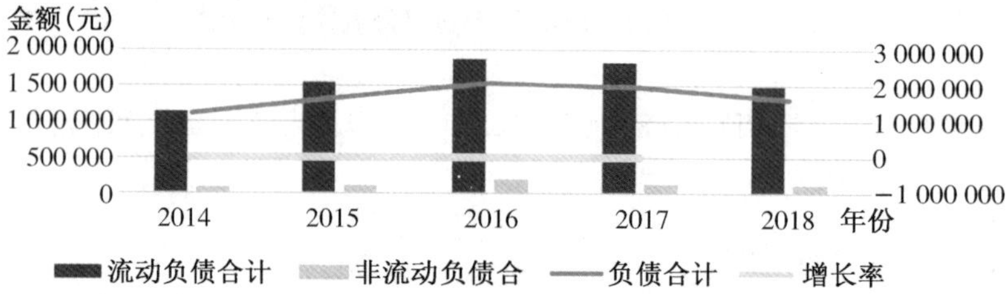

图 12-10　流动负债构成

2. 负债构成同行业比较

伊利股份的负债构成同行业比较,如图 12-11 所示。

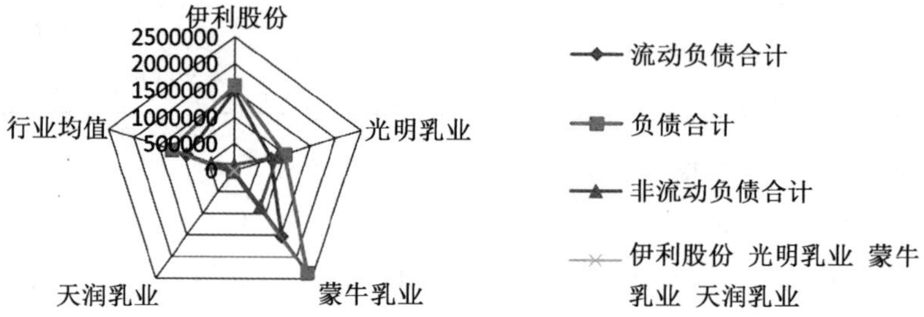

图 12-11　负债构成同行业比较

从图 12-11 可以看出，伊利股份的流动负债、非流动负债以及负债总计均处于中等水平，资金不会受到太大影响。

三、利润表分析

（一）利润表趋势分析

2014—2018 年伊利股份利润结构，如表 12-6 所示。

表 12-6 2014—2018 年伊利股份利润结构 单位：元

项目	2014 年	2015 年	2016 年	2017 年	2018 年
营业收入	4 199 069.21	4 777 886.58	5 395 929.87	5 986 348.57	6 031 200.97
营业成本	2 950 494.92	3 408 275.81	3 639 999.11	3 837 557.81	3 742 743.54
销售费用	777 771.28	854 607.27	1 007 455.09	1 325 833.42	1 411 431.65
管理费用	280 968.57	239 183.10	316 323.05	345 616.39	345 666.60
财务费用	4 915.63	—3 309.35	15 488.65	29 716.28	2 387.97
资产减值损失	1 057.38	2 976.40	17 643.21	1 362.08	4 570.02
营业利润	161 565.85	265 901.13	438 968.67	489 432.20	552 041.22
利润总额	208 676.18	306 037.74	478 588.55	552 353.35	663 207.2
营业外收入	50 188.80	43 984.27	46 340.85	71 227.15	117 878.15
营业外支出	3 078.47	6 847.66	6 720.98	8 306.00	6 712.17

2014—2018 年伊利股份各利润指标，如图 12-12 所示。

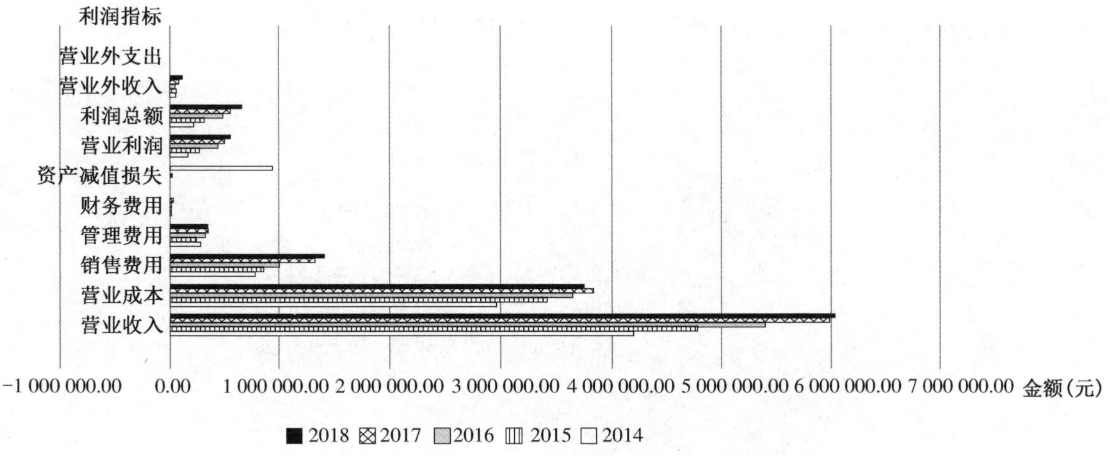

图 12-12 2014—2018 年伊利股份各利润指标

从表 12-6 可知，随着时间的推移，伊利股份各项收入、成本和费用也在逐年增加，但是收入部分的增长速度远大于费用的增长，因此，伊利股份的盈利能力也在逐年增加，前景可期。

(二) 利润质量分析

1. 营业收入分析

2014—2018 年伊利股份营业收入，如图 12-13 所示。

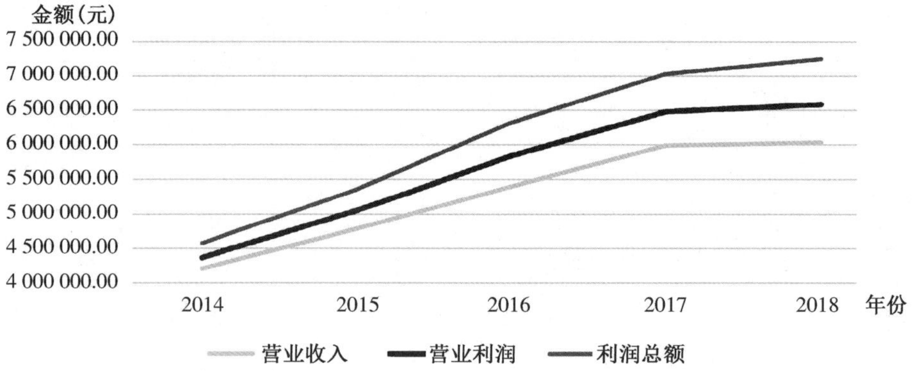

图 12-13 2014—2018 年伊利股份营业收入

营业收入近五年均呈上涨趋势，且上涨趋势平稳。

2. 收入构成

1) 产品种类构成

2017 年、2018 年伊利股份各项产品的主营业务收入及比例如图 12-14、图 12-15 所示。

从图 12-14 和图 12-15 中可知，液体乳系列为主要产品，分别占 2017 年和 2018 年销售收入的 86%和 83%，其余品种中，对销售收入贡献较大的为奶粉和奶制品。截至 2016 年年末，伊利股份的液体乳系列、奶粉及奶制品继续保持国内第一品牌地位。由此可见，伊利乳业的主要业务和产品未来发展趋势较为明朗，发展状况较为乐观。

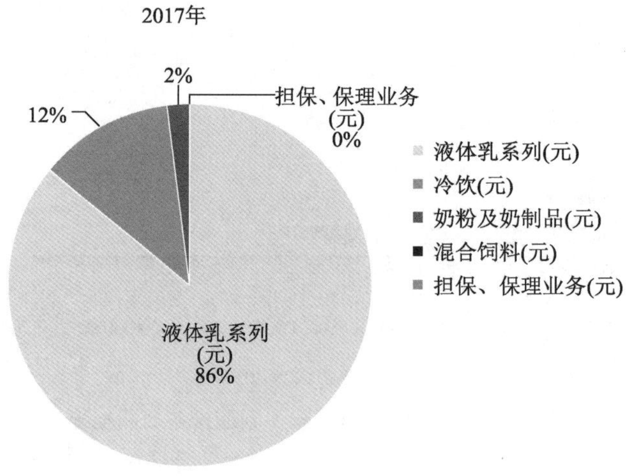

图 12-14 2017 年伊利股份主营业务收入产品构成

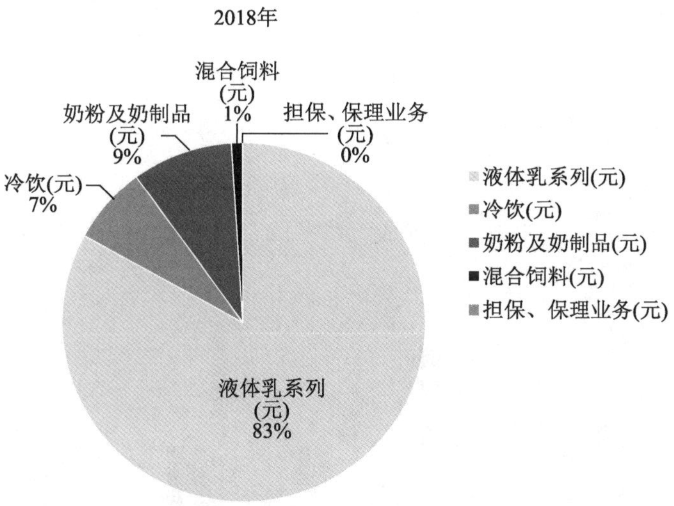

图 12-15　2018 年伊利股份主营业务收入产品构成

2）营业收入地区构成

2013—2016 年，伊利股份营业收入地区构成，如图 12-16 所示。

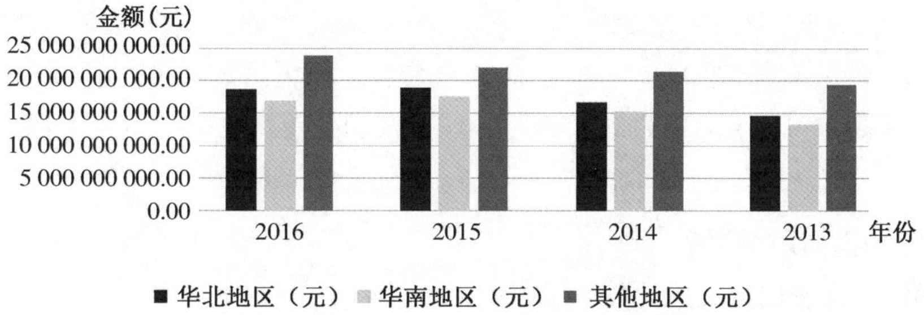

图 12-16　伊利股份营业收入地区构成

从图 12-16 可以看出，伊利股份的营业收入构成按地区分类分为华北地区、华南地区和其他地区。近四年以来，地区的营业收入总体占比相对平稳，但每年均有逐渐上升的趋势，说明伊利股份的营业收入在逐渐加强，但总体构成比保持稳定。其主营业务收入情况如表 12-7 所示。

表 12-7　主营业务收入情况　　单位：元

项目	2014 年	2015 年	2016 年	2017 年	2018 年
营业收入	6 031 200.97	5 986 348.57	5 395 929.87	4 777 886.58	4 199 069.21
营业外收入	117 878.15	71 227.15	46 340.85	43 984.27	50 188.80
投资收益	39 926.10	18 634.75	10 773.98	13 138.55	2 652.41
总收入	6 060 922.15	6 035 987.38	5 443 642.68	4 777 886.58	4 199 069.21

由表 12-7 可知，2014—2018 年营业收入在总收入中占比高达 99%，因此认为伊利股份收入的质量较高，公司发展具有可持续性。

四、现金流量表分析

（一）现金流量趋势分析

2014—2018 年伊利股份现金流量构成，如图 12-17 所示。

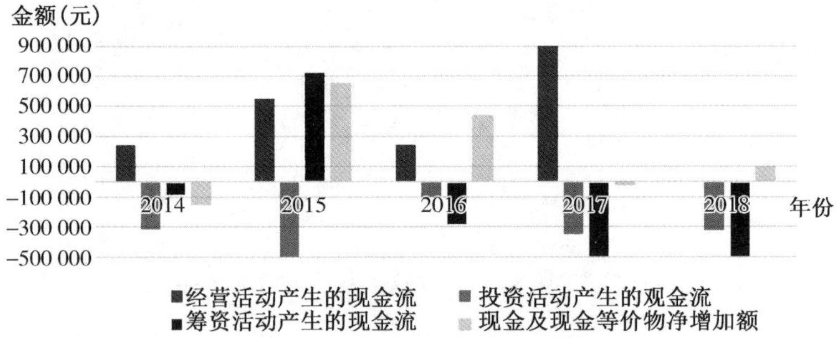

图 12-17　伊利股份现金流量构成

从图 12-17 可知，筹资和汇率变化以及现金及现金等价物起伏变化，经营活动净现金流持续为正，投资活动为负。具体表现为：第一，经营活动净现金流前三年处于水平，后两年增快；第二，投资活动净现金流一直为负，2018 年下降更厉害；第三，筹资活动净现金流 2015 年上升最高，2018 年下降为最低；第四，现金及现金等价物 2015 年上升最高，2018 年下降为最低。

（二）现金流量质量分析

伊利股份同行业现金流量比较，如图 12-18 所示。

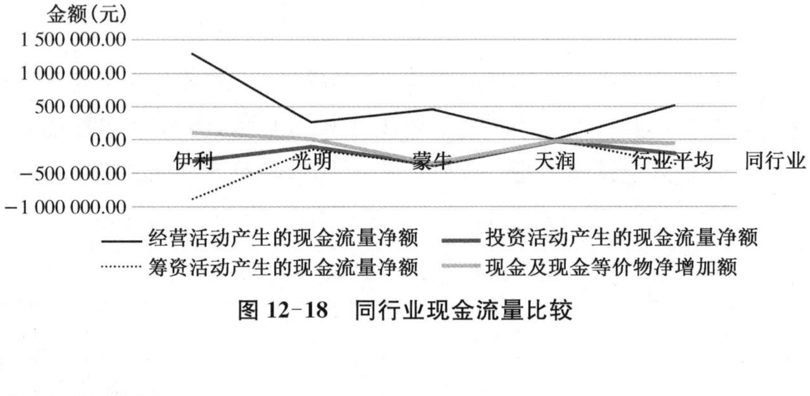

图 12-18　同行业现金流量比较

五、财务比率分析

（一）盈利能力

2014—2018 年伊利股份盈利能力指标如表 12-8 所示，盈利能力指标的行业均值如表 12-9 所示，伊利股份盈利能力指标分析如图 12-19 所示。

表 12-8 2014—2018 年伊利股份各盈利能力指标

指标	2014 年	2015 年	2016 年	2017 年	2018 年
净资产收益率	25.71%	27.17%	23.85%	23.99%	26.29%
销售净利率	4.13%	6.7%	7.72%	7.78%	9.4%
销售毛利率	29.73%	28.67%	32.54%	35.89%	37.94%
应收账款周转天数(天)	2.45	2.37	2.85	3.26	3.42
存货周转天数(天)	38.46	35.27	42.98	45.36	43.23

表 12-9 2014—2018 年盈利能力指标的行业均值

指标	2014 年	2015 年	2016 年	2017 年	2018 年
净资产收益率	25.526 210 94%	25.562 968 75%	25.884 375%	25.477 5%	25.18%
销售净利率	6.129 853 516%	5.729 882 813%	5.923 906 25%	6.283 125%	6.587 25%
销售毛利率	30.783 662 11%	30.572 929 69%	30.192 343 75%	30.661 875%	31.707 5%
应收账款周转天数(天)	2.61	2.58	2.59	2.60	2.73
存货周转天数(天)	39.35	39.17	38.39	39.31	40.52

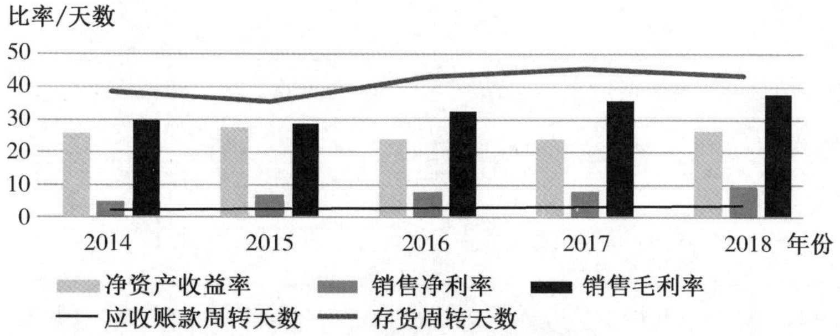

图 12-19 伊利股份盈利指标分析

从表 12-8、表 12-9 和图 12-19 可知，伊利股份的净资产收益率、销售净利率、销售毛利率、应收账款周转天数、存货周转天数等指标均在行业均值之上，而销售净利率反映的是净利润在营业收入中所占的比重，即公司净利润和销售收入的比例，体现销售收入能带来的收益水平。公司股东获得的投资收益是通过净资产收益率来实现的，净资产收益率高，表明公司具备非常强的盈利能力；净资产收益率低，表明公司盈利能力较弱。

思考问题 2： 什么是盈利能力，评价指标有哪些？

（二）营运能力

2014—2018 年伊利股份营运能力指标如表 12-10 所示，营运能力的行业均值如表 12-11所示，伊利股份营运能力指标分析如图 12-20 所示。

表 12-10　2014—2018 年伊利股份各营运能力指标

指标	2014 年	2015 年	2016 年	2017 年	2018 年
营业周期(天)	46.65	48.63	45.82	37.64	40.91
存货周转率(次)	9.36	8.33	7.94	8.38	10.21
应收账款周转率(次)	105.41	110.33	126.50	151.83	147.19
流动资产周转率(次)	3.03	2.96	2.91	4.15	5.49
固定资产周转率(次)	4.38	4.36	4.63	4.95	5.27
总资产周转率(次)	1.54	1.53	1.50	1.79	2.08
应付账款周转率(次)	5.78	6.70	7.20	7.28	6.68
非流动资产周转率(次)	4.38	4.36	4.63	4.95	5.27

表 12-11　2014—2018 年营运能力指标的行业均值

指标	2014 年	2015 年	2016 年	2017 年	2018 年
营业周期(天)	45.11	44.5	43.9	37.8	40.56
存货周转率(次)	8.77	7.87	7.22	8.12	9.23
应收账款周转率(次)	98.65	100.341	100.3	130.3	123.6
流动资产周转率(次)	2.98	2.88	2.34	2.48	2.38
固定资产周转率(次)	3.8	4.12	4.32	4.12	5.01
总资产周转率(次)	1.09	1.23	1.45	4.65	1.26
应付账款周转率(次)	4.98	5.43	6.54	7.012	41.21
非流动资产周转率(次)	3.45	4.04	4.13	4.56	5.01

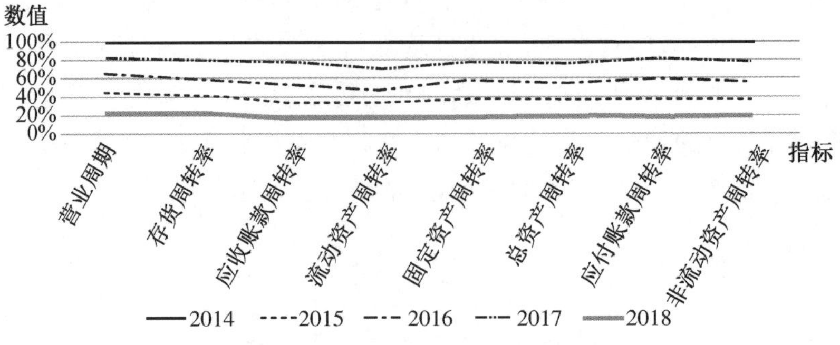

图 12-20　伊利股份营运能力指标

企业营运能力是指企业对资产利用的能力，即资产运用效率的分析，通常可用各种资产的周转速度表示。资产周转速度越快，说明企业的资产管理水平越高，资产利用效率越高。评价企业营运能力分析主要包括流动资产周转情况、固定资产周转率和总资产周转率等。从表 12-10、12-11 数据可知，伊利股份应收账款周转率、存货周转率、流动资产周转率、固定资产周转率、总资产周转率等均在行业均值之上，说明企业应收账款管理效率高、存货占用资金水平低、流动资产利用效果好、固定资产利用效率高，总之，企业全部资产使用效率高，企业营运能力好。

思考问题 3： 什么是营运能力，评价指标有哪些？

(三) 偿债能力

2014—2018 年伊利股份短期偿债能力指标如表 12-12 所示，短期偿债能力指标的行业均值如表 12-13 所示。

表 12-12　短期偿债能力指标

指标	2014 年	2015 年	2016 年	2017 年	2018 年
流动比率	0.54	1.06	1.12	1.09	1.35
速动比率	0.3	0.82	0.85	0.83	1.06
保守速动比率	0.2	0.56	0.8	0.76	0.97
现金比率	0.17	0.53	0.76	0.72	0.93
营运资金	−554 226.63	95 018.42	224 451.19	158 412.91	528 524.39
经营活动现金流量净额/流动负债	0.2	0.35	0.13	0.52	0.86
现金到期债务比	0.93	1.29	0.29	1.41	26.29

表 12-13　短期偿债能力指标的行业均值

指标	2014 年	2015 年	2016 年	2017 年	2018 年
流动比率	0.56	1.09	1.16	0.98	1.36
速动比率	0.865	0.756	0.98	0.68	1.02
保守速动比率	0.48	0.46	0.75	0.8	0.82
现金比率	0.36	0.567	0.85	0.76	0.91
营运资金	−524 556	957 345	231 567	146 298	564 277
经营活动现金流量净额/流动负债	0.15	0.43	0.09	0.49	0.79
现金到期债务比	0.889	1.067	0.23	1.78	25.98

企业短期偿债能力，通常可运用一系列反映短期偿债能力的指标来体现。短期偿债能力的指标，主要包括营运资金、流动比率、速动比率、现金比率和企业支付能力系数等。从表12-12、表12-13可知，伊利股份营运资金、流动比率、速动比率、现金比率等均与行业均值持平或者在行业均值之上，并且随着时间的推移逐渐增加，说明其短期偿债能力在逐渐增强。

2014—2018年伊利股份长期偿债能力指标如表12-14所示，长期偿债能力指标的行业均值如表12-15所示。

表12-14　2014—2018年伊利股份长期偿债能力指标

指标	2014年	2015年	2016年	2017年	2018年
已获利息倍数(EBIT/利息费用)	162.26	33.64	27.12	38.29	21.8
EBITDA利息保障倍数	201.45	44.16	35.19	52.22	30.92
现金流量利息保障倍数	311.65	56.35	13.3	66.71	24.01
有形净资产/总负债	1.38	0.98	0.86	0.92	0.5
有形净资产/总债务	45.25	2.82	1.96	3.58	2.52
有形净资产/净债务	−1.66	−3	−3.38	−3.88	11.2
经营活动产生的现金流量净额/总负债	0.8	0.49	0.12	0.33	0.19
经营活动产生的现金流量净额/总债务	26.27	1.41	0.27	1.29	0.93
经营活动产生的现金流量净额/非流动负债	11.45	7.43	1.27	5.23	2.96
经营活动产生的现金流量净额/净债务	−0.96	−1.51	−0.47	−1.4	4.15
EBITDA/总债务	16.98	1.11	0.71	1.01	1.2
EBITDA/总负债	0.52	0.38	0.31	0.26	0.24

表12-15　2014—2018年长期偿债能力指标的行业均值

指标	2014年	2015年	2016年	2017年	2018年
已获利息倍数(EBIT/利息费用)	127.28	32.34	27.9	38.3	20.8
EBITDA利息保障倍数	198.28	38.98	32.89	54.99	30.12
现金流量利息保障倍数	298.21	48.98	10.989	56.98	21.978
有形净资产/总负债	1.29	0.87	0.84	0.35	0.34
有形净资产/总债务	38.98	1.08	1.1	2.39	2.13
有形净资产/净债务	−0.91	−2.71	−3.91	−2.98	9.33
经营活动产生的现金流量净额/总负债	0.72	0.43	0.07	0.29	0.15
经营活动产生的现金流量净额/总债务	25.33	1.03	0.19	0.97	0.83
经营活动产生的现金流量净额/非流动负债	10.27	10.27	1.22	4.78	2.34
经营活动产生的现金流量净额/净债务	−0.78	−0.73	−0.23	−0.94	3.45
EBITDA/总债务	15.23	15.23	0.63	0.93	0.91
EBITDA/总负债	0.15	0.15	0.31	0.34	0.12

衡量企业长期偿债能力就看企业资金结构是否合理、稳定以及企业长期盈利能力的大小。分析长期偿债能力的主要指标有资产负债率(亦称负债比率)、产权比率(亦称负债权益比率)、带息负债率、利息费用保障倍数(亦称已获利息倍数)。从表 12-14、表 12-15 可看出,伊利股份资产负债率(亦称负债比率)产权比率(亦称负债权益比率)、带息负债率、利息费用保障倍数(亦称已获利息倍数)等均与行业均值持平或者在行业均值之上,并且随着时间的推移逐渐增加,说明其长期偿债能力在逐渐增强。

思考问题 4: 什么是偿债能力,评价指标有哪些?

(四) 发展能力

2014—2018 年伊利股份发展能力指标,如表 12-16 所示。

表 12-16 发展能力指标

指标	2014 年	2015 年	2016 年	2017 年	2018 年
基本每股收益	−5.31%	2.8%	−38.18%	11.76%	22.37%
稀释每股收益	−5.66%	10%	−38.18%	11.76%	22.37%
每股经营活动产生的现金流量净额	−34.38%	77.87%	−70.33%	97.77%	34.4%
营业总收入	12.12%	13.78%	13.93%	10.88%	0.41%
营业收入	12.12%	13.78%	12.94%	10.94%	0.75%
利润总额	−2.32%	46.66%	56.38%	15.41%	20.07%
营业利润	−7.47%	64.58%	65.09%	11.5%	12.79%
净利润	−5.26%	84.4%	30.16%	11.71%	21.8%

2014—2018 年伊利股份发展能力指标分析,如图 12-21 所示。

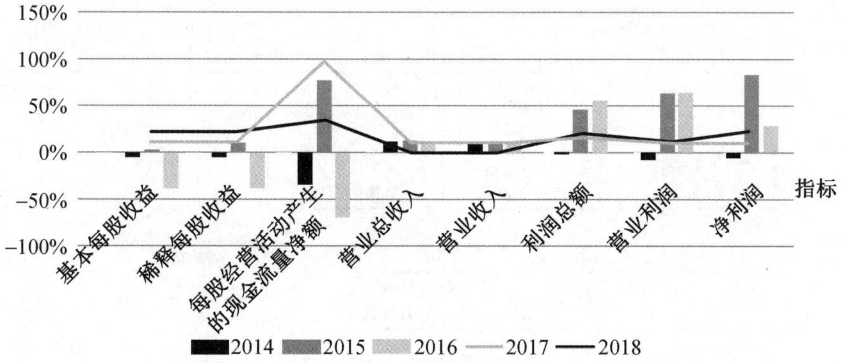

图 12-21 发展能力指标

发展能力，是指企业在生存的基础上扩大规模、壮大实力的潜在能力。分析发展能力主要考察营业收入增长率、资本保值增值率、资本积累率、总资产增长率、营业利润增长率等指标。由表 12-16、图 12-21 可知，伊利股份相关发展能力指标等均与行业均值持平或者在行业均值之上，并且随着时间的推移逐渐增加，说明其发展能力在逐渐增强。

思考问题 5：什么是发展能力，评价指标有哪些？

三、公司综合评价

（一）杜邦分析法

2016 年伊利股份杜邦分析具体分析图，如图 12-22 所示。

2017 年伊利股份杜邦分析具体分析图，如图 12-23 所示。

2018 年伊利股份杜邦分析具体分析图，如图 12-24 所示。

普通股权益回报率（ROCE）＝综合收益/平均普通股权益（CSE）

2016—2018 年伊利股份普通股权益回报率（ROCE），如表 12-17 所示。

表 12-17　普通股权益收益率（ROCE）

伊利	2016 年	2017 年	2018 年
ROCE	18.62％	22.39％	23.65％

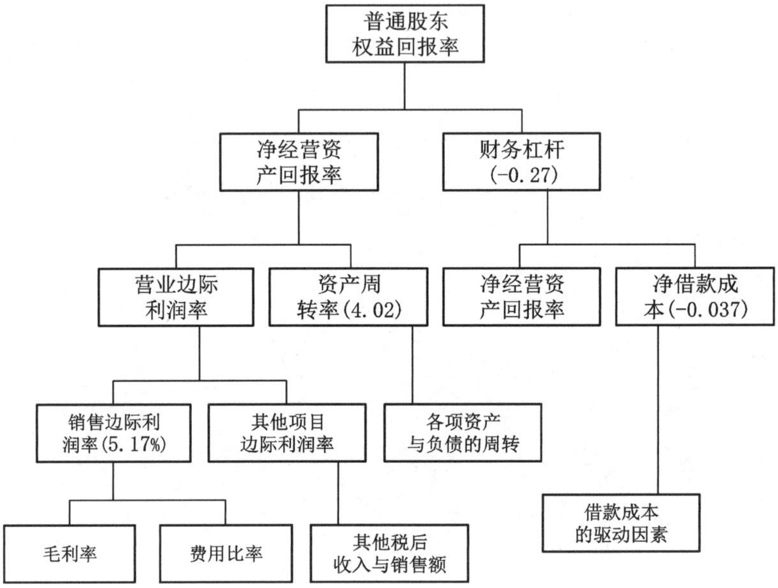

图 12-22　2016 年伊利股份杜邦分析具体分析图

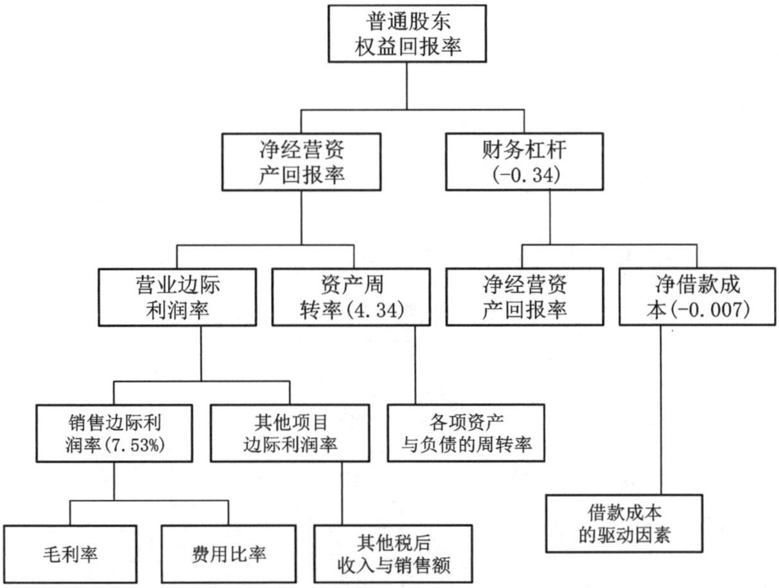

图 12-23 2017 年伊利股份杜邦分析具体分析图

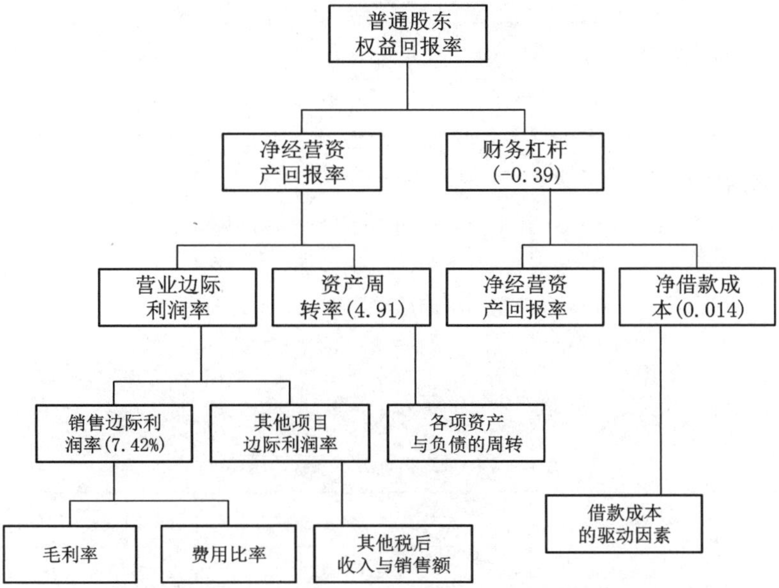

图 12-24 2018 年伊利股份杜邦分析具体分析图

思考问题 6：杜邦分析法的含义及原理？

(二) 杜邦分析法(第一层次)

ROCE=净经营资产回报率(RNOA)+(财务杠杆×经营差异率)

净经营资产回报率=税后利润/净经营资产

净经营资产回报率(RNOA)=经营资产回报率+营业负债杠杆×营业负债杠杆差异率

财务杠杆=净金融负债/普通股权益

经营差异率=净资产回报率-净借款成本

杜邦分析法(第一层次),如表 12-18 所示。

表 12-18 杜邦分析法(第一层次)

指标	年份		
	2016 年	2017 年	2018 年
净经营资产回报率(RNDA)	26.945%	33.480%	38.155%
经营资产回报率	9.73%	10.55%	11.74%
营业负债杠杆	0.60	0.57	0.60
营业负债杠杆差异率	1.05%	1.35%	1.40%
财务杠杆	−0.27	−0.34	−0.39
经营差异率	0.307	0.327	0.368
普通股权益收益率(ROCE)	18.66%	22.36%	23.81%

(三) 杜邦分析法(第二层次)

RNOA=营业边际利润率(PM)×资产周转率(ATO)

PM=税后营业利润(OI)/销售额

ATO=销售额/RNOA

净借款成本=净金融费用/净金融负债

杜邦分析法(第二层次),如表 12-19 所示。

表 12-19 杜邦分析法(第二层次)

指标	年份		
	2016 年	2017 年	2018 年
营业净利润率(PM)	6.70%	7.72%	7.78%
资产周转率(ATO)	4.02	4.34	4.91
净经营资产回报率(RNOA)	26.945%	33.480%	38.155%
净借款成本	−0.037	0.007	0.014

利润率的驱动因素,如表 12-20 所示。

表 12-20　利润率的驱动因素

指标	年份		
	2016 年	2017 年	2018 年
销售边际利润率(PM)	5.17	7.53	7.42
毛利率	28.67	32.54	35.89
税金及附加费用率	0.49	0.34	0.42
销售费用率	22.82	24.82	28.42
管理费用率	5.00	5.86	5.77
所得税费用率	−0.29	1.15	1.45
其他项目边际利润率	1.53	0.19	0.36

(四) 杜邦分析法(第三层次)

周转率的驱动因素,如表 12-21 所示。

表 12-21　周转率的驱动因素

指标	年份		
	2016 年	2017 年	2018 年
现金周转率	9.72	5.24	4.85
应收账款周转率	151.83	126.50	110.33
存货周转率	10.21	8.38	7.94
固定资产周转率	4.95	4.63	4.36

七、财务报表分析结论

从资产负债表数据分析得出,伊利股份和蒙牛乳业的流动资产相差不多且在行业中处于领先,流动负债、非流动负债以及负债总计均处于中等水平,资金不会受到太大影响。就利润表而言,伊利股份的营业利润总额一直逐年增加,地区的营业收入总体占比相对平稳,但每年均呈逐渐上升的趋势,说明伊利股份的营业收入在逐渐加强但总体构成比保持稳定。而主营业收入在总收入中占比高达 99%,因此可以认为伊利股份收入的质量较高,公司发展具有可持续性,伊利股份的财务费用、管理费用和销售费用逐渐提升,这与伊利股份的扩张有关,证明了伊利股份的前景良好。就现金流量表而言,从现金流量表和上图分析得知筹资和汇率变化以及现金及现金等价物起伏变化,经营活动净现金流持续为正,投资活动为负。

盈利能力方面,伊利股份净资产收益率为企业设置标准值的 3 到 4 倍左右,平均净资产收益率为 0.3,整体水平较高,说明企业在资产利用率方面的管理较好。营运能力方面,伊利股份的应收账款、周转率、流动资产周转率、应付账款周转率、非流动资产周转率等较行业均值一直处于领先地位,为全行业最高。就偿债能力方面,伊利流动比率和速动比率 2014—2016 年比较稳定,但是明显低于行业水平,说明伊利短期偿债能力不够,企业管理者要降低举债筹资比例，通过采取一系列措施来提高偿债能力，增强债权人和股东权益所有者的信心，为企业谋取更好的发展。发展能力方面，伊利股份公司自 2014 年以来其资产规模不断增大，从 2014 年的 25 亿元增长到 2018 年的 66.17 亿元。2014 年以来，资产增长率由负值增长到正值，说明资产投入一直保持增长。几年来股东权益增加额占资产增加额的比重分别为 0.55、−5.24、0.69、0.38，可以看出伊利股份公司五年以来股东权益增加在资产增加中所占的比重较低，资产的绝大部分来自负债的增加。但从总体来看伊利股份领先于同行业的其他竞争对手，成长能力良好，在未来具有较大的成长空间和较强的发展潜力，具备长期投资的价值。

综上所述，伊利股份的财务状况良好，盈利能力稳定，成长性较强，具有进行长期股票投资的价值。

思考问题 7： 财务综合分析主要包括哪些内容？沃尔评分法的概念、基本原理及评价标准？

思考问题 8： 沃尔评分法应用的程序有哪些？

八、建议

伊利股份要采取措施，降低杠杆率，优化资本结构，降低负债筹资的比例。在扩大资产规模的同时，必须要关注财务杠杆率，避免因过度扩张造成资金链断裂的风险。另外从生产经营考虑，可以从下面三个方面进行思考。

(一) 质量保证

伊利股份要以保证乳制品质量为根本出发点，要从 2008 年的三聚氰胺事件中吸取经验教训，防止乳制品出现产品质量问题，不能再次消耗消费者对国内乳制品企业逐渐恢复的信心。同时，国家、媒体以及消费者对乳制品的高度关注及监督，也决不允许再次出现食品安全问题。

(二) 产品结构

伊利股份可在高中低端乳制品中研发新产品，不断丰富产品线，提高市场占有率。

(三) 生产成本

伊利股份是乳制品企业中的领头羊，在行业内拥有绝对的成本优势。伊利需在确保质量不变的情况下缩减成本，从而增加产品毛利。

课后思考

1. 财务分析的一般步骤及方法有哪些？

2.（思政）2020年初被浑水公司踢爆的"瑞幸咖啡"财务报表造假事件对企业、社会和财务从业人员造成了经济损失、声誉损害及恶劣影响，请思考如何规避专业技术错误的同时，以较高的职业道德素养维护社会主义良好市场环境？

案例十三 EVA绩效评价方法在江淮汽车企业中的应用

课前思考

什么是EVA绩效评价，其具体计算方法有哪些？

理论背景

经过四十年的改革开放发展实践，我国经济实现了飞速发展，从一个落后的农业国家逐渐转变成一个先进的工业化国家，工业体系不断健全完善，为我国后期经济快速腾飞创造了非常好的条件。汽车生产制造业一直以来都是我国重点支持发展的基础性产业，汽车工业的发展状况可以衡量一个国家的工业发展程度。汽车产业涉及的产业链相对较长，关联的部门相对较多，对技术、工序的要求较高，已经发展成为对我国有着重要影响的产业。我国汽车工业经过长期努力和不懈发展，培养了大批优秀人才，汽车工业发展飞快，已经成为重要的汽车生产大国。

但由于我国汽车工业基础较为薄弱，汽车生产制造企业的整体实力不强，同时还面临着国外汽车生产制造企业的激烈竞争。面对较为激烈的市场竞争以及复杂的汽车产业发展环境，我国汽车生产制造企业再采用传统的绩效考核方式难以推动企业的高效发展，在这种大背景下，我国部分汽车生产制造企业积极学习EVA绩效考核模式并在企业中推广落实EVA绩效考核体系，期望能够改善企业经营绩效。

思考问题1：什么是经济增加值，其具体计算方法有哪些？

一、公司简介

安徽江淮汽车集团股份有限公司(简称为江淮汽车或者JAC)，是一家集汽车研发、生产制造、销售等诸多业务于一体的综合型汽车生产制造企业。江淮汽车前身是创建于1964年5月20日的合肥江淮汽车制造厂，1999年9月改制为股份制企业，隶属于安徽江淮汽车集团有限公司。其业务经营范围较广，主要涉及卡车、商务车、小轿车、SUV、客车、新能源汽车等，拥有瑞风、江淮iEV、帅铃、骏铃、康铃、格尔发等诸多知名汽车品牌，并与多家外资汽车企业成立了合资公司，在意大利、日本等国家设立了研发中心，与180多个国家以及地区建立了合作关系。江淮汽车非常重视汽车产业的研发，不断推进汽车技术创新，截止到2018年年底，江淮汽车共拥有12 325件授权专利，其中有1 750件发明专利，是我国第一个专利数量过万的汽车生产制造企业。

同时，江淮汽车也不断加强汽车品牌建设，全面践行"敬客经营、质量为本、求真务实"的价值观，通过提高汽车产品质量，增强汽车产品技术研发能力，加大汽车研发经费投入，为汽车购买者提供优质服务等方式，力争成为世界上较为知名的汽车品牌。截至2018年年底，江淮汽车累计出口超60万辆，中高端轻卡连续多年行业出口第一，乘用车出口位列行业前三。在"2018全球最具价值汽车品牌100强"中，江淮汽车位居第50位，在我国现有的汽车品牌中，排名较为靠前。江淮汽车经过多年发展，其汽车生产制造能力显著增强，取得了较好的经营绩效，这也是江淮汽车能够成功上市的重要原因，江淮汽车于2001年8月24日在上海证券交易所成功上市，其股票代码为600418。

二、江淮汽车传统绩效评价现状分析

江淮汽车为了加强对员工的考核管理，一般是按照部门进行绩效考核，以此加强部门对员工的考核管理。江淮汽车根据各个部门的工作特点和工作性质，与各个部门签订绩效任务书，并将各个部门的考核指标通过定量或者定性的方式加以细化，形成各个部门单独的绩效考核指标体系，最终根据各个部门以及员工的绩效完成情况，作为员工绩效奖金发放、员工职位晋升、薪资提高等方面的依据，江淮汽车通过这种绩效评价方式来加强对员工的管理，增强绩效评估能力。

江淮汽车作为一家汽车生产制造企业，根据公司发展需要以及公司具体的业务性质，将利润总额作为江淮汽车公司绩效考核评价的关键和核心指标，依据这一核心指标，再结合各个部门的特点制定与各个部门相符合的绩效考核评价体系。江淮汽车绩效评价指标体系如表13-1所示。

表13-1　江淮汽车绩效评价指标体系

指标类别	考核指标	具体指标
财务指标	盈利能力指标	净资产收益率
		成本费用利润率
		主营业务利润率
		营业利润率
		销售净利率
		主营业务成本率
		总资产利润率
		总资产净利润率

（续表）

指标类别	考核指标	具体指标
财务指标	偿债能力指标	流动比率
		速动比率
		资产负债率
	营运能力指标	应收账款周转率
		存货周转率
		固定资产周转率
		总资产周转率
		流动资产周转率
	发展能力指标	主营业务收入增长率
		净利润增长率
		净资产增长率
		总资产增长率

从表 13-1 可以了解江淮汽车绩效评价指标体系的具体内容，江淮汽车的绩效评价以财务指标为主，主要从盈利能力、偿债能力、营运能力以及发展能力四个方面展开分析。从表中可以看到具体的财务绩效指标情况以及具体的财务绩效评价指标。其中，江淮汽车的盈利能力通过八个指标进行衡量，偿债能力主要通过三个指标进行衡量，营运能力主要通过五个指标进行衡量，发展能力主要通过四个指标进行衡量。

思考问题 2：什么是绩效管理，其应遵循的原则及具体工具方法有哪些？

思考问题 3：什么是关键绩效指标法、平衡计分卡？

（一）江淮汽车传统指标的绩效表现

对江淮汽车的传统绩效评价指标进行分析，应着重从盈利能力、偿债能力、营运能力、发展能力等四个方面加以分析，以科学评估江淮汽车的绩效。

1. 盈利能力

江淮汽车的盈利能力指标分析如表 13-2 所示。

表 13-2　江淮汽车的盈利能力指标分析

指标组	评价指标	2013 年	2014 年	2015 年	2016 年	2017 年
盈利能力	净资产收益率	13.41%	7.55%	10.19%	8.42%	3.11%
	成本费用利润率	3.16%	1.68%	2.11%	2.44%	0.42%
	主营业务利润率	14.11%	11.73%	9.32%	7.65%	9.99%
	营业利润率	2.54%	0.52%	−3.31%	−5.06%	0.41%
	销售净利率	2.77%	1.58%	1.84%	2.31%	0.48%
	主营业务成本率	83.8%	86.4%	88.85%	90.41%	88.39%
	总资产利润率	3.94%	2.01%	2.2%	2.47%	0.53%
	总资产净利润率	4.31%	2.13%	2.6%	2.76%	0.51%

从表 13-2 可以看到江淮汽车盈利能力相关指标的具体信息，江淮汽车 2013—2014 年的净资产收益率呈下降发展趋势，2015 年的净资产收益率为 10.19%，但到 2017 年时仅为 3.11%；成本费用利润率、销售净利率、总资产利润率、总资产净利润率在 2014 年出现下降，然后在 2014—2016 年这一阶段发展较快，其中，成本费用利润率从 2014 年的 1.68%一直增长到 2.44%，销售净利率在 2014 年为 1.58%一直增长到 2. 31%，总资产利润率从 2014 年的 2.01%一直增长到 2.47%，总资产净利润率从 2014 年的 2.13%一直增长到 2.76%，接着在 2017 年上述指标呈现下降的发展趋势；主营业务利润率在 2013—2016 年这一阶段呈下降发展迹象，在 2013 年为 14.11%，但到 2016 年时则为 7.65%，降幅较为明显，然后又从 2016 年的 7.65%增长到 2017 年的 9.99%；营业利润率在 2013—2016 年这一阶段降幅较为明显，在 2013 年时为 2.54%，在 2015 年、2016 年出现了负增长，然后从 2016 年的－5.06%增长到 2017 年的 0.41%；主营业务成本率在 2013—2016 年这一阶段增幅较为显著，在 2013 年时为 83.8%，到 2016 年时增长到 90.41%，而后在 2017 年出现了下降的发展趋势。通过以上分析可以知道，江淮汽车的盈利能力逐渐变弱。

思考问题 4： 什么是绩效评价和激励管理，绩效评价的优缺点有哪些？

思考问题 5： 什么是盈利能力，评价企业盈利能力指标主要有哪些？

2. 偿债能力

江淮汽车的偿债能力指标分析如表 13-3 所示。

表 13-3 江淮汽车的偿债能力指标分析

指标组	评价指标	2013 年	2014 年	2015 年	2016 年	2017 年
偿债能力	流动比率	0.85%	0.81%	0.87%	1.03%	0.94%
	速动比率	0.77%	0.74%	0.79%	0.93%	0.88%
	资产负债率	70.36%	72.64%	74.03%	68.57%	65.74%

从表 13-3 可以了解江淮汽车偿债能力指标的具体信息，江淮汽车的流动比率、速动比率从 2013—2014 年出现了缓慢下降趋势，在 2014—2016 年这一阶段增幅较为显著，其中，流动比率在 2014 年为 0.81%，在 2016 年时为 1.03%，然后在 2017 年则降至 0. 94%，速动比率在 2014 年为 0.74%，在 2016 年时为 0.93%，但在 2017 年降至 0.88%，表明江淮汽车的流动比率、速动比率的数值稳定性较差，短期偿债能力也不是很稳定；江淮汽车的资产负债率 2013—2015 年一直处于高速增长阶段，从 2013 年的 70.36%增长到 2015 年的74.03%，而在 2015—2017 年这一阶段的降幅较为明显，2015 年时为 74.03%，但 2017 年则降至 65.74%，表明江淮汽车的资产负债水平在不断降低，资产负债状况在不断好转，长期偿债能力得到显著增强。在以上分析的基础上，江淮汽车偿债能力的各个指标的波动情况较为明显，短期偿债能力稳定性较差，但长期偿债能力却明显增强。

思考问题 6： 什么是偿债能力，偿债能力分析包括哪些，评价指标主要有哪些？

3. 营运能力

江淮汽车的营运能力指标分析如表 13-4 所示。

表 13-4 江淮汽车的营运能力指标分析

指标组	评价指标	2013 年	2014 年	2015 年	2016 年	2017 年
营运能力	应收账款周转率(次)	88.74	70.17	37.35	19.72	15.18
	存货周转率(次)	24.29	23.28	26.15	20.34	19.63
	固定资产周转率(次)	4.77	4.6	5.05	4.96	4.46
	总资产周转率(次)	1.56	1.35	1.41	1.19	1.05
	流动资产周转率(次)	3.03	2.56	2.57	1.98	1.8

从表 13-4 可以了解江淮汽车营运能力指标的具体信息，应收账款周转率在 2013—2017 年这一时间段内降幅较为明显，在 2013 年为 88.74 次，但到 2017 年时则降至 15.18 次，反映了江淮汽车的应收周转能力呈现出弱化的迹象，而存货周转率、固定资产周转率、总资产周转率、流动资产周转率都在 2013—2014 年的降幅较为明显，而后在 2015 年增长较快，然后又在 2015—2017 年这一时间段内降幅较为显著。其中，存货周转率从 2015 年的 26.15%下降到 2017 年的 19.63%，固定资产周转率从 2015 年的 5.05%下降到 2017 年的 4.46%，总资

产周转率从 2015 年的 1.41%下降到 2017 年的 1.05%，流动资产周转率从 2015 年的2.57%下降到 2017 年的 1.8%，反映了江淮汽车的存货周转能力、固定资产周转能力、总资产周转能力、流动资产周转能力在短期内呈现出不断恶化的发展迹象。从以上分析可知，江淮汽车的营运能力逐渐变弱，呈现恶化的发展趋势。

思考问题 7： 什么是营运能力，营运能力评价指标主要有哪些？

4. 发展能力

江淮汽车的发展能力指标分析如表 13-5 所示。

表 13-5　江淮汽车的发展能力指标分析

指标组	评价指标	2013 年	2014 年	2015 年	2016 年	2017 年
发展能力	主营业务收入增长率	15.47%	1.63%	35.75%	13.16%	−6.37%
	净利润增长率	84.64%	−42.16%	58.69%	41.98%	−80.46%
	净资产增长率	14.12%	4.76%	37.46%	53.08%	−1.42%
	总资产增长率	20.97%	13.48%	44.82%	26.5%	−9.56%

从表 13-5 可以知道江淮汽车的发展能力情况，江淮汽车的主营业务收入增长率、净利润增长率、总资产增长率在 2013—2014 年这一阶段内降幅较为明显，在 2014—2015 年这一阶段内增长较为显著，其中，主营业务收入增长率在 2015—2017 年这一阶段内下降较为明显，从 2015 年的 35.75%下降到 2017 年的−6.37%，净利润增长率从 2015 年时的 58.69%下降到 2017 年的−80.46%，总资产增长率从 2015 年的 44.82%下降到2017 年的−9.56%，表明江淮汽车的主营业务收入增长率、净利润增长率、总资产增长率呈现出不稳定的迹象，变化较为不稳定，并且在 2017 年都出现了负增长的情况，说明江淮汽车的主营业务收入、净利润、总资产增长波动较大，不稳定，甚至出现了负增长；江淮汽车的净资产增长率 2013—2014 年出现下降的发展趋势，2014—2016 年一直处于高速增长阶段，从 2014 年的 4.76%一直增长到 2016 年的 53.08%，而后在 2017 年出现了负增长，表明江淮汽车的净资产增长非常不稳定，波动较大，甚至出现了负增长。通过以上分析可以知道，江淮汽车的发展能力非常不稳定，变化波动较大，并且都在 2017 年出现了负增长的现象。

思考问题 8： 什么是发展能力，发展能力评价指标主要有哪些？

（二）江淮汽车现行绩效评价体系存在的问题

1. 传统的绩效考核准则存在多目标管理

在江淮汽车现有的绩效考核评价体系下，对公司生产经营、发展规划、绩效落实等方面进行考核评价，存在多目标管理的问题。在对销售部门进行绩效考核指标设定的过程中，一般都会选择销售收入作为销售部门的业绩考核指标；在对采购部门进行绩效考核指标设定的过程中，一般将降低采购成本作为采购部门业绩考核的重要指标；在对生产部门进行绩效考核指标设定的过程中，一般将产品质量以及产品生产计划完成情况作为生产部门业绩考核的重要指标。通过以上分析可以知道，江淮汽车各个部门的绩效考核指标各不相同，对于江淮汽车公司内部的风险控制、成本节约以及管理决策非常不利，在协调配合上难度较大，对于公司主要目标的实现将会造成巨大影响。

2. 对资本成本的重视程度不够

在推进江淮汽车公司生产发展的过程中，需要使用大量资金，这些资金通常来源于江淮汽车自有资金以及贷款资金，但是这些资金的使用都是有成本的，对于江淮汽车的绩效也会产生重大影响。江淮汽车现有的绩效考核体系对于净利润的计算，没有将权益资本成本考虑在内，这样就会造成计算出来的净利润金额比实际的金额要高很多，进而对公司经营业绩的计量就会偏高，不能真实反映公司的经营业绩，也容易导致公司高层领导以及管理者对于公司经营业绩的判断或预期出现偏差，缺乏企业发展的危机意识。

三、江淮汽车的 EVA 绩效评价

(一) 江淮汽车 EVA 绩效评价的可行性分析

1. 江淮汽车公司拥有健全的激励制度

江淮汽车作为一家大型汽车生产制造企业，为了推进公司汽车研发、生产制造、销售活动等有效开展，建立了相对完善的激励制度。相较于传统的绩效评价方式，EVA 绩效评价强调对员工的激励效果，通过调动员工和管理者的工作积极性和主动性，提高员工及管理者的工作效率。EVA 重视绩效评价，注重将 EVA 绩效考核与员工的绩效关联起来，实现 EVA 的绩效激励作用。在当前阶段，江淮汽车建立了相对完善的激励制度，并将激励制度与员工的工作绩效结合起来，为江淮汽车有效落实 EVA 绩效评价制度提供了较好条件。但江淮汽车现有的惩罚体系不是很完善，通过落实 EVA 绩效评价体系，能够完善公司的绩效评价体系，对员工的工作行为加以规范，以实现公司的发展目标。因此，江淮汽车在推行 EVA 绩效评价时，可以将公司现有的激励制度与 EVA 绩效评价指标有效结合起来，综合考虑公司研发、生产制造、销售等部门的实际情况，将 EVA 评价体系在公司内部加以落实，以实现江淮汽车 EVA 绩效评价的有效推进。

2. 江淮汽车 EVA 绩效评价的项目指标较健全

在对企业的 EVA 值进行计算时，需要对企业的研发费用资本化、营业外支出、递延税款、商誉与无形资产、财务费用、在建工程、资产减值准备等项目予以调整，为有效落实 EVA 绩效评价提供了更多可能。尤其是需要将研发费用予以资本化，将其看作是资本的一部分，江淮汽车是一家汽车生产制造企业，其研发费用支出相对较多，占了企业支出的很大一部分，将其作为公司的资本进行处理，降低企业成本支出，能够更加真实地反映江淮汽车的经营业绩。同时，将研发成果应用到市场，转化为企业的市场化成果需要较长时间，因此，研发支出注重的是公司的长远绩效，对于公司短期效益的实现难以满足。

（二）江淮汽车 EVA 绩效评价流程

要想真正落实 EVA 绩效评价体系，需要建立一套较为完整的 EVA 绩效评价流程，完整的绩效评价流程对于有效落实 EVA 绩效评价体系必不可少。对于江淮汽车落实 EVA 绩效评价体系，可以从 EVA 绩效评价内容、资源的优化配置、绩效考核结果测量、薪酬激励等四个方面，对其进行具体分析。

1. 明确 EVA 绩效评价内容

在企业内部推广 EVA 绩效评价之前，应当对 EVA 绩效评价的内容加以明确，EVA 绩效评价的内容通常包括 EVA 绩效评价的指标以及评价标准、评价流程，结合公司实际情况以及发展需要，不断完善江淮汽车 EVA 绩效评价的体系以及制度，并将实现江淮汽车公司价值最大化作为公司生产经营活动的重要立足点。

2. 优化资源配置

在制定及落实 EVA 绩效评价指标体系的过程中，应当优化江淮汽车的资源配置，通过充分利用公司资金，加快资金周转效率，合理安排人员配置，优化人员与岗位的匹配度，提高技术创新能力等诸多方式，优化公司的资源配置，从而实现公司发展目标。

3. 绩效考核结果测量

在江淮汽车公司绩效考核结果完成以后，应当将之前预先确定的基准值以及基准目标与 EVA 绩效考核评价指标体系的完成结果进行对比，并对对比结果进行分析、归纳、总结，根据公司绩效完成情况，对员工的绩效完成情况进行考核。对于实际完成的绩效结果进行分析，找出在制定及落实 EVA 绩效评价过程中存在的不足之处，详细记录反馈信息，为下一步完善 EVA 绩效评价体系提供依据。

4. 落实薪酬奖励制度

良好的薪酬激励制度对于加强公司绩效考核具有十分重要的作用。江淮汽车应当有效落实薪酬奖励制度，通过实施薪酬奖励，对于按时以及超额完成绩效考核指标的员工或者部门给予奖励，而对于未能及时完成预定指标的员工或者部门进行处罚，依靠这种方式将员工的绩效与指标完成情况结合起来，从而加强对员工的绩效考核管理。此外，这种绩效激励方式应当保持相对的稳定性及合理性，便于员工能够熟知 EVA 绩效评估体系进而按照 EVA 绩效评估体系的要求加以落实，从而激励员工更好完成绩效指标。

（三）江淮汽车 EVA 绩效评价项目

江淮汽车的 EVA 计算结果通常是由税后净营业利润、资本总额、资本成本率三个因素共同决定的，其中，资本总额是在除去无息流动负债之外的债务资本和股权资本，现对江淮汽车的 EVA 评价的具体项目进行分析。

1. 税后净营业利润

税后净营业利润是构成企业综合资本总额的重要组成部分，是企业税后投资产生的重要投资收益，税后净营业利润也是反映资产盈利能力的重要表现。税后净营业利润是营业利润与各项费用之和与资本化费用金额、EVA 税收调整后金额的差值。

2. 资本总额

资本总额是指企业的所有者投资的所有者权益总额，是反映企业所有者权益账面价值的重要指标，一般是由债务资本与权益资本两方面构成。其中，债务资本是各种长短期借款带来的各种款项之和；股本资本是各项权益资本以及研发费用资本化等资本额之和与在建工程金额的差值。

3. 资本成本率

资本成本率是根据企业各项资本在企业总资本中所占的比例作为权重，通过对各项长期资金的资本成本进行加权平均而计算出来的资本总成本之和。

(四) 江淮汽车 EVA 绩效指标项目的调整

在对江淮汽车的 EVA 指标进行计算的过程中，EVA 值计算的准确性受 EVA 绩效指标会计调整的影响，通过对 EVA 进行合理调整，是落实 EVA 绩效评价的基础条件。由于 EVA 指标的调整相对较多，为了减少 EVA 指标调整的繁杂程度以及简化 EVA 的计算，应当根据江淮汽车公司的特点，合理对 EVA 绩效指标进行合理调整。

江淮汽车 EVA 绩效指标项目的调整主要受两个方面原因的影响。第一，通过对江淮汽车 EVA 绩效指标的调整能够最大限度降低企业利润操作对企业造成的影响；第二，依靠江淮汽车的 EVA 绩效评价，能够减少公司管理者短期目标决策的次数，尽可能实现江淮汽车的短期目标。江淮汽车在落实 EVA 绩效评价的过程中，还应当对递延所得税、无息负债等会计科目进行还原。在遵循江淮汽车 EVA 绩效会计指标调整原则的基础上，根据江淮汽车财务报表的实际情况以及会计指标调整的相关准则，需要调整江淮汽车财务报表中的七个会计项目，现对其进行具体分析。

1. 资本化费用

应当对江淮汽车的研发费用支出、广告费用支出、培训费用支出由之前的会计记录作为当期费用将其予以资本化，作为会计记录中的资产予以摊销。之所以这样调整，主要是由于这些费用的支出不仅对费用发生当期产生影响，更对企业未来的收益产生重大影响。

2. 营业外支出

在对营业外支出的会计指标进行调整之前，通常将营业外收入与营业外支出的差额计入营业利润中，而在对营业外支出进行调整之后，减去营业外收入，加上营业外支出，即将营业外收支的会计记录进行反向调整。之所以对营业外收支进行反向调整，主要是由于营业外收支不属于主营业务的经营范围，偶然性较强。

3. 递延税款

在对递延税款进行调整之前，将递延税款记为资产或者负债，即会计账户的贷方记录负债增加，借方记录资产减少。之所以这样进行调整，主要是由于该项资产已经不属于企业的资产，也不能给企业带来任何收益，同样，该项负债也可以看作是留在企业内部的资本。

4. 商誉与无形资产

在对商誉与无形资产进行调整之前，将商誉与无形资产作为资产进行摊销，而在调整之后，将摊销的资产以及已经作为减值准备的商誉加入资产总额中，然后对税后营业净利润进行调整。之所以进行这样的调整，主要是由于这类科目对企业影响深远，不摊销或者不减值会影响经营者的业绩。

5. 财务费用

在对财务费用进行调整之前，在期末可以对财务费用进行抵消，在调整之后，可以将利息费用计入税后营业利润中。之所以这样进行调整，是因为在资本成本中已经有债务成本，在对税后营业净利润进行计算时，不需要将利息费用计入期间费用中，否则会导致资本成本的重复计算。

6. 在建工程

在对在建工程进行调整之前，将在建工程作为资产，而对在建工程进行调整之后，将在建工程从资产中加以扣除。之所以这样进行调整，主要是考虑在建工程没有正式使用之前，无法为企业带来预期收益，并且还需要使用大量资金，与本期的生产经营活动没有任何关系。

7. 资产减值准备

在对资产减值准备进行调整之前，对资产减值准备加以计提，而在对资产减值准备进行调整后，在税后净利润中加入资产减值准备，同时在年末资本成本中计提资产减值准备的余额。之所以这样进行调整，主要是由于计提资产减值准备，容易造成对资本总额进行低估，不能够真实反映企业的实际盈利水平，并且在对资产减值准备进行计提的过程中，受主观因素的影响较大。

（五）江淮汽车 EVA 值的计算

1. 对江淮汽车税后营业净利润与总资本的计算

1）资本化费用的调整

资本化费用通常是由研发费用和广告费用构成的，需要将研发费用和广告费用进行资本化操作，需要将研发费用和广告费用每年的摊销额度计入税后净营业利润（NOPAT）和资本投入额（TC）中。根据江淮汽车对无形资产摊销年限为 5 年的规定，其研发费用和广告费用资本化摊销的年限为 5 年，并且还需要将当期摊销费用加以扣除。江淮汽车资本化费用项目调整情况如表 13-6 所示。

表 13-6　江淮汽车资本化费用项目调整情况　　单位：万元

年份	研发费用	资本化费用	每年的摊销费用	实际分摊	NOPAT 的影响额	TC 累计额
2013 年	82 001	82 001	16 400.2	−16 400.2	65 600.8	65 600.8
2014 年	77 111	77 111	15 422.2	−31 822.4	45 288.6	110 889.4
2015 年	87 184	87 184	17 436.8	−49 259.2	37 924.8	148 814.2
2016 年	95 270	95 270	19 054	−68 313.2	26 956.8	175 771
2017 年	106 926	106 926	21 385.2	−89 698.4	17 227.6	192 998.6

从表 13-6 可以知道江淮汽车资本化费用项目调整情况。其中，江淮汽车的研发费用支出 2014—2017 年一直处于高速增长阶段，从 2014 年的77 111万元一直增长到 2017 年的106 926万元，涨幅为 38.67%。通过以上分析可以知道，江淮汽车从 2014—2017 年增加了对研发费用的支出，不断加强研发资金投入，通过在新能源汽车以及产业智能化发展方面加强研发资金投入，力图增强江淮汽车的研发能力，提升汽车产业研发水平，提高其核心竞争能力。江淮汽车资本化费用对 NOPAT 和 TC 的影响如图 13-1 所示。

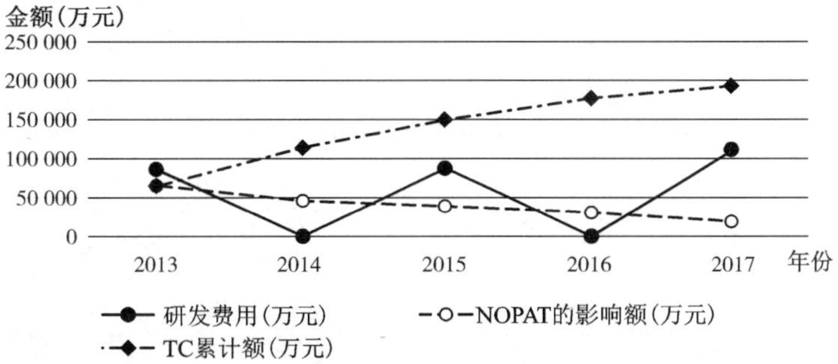

图 13-1 江淮汽车资本化费用对 NOPAT 和 TC 的影响

从图 13-1 可以知道江淮汽车资本化费用对 NOPAT 和 TC 影响的实际情况。2013—2017 年资本化费用对 NOPAT 的影响一直处于递减的发展趋势；由于资本化费用对 TC 的影响是不断累积的，所以，2013—2017 年资本化费用对 TC 的影响一直处于不断增长的发展趋势，且在 2017 年达到最大值。

2）营业外支出的调整

对江淮汽车的营业外支出进行调整，需要将江淮汽车的营业外支出进行反向记录，即加上营业外支出，减去营业外收入。在对 TC 进行调整的过程中，暂时不将 25%的税费考虑在内。江淮汽车营业外支出项目调整情况如表 13-7 所示。

表 13-7 江淮汽车营业外支出项目调整情况 单位：万元

年份	营业外支出	营业外收入	差额	TC 调整额
2013 年	444	18 574	−18 130	−13 597.5
2014 年	1 750	41 052	−39 302	−29 476.5
2015 年	2 728	256 783	−254 055	−190 541.25
2016 年	1 777	401 504	−399 727	−299 795.25
2017 年	1 771	2 530	−759	−569.25

从表 13-7 可以知道江淮汽车营业外支出项目调整情况。其中，江淮汽车的营业外支出 2013—2015 年一直处于高速增长阶段，从 2013 年的 444 万元增长到 2015 年的 2 728 万元，增长了 5.14 倍，但 2015—2017 年呈现逐渐减少的发展趋势，从 2015 年的 2 728 万元减少到 2017 年的 1 771 万元，减少了35.34%；江淮汽车的营业外收入 2013—2016 年一直处于高速增长阶段，从 2013 年的 18 574 万元增长到 2016 年的 401 504 万元，增长了 20.62 倍，而后在

2017年出现大幅下降，在2017年的营业外收入只有2 530万元。

3）递延税款的调整

对江淮汽车的递延税款进行调整，根据江淮汽车递延税款的资产与负债水平，将江淮汽车资产的减少记在借方余额，将负债的增加记在贷方余额。江淮汽车递延税款项目调整情况如表13-8所示。

表13-8 江淮汽车递延税款项目调整情况 单位：万元

年份	递延所得税资产	递延所得税负债	递延所得税贷方余额	NOPAT调整	TC调整
2013年	−30	0	30	30	30
2014年	1	0	−1	−31	−1
2015年	−44	0	44	45	44
2016年	12 114	4 059	−8 055	−8 099	−8 055
2017年	2 299	8 891	6 592	14 647	6 592

从表13-8可以知道江淮汽车递延税款项目调整情况。江淮汽车的递延所得税资产在2013年为−30万元，在2014年为1万元，在2015年出现负增长，而后在2016年实现高速增长，接着2016—2017年又出现下降的发展趋势；江淮汽车的递延所得税负债2013—2015年均为0，2016—2017年出现高速增长，从2016年的4 059万元增长到2017年的8 891万元，增长了1.19倍。江淮汽车的递延所得税贷方余额是递延所得税负债与递延所得税资产的差值。对于江淮汽车的NOPAT调整，是江淮汽车递延所得税贷方余额累计的增加值，在2014年和2016年都为负值，而在2013年、2015年、2017年都是正值；对于江淮汽车的TC调整，是递延所得税负债与递延所得税资产的差额。

4）商誉与无形资产的调整

对江淮汽车的商誉与无形资产进行调整。由于江淮汽车2013—2017年没有商誉的累计摊销额，因此，不对江淮汽车的商誉进行调整。对江淮汽车的无形资产进行调整，应当遵循对无形资产进行累计摊销冲回，并且根据江淮汽车无形资产的累计摊销额冲减利润，在对TC进行计算时，可以根据计算结果登记账面价值。江淮汽车商誉与无形资产摊销额调整情况如表13-9所示。

表13-9 江淮汽车商誉与无形资产摊销额调整情况 单位：万元

年份	无形资产摊销	变动额	NOPAT调整	TC调整
2013年	118	−6	−6	118
2014年	124	6	6	124
2015年	119	−5	−5	119
2016年	17 738	17 619	17 619	17 738
2017年	22 531	4 793	4 793	22 531

从表 13-9 可以知道江淮汽车商誉与无形资产摊销额调整情况。江淮汽车的商誉与无形资产摊销额 2013—2014 年实现了增长，从 2013 年的 118 万元增长到 2014 年的 124 万元，而后在 2015 年出现了下降的现象，2015—2017 年一直处于高速增长阶段，从 2015 年的 119 万元增长到 2017 年的 22 531 万元，增长了 188 倍；而江淮汽车无形资产摊销额的变动额主要受无形资产摊销额账面价值的影响，是江淮汽车无形资产摊销额历年的差额，其在 2013 年和 2015 年都为负，在 2014 年、2016 年、2017 年都为正。对于江淮汽车无形资产摊销的 NOPAT 调整而言，其主要受无形资产摊销的账面价值的影响；对于江淮汽车无形资产摊销的 TC 调整与无形资产摊销额度的影响，与无形资产摊销额的变动趋势一致。

5）财务费用的调整

财务费用主要是由利息支出费用构成的，因此，对江淮汽车的财务费用进行调整，主要是将江淮汽车的利息支出费用加入到 NOPAT 中。江淮汽车财务费用的调整情况如表 13-10 所示。

表 13-10　江淮汽车财务费用的调整情况　　单位：万元

年份	财务费用利息支出	对 NOPAT 的影响额	年份	财务费用利息支出	对 NOPAT 的影响额
2013 年	1 203	1 203	2016 年	35 438	35 438
2014 年	1 263	1 263	2017 年	45 532	45 532
2015 年	379	379			

从表 13-10 可以知道江淮汽车财务费用的调整情况。江淮汽车 2013—2014 年的财务费用利息支出处于增长状态，从 2013 年的 1 203 万元增长到 2014 年的 1 263 万元，增长了 5%，而后在 2015 年出现了剧烈下降，达到了财务利息支出的最小值，2015—2017 年一直处于高速增长阶段，从 2015 年的 379 万元增长到 2017 年的 45 532 万元，增长了 119 倍，并在 2016 年增长较为显著，原因在于江淮汽车为了扩大生产规模，从外部借入了大量资金，从而产生了大量财务利息费用，导致江淮汽车的财务利息费用支出在 2016 年和 2017 年增长较快，财务利息支出额不断增加。

6）在建工程的调整

由于在建工程项目是一项长期行为，建设周期较长，花费的时间以及资金较多，考虑到企业的需要，需要对江淮汽车的在建工程项目进行调整，可以将在建项目从资本成本中加以剔除。江淮汽车在建工程的调整情况如表 13-11 所示。

表 13-11　江淮汽车在建工程的调整情况　　单位：万元

年份	在建工程支出	对 NOPAT 的影响额	年份	在建工程支出	对 NOPAT 的影响额
2013 年	145 546	145 546	2016 年	139 571	139 571
2014 年	141 932	141 932	2017 年	257 407	257 407
2015 年	116 505	116 505			

从表13-11可以知道江淮汽车在建工程的调整情况。江淮汽车的在建工程支出2013—2015年一直处于下降阶段,从2013年的145 546万元一直下降到2015年的116 505万元,下降了19.95%,而后2015—2017年一直处于高速增长阶段,从2015年的116 505万元增长到2017年的257 407万元,增长了1.21倍,增长较快,尤其在2017年的在建工程支出增长较为明显。对于江淮汽车的在建工程支出对NOPAT的影响,主要与江淮汽车的在建工程支出变动一致。

7）资产减值准备的调整

根据江淮汽车的财务报表可以知道,江淮汽车的资产减值准备通常是由坏账准备、固定资产减值准备、存货跌价准备以及无形资产减值准备等科目构成的。因此,对江淮汽车的资产减值准备进行调整,主要是将江淮汽车的资产减值准备加以冲回,并且根据江淮汽车的资产减值准备实际发生额对利润加以冲减,在对TC进行计算时,可以记录资产减值准备的账面价值。江淮汽车资产减值准备的调整情况如表13-12所示。

表13-12 江淮汽车资产减值准备的调整情况 单位：万元

年份	资产减值准备数额	变动额	NOPAT调整	TC调整
2013年	212	54	54	212
2014年	−2	−214	−214	−2
2015年	293	295	295	293
2016年	1 917	1 624	1 624	1 917
2017年	6 375	4 458	4 458	6 375

从表13-12可以知道江淮汽车资产减值准备的调整情况。2013—2014年江淮汽车的资产减值准备数额出现了下降的现象,从2013年的212万元下降到2014年的−2万元,而后2014—2017年一直处于高速增长阶段,从2014年的−2万元一直增长到2017年的6 375万元,增长了3 188.5倍;而江淮汽车资产减值准备数额的变动额主要受资产减值准备账面价值的影响,是江淮汽车资产减值准备数额历年的差额,其在2014年都为负,在其余年份都为正。对于江淮汽车资产减值准备的NOPAT调整而言,其主要受资产减值准备的账面价值的影响;对于江淮汽车资产减值准备的TC调整与资产减值准备数额的影响,与资产减值准备数额的变动趋势一致。

8）EVA的税收调整

在对江淮机车的EVA进行税收调整的过程中,应当以所得税为基础,遵循对于增加净利润的科目应当减去,对于减少净利润的科目应当增加的原则,再将计算得出的总调整额乘以25%的企业所得税税率,然后加上原所得税金额。江淮汽车的税收调整情况如表13-13所示。

表 13-13　江淮汽车的税收调整表　　单位：万元

年份	利息支出	营业外收入	营业外支出	资产减值准备	资本化费用	合计	所得税费用	EVA 税收调整
2013 年	1 203	18 574	444	212	82 001	65 286	10 275	75 561
2014 年	1 263	41 052	1 750	−2	77 111	39 070	3 201	42 271
2015 年	379	256 783	2 728	293	87 184	−166 204	15 132	−1 511 072
2016 年	35 438	401 504	1 777	1 917	95 270	−267 102	12 725	−254 377
2017 年	45 532	2 530	1 771	6 375	106 926	158 074	−3 041	155 033

9）江淮汽车税后盈利净利润和总资本的计算

江淮汽车的 NOPAT 调整情况如表 13-14 所示。

表 13-14　江淮汽车的 NOPAT 调整表　　单位：万元

年份	营业利润	资本化费用	利息费用	资产减值准备增加额	递延税项	无形资产	EVA 税收调整	NOPAT
2013 年	85 349	82 001	1 203	54	30	−6	75 561	93 076
2014 年	17 807	77 111	1 263	−214	−1	6	42 271	53 701
2015 年	−153 375	87 184	379	295	44	−5	−151 072	85 594
2016 年	−265 541	95 270	35 438	1 624	−8 055	17 619	−254 377	130 732
2017 年	19 933	106 926	45 532	4 458	6 592	4 793	155 033	33 201

江淮汽车的 TC 调整表如表 13-15 所示。

表 13-15　江淮汽车的 TC 调整表　　单位：万元

年份	债务成本	股东权益	资本化费用	资产减值准备	无形资产摊销	递延税项	营业外收支	在建工程	TC
2013 年	1 665 479	701 744	82 001	212	118	30	−13 597.5	145 546	2 290 440.5
2014 年	1 951 291	735 127	77 111	−2	124	−1	−29 476.5	141 932	2 592 241.5
2015 年	2 879 887	1 010 493	87 184	293	119	44	−190 541.25	116 505	3 670 974
2016 年	3 374 608	1 546 852	95 270	1 917	17 738	−8 055	−299 795.25	139 571	4 588 964
2017 年	2 926 100	1 524 929	106 926	6 375	22 531	6 592	−569.25	257 407	4 335 476.75

2. 江淮汽车加权资本成本的计算

为了确定江淮汽车加权资本成本，需要确定江淮汽车的债务资本成本和权益资本成本，即按照一定的公式即可算出江淮汽车的加权资本成本，以此为基础，即可算出江淮汽车的平均资本成本率（WACC）。计算公式如下：

$$WACC=债务资本成本\times\left(\frac{债务资本}{资本总额}\right)\times(1-税率)+权益资本成本\times\left(\frac{债务资本}{资本总额}\right)$$

江淮汽车的加权资本成本率如表13-16所示。

表13-16 江淮汽车2013—2017年的WACC值

年份	2013	2014	2015	2016	2017
WACC	11.15%	10.55%	10.53%	11.62%	13.66%

3. 江淮汽车EVA值的计算

根据前面计算得出的NOPAT、TC以及WACC的数值，即可以进行EVA数值的计算。计算公式如下：

$$EVA=NOPAT-TC\times WACC$$

计算得出江淮汽车2013—2017年的EVA值如表13-17所示。

表13-17 江淮汽车2013—2017年EVA值 单位：万元

年份	NOPAT	WACC	TC	EVA
2013年	93 076	11.15%	2 290 440.5	−162 308.116
2014年	53 701	10.55%	2 592 241.5	−219 780.478
2015年	85 594	10.53%	3 670 974	−300 959.562
2016年	130 732	11.62%	4 588 964	−402 505.617
2017年	33 201	13.66%	4 335 476.75	−559 025.124

从表13-17可以知道江淮汽车2013—2017年的EVA值。江淮汽车2013—2017年的EVA值都为负数，分别为−162 308.116万元、−219 780.478万元、−300 959.562万元、−402 505.617万元、−559 025.124万元。由于江淮汽车将权益成本考虑在内，并且采用EVA绩效评价降低了会计处理方法带来的不利影响，使得EVA对于江淮汽车发展状况的反映更加真实、客观。由于采用EVA对企业绩效考核较为严格，很多企业通常不使用EVA指标考核企业的经营绩效。此外，在对江淮汽车2013—2017年的EVA进行计算时，其股权资本成本却大于债务资本成本，造成EVA的最终值为负。江淮汽车在对企业进行日常经营管理的过程中，经营者通过借用财务杠杆，达到为企业增加财富的目的，但是在这一过程中，要将股权资本成本计入企业绩效时，一旦产生的收益没法对成本进行有效弥补，就难以给企业带来有效收益。

（六）江淮汽车EVA绩效评价的预期效果分析

将江淮汽车公司2013—2017年的EVA值与净利润等评价指标进行对比，并进行综合分析，有利于更好地体现EVA绩效评价对于江淮汽车公司的价值创造能力，进一步突显

EVA 绩效评价的优势。

1. 江淮汽车 EVA 值与净利润的比较

江淮汽车 2013—2017 年的 EVA 值与净利润的比较分析如表 13-18 所示。

表 13-18 江淮汽车 2013—2017 年的 EVA 值与净利润的比较分析 单位：万元

年份	2013	2014	2015	2016	2017
EVA	−162 308.116	−219 780.478	−300 959.562	−402 505.617	−559 025.124
净利润	93 205	53 908	85 547	121 461	23 734

从表 13-18 可以知道江淮汽车 2013—2017 年的 EVA 值与净利润的比较分析情况。江淮汽车 2013—2017 年的 EVA 值都小于净利润，且净利润都为正值，表明由于忽视了股权资本的成本以及传统指标的缺陷，导致公司净利润并没有真正表现出公司的真实经营成果。在某种程度上表明，如果单从净利润角度评价企业绩效，企业的经营状况在总体上不断变好，但这只是片面地从财务角度去评价企业绩效，没有综合企业各方面因素对企业进行综合分析，而 EVA 就比较好地解决了这一问题，对很多因素进行了调整。虽然 EVA 的值要低于净利润，但 EVA 更全面地对企业绩效进行了分析，对投资者而言更有参考价值。

2. 江淮汽车 EVA 率与净资产收益率的比较

江淮汽车 2013—2017 年 EVA 率与净资产收益率的比较分析如表 13-19 所示。

表 13-19 江淮汽车 2013—2017 年 EVA 率与净资产收益率的比较分析

年份	2013	2014	2015	2016	2017
EVA 率	−6.86%	−8.18%	−7.34%	−8.17%	−12.56%
净资产收益率	13.41%	7.55%	10.19%	8.42%	3.11%

从表 13-19 可以知道江淮汽车 2013—2017 年的 EVA 率与净资产收益率的比较分析情况。通过对江淮汽车的 EVA 值进行计算，可以得到江淮汽车 2013—2017 年的 EVA 率分别为−6.86%、−8.18%、−7.34%、−8.17%、−12.56%，通过查找江淮汽车 2013—2017 年的财务报表可以知道江淮汽车 2013—2017 年的净资产收益率分别为 13.41%、7.55%、10.19%、8.42%、3.11%。通过以上分析可以知道，江淮汽车 2013—2017 年的 EVA 率都为负值，且都小于江淮汽车的净资产收益率。

四、完善江淮汽车 EVA 绩效评价的对策

(一) 优化公司 EVA 绩效评价的资产结构

在江淮汽车公司当前的资产结构中，存在因库存资产储量较多而占用了大量现有资金的问题。针对这种情况，江淮汽车公司应当优化公司资产结构，提高资产使用效率，通过优化公司的资产构成，实现公司资产结构的不断优化，对于充分利用公司资产、提高公司资产利用效率具有十分重要的作用。通过在江淮汽车公司推广 EVA 绩效考核评价指标体系，让广大员工充分认识到 EVA 在公司绩效考核以及公司经营管理过程中的重大作用，依靠对

EVA 绩效考核的落实,降低公司资产成本,提高投资效益,增强对公司资产的利用能力,避免公司资产的大量浪费。此外,对于江淮汽车资产成本占用较大的问题,可以通过加快资产周转速度的方式,提高资产使用效率,减少资产浪费现象,达到资产成本优化的目的,同时也有利于提高对公司资产成本的管理能力,优化公司资产管理水平,提高公司资产投资回报的水平。

(二) 推进公司 EVA 绩效评价体系的建立

针对江淮汽车传统绩效考核指标存在的对资本成本的重视程度不够、多目标管理的问题,应当推进公司 EVA 绩效评价体系的建立,通过在江淮汽车公司内部构建 EVA 绩效评价指标体系,达到重视资本成本管理、强化目标管理的目的。首先,江淮汽车公司高层领导以及管理者应当重视 EVA 绩效考核评价体系,主动学习并接受 EVA 绩效考核体系,并将其逐步应用到公司日常管理的过程中,从而提高江淮汽车公司的绩效管理水平。其次,江淮汽车公司可以通过召开 EVA 绩效考核评价指标体系培训会或者 EVA 讲座的方式,向广大员工介绍、宣传 EVA 绩效考核指标体系,让广大员工了解、认识 EVA 绩效考核评价指标体系的思想、内容以及相关指标标准,不断收集广大员工对 EVA 绩效考核指标体系建立、完善等方面的意见,为在江淮汽车公司内部有效构建 EVA 绩效考核指标体系打下坚实基础。

(三) 增强 EVA 绩效考核体系的落实能力

江淮汽车 EVA 绩效考核指标体系的建立与落实,离不开相关机构以及部门对绩效考核评价体系的支持,成立相关部门负责 EVA 绩效考核体系的构建、落实以及完善,进而增强 EVA 绩效考核体系的落实效果。在落实 EVA 绩效考核体系的过程中,可以对公司以及部门的 EVA 绩效考核加以分解、管控以及反馈,从而更加深入了解公司的绩效考核情况,明确 EVA 绩效考核体系落实过程中的困难,达到降低公司成本费用,减少公司资金浪费,增强公司营运能力的目的。同时,江淮汽车应当加快 EVA 绩效考核评价体系的布局与推广,从而为公司经营业绩的提高奠定基础。因此,江淮汽车公司应当将 EVA 绩效考核体系与公司发展实际、公司规模、盈利能力、公司状况结合起来,构建与公司发展相适应的 EVA 绩效评价指标体系。同时,在加快推进江淮汽车 EVA 绩效评价体系的时候,需要构建反馈沟通机制,不断收集员工以及部门对 EVA 绩效考核落实的意见,对于推进 EVA 绩效考核体系的完善发挥重要作用。

(四) 将 EVA 绩效考核体系应用于薪酬制度改革

在江淮汽车公司内部构建 EVA 绩效考核指标体系,并将其落实到公司日常管理、成本节约、资金利用效率等方面,要想取得非常有效的绩效考核目的,应当将 EVA 绩效考核指标体系与薪酬制度改革结合起来,将 EVA 绩效考核体系应用于薪酬制度改革的过程中,从而引起广大员工对 EVA 绩效考核指标体系的重视程度,从而依靠 EVA 绩效考核指标体系达到激励公司广大员工的目的。在结合江淮汽车公司发展实际的基础上,通过将公司的薪酬方案划分为基本薪酬、年度奖金以及绩效奖金等三个方面,将这些薪酬制度与公司成本节约、投资回报、风险管理、资产高效利用等方面结合起来,对于节约公司发展成本,增强公司风险管理，取得较高投资回报的员工应当给予重大奖励，以激发员工的工作热情，从而不断优化以 EVA 绩效考核指标为基础的薪酬制度管理结构。

（五）促进 EVA 绩效评价体系的动态完善

在 EVA 绩效考核评价体系的构建、运行、落实的过程中，应当充分结合公司发展实际，根据公司发展需要，不断完善 EVA 绩效考核评价体系，增强 EVA 绩效考核评价体系的适应能力。江淮汽车公司应当根据各个部门的业务性质以及特征，收集各个部门关于 EVA 绩效考核评价指标体系的意见，并通过建立较为完善的意见反馈机制，对这些意见进行收集、汇总、分析、总结，将其中的合理意见应用到江淮汽车 EVA 绩效考核评价体系的构建中，不断推进江淮汽车 EVA 绩效考核评价指标体系的完善发展，提高江淮汽车 EVA 绩效考核评价体系与公司发展的适应能力，对有效节约公司资本成本、提高公司资本利用效率具有重要作用。

课后思考

1. 绩效管理领域应用的管理会计工具方法一般包括哪些？

2. 经济增加值评价的优缺点有哪些？

3. （思政）结合案例思考完善 EVA 绩效评价体系需对各类财务指标进行计算和分析，思考应形成怎样的价值观及应具备哪些工匠精神？

第八章 财务战略

案例十四 阿里巴巴企业 SWOT 分析

课前思考

什么是 SWOT 分析，其基本原理是什么？

理论背景

电子商务的蓬勃发展起步于 20 世纪 90 年代，二十多年过去，电商行业如今发展成影响宏观数据的电子商务经济。相较于传统经济模式，电商经济具有低成本、高效率的优势，同时又具备开放性和全球化的特点，因此电商经济快速渗透到生产、消费和民生领域，在创造新业态、引导新需求、发展新市场、帮助传统行业升级、推进公共服务进步等领域的作用越来越大，是新经济的重要组成部分。

根据市场研究机构 eMarketer 数据，2016 年中国的电商规模已经占到全球电商的 47%。而到 2020 年，全球总的电商零售比重逐步从 2016 年的 8.7%上升到 14.6%。与此同时，全球电商增速从 2016 年的 23.7%降到 2020 年的 18.7%，这意味着几年后，电商巨头将面临增速放缓的瓶颈。而电商之所以在发展过程中会遇到瓶颈，一方面在于消费者的消费升级，另一方面在于电商本身也存在着不可避免的弊端，而相关法律法规的缺位使交易双方的权利与义务无法得到充分的保障与监督，这在客观上也限制了电商的发展。

网上消费者普遍关注的是产品质量问题，在电商平台尤其是跨境电商平台购物，怎样才能确保消费者购买的是真货而不是假货？这不仅是消费者首先关注的问题，更是跨境电商必须解决的难点。物流滞后、商品质量有问题、对消费者咨询与投诉的处理缓慢、价格偏高不稳定等诸多因素影响了网上商店的信誉，造成客户流失，因此必须努力提高服务水准，提高消费者满意度。信息产业部信息化推进司的调查结果显示，中国线上交易者中仅 4 成对其网上购物感到满意。物流业的落后是网上商店必须突破的一个瓶颈，沃尔玛总裁就认为："配送设施是公司成功的关键之一，如果说我们有什么比别人做得更好的话，那就是配送中心。"而国内现实情况决定零售企业将在未来很长一段时间内得不到先进的物流配送支持，因此在货物周转与配送方面比国外效率低，运营成本也高于国际同行。网站与其供货商和物流中心之间并未形成数字化的网络体系，这一问题需要整合社会的力量加以解决。

线下实体零售店因为价格公道、购物灵活、商铺可触等方面的竞争优势，可以实现全方位购物体验，这是电商所不能取代的，线上电商和线下实体零售存在明显的竞争关系。尤其是现在，电子商务在开展跨境电商的同时，也在有条不紊地经营实体零售店。除此以外，如何提升用户体验也是电商企业必须解决的一大难题。基于以上情况，阿里巴巴、京东等电商平台需要提前为企业布局下一个新的增长点。

2017 年被称作新零售元年，阿里、腾讯和京东等互联网巨头纷纷下重金布局实体零售，抢占未来零售风口。不管是阿里巴巴倡导的新零售，还是京东提出的无界零售，或者是苏宁的智慧零售，这些企业都向我们展示了零售新时代的影子。调查显示，消费者的需求不仅仅是“价廉”“快捷”，而是呈现出需求个性化、场景多样化、价值参与化的趋势，这种需求变化对于传统零售业而言是有极高挑战性的。未来零售的模样，大概就是没有明确的线上、线下区分，实现认知、消费、娱乐的一体化体验。其实，海外互联网巨头也在积极布局新零售，2017 年10 月，电商巨头亚马逊正式进驻芝加哥和洛杉矶的十家 Kohls 百货商场，主要销售包括 Echo、EchoDot、ireTV 在内的 3C 产品，曾被美国线下实体百货视为“造成实体店关门大潮的罪魁祸首”的电商巨头亚马逊，转身拥抱新零售。

思考问题 1： 什么是 B2C 模式？

思考问题 2： 什么叫新零售模式？

一、公司简介

（一）阿里巴巴布局实体零售现状概述

阿里巴巴创建于 1999 年，是由马云及其合伙人，利用互联网技术创建的。经过 20 多年的发展，阿里巴巴成长为一家全年收入达3 768.44亿元的商业帝国，业务范围囊括核心商业、云计算、数字媒体及娱乐、创新业务、支付和金融服务。围绕着阿里巴巴的平台与业务，一个涵盖了消费者、商家、品牌、零售商、第三方服务商、战略合作伙伴及其他企业的数字经济体建立起来。2018 年阿里巴巴纳税 516 亿元，稳居互联网行业纳税第一名，被《财富》杂志评选为“改变世界”的企业榜单第五名，被中国互联网协会评选为“中国互联网企业 100 强”第一名，其近年大事记如图 14-1 所示。

阿里巴巴以电子商务起家，在 2018 年国内零售电商领域占据 58.2%的市场份额，位居国内电商平台企业首位。阿里巴巴取得如此优异的成绩，一方面得益于其平台建设能力和服务客户水平，另一方面是因为其不断开拓线上流量入口和线下流量入口。在线下，阿里巴巴十年前开始布局实体零售，引导消费者进行网络购物。随着时间的推移和市场环境的变化，电商增速放缓，实体零售自带流量等价值逐渐凸显，阿里巴巴在稳固电商领导地位的同时不断加大对实体零售的布局，发展 O2O，用现代创新技术将电商和实体零售进行融合发展，以实现其新零售发展战略，其实体零售整体图景如图 14-2 所示。纵观阿里巴巴布局实体零售之路，整体可以分为四个阶段：第一阶段以授权加盟和体验店形式为主；第二阶段以并购模式打先锋，同时运用自营和联盟形式布局；第三阶段以战略联盟模式为主快速布局；第四阶段重视国际性、技术性实体零售企业的布局，概况如表 14-1 所示。

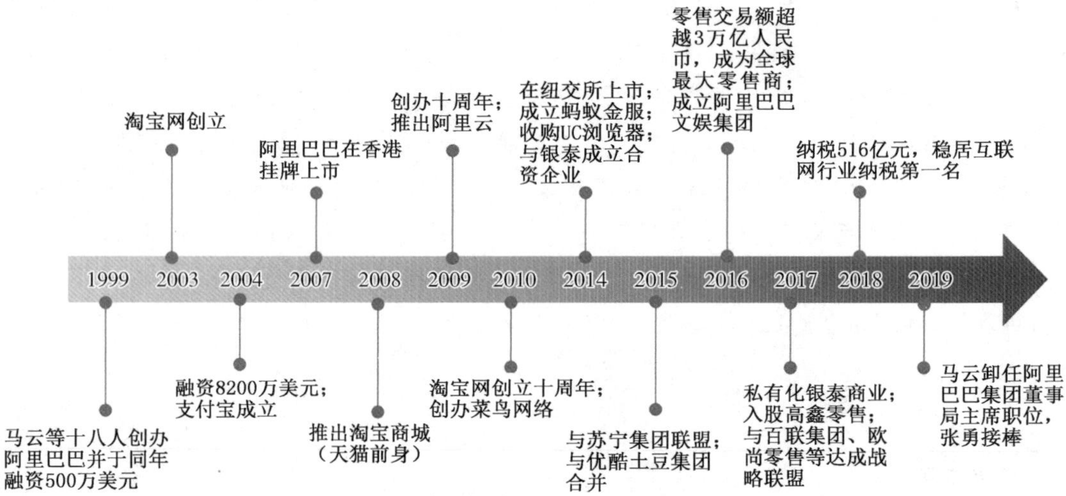

图 14-1　阿里巴巴大事记

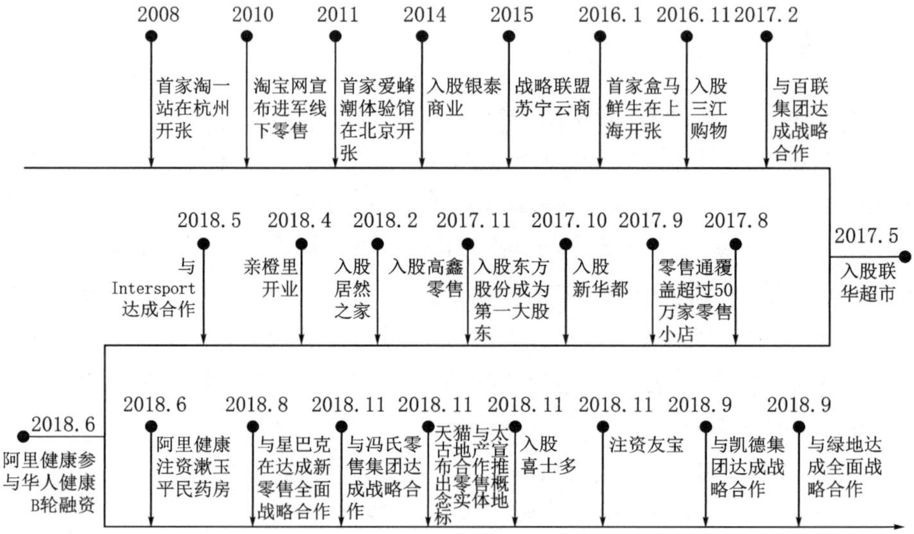

图 14-2　阿里巴巴布局实体零售整体图景

表 14-1 阿里巴巴布局实体零售四阶段概况

阶段	代表企业	布局手段	布局意图
第一阶段(2008 年 12 月—2014 年 02 月)	淘一站、爱蜂潮	授权代理、自营	通过线下代购店、体验店等方便线下消费者网购需求,扩大线上消费流量,发展电商平台
第二阶段(2014 年 03 月—2016 年 09 月)	银泰云商、苏宁、盒马	战略联盟、并购、自营	通过布局实体零售促进线上线下融合,从而布局 O2O 领域,提升消费者线上购物体验,实现战略调整
第三阶段(2016 年 10 月—2018 年 02 月)	高鑫零售、百联	战略联盟	通过快速布局,抢占实体零售市场份额,同时运用现代科技重塑零售“人”“货”“场”等商业元素,发展新零售战略
第四阶段(2018 年 03 月至今)	冯氏零售、友宝	战略联盟	通过整合国际性、技术性等实体零售企业,引领消费体验,巩固加强企业零售行业地位,开启新零售新篇章

第一阶段是 2008 年 12 月—2014 年 2 月。这一阶段的典型事件是阿里巴巴最早成立的国内首家免费 C2C 购物网站淘宝网于 2008 年在杭州成立首家线下实体店“淘一站”。“淘一站”成立的主要目的是满足线下消费者的网购需求,它的成立标志着阿里巴巴开始尝试线下零售,随后 B2C 新平台淘宝商城(天猫前身)上线。2010 年淘宝商城“爱蜂潮”在北京开业,依托淘宝商城平台的社会化家居商品流通体系开始运营。“淘一站”是淘宝网采取授权的形式促使社区超市、副食店和校园店等成为其代购店。淘宝商城自营“爱蜂潮”线下体验馆,可以满足消费者对家居类商品网购体验的需求。这一阶段“淘一站”和“爱蜂潮”等线下实体店的营业满足了不方便触网的消费者进行线上购物,这不仅扩大了淘宝网的流量,实现电商平台的快速发展,同时为电子商务布局线下零售做了有益探索。

第二阶段是 2014 年 3 月—2016 年 9 月。这一阶段的典型事件是阿里入股银泰商业并且最终成为控股股东。银泰商业是传统实体零售业的代表性企业,在阿里入股前双方就展开过线上线下融合的探索。随后,阿里巴巴战略联盟苏宁并成为第二大股东,自营盒马鲜生首店在上海开业。第二阶段阿里巴巴对实体零售的布局已有规模但仍然属于试验阶段,其跟银泰商业的合作被阿里巴巴 CEO 张勇定位为“阿里巴巴进行线上线下融合创新的平台”。对苏宁的投资一方面是对战略联盟模式布局实体零售的尝试,另一方面双方可以共享移动支付、物联网、大数据等方面的优势布局 O2O。自营盒马鲜生的经营是其结合电商平台的数字化优势和线下零售体验等优势的一次创新,这些布局都帮助阿里巴巴从纯电商平台向 O2O、实体商城方面进行战略调整。

思考问题 3: 什么是 O2O 模式?

第三阶段是 2016 年 10 月—2018 年 2 月。这一阶段的典型事件是马云在 2016 云栖大会上提出新零售战略,强调纯电商时代很快结束,未来只有新零售。随后张勇提出新零售是对“人、货、场”中所有商业元素的重构,它的成功与否核心在于重构能否有效,能否真正带来效率。阿里巴巴在前一阶段的经验上快速抢占零售市场,用十六个月时间,入股三江购物,私有化银泰商业,战略联盟百联集团,成为联华超市二股东,创造出淘咖啡,和新华都达成战略合作,成为东方股份第一大股东,入股高鑫零售 3.16%股份,投资居然之家54.53 亿人民币,同时盒马鲜生开店数量达到 30 家,零售通覆盖小店数量突破 50 万家,新零售八路大军初步形成。这一阶段阿里巴巴布局实体零售速度明显加快,投资实体零售金额不断攀升,对战略联盟实体零售企业“人、货、场”等要素的重塑改造也有条不紊地开展,自营盒马鲜生坪效也达到传统零售同行的五倍,成为新零售的标杆企业。

第四阶段是 2018 年 3 月至今。这一阶段的典型事件是阿里巴巴和冯氏零售集团达成战略合作。冯氏零售是国际零售巨头,其在全球品牌组合、线下零售渠道和营销策略方面为国际品牌服务,双方合作将帮助更多全球品牌进入中国市场,开启阿里新零售的新篇章。这一阶段,阿里巴巴快速布局实体零售,投入巨资抢占市场,这一阶段阿里巴巴主要进行四个方面的工作,即在现有布局基础上查漏补缺,阿里巴巴新零售的八路大军也快速扩容至超过十八路;继续对已布局实体零售企业进行升级改造,提升消费者满意度;加强与国际零售巨头的合作,重视技术性实体零售企业的布局,提升消费者体验;增加与地产商的合作,共建城市生态体系。以上四方面工作,不仅巩固和加强了阿里巴巴在零售行业的领导地位,提升了消费者满意度,同时通过国际化布局、技术性布局、生态化布局,继续引领零售业进入新篇章。

(二) 阿里巴巴布局实体零售现状特征

淘宝网成立初期,阿里巴巴开始通过布局实体零售的方式引导消费者线上购物,发展电商平台,但是随着技术的进步和移动互联网的迅速普及,一方面线上线下经济融合成为大势所趋,另一方面阿里巴巴紧跟时代步伐,不断调整战略成为全球最大电商平台,综合实力显著提升。在这样的背景下,阿里巴巴通过各种模式加速实体零售布局步伐,投入巨资抢占实体零售市场,重构“人、货,场”等商业要素,发展新零售战略,提升消费者满意度。现阶段,阿里巴巴布局实体零售呈现如下特征。

1. 阿里巴巴布局实体零售规模持续扩大

新古典规模经济理论认为,大规模生产是提高劳动生产率的有效途径。生产规模的扩大一方面可以实现产、供、销的联合与资本的扩张,另一方面可以降低生产成本。阿里巴巴核心电商是平台经济,共用一套物流系统、支付系统、管理服务系统等,平台经济规模的扩张可以降低单位成本,增加效益,获取更多数据,实现规模经济。面对线上流量增长放缓,竞争压力加大的形势,阿里巴巴布局实体零售必然会遵循规模化扩张道路。根据公开数据统计,从阿里巴巴 2014 年入股银泰商业开始,5 年时间其采用并购和联盟形式投资布局实体零售企业达 23 家,投资金额接近1 000亿人民币,呈现逐步上升趋势,具体如图 14-3 所示。阿里巴巴投资超过 10 亿的企业就达 6 家,分别是高鑫零售、苏宁云商、银泰集团、居然之家、红星美凯龙和三江购物。另一方面阿里巴巴自营实体零售品牌数量和规模持续扩大,其新创零售品牌超过 10 家,包括像盒马鲜生这样的新零售标杆品牌,截至 2019 年 9 月底,盒马鲜生在国内开店数量达到 154 家。

在布局业态上，阿里巴巴从便利店和体验馆开始，经过 10 年时间，最终实现了实体零售行业全业态的布局。例如阿里巴巴在百货店领域跟银泰合作，在便利店领域跟喜士多合作，在专业商店领域与漱玉平民大药房合作等，具体如图 14-4 所示。全业态布局一方面可以实现范围经济，降低单业态经营的费用成本，增加成本和差异化优势，从而提升消费者满意度，但同时增加了布局中期和后期的复杂程度，对阿里巴巴的管理团队提出了更高的要求。

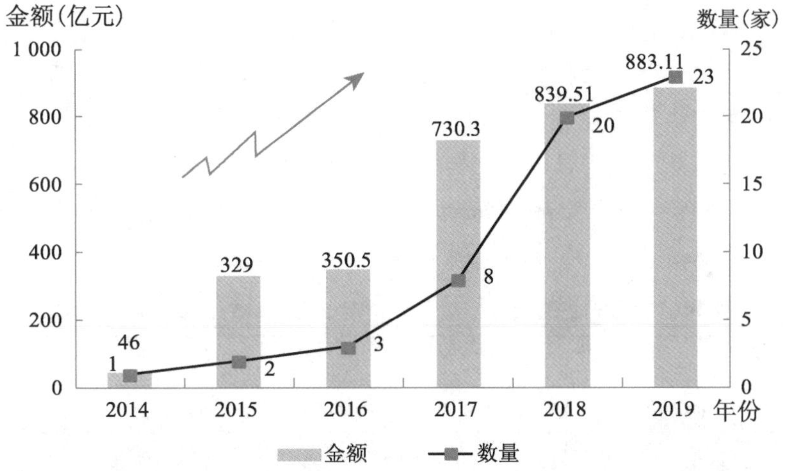

图 14-3 阿里巴巴 2014—2019 并购、联盟实体零售企业金额、数量情况

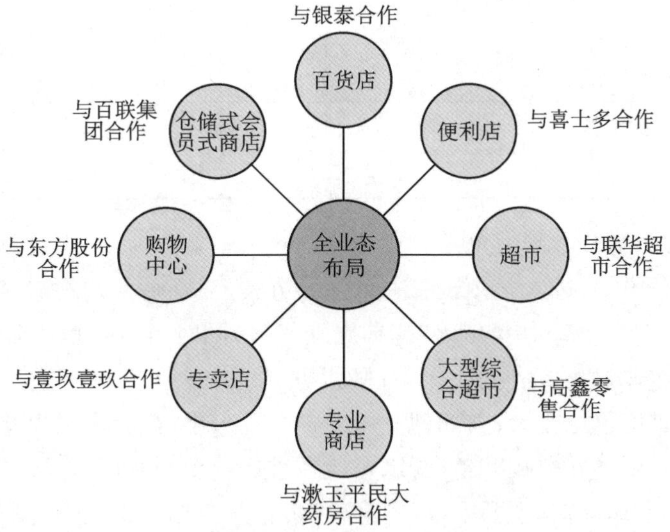

图 14-4 阿里巴巴全业态布局实体零售图景

2. 阿里巴巴布局实体零售空间范围持续扩张

空间范围的扩张可以帮助企业开发蓝海市场，增加用户数量，获得更大的市场份额，形成市场势力，从而获得更高的收入和利润。阿里巴巴所在的互联网行业本身不受空间范围的限制，服务的消费者遍及全国甚至全球，提供的产品和服务也来自不同国家地区。阿里巴巴以杭州为大本营开始进行布局，最终通过多种布局模式实现了全国范围内的布局。这样的布局一方面大大增加了阿里巴巴线下零售覆盖客户数量，另一方面可以融合阿里巴巴电商平台进行创新发展，从而提升消费者满意度。

阿里巴巴主要通过两种方式进行全国范围的布局。一是通过投资并购、联盟的形式与区域性实体零售企业和全国性连锁零售企业进行合作，从而实现快速布局。例如在阿里巴巴布局实体零售的第一阶段就非常重视全国范围内的布局，2011 年初淘宝网宣布投入运营线下代购点，六个月时间淘宝线下代购点已经覆盖浙江、辽宁、山东、河北、江苏、福建等多个省份区域。随后阿里巴巴一边投资联盟地方性实体零售企业，例如新华都、东方股份等，一边投资联盟全国性实体零售连锁企业，例如高鑫零售、百联集团、苏宁云商等。二是将自营零售品牌快速在全国范围推广，以盒马鲜生为例，一方面利用大润发门店资源实现快速布局盒小马；一方面利用自身品牌影响力快速抢占全国市场，截至 2019 年 9 月底已经在全国 21 个一二线城市开张营业，具体分布情况如表 14-2 所示。

表 14-2　盒马生鲜全国门店分布情况(截止日期：2019 年 9 月底)

序号	省/市	家	序号	省/市	家
1	上海市	29	9	重庆市	4
2	北京市	26	10	福建省	3
3	广东省	22	11	湖南省	2
4	江苏省	14	12	贵州省	2
5	湖北省	13	13	辽宁省	1
6	四川省	12	14	山东省	1
7	浙江省	11	15	海南省	1
8	陕西省	10			

3. 阿里巴巴以战略联盟模式布局实体零售为主

企业通过战略性扩张进入新领域有三种主要方式，分别是并购战略、内部创业战略和联盟战略，三种方式各有利弊。并购战略具有先发优势，同时可以获取大量技术人才，但是需要大量资金，会对企业财务造成巨大压力；联盟方式可以大大缓解资金压力，但是机会主义风险高，而且融合难度也比较大；内部创业短期资金压力小、机会主义风险低，但是要求有较高的创新能力，同时要做好失败准备，所以企业在进入一个新领域时要慎重选择扩张模式。

阿里巴巴布局实体零售，主要采取与实体零售企业合作的方式进行布局。具体来说，阿里巴巴采用并购战略方式，在两年不到的时间内成为银泰控股股东，并购之后阿里巴巴不仅获得了大量的线下店铺资源，同时获得了银泰在零售行业多年深耕储备下来的大量消费数据、零售经验、零售技能等，积累了布局实体零售业的经验。除银泰之外，阿里巴巴主要采用战略联盟形式与零售企业进行合作，战略联盟分为资产联盟和非资产联盟，资产联盟形式投资入股企业有联华超市、居然之家和喜士多等，非资产联盟有与星巴克、冯氏零售集团等达成战略合作协议。除上述两种方式以外，阿里巴巴也通过内部创业方式布局实体零售，阿里巴巴将内部人力资源、技术资源、资金资源、数据资源进行有机融合，成功打造出零售新品牌，例如亲橙里、淘咖啡、HousePro 生活严选等。由此可见阿里巴巴布局实体零售的形式是多种多样的，围绕企业资源、能力，结合市场环境和实体零售业现状扬长避短，实现布局实体零售的目标。阿里巴巴三种模式布局数量及布局金额如图 14-5 和图 14-6 所示。

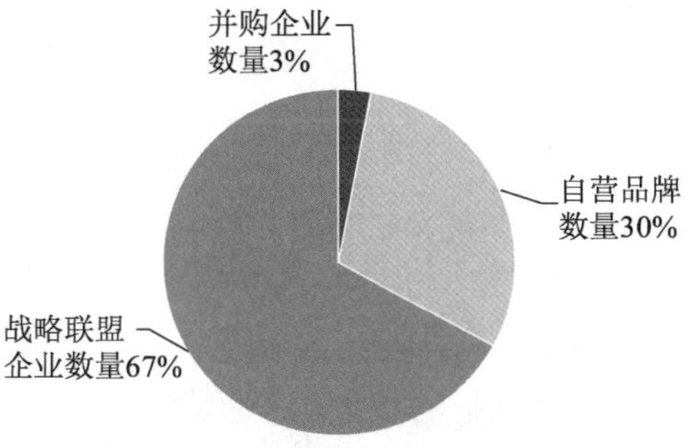

图 14-5 阿里巴巴三种模式布局数量

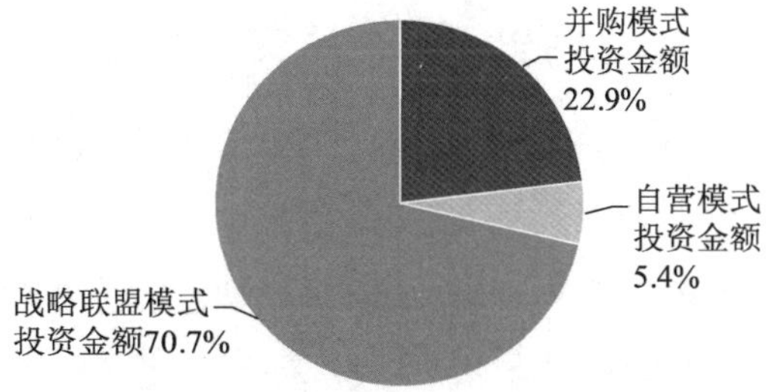

图 14-6 阿里巴巴三种模式布局金额

4. 阿里巴巴重视实体零售龙头企业和垂直领域头部企业的布局

龙头企业指的是规模大、经济效益好能为国家做出突出贡献的企业。垂直领域头部企业是指在某个行业中的细分领域做到佼佼者的企业。由于龙头企业和头部企业对同行业的其他企业具有很强的号召力和一定的示范作用，同时又是行业极具竞争力的企业，所以它们是电商企业发展新零售所不可逾越的。改革开放以来，我国实体零售业规模持续扩大、业态日趋丰富、消费者服务体验不断改善，已成为我国流通体系的重要组成部分，涌现出一大批规模大、竞争力强的优秀企业。

阿里巴巴是电商时代无可争议的领导者，在电商增长缓慢的背景下，逐渐开始全面拥抱新零售战略，目标是改革传统零售业态，提升零售效率以满足消费理念和需求的变化。基于这样的战略需求，阿里巴巴积极与优秀实体零售企业合作，投资联盟了国内实体零售龙头企业和各个领域的头部企业，如家电领域、医药领域、建材领域等。通过与他们的合作，阿里巴巴不仅成功实现了规模的扩张，更是结合双方优势资源对我国零售业进行升级改造，提升了零售业数字化水平，满足了消费理念和需求的变化。阿里巴巴投资实体零售企业的行业地位如表 14-3 所示。

表 14-3 阿里巴巴投资实体零售企业行业地位(部分) 金额单位：亿元

投资企业	投资金额	持股比例	股东排序	行业地位
百联集团	6	占联华超市 18%股份	第二大股东	中国零售百货第一名
高鑫集团	190	占股 36.6%	第二大股东	中国最大的综合卖场运营商
苏宁云商	283	占股 19.99%	第二大股东	中国家电市场零售额全渠道第一

（续表）

投资企业	投资金额	持股比例	股东排序	行业地位
友宝	12	占股 17.2%	第二大股东	中国最大自动售货机运营商
三江购物	21.5	占股 32%	第二大股东	浙江省最大连锁超市之一
红星美凯龙	43.6	占股 10%	第二大股东	中国家居行业核心竞争力第一品牌

二、阿里巴巴布局实体零售的优势分析

（一）阿里巴巴拥有庞大的流量入口和活跃用户

“流量经济”主要是指一个区域以相应的平台和条件，吸引区外的人才、信息等资源向区内集聚、重组，从而达到促进地区经济规模扩大和持续发展的目的。流量经济在零售行业中同样适用，例如电商平台通过各种方式吸引大量消费者浏览消费，从而形成自己的用户群体；又如实体零售店铺开在人流密集的区域，从而增加收入获取超额利润。阿里巴巴经过二十年的积累和发展，拥有庞大的流量。一方面通过旗下淘宝、天猫、支付宝等平台获取了大量消费流量和活跃用户；另一方面通过不断投资互联网企业，获取流量入口，增加活跃用户群体，其 2014—2018 年主要投资流量入口企业汇总如表 14-4 所示。

表 14-4　阿里巴巴 2014—2018 年主要投资流量入口企业汇总

时间	目标企业
2014 年	文化中国、高德地图、UC 浏览器等
2015 年	优酷土豆、苏宁云商、58 到家等
2016 年	口碑网、华数影视、光线传媒、第一财经等
2017 年	大麦网、大搜车、易果生鲜等、新浪微博
2018 年	饿了么、小红书、宝宝树、分众传媒、苏宁体育等

电商平台方因其产品丰富、价格优惠，购物方便等特点占据着人们生活的方方面面，巨大的需求量吸引了众多电商平台参与到市场竞争中，数据显示阿里巴巴以 58.2%的市场占有率远超同行位列中国排名第一的电商平台。2018 年中国十大电商市场占有率排名如图 14-7 所示。另据阿里官网显示，截至 2019 年 9 月阿里巴巴中国零售平台的移动月度活跃用户达到 7.55 亿，这些活跃用户对实体零售的发展有至关重要的作用。例如，阿里巴巴将其用户群体导入银泰商业，一个月时间银泰获得 170 万注册用户，一年时间银泰 INTIME 会员数量突破 100 万大关，这些帮助银泰商业在实体零售业整体不景气的背景下实现销售数据和业绩的快速增长。

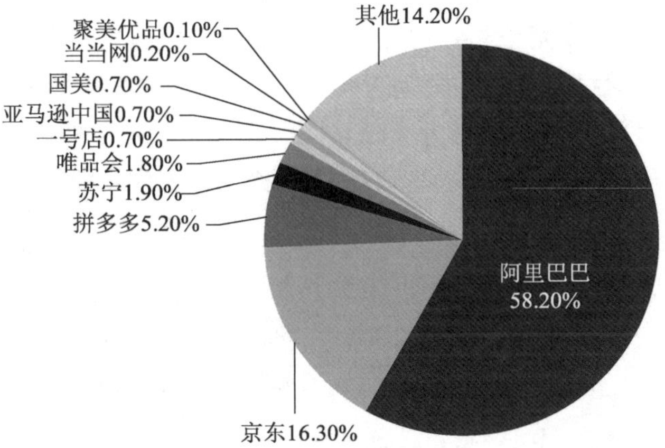

图 14-7 中国十大电商市场占有率排名(2018 年)

思考问题 4：流量经济是什么意思？

思考问题 5：什么是电商平台，我们有哪些电商平台？

(二) 阿里巴巴拥有充足的人力、财力等资源

资源理论是一种内生的路径依赖理论，一方面企业扩张需要充足的人力和财力等资源作为储备，以应对企业规模扩大之后对管理和资金的需求；另一方面充足的人力和财力资源又会刺激企业扩张，寻求更大的边界和利润。阿里巴巴最新市值有4 500亿美金，如此庞大的商业帝国，拥有充沛的人力和财力。在人力资源方面，阿里巴巴一方面通过新人系、专业系、管理系以及在线学习平台建立了学习型组织；另一方面通过不同阶段的投资并购，培养获取了一大批优秀的技术人才和管理人才。阿里巴巴 2018 年人才报告如表 14-5 所示。在

表 14-5 阿里巴巴人才报告(2018 年)

项目			备注
科研人才组成	9 名国家千人计划科学家	AI、云计算等业务均有全球知名科学家作为带头人	数十位终身教授
国家组成（来源地/工作地）	员工来自全国 68 个国家和地区	工作地点遍布全球 25 个国家地区	外国员工主要来自美国、印度、俄罗斯、加拿大等
学历组成	本科以上占比为 96%	工程师中，硕士以上学历占比为 46%	3 位工程师入选《MIT 科技评论》TR35 榜单
合伙人组成	1/3 是工程师出身	1/3 是女性	共 36 位合伙人

资金方面,一方面阿里巴巴旗下蚂蚁金服、云峰基金等金融公司可以帮助其快速融资;另一方面阿里巴巴作为一家互联网公司,本身是轻资产结构,能够创造大量经营现金流;最后阿里巴巴在同行业中极具竞争力,流动资金结构合理,可以实现快速变现。这些资源为阿里巴巴成功布局实体零售提供了人力、财力保障。同时阿里巴巴在"中国互联网协会 2018 年中国互联网企业 100 强"中排名第一,这些荣誉能增强实体零售企业对阿里巴巴的信任,降低阿里巴巴布局实体零售的难度。

阿里巴巴 2016—2019 年主要财务指标如表 14-6 所示。

表 14-6　阿里巴巴 2016—2019 年主要财务指标　　单位:百万美元

指标	至 2019-03-31	至 2018-03-31	至 2017-03-31	至 2016-03-31
流动资产	399.22 亿	405.63 亿	262.49 亿	205.83 亿
现金及短期投资	302.56 亿	334.50 亿	218.81 亿	180.97 亿
经营现金流	224.95 亿	189.84 亿	119.38 亿	89.37 亿
自由现金流	150.98 亿	144.82 亿	93.30 亿	72.31 亿

(三) 阿里巴巴拥有强大的技术应用和创新能力

技术是生产力,可以帮助企业降低成本、提高效率,增加收益。创新是企业发展不竭的动力,是企业长期保持有利竞争地位的源泉。阿里巴巴非常重视技术投资、研发、应用和创新,其互联网技术的运用能力远超实体零售企业。在技术应用方面,蚂蚁金服旗下支付宝帮助零售企业解决支付难题,菜鸟网络帮助零售企业解决物流问题;阿里巴巴拥有完善的云产品体系(如云服务器);拥有全球领先的人工智能技术(如智能语音交互)及各类系统的云端搭建实践(如杭州城市大脑)等。在创新研发方面,据普华永道"2018 全球创新企业 1 000 强"报告数据显示,阿里巴巴在世界主要科技公司研发投入占比排行中超过谷歌、华为、微软等国际知名科技企业,以 15.5%的占比位居第一,在全球科技公司人员占比中以 51%的比例再次获得了第一。这些技术应用和创新能力是实体零售企业的短板,阿里巴巴的这些优势可以帮助实体零售企业提高零售效率,增强消费者满意度,实现新零售转型。

三、阿里巴巴布局实体零售的劣势分析

(一) 阿里巴巴互联网经营理念与实体零售企业相冲突

经营理念是指管理者依据顾客需求、竞争者特点以及职工价值观,形成的企业基本发展方向和经营目标。经营理念决定企业的经营方向,是企业发展的基石。阿里巴巴是一家典型的互联网企业,互联网企业本身是数字经济下的产物,与消费者的交流方式决定了其难以根据客户需要、特点提供个性化的产品,又因为互联网企业流量大、消费群体众多且复杂等特点,客观增加了提供定制化产品的难度。另一方面由于互联网企业节奏快、压力大,员工一般比较年轻且缺少社会经验和服务意识,形成了特有的标准化形式服务理念。反观实体零售企业受经营空间范围限制,只能服务门店周边相对固定的消费群体,通过与消费者的近距离接触和对消费者数据的分析研究,更加了解消费者需求,从而提高消费者体验,满足消

费者个性化和社交化的需求。阿里巴巴与实体零售企业冲突的经营理念,一方面导致其与实体零售企业融合中产生阻力,另一方面在服务客户时表现出能力比较弱等问题,这些都将是布局实体零售的障碍。阿里巴巴与实体零售企业对不同经营理念的重视程度对比如表14-7所示。

表 14-7 阿里巴巴与实体零售企业对不同经营理念的重视程度对比

比较项目	阿里巴巴电商平台	实体零售企业
规模化	★★★★★	★★★
标准化	★★★★★	★★
数字化	★★★★★	★★★
个性化	★★★	★★★★★
体验感	★★	★★★★★
社交性	★★	★★★★★

(量表评价标准。5 星:很重视;3 星:一般重视;2 星:较不重视)

(二) 阿里巴巴缺乏实体零售管理和服务人才

阿里巴巴通过布局实体零售发展新零售,新零售是利用现代互联网等技术,整合线下线上实体零售,实现对“人、货、场”等商业元素的重塑,阿里巴巴在布局过程中既需要选择优秀的实体零售企业进行谈判合作,还需要运用先进的零售技术对实体零售门店进行改造,再通过大数据进行管理和科学决策,最后通过配套物流来优化零售流程。因此,在布局过程中需要大量优秀实体零售管理和服务人才来进行设计和实施,特别是通过自营模式布局实体零售,在门店选址、模式创新、消费者调查等方面对人才提出了更高的要求。阿里巴巴是一家成熟的互联网企业,拥有大量的互联网和电子商务人才,也有成熟的互联网企业管理经验,但是缺乏实体零售管理和服务人才,也缺少实体零售管理经验,这对阿里巴巴成功布局实体零售是一大挑战。

(三) 阿里巴巴中心化的统一管理不利于双方团队的整合

阿里巴巴是一家平台型电商企业,经过长期的总结积累,打造出完善的企业管理模式,使企业业务做到有章可循。一方面可以利用平台优势,将人力、财力等资源集中起来;另一方面可以将企业的信息、技术等资源与各部门共享,从而更好完成组织使命。相较于腾讯赋能实体零售企业的去中心化管理,阿里巴巴在与实体零售企业展开合作前,会预先在企业内部做好顶层设计、测试,形成成熟的经营模式和思路,然后自上而下推进、改造实体零售企业,属于中心化管理模式。反观在零售业长期积累的实体零售企业,同样拥有成熟的经营思路和改进方法,其面对互联网的冲击,一方面希望与互联网企业合作发展新零售,但又不希望在合作中失去主导权,这就造成实体零售企业排斥阿里的入股布局,即便双方合作,阿里的中心化管理对双方后期的整合也会产生不利影响。

思考问题 6：SWOT 分析的优势和劣势指什么，判断标准有哪些？

四、阿里巴巴布局实体零售机遇分析

(一) 实体零售企业寻求转型升级，为阿里巴巴布局实体零售带来机会

零售业是国民经济的重要组成部分，连接生产和消费，实体零售业是零售业发展的主要业态。随着电子商务的不断发展，我国实体零售业遭到巨大的冲击，出现较大的问题。根据Wind资讯的统计，在88家零售业上市公司的2015年财报中，有47%的公司营业收入出现下滑，60%的公司净利润下滑，营收净利双双下滑的达33%，出现亏损的达15%。2016年被称为实体店的“倒闭年”，年初国内的沃尔玛接二连三关闭，万达百货有接近四十家店铺关闭，乐购、天虹百货等同样出现关停现象。我国实体零售业增速持续放缓，据中华全国商业信息中心数据，2016年全国百家重点大型零售企业零售额同比下降0.5%。同时存在实体零售企业信息化运用能力、大数据应用能力弱等问题。在这样的背景下，实体零售企业急需转型升级，实现互联网化转型，而这为阿里巴巴布局实体零售带来了机会。2007—2016年全国百家重点零售企业零售额增速如图14-8所示。

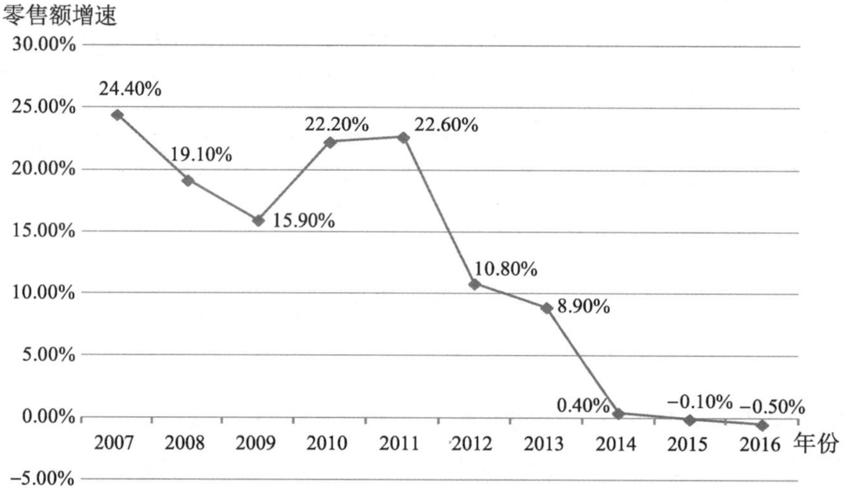

图 14-8　2007—2016 年全国百家重点零售企业零售额增速

(二) 国家政策鼓励线上线下融合，为阿里巴巴布局实体零售提供信心和动力

国家政策对企业的扩张发展有着至关重要的作用。一方面国家政策可以为企业经营发展创造有利社会环境，减少扩张阻力；另一方面国家政策可以从管制、税收、融资等方面给予支持和鼓励，为企业发展提供动力。目前零售业是国民经济的重要组成部分，连接生产和消费，零售业的兴衰直接影响到我国经济的健康发展和老百姓的日常生活。随着实体零售业的增长放缓和电商平台的快速发展，国家出台了一系列方针政策鼓励零售业线上线下融合、

零售业态模式创新、传统零售业向新零售和智慧零售迈进，具体如表 14-8 所示。这些方针政策不仅给出了指引和方向，还获得了政策支持，为阿里巴巴布局实体零售提供了信心和动力。例如，按照惯例餐饮服务和食品流通需要隔离开，但是当盒马鲜生将餐饮小吃与超市全面融合的新业态材料递交之后，浦东新区市场监管局的一线工作人员及时上报、快速反应、协调解决，这种包容创新的态度，让盒马鲜生顺利拿到了上海乃至全国首张餐饮服务和食品流通“两证合一”的食品经营许可证。

表 14-8 国家鼓励零售业线上线下融合文件汇总

时间	文件	主要内容
2015-09-29	《国务院办公厅关于推进线上线下互动加快商贸流通创新发展转型升级的意见》	力推互联网与商贸流通进行线上线下互动，使之成为推动实体店转型、促进商业模式创新、服务大众创业的重要抓手
2016-11-02	国办发〔2016〕78 号国务院办公厅关于推动实体零售创新转型的意见	鼓励线上线下优势企业通过战略合作、交叉持股、并购重组等多种形式整合市场资源，培育线上线下融合发展的新型市场主体
2017-06-21	发展改革委关于印发《服务业创新发展大纲(2017—2025 年)》的通知	促进线上线下融合互动、平等竞争，构建差异化、特色化、便利化的现代商贸服务体系，支持商品交易市场转型升级
2018-08-31	十三届全国人大常委会第五次会议表决通过《电子商务法》	国家鼓励发展电子商务新业态，创新商业模式。国家平等对待线上线下商务活动，促进线上线下融合发展
2019-03-05	国务院总理李克强作《政府工作报告》	全年减轻企业税收和社保缴费负担近 2 万亿元。关于营商环境，要进一步缩减市场准入负面清单，推动“非禁即入”普遍落实

(三) 科学技术的进步和发展，为阿里巴巴成功布局实体零售提供先决条件

“新零售之轮”理论基于产业发展视角，阐述了零售业态变化与一般规律，理论发现随着零售技术的发展和应用，零售价格会降低、零售服务水平会提高，从而产生新的零售业态。“新零售之轮”的理论解释如图 14-9 所示。21 世纪，随着云计算、人工智能、VR 等新兴信息技术创新发展，零售行业的数字化和智能化水平显著提高，零售行业的变革日趋加快，形成零售技术变革带动消费者变化，进而带动零售变革和生产变革的新路径。前文提到，阿里巴巴作为互联网领军企业，将充足的人力、财力等资源投入到零售技术的应用和创新，提高了技术应用和创新能力，这既使得阿里巴巴能够在竞争中保持有利地位，又使得阿里巴巴在新形势下为满足消费升

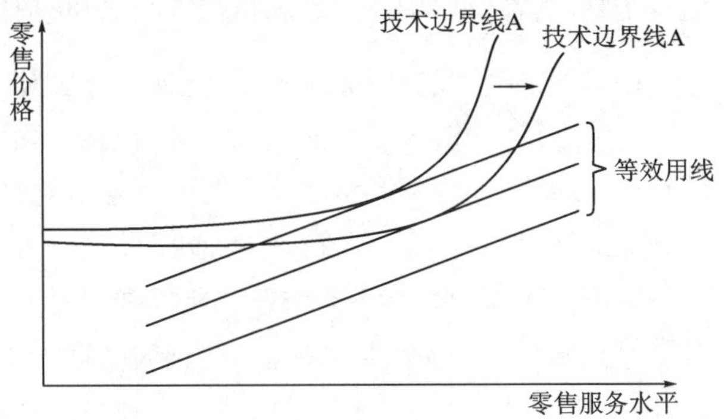

图 14-9 “新零售之轮”的理论解释

级和消费需求的转变而成功布局实体零售提供了理论支持。

新兴技术对零售行业的影响如表 14-9 所示。

表 14-9　新兴技术对零售行业的影响

主要新兴技术名称	对零售行业主要影响
互联网信息技术	提升门店数字化水平，改善消费者体验，优化零售流程
大数据技术	通过大数据技术细分顾客群体、模拟实境、管理考核关系，提升零售经营决策智能化水平
物联网技术	为实体零售门店管理提供实时、准确的信息数据，提高零售自动和便利水平
可穿戴技术	通过可穿戴技术与消费者沟通，及时了解消费需求，创造一个新的店内环境，改善消费者购物体验
人工智能技术	提供丰富的数据存储、即时的信息反馈服务，提高零售效率和节约人工成本

五、阿里巴巴布局实体零售威胁分析

（一）实体零售企业抵制阿里巴巴的布局

实体零售企业面对经济增长放缓以及电商平台的冲击，近年来增长率持续下滑，关店潮不断发生，急需进行转型发展。在转型过程中，部分实体零售企业抵制阿里巴巴的布局，主要有三种形式：一是部分实体零售企业选择自建电商网站、物流系统，引进现代零售技术进行模式创新、融合线上线下协同发展，例如国美电器集团将国美在线与库巴网两家旗下电商公司进行后台重组来抵制电商平台的入侵。二是部分实体零售企业面对阿里巴巴的快速布局也纷纷与互联网电商企业进行合作，但是它们抵制阿里巴巴当第二大股东的战略投资，选择与自身战略目标更匹配的企业合作，例如沃尔玛、永辉超市与京东的合作。三是部分企业选择与去中心化思维的腾讯合作，通过腾讯的超级流量入口，再结合腾讯旗下的小程序、微信等工具进行转型，例如天虹超市选择与腾讯合作成立“智能零售实验室”等。

（二）宏观经济增长持续放缓、企业压力加大

宏观经济，即宏观层面的国民经济，包括一国国民经济总量、国民经济构成、产业发展阶段与产业结构、经济发展程度。宏观经济与微观经济有着密切的联系，宏观经济的良好状况是微观经济活动得以顺利进行的必要条件。一方面，2011 年以来我国经济已连续多年进入个位数增长时期，除 2017 年增速有所反弹以外，整体呈现下滑趋势。2010—2018 年我国生产总值如图 14-10 所示。2010—2018 年，我国生产总值增长速度明显放缓，从 2010 年的 10.64%下降到 2018 年的 6.6%。另一方面我国零售市场中消费品标准和质量不能满足消费者的消费需求，消费有效供给水平不足，消费外流现象比较明显。上述情况都为阿里巴巴布局实体零售成功带来巨大不确定性。

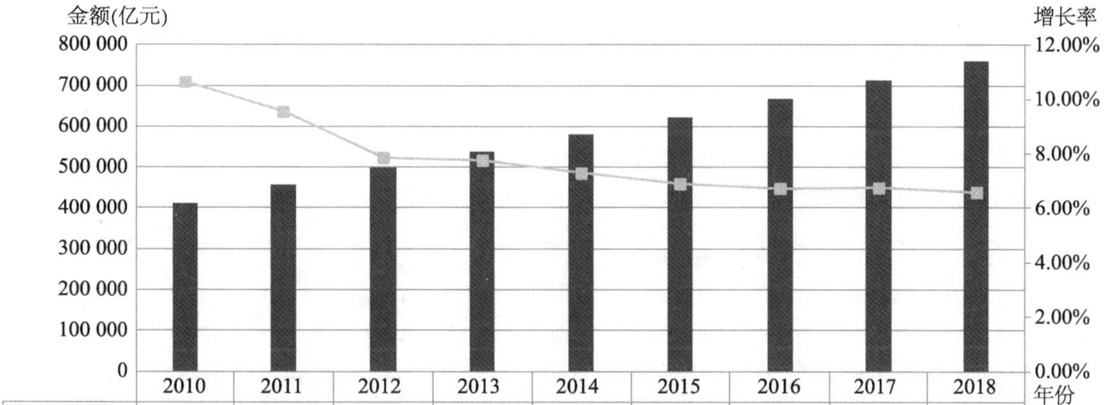

	2010	2011	2012	2013	2014	2015	2016	2017	2018
金额	412 119.00	455 968.46	499 513.44	538 775.20	580 638.04	623 024.61	666 075.61	710 969.11	759 030.62
增长率	10.64	9.55	7.86	7.77	7.3	6.91	6.74	6.76	6.6

图 14-10　2010—2018 年我国生产总值

(三) 竞争对手联合抢占实体零售市场

国家统计局数据显示，2018 年最终消费支出对 GDP 贡献率为 76.2%。面对如此庞大的市场，众多互联网企业不断加入零售市场，布局线下实体零售，发展新零售，现有如下阵营：一是以阿里巴巴为代表的“阿里系”阵营；二是以腾讯、京东主导的“京腾系”联盟；三是传统电商企业线下的布局，如互联网营销起家的小米、淘品牌、三只松鼠等。不管是京腾联盟还是其他阵营都非常重视对实体零售的布局，布局实体零售的竞争日趋激烈。此外，由于市场中优质的实体零售企业稀缺，出现了优质实体零售企业同时被两大阵营看重的情况，进一步增加了竞争激烈程度。“阿里系”与“京腾系”布局实体零售对比如表 14-10 所示。

表 14-10　“阿里系”与“京腾系”布局实体零售对比

布局领域	阿里系	京腾系
商超百货领域	银泰、苏宁、三江购物、新华都、东方股份、百联集团、居然之家、喜士多、友宝	华润万家、永辉超市、红旗连锁、中百集团、步步高、家乐福、沃尔玛、天虹股份
创新型跨界超市	鲸选、RISO 系食、大润发优鲜、盒马	超级物种、鲜食演义
无人零售	友宝、欧尚一分钟、EATBOX、哈米、苏宁 biu 店	X 无人超市、京东到家无人货架、每日优鲜便利购
生鲜社区店	盒马	永辉生活、红旗连锁、邻里生鲜
体验式专业连锁	零售＋、家时代、云店	京东之家
杂货店 B2B	e 路发、阿里零售通	京东新通路

思考问题 7： SWOT 分析的机会和威胁指什么，大概包括哪些内容？

六、推动我国电商平台企业布局实体零售的策略分析

(一) 做好布局实体零售顶层设计工作

电商平台企业布局实体零售是新形势下的一次重大转型和布局,既有企业层面的并购、联盟,也有业务层面的融合、互补,关系到企业未来的长远发展,是一个系统又复杂的工程。例如,电商平台企业需要根据企业优势、劣势和发展目标来确定合适的布局模式,计划企业如何进行线上线下融合互动,计划怎样增加流量获取经济效益,怎样提升消费者体验等。这些工作,一方面关系到企业各个部门的配合,另一方面需要相关员工的推进,还需要详细的步骤和计划,所以电商平台企业要结合实际情况,从如下几个方面做好顶层设计工作。

1. 商业模式

商业模式是一个企业满足消费者需求的系统,该系统需要同时具备三个特点:提供独特的价值;模式难以模仿;模式脚踏实地的。以盒马鲜生为例,其通过设计七种颜色奶瓶等形式来提供当天最新鲜牛奶给消费者,即给消费者提供了独特的价值,又由于需要极高的供应链管理水平所以难以模仿。电商平台企业在布局实体零售时,需要综合对企业资金、作业方式、信息、品牌、企业所处的环境和创新力等进行有效管理,进而设计出好的商业模式。

思考问题 8: 什么是商业模式,具体包括哪些?

2. 组织架构

布局实体零售对于电商平台企业是一个崭新的工作方向,既需要创造力,又需要脚踏实地做工作,这就需要在组织架构方面做好顶层设计工作。具体如下:一是在公司内部成立布局实体零售事业部,该事业部需要由公司总裁直接分管,由总监、副总监以及各类零售专业人才组成,确定各个部门的定位和工作重点;二是新机构组织成员既要从企业内部选拔培养,也要科学招纳实体零售人才,特别是当下实体零售经营出现困难,大量优秀企业员工也在寻找新平台和机会;三是公司领导层和各部门需要通力合作认真培养团队,在企业内部营造积极向上的人文环境,让团队成员敢于尝试、乐于创新,使布局实体零售工作有序开展。

3. 资本层面

企业资本层面的设计包括企业资本架构的设计、股东利益的分配以及公司股东大会和董事会职责的安排等。一个好的资本层面设计,既有助于布局实体零售工作有序开展,又影响到企业发展的高度,所以需要做好顶层设计。资本层面的设计是一个专业的工作,一方面需要管理好企业相关利益人员的诉求,另一方面需要充分利用企业的资金资源、融资渠道、社会关系网络等,所以需要聘请专业的第三方机构,结合企业商业模式、组织架构、组织目标以及企业资源进行科学管理,统一规划,做出兼顾企业未来扩张发展的设计。

(二) 培育和发展企业核心竞争力

电商平台企业从线上走到线下布局实体零售,对企业的战略布局能力、现金流以及执行

力等各方面都有着巨大的要求，这就要求企业在主业领域具有核心竞争力。核心竞争力能让企业在市场竞争过程中处于优势地位，获得消费者的信赖和认可，积累大量资源以及拥有调配资源的能力。这些资源和能力，一方面要满足电商企业在布局实体零售过程中所需，另一方面要确保企业布局实体零售过程中主业不会受到削弱。阿里巴巴在核心电商领域积累的技术能力，一方面能够让其主营业务业绩逐年快速攀升巩固其市场地位，另一方面可以帮助其布局实体零售，同时对实体零售进行改造和升级，增强其核心竞争力，形成良性循环。电商企业可以从以下几个方面入手，增强企业核心竞争力。

1. 优化企业管理，提升平台服务水平

电商平台的服务水平既关系到平台商家的入驻、销售，又关系到消费者的购物和体验，对企业的发展具有至关重要的作用，所以要不断优化，提高服务商家和消费者的水平。具体来说，企业要采用新的更有效的办法计划、组织、激励、控制企业团队和员工进行高效配合，从而提高企业经营管理效率。电商企业竞争压力大，员工工作时间长，企业管理者要坚持以人为本，尽可能为员工提供优质、舒服的工作环境。同时要综合利用各种信息技术，优化调整企业内部管理，建立扁平化、柔性化的组织架构，这有助于提高企业反应速度，及时满足消费者需求。在商品流通环节，企业要综合运用最新互联网、物联网、人工智能等技术，实现供应链的敏捷化、柔性化，达到减少企业库存、降低流通成本、提升企业决策水平的目标。

2. 拓宽客户渠道，增加平台流量

平台流量一方面关系到企业自身的成交额和盈利能力，另一方面关系到为实体零售企业的引流量，所以电商平台企业一定要拓宽客户渠道，增加平台流量。电商平台企业一方面要提升平台服务水平，管理好入驻商家，控制好支付、物流、售后、客诉等一系列环节，增加客户满意度，从而吸引更多的消费者购物。另一方面，电商平台企业要注重平台的推广和营销，增加知名度和影响力。最后，电商平台企业要加强与流量企业的合作，通过与企业合作实现资源共享来实现平台流量的快速增长。

3. 注重新技术的研发和应用

技术的进步和发展推动着零售业一次又一次变革，电商平台企业要注重新零售技术的研发和应用，这既能提升平台服务水平，又可以促进零售线上线下融合，还可以帮助实体零售企业升级改造。例如，零售企业运用物联网技术对消费者的购物进行定位并推送相关信息，同时结合大数据、云计算技术，可以实现对消费者的分析和了解，最终实现针对性的营销。电商平台企业一方面可以通过引进先进科研人才，研究新零售技术，另一方面可以通过与技术型公司合作，将新技术结合企业实际情况进行落地、推广，从而提高企业核心竞争力。

(三) 选择资源互补型实体零售企业合作

电商平台企业布局实体零售的一般动机是分散企业经营风险，超越企业资源限制，增强企业实力，实现跨越式发展。但是，如果电商平台企业选择资源相近实体零售企业合作，一方面双方剩余资源不能得到充分利用，再一方面由于资源不能互补，合作效果会大打折扣，只能起到锦上添花的作用。相反，如果选择资源互补型企业合作，则可以弥补企业资源短板，提高资源利用水平，从而扩大企业经营规模，提高企业核心竞争力，实现利润的增长。电商企业可选择如下几类资源互补型企业合作。

1. 选择在空间资源上互补的实体零售企业合作

选择在空间上互补的实体零售企业，既可以帮助电商企业获取店面资源实现企业空间上的扩张，又可以通过线下渠道的宣传和推广，快速增加线上流量，从而快速实现销售的突破和增长。例如阿里巴巴战略联盟冯氏集团，可以将更多引领生活方式的国际性品牌顺利引进中国，从而更好地满足中国消费者不断增长和变化的需求，同时可以帮助冯氏零售集团更好地了解中国市场，更顺畅地触达14亿中国消费者。

2. 选择在客户资源上互补的实体零售企业合作

企业定位的不同，会导致企业服务群体的不同。电商平台企业选择在客户资源互补的实体零售企业合作，合作双方可以有效地开发对方客户资源，进行二次营销和服务，从而扩大双方客户基数，这不仅增加了销售收入，还可增强规模经济效益，降低运营成本，提升企业核心竞争力。例如当当网和步步高的合作，当当网通过在步步高门店开设线下体验式书店，这不仅直接有效地利用了步步高的线下流量服务于当当网，而且当当网的线下消费者反过来可以带动步步高的流量和消费。

3. 选择技术资源互补的实体零售企业进行合作

随着技术的发展和进步，零售企业之间的竞争不仅仅是人才和管理的竞争，更是新零售技术研发和应用能力的竞争。电商平台企业选择在技术资源上互补企业合作，既可以减少合作双方新技术的研发费用，又可以快速提升企业技术储备和应用能力，帮助合作双方技术协同进步。例如阿里巴巴联盟苏宁可以将消费者线上平台、新零售技术，线上线下一体化技术和苏宁的供应链、物流、零售门店营运技术优势进行深入融合，实现消费者体验的优化。

(四) 因地制宜选择适合模式布局实体零售

企业扩张可以选择相关多元化战略也可以选择非相关多元化战略，在实施过程中也有多种模式可以选择，每种模式本身没有优劣，但是各有利弊。阿里巴巴在布局实体零售过程中采用了多种布局形式。通过并购模式掌握了银泰商业的控制权，使银泰成为阿里新零售的陆军，帮助其进行新零售试验；通过战略联盟模式快速扩张，实现了全面布局；通过自建模式综合运用了企业各方面资源，创造了零售新业态，引领了新零售。阿里巴巴布局实体零售的成功，既与企业自身竞争力强、资源充沛有关，也与阿里巴巴对布局模式的选择得当密不可分。电商企业对于布局实体零售模式的选择应遵循如下步骤。

1. 评判企业是否能满足相应模式的基本原则要求

相较于战略联盟和自建模式，并购模式对公司短期资金要求最高，所以要求企业具有很强的风险把控能力，一方面要确保公司融资渠道畅通，另一方面要确保企业通晓目标企业的竞争优势和价值，给予合适的估值，确保并购顺利进展。同时要求企业具有高效的执行力，能够在规定时间内完成复杂繁琐的并购工作，为后期的融合共赢做好铺垫工作。战略联盟模式首先要求企业本身具备强大的核心竞争力，确保其在联盟过程中有独立性，同时有助于联盟关系的稳定。其次，在联盟关系达成之后，要求联盟伙伴间相互信任、加强组织学习、联合开发新技术，这样才能实现战略联盟目标。自建模式不仅要求企业本身具备创新创业精神，还要求企业有较强的资源统筹整合能力，从零到一开发出全新的经营业态。电商企业要结合企业特点，评判企业的创新能力、资源整合能力是否足以支撑起自建模式的有效实施。

2. 结合企业情实际情况比较每种模式的优势和风险点

电商企业通过第一步的评判，筛选出符合企业基本条件的布局模式，然后对每种模式的利弊进行分析比较。这一阶段企业可以采用平衡记分卡的思维，对每种利弊做出量化指标，然后结合企业实际对每个指标进行评分，最后根据得分结果确定相应模式的实施与否。例如电商企业处于起步阶段，资金量需求比较高，留存收益比较少，这个时候虽然并购模式可以直接获取实体零售企业人才和技术，但是也要结合实际情况尽量选择联盟方式布局实体零售，减少不必要的财务压力。

3. 选择适合企业发展的布局实体零售模式组合

不同的电商平台企业有不同的战略目标，战略目标的达成也有不同的路径。电商平台企业在选择布局模式时，不用拘泥于采用一种模式或者两种模式，可以选择其中一种或者两种模式为主、其他模式为辅的组合进行布局，这样有助于企业平衡风险，获取最大收益。阿里巴巴在布局实体零售过程中，以并购模式开始，在后期以战略联盟模式为主，中间还不断自建开发实体零售，实现了全面布局实体零售的目的，也成功推进了企业新零售战略。

（五）灵活处理与实体零售企业关系

电商平台企业与实体零售企业原本是竞争对手，双方分别在线上和线下通过各自的方式开发客户，抢占零售市场份额。现在，随着市场环境的变化，线上企业开始布局线下零售，实体零售开始走向线上，在线上线下融合过程中，双方结合各自企业发展目标从对抗走向融合。双方在融合过程中，在经营理念、管理模式、和对企业控制权的诉求方面必然会有冲突，电商平台企业要灵活处理如下几个方面的问题，才能成功布局实体零售。

1. 企业控制权方面

企业控制权不仅影响到合作双方利润分配，更关系到联盟目标的有效达成，所以至关重要。双方企业要把做强做大市场放在第一位置，在此基础之上选择科学的利益分配方法进行公平合理的利益划分，从而避免矛盾的扩大升级。对于合作效果，合作双方不能急功近利，要清楚任何事情的发展都是需要时间的积累，同时要对整合内容和过程进行复盘分析，查漏补缺，总结经验教训，不断修正，从而实现预期的目标效果。除上述以外，电商平台企业一方面要根据企业实力，适当选择并购和自营模式布局实体零售，从而有效解决控制权问题，重点关注商业模式的重建和组织架构的转型，有效执行公司既定经营理念，另一方面通过设计合理的联盟结构，来规避合作双方可能出现的机会主义风险。

2. 经营理念方面

由于经营特点和消费群体差异，互联网企业经营理念与实体零售企业有着非常大的区别，这种差异必然会影响双方的合作进程。面对差异，电商平台企业要通过各种方式快速学习实体零售经营特点，了解消费群体状况，结合消费者趋势变化，发挥线上、线下零售优势，调整经营理念，以提升消费者体验。以阿里巴巴为例，通过并购银泰商业，快速进入实体零售行业，掌握银泰商业的经营理念和技术，为后续的布局做了很好的铺垫。

3. 管理模式方面

在管理模式方面，阿里巴巴是典型的中心化管理理念，所以会遭到实体零售企业的抵制，但是由于阿里巴巴拥有充沛的人力、财力和客户资源以及强大的技术应用和创新能力，所以成功实现了全业态布局。其他电商平台企业在管理模式方面要根据企业资源和能力灵活调整，可以汲取阿里巴巴中心化管理模式和腾讯去中心化管理模式的优缺点，形成一套适合自身企业文化发展的管理模式。

课后思考

1. SWOT 分析在实际中如何应用？

2. (思政)随着人工智能、物联网、大数据时代的到来，以这些为代表的智能产业，如科大讯飞已进入人工智能战略 2.0 时代后，要想提升公司代均效益，必须从战略层面顶层设计，如果让你对其内外部环境进行 SWOT 分析，应具备哪些职业判断及工匠精神？

第九章 财务危机

案例十五 多元化战略下贵人鸟财务危机案例研究

课前思考

1. 财务危机的概念是什么？
2. 可能造成财务危机的原因有哪些？

理论背景

随着市场经济的飞速发展，全球经济一体化走势愈发突出，市场不断细分，单一产业面临的竞争压力倍增。我国许多企业不再满足于单一的业务经营模式，纷纷通过收并购、新设等方式进行多元化经营战略转型，分散单一业务较高的经营风险、发挥多元业务间的协同效应，提升企业整体竞争力。然而，多元化也可能给企业带来一些负面影响。信息不对称、企业内部较严重的代理问题、融资结构的改变以及管理层的过度自信和过度投资都可能会给企业带来损失，增加企业的违约风险，最终可能导致财务危机。

财务危机是指企业不能支付到期债务或费用，破产是财务危机的一种极端表现形式。财务危机的成因有内部因素和外部因素，内部因素有内部控制缺陷和公司治理的不完善等，外部因素有经济波动、政治环境变化等。财务危机的应对措施有更换高管、加强内部控制、公司重组等，有学者还研究了突发事件下临时性财务危机的应对策略。

这些研究都是从某个角度研究多元化扩张与财务危机的关系，并没有形成系统的理论体系。企业陷入财务危机的原因有很多，其中不乏一些特殊因素，这就使得因多元化扩张导致财务危机的案例有较大的研究价值，且关于运动服饰企业多元化扩张导致财务危机的研究很少，因此本案例选取贵人鸟公司作为研究对象，对多元化扩张与财务危机相关性的理论进行梳理，分析贵人鸟陷入财务危机的原因。

思考问题 1： 多元化战略的类型有哪些？简单描述一下。

一、公司简介

贵人鸟股份有限公司(以下简称贵人鸟或贵人鸟公司),是由贵人鸟集团、贵人鸟投资、亿兴投资和弘智投资发起设立,于 2011 年 3 月 31 日在福建省工商局登记注册,总部位于“鞋都”晋江,是中国知名的运动鞋服品牌企业,主要从事运动鞋和运动服装的研发、设计、生产和销售。

贵人鸟公司主打“运动快乐”的品牌理念,坚持自主研发设计,公司营销网络覆盖面积广,零售终端规模较大,凭借过硬的产品质量、差异化的品牌定位、全方位多层次的营销活动和战略性的二、三、四线城市布局,赢得了广大消费者的认可。

林天福为贵人鸟公司的实际控制人、董事长兼总经理,公司于 2014 年在 A 股上市,成为第一家在 A 股上市的运动品牌,市值最高时曾达到 400 亿元。上市后贵人鸟公司进行了一系列资本运作,实行多元化扩张战略,行业横跨互联网+体育、赛事主办、体育保险、体育游戏、体育经纪和体育健身,试图打造体育产业王国。然而贵人鸟多元化扩张过程中存在着一些突出问题,导致 2018—2020 年贵人鸟连续三年亏损,公司面临业绩下滑和债务逾期的双重压力,经营陷入困境。

二、贵人鸟多元化扩张动因

贵人鸟多元化扩张的主要原因是公司管理层的战略要求。贵人鸟的董事长兼总经理林天福曾于 2016 年表示“未来贵人鸟将全面推进全产业布局+多品牌经营的策略,积极寻找盈利模式清晰的并购标的进行资源整合”。2017 年 3 月 19 日,贵人鸟发布公告,拟将公司注册名称由“贵人鸟股份有限公司”变更为“全能体育股份有限公司”。关于变更公司名称的原因,公司表示将进行战略调整,虽然公司目前是传统的运动鞋服企业,但未来将进行体育产业运营战略升级,充分利用自身资本市场平台,以体育服饰制造为基础,以群众体育和全民健身为方向,发展成为跨领域、多品牌、多渠道、多市场的体育产业集团化公司。贵人鸟公司的管理层致力于把公司打造成体育全产业链公司,而实施该战略最有效和快捷的方法就是收购相关企业,由此贵人鸟开启了激进的多元化扩张之路。

三、贵人鸟公司的多元化发展历程

贵人鸟一直生产经营运动休闲鞋服,企业单一品牌“贵人鸟品牌”定位大众消费市场,采用自主生产和外包生产相结合的生产模式,销售模式以经销商批发模式为主,营销网络重点布局国内的二、三、四线城市。

企业自 2014 年上市后,进行了从“传统运动鞋服行业经营”向“以体育服饰制造为基础、多种体育产业形态协调发展的体育产业化集团”商业模式转型。由下游单一的传统制造业产业链向体育产业全产业链进行多元化扩张,品牌定位从二、三、四线城市大众消费市场转变为涵盖中高低端市场,销售模式由“经销商批发模式”向“以零售为导向”模式转型。贵人鸟公司战略变化过程如表 15-1 所示。

表 15-1 贵人鸟公司战略变化过程

项目	上市前(1987—2014 年)	扩张期(2014—2017 年)	归核期(2018 年至今)
经营领域	传统运动鞋服	体育产业化集团	传统运动鞋服
品牌定位	二、三、四线城市大众消费市场	覆盖中高低端市场	做实贵人鸟品牌,进入中高端市场
销售模式	经销商批发模式	以零售为导向	加强电商平台合作
品牌种类	单一品牌	多品牌	多品牌

(一) 上市前阶段

贵人鸟致力于提高企业在产品、品牌、市场以及供应链管理等方面的核心竞争力,企业持续加大对"贵人鸟品牌"的资金投入,巩固品牌在国内运动鞋服市场的领先地位并努力提升品牌价值。企业未来的中长期发展战略为充分利用上市公司的内、外部资源,通过投资、收并购等多种方式,实施多品类、多品牌组合战略,使企业发展为国际知名品牌管理公司。

(二) 多元化扩张阶段

企业上市后公司战略致力于加速企业由"经营传统运动鞋服"向"运营体育产业集团"的战略升级,利用上市后企业的资本市场平台,以运动鞋服制造为基础,以大众体育、全民健身为方向,筛选盈利模式清晰的并购标的进行资源整合,目标发展为中国体育产业集团化的龙头企业。

公司战略具体分为运动鞋服行业和体育产业两条发展主线,其中运动鞋服行业方面"做多",以"贵人鸟品牌"为基础,以国际专业运动品牌为投资标的,扩张为多品牌、多渠道、多市场的体育用品集团。同时,在体育产业方面"做大",选取参与度高、消费潜力大、发展空间广的体育运动项目为核心,以体育爱好者及运动项目消费者的消费热点进行投资布局,在专业赛事的引导及群体赛事和大众活动的推动下,做大做强体育产业。

(三) 归核化阶段

企业近几年的多元化扩张并未实现预期效果,企业决定回归"运动鞋服"主业,延续之前致力于成长为多品牌、多市场、多渠道体育用品集团的发展目标。一方面,夯实"贵人鸟品牌"在传统运动鞋服行业的运营能力,提升品牌竞争力及市场占有率;另一方面,加大AND1、PRINCE品牌的研发投入及推广,并继续拓展新的国际品牌,开发中高端市场,提升品牌溢价能力。销售渠道方面以与京东建立战略合作为契机,加强与互联网电商平台的合作,开展新零售业务,推动企业多品牌高效运营模式。

2015 年,贵人鸟入股在体育文化产业有一定影响力的虎扑体育,投资 2.39 亿元,成为虎扑的第二大股东,并投资 4 亿元与虎扑联手设立体育产业基金——上海慧动域投资中心;以 2 000 万欧元投资了西班牙足球经纪业务公司 BOY;出资 2 亿元,联合中国中学生体育协会、中国大学生体育协会和虎扑成立了康湃思体育公司,试图开展大学生体育赛事运营。

2016 年,贵人鸟对上海慧动域投资中心追加投资 1 亿元,并与虎扑设立了第二期体育产业基金上海竞动域投资中心，至 2017 年末已实际出资 2 亿元；分别以 3.825 亿元和 3.831 亿元收购了同样主营运动鞋服的名鞋库 51%的股权和体育运动产品零售商杰之行 50.01%的股权；收购美国篮球品牌 AND1 在中国的授权，共花费 2 603.72 万美元；以 1 亿元的价格收购深圳市星友科技有限公司 45%的股权，试图布局体育游戏；在保险领域，2016 年贵人鸟也进行了大量的投资收购，出资 6 500 万元设立享安保险，获得其 65%的股权；出资 1 510.50 万元获得邦恒保险 24.9%的股权；拟出资 2.6 亿联合红豆集团等企业设立安康保险。

2017 年，贵人鸟以 3.675 亿元收购了名鞋库剩余的 49%股权，使名鞋库成为了贵人鸟的全资子公司；以 2 000 万欧元的价格收购 PRINCE 商标在中国及韩国区域的使用权；通过杰之行认购湖北胜道体育 45.45%股权，共花费 1.5 亿元；拟以 27 亿元收购威康健身，试图布局体育健身行业，但该项收购最终以失败告终。

四、贵人鸟财务状况恶化

本案例从偿债能力、盈利能力、营运能力和发展能力四方面来分析贵人鸟公司近年来的财务状况。

(一) 偿债能力分析

本文选取了速动比率、流动比率和资产负债率来分析多元化扩张对贵人鸟偿债能力的影响。从表 15-2 可以看出，2014—2020 年，由于多元化扩张带来了迫切的资金需求，贵人鸟借入了大量短期和长期债务，公司的速动比率和流动比率都呈直线式的下降趋势，流动比率和速动比率从 2014 年的接近于 3 直降至 2020 年的 0.4 左右；资产负债率则呈急速上升的趋势，从 2014 年的 46.84%上升至 2020 年的 99.25%。多元化扩张下的贵人鸟公司偿债能力在持续恶化，最终必然导致债务违约。2014—2020 年贵人鸟的短期偿债能力比率变化如表 15-2 所示。

思考问题 2： 反映公司偿债能力的指标有哪些？分别写出这些指标的公式。

表 15-2　2014—2020 年贵人鸟公司偿债能力比率变化表

年份	2014 年	2015 年	2016 年	2017 年	2018 年	2019 年	2020 年
流动比率	2.99	2.03	1.61	1.17	0.77	0.54	0.47
速动比率	2.81	1.92	1.46	1.03	0.61	0.44	0.41
资产负债率	46.84%	50.6%	60.62%	65.36%	67.81%	88.96%	99.25%

(二) 盈利能力分析

本案例选取了资产报酬率、销售利润率和权益净利率来分析贵人鸟公司多元化扩张对公司盈利能力的影响。从表 15-3 可以看出，2015—2019 年，贵人鸟的资产报酬率、销售利润率和权益净利率都一直处于下降趋势，其中权益净利率下降趋势最为明显，2017 年前三项指标下降趋势比较平缓，直到2018年公司出现巨额亏损，三项指标开始呈急速下降趋势，2019年权益净利率竟然达到−112.12%，也就是说贵人鸟公司2019年的亏损额与其所有者权益总额相当，2020年的权益净利率更是高达−168.17%。这三项指标有力地说明了多元化扩张下的贵人鸟公司的盈利能力在持续恶化。2014—2020年贵人鸟公司盈利能力如表15-3所示。

思考问题3：反映公司盈利能力的指标有哪些？分别写出这些指标的公式。

表15-3　2014—2020年贵人鸟公司盈利能力比率变化表

年份	2014年	2015年	2016年	2017年	2018年	2019年	2020年
资产报酬率	8.97%	7.35%	5.12%	2.42%	−11.25%	−25.48%	−10.24%
销售利润率	16.27%	16.85%	14.30%	5.77%	−24.66%	−69.32%	−32.00%
权益净利率	17.57%	14.36%	11.86%	6.54%	−33.37%	−112.12%	−168.17%

（三）营运能力分析

本案例选取了总资产周转率、应收账款周转率和存货周转率作为营运能力分析指标，来评估贵人鸟多元化扩张下公司营运能力的变化。从表15-4可以看出，在2017年和2018年，贵人鸟公司的总资产周转率有小幅上升，应收账款周转率在2015年和2017年有小幅增长，但到2019年两项指标都急速下降。三项指标中存货周转率的下降趋势最为明显，从2014年的7.12下降至2019年的2.42，说明贵人鸟的存货管理存在严重问题。三项指标都说明多元化扩张下的贵人鸟公司的营运能力总体上是下降的，其中2019年的下降幅度最大。2014—2020年贵人鸟公司营运能力情况如表15-4所示。

思考问题4：反映公司营运能力的指标有哪些？分别写出这些指标的公式。

表15-4　2014—2020年贵人鸟公司营运能力比率变化表

年份	2014年	2015年	2016年	2017年	2018年	2019年	2020年
总资产周转率	0.55	0.44	0.36	0.42	0.46	0.37	0.32
应收账款周转率	1.45	1.57	1.49	1.85	1.78	1.20	1.03
存货周转率	7.12	5.65	4.20	4.41	4.03	2.42	2.77

（四）发展能力分析

本案例选取总资产增长率、营业收入增长率和净利润增长率作为公司发展能力的分析指标，来评价贵人鸟多元化扩张进程中发展能力的变化。从表15-5可以看出，贵人鸟的总资产增长率总体上呈下降趋势，从2017年开始就一直为负值，说明贵人鸟多元化扩张战略遇到困难，从2017年开始公司规模一直在收缩。营业收入增长率在2017年达到最高点，往后三年均为负值，说明公司的产品销售受阻。净利润增长率在大多数年份都为负值，在2015—2018年一直呈下降趋势，2018年竟达到－469.4%，说明公司的盈利能力严重下滑。2019年净利润增长率虽有小幅回升，但由于2018年的基数低，总体上盈利能力仍是下降趋势。总之，贵人鸟的未来发展能力呈严重的下降趋势，公司现在的首要任务是维持公司的正常运营。2014—2020年贵人鸟公司发展能力比率变化表如表15-5所示。

表15-5　2014—2020年贵人鸟公司发展能力比率变化表

年份	2014年	2015年	2016年	2017年	2018年	2019年	2020年
总资产增长率	52.67%	14.78%	63.73%	－4.06%	－37.32%	－18.94%	－7.25%
营业收入增长率	－20.21%	2.57%	15.74%	42.70%	－13.52%	－43.77%	－24.87%
净利润增长率	－26.27%	6.28%	－1.76%	－42.40%	－469.40%	58.06%	－65.32%

综上所述，在贵人鸟爆发财务危机前，公司的财务状况就已经持续恶化，但公司管理层并没有采取有效措施阻止形势下滑，各项风险因素持续堆积，最终导致财务危机。

五、贵人鸟财务危机事件的出现

多元化扩张下的贵人鸟公司经营状况和财务状况每况愈下，危机事件从2019年年底开始集中爆发。首先是贵人鸟公司于2016年发行的总额为5亿元的"2016年度第一期非公开定向债务融资工具"（以下简称"16贵人鸟PPN001"），该项债务的本金及利息的兑付日期为2019年11月11日，但由于贵人鸟偿债能力已经严重恶化，账面现金远不足以偿还债务，且融资渠道受限，导致该项债务无法偿还，构成了实质性违约。

贵人鸟在2014年发行了总额为8亿元的"14贵人鸟"公司债券，于2019年12月3日到期，其中有6.47亿元无法按期兑付。截至2019年年底，仅仅因"16贵人鸟PPN001"和"14贵人鸟"违约所造成的利息及罚息就高达7 885万元。

2020年6月23日，贵人鸟发布公告，由于债务违约和股权冻结，银行信贷收紧造成流动性进一步紧张，公司未能按期支付各家银行的贷款利息，公司在各家银行的贷款本金合计14.10亿元已全部逾期。接连的巨额债务违约最终导致贵人鸟公司爆发财务危机。

截至2020年6月30日，贵人鸟面临的逾期债券及贷款本金合计25.57亿元，2020年下半年虽然有所缓解，但根据公司于2021年4月底发布的2020年年报，公司逾期的应付债券和借款仍有21.24亿元，占公司2020年年末总资产的59.45%。

这两次的债券违约事件让贵人鸟面临财务危机的事实浮出水面。

六、基于 Z-score 模型对贵人鸟的财务状况进行分析

运用多变量统计分析方法，经过大量试验，最终选取 5 个财务比率构建了 Z-score 模型，用于衡量企业的财务健康状况，预测企业财务失败和破产。由于 Z-score 模型具有需要的历史数据较少、建模成本低、模型通俗易懂、易于解释、预测准确率较高等优点，故该模型在世界各国得到了广泛运用。

该模型的表达式为 $Z=1.2X_1+1.4X_2+3.3X_3+0.6X_4+0.99X_5$

思考问题 5： 请分别写出表 15-6 中各个变量表的含义。

表 15-6　Z-score 变量具体内容

变量	计算公式
$X1$	
$X2$	
$X3$	
$X4$	
$X5$	

依托这五个变量，Z-score 模型定量衡量了企业的变现能力、盈利能力、资产规模、财务结构、偿债能力和营运能力，企业的财务状况在 Z-score 模型下得到了全方位的综合反映。每个变量的计算值越大，表明该方面的财务状况越好，且每个变量都与 Z 值正相关，因此，企业的财务状况越好，所计算出来的 Z 值就越大。通过这 5 个财务比率计算出 Z 值，Z 值与公司发生财务危机的可能性成反比。当 Z<1.8 时，可以认为企业正面临严重的财务危机，破产的可能性很大；当 1.8<Z<2.675 时，企业位于“灰色区域”，仅凭 Z 值无法判定企业是否肯定破产，需要对公司的财务数据进行进一步的研究；当 Z>2.675 时，企业财务状况良好，不存在财务危机。但在 Z-score 模型的实际应用中，由于各个国家存在着不同的经济环境，每个国家 Z 值的判断标准也可能不同，因而各国家的企业可能需根据自身的实际情况确定合适的 Z 值临界值。

根据前述的 Z-score 模型，利用贵人鸟公司各年财务报表中的数据，可计算出 Z-score 模型的五个变量，如表 15-7 所示。

表 15-7　2014—2020 年贵人鸟 Z 值计算表

变量	2014 年	2015 年	2016 年	2017 年	2018 年	2019 年	2020 年
X_1	0.545 2	0.345 5	0.237 8	0.080 2	−0.153 2	−0.406 4	−0.526 0
X_2	0.186 2	0.192 8	0.119 8	0.101 6	−0.004 9	−0.284 8	−0.420 2
X_3	0.134 7	0.120 1	0.091 9	0.063 4	−0.064 2	−0.215 8	−0.045 0
X_4	5.223 8	8.905 5	4.035 9	2.245 1	1.125 4	1.082 2	0.397 0
X_5	0.551 6	0.436 0	0.358 0	0.420 0	0.456 0	0.367 5	0.320 0
Z	5.039 8	6.855 7	3.532 3	2.210 4	0.724 2	−0.585 4	−0.812 9

从 2016 年开始，贵人鸟的 Z 值就逐年下降，这表明公司的财务状况在逐渐恶化。2014—2016 年，贵人鸟的 Z 值在正常范围内，说明公司财务状况良好；2017 年，Z 值首次小于 2.675，表明贵人鸟进入"灰色区域"，公司存在陷入财务危机的风险；到 2018 年 Z 值小于 1.8，达到判定公司陷入财务危机的标准；2019 年 Z 值变为负数，2020 年 Z 值进一步减小，财务状况继续恶化。

七、贵人鸟财务危机成因分析

本案例主要从公司治理结构、多元化扩张中存在的问题和市场环境变化这几个方面来分析贵人鸟陷入财务危机的原因。

（一）"一股独大"的股权结构缺乏科学性

"一股独大"现象在中国企业中十分常见，其中以家族企业尤为突出。一方面，服装行业市场需求变化快，高度集中的股权结构能提高企业决策的制定和执行效率，有利于企业抓住市场契机，及时推出迎合市场需求的优质产品，实现企业的高速发展。但另一方面，"一股独大"又是家族企业治理结构不完善的一个重要表现，家族企业的大股东利用其持股优势控制董事会，在制定重大战略决策时容易一意孤行，不能听取多方面的意见，导致战略决策缺乏科学性，抬高了企业的治理成本。

贵人鸟公司是典型的家族企业，林天福通过贵人鸟集团（香港）有限公司控制着贵人鸟股份有限公司 76.22％的股权，对公司有绝对的控制权。贵人鸟公司董事会共 8 席，林氏家族占据着其中 4 席，林天福是公司董事长兼总经理，由此可见，林氏家族牢牢掌握着公司重大战略决策的话语权。贵人鸟的多元化扩张战略是由林天福等林氏家族成员决定的。

贵人鸟实行多元化扩张战略的时机也不合适。经过了 2008 年的奥运热和疯狂的线下布局之后，运动鞋服行业的增长速度自 2011 年开始下滑，2013 年行业的规模开始逐渐缩小，整个行业出现严重的产能过剩。"高库存""市场需求低迷"困扰着国产运动鞋服企业，运动鞋服的领军企业纷纷陷入困境，如李宁和安踏都出现了业绩下滑，但它们没有选择多元化扩张战略，而是深耕主业，通过战略转型度过了危机。贵人鸟在行业整体低迷的大背景下选择多元化扩张战略，多元化涉及行业未产生明显效益，而服装主业却错过了去库存和战略转型的机会，可见其决策失误。

(二) 扩张过程中忽视风险管理

风险管理是现代企业的重要的管理活动，良好的风险防控体系能最大程度地减少风险损失。为了充分发挥风险管理的作用，公司应建立单独的风险管理部门。风险管理部门负责健全和完善公司风险管理制度，做好常态化的风险管理工作。贵人鸟公司风险管理没有得到公司管理层足够的重视，公司缺少单独的风险管理部门，导致贵人鸟公司无法在风险发生的初期识别风险并采取应对措施。

贵人鸟公司对一些项目进行收购时缺乏风险评估，收购后没多久就以失败告终。比如以 1 亿元收购深圳市星友科技有限公司 45%的股份，但为了降低投资风险，又在同一年将该股份卖出；出资6 500万元设立的享安保险，当年就因业绩不佳被注销；以 27 亿元收购威康健身，最终也以失败告终。这些都说明贵人鸟公司在进行投资时并没有对项目进行合理的风险评估，导致多项投资无疾而终。

(三) 非相关多元化的并购业绩不佳

贵人鸟公司实施的是非相关多元化的扩张战略，涉足游戏、保险、经纪、赛事主办等自身不熟悉的领域，这些业务在前期需要大量的资金投入，短期内又难以产生可观的投资收益，且新旧产业之间没有明显的战略关联，多元化扩张产业之间缺少协同性，未能产生范围经济，新产业最终拖累了公司总体业绩，导致投资失败。

贵人鸟公司在 2016 年投资设立的享安保险，因未有盈利，经多方考虑，于 2016 年年底注销。2018 年 8 月，由于康湃思体育业绩不佳，为提升公司整体运营效率，贵人鸟公司以低于投资成本的价格将持有的参股公司康湃思(北京)体育管理有限公司 37%的股权、康湃思(北京)体育咨询有限公司 37%的股权转让给晋江国家体育城市股份有限公司，转让金额分别为13 522.21万元、811.42万元。转让完成后，公司不再持有康湃思体育和康湃思咨询的股权。贵人鸟公司对康湃思体育的投资净亏损将近6 000万元。

虎扑体育得到贵人鸟公司的投资后未能成功上市，贵人鸟公司未能分享虎扑体育的上市红利，并且虎扑体育也出现业绩下滑的现象，2017 年虎扑体育的净利润仅为1 929.4万元，相比 2015 年下降将近 40%。2018 年 8 月，贵人鸟公司以 2.73 亿元的价格将持有的虎扑体育13.66%股权转让给了上海鼎点资产管理有限公司。

贵人鸟公司的控股子公司杰之行因在报告期内发生业绩亏损，导致杰之行股权评估价值大幅下降。2018 年 12 月，贵人鸟公司将持有的全部杰之行 50.01%股权以低于投资成本的价格对外转让，转让价格为 3 亿元，但由于购买人未能足额出资，最终只出售了杰之行 20%的股权。

以上分析可以看出，2015—2017 年贵人鸟公司资本运作频繁，通过密集并购谋求外延式扩张，十余次收购使得公司横跨互联网+体育、体育经纪、体育赛事主办、体育保险、体育游戏和体育健身。

(四) 扩张战略耗费大量现金

在企业的日常经营管理中，资金管理十分重要，而现金预算管理是其中的重中之重。现金是企业的“血液”，良好的现金预算管理可以降低现金的流动性风险。企业进行战略扩张时，需制定合理的扩张计划，并根据计划制定现金预算。企业盲目投资回报周期长、投资规模大的项目，对现金流安全性缺乏有效的评估，现金流入和现金流出长期不匹配，如果未能采取有效手段解决资金缺口，最终就会导致财务危机。

贵人鸟并没有为多元化战略进行合理的现金预算管理，贵人鸟对外投资以现金投资为主。2014—2017 年，投资活动的现金流出持续增加，4 年间总共流出将近 70 亿元现金，而公司业绩却持续下滑，无法获得足够的内源性融资，货币资金逐年减少，到 2019 年年底账面货币资金仅有 0.25 亿元，现金流断裂后直接导致债务违约。贵人鸟投资活动现金流出和货币资金情况如表 15-8 所示。

表 15-8　2014—2020 年贵人鸟投资活动现金流出和货币资金情况　　单位：亿元

年份	2014 年	2015 年	2016 年	2017 年	2018 年	2019 年	2020 年
投资活动现金流出	9.62	17.95	20.36	21.28	3.96	2.54	1.19
货币资金	11.93	16.78	13.92	7.47	1.48	0.25	0.18

(五) 过度股权质押和借债

股权质押是一种常见的债务融资模式，股东将其所持有的公司股权质押给金融机构，以向金融机构获取资金。股权质押是一把双刃剑，合理的股权质押能在保证股东控制权的同时拓宽公司的融资渠道，获取大量资金，是快捷简便的融资方法；但股权质押也存在一些缺陷，频繁且高额的股权质押会给投资者造成公司经营不善的印象，降低投资者信心，增加股价下跌的风险，过度的股权质押还可能影响公司在金融机构的授信额度，增加债权融资成本，进一步缩窄公司的融资渠道，增加融资风险。

2014 年上市以后，贵人鸟公司的控股股东就开始了频繁的股权质押，在贵人鸟激进扩张的 2015—2017 年，为了弥补资金缺口，贵人鸟控股股东共进行了 21 次股权质押。至 2018 年下半年，贵人鸟控股股东已经累计将其持有的 99.02%的贵人鸟公司股票进行质押，这意味着控股股东几乎不可能再依靠股权质押获得资金。贵人鸟控股股东股权质押情况如表 15-9 所示。

表 15-9　2015—2018 年贵人鸟控股股东股权质押情况表

年份	质押次数	质押股数(股)	累计质押股数占持股比例
2014 年	3	63 344 000	13.08%
2015 年	5	192 342 900	47.13%
2016 年	7	403 800 000	76.38%
2017 年	9	248 420 000	65.42%
2018 年	8	245 000 000	99.02%

多元化扩张期间，贵人鸟公司不顾后果，通过银行贷款和发行债券大量举借债务。到 2019 年年底，逾期债务的本金就高达 25 亿元，相当于贵人鸟公司 2011—2017 年净利润

的总和。大肆举债的后果是财务状况的持续恶化，贵人鸟的速动比率和流动比率呈连续下降趋势，短期偿债能力持续恶化，资产负债率持续上升，长期偿债能力也持续恶化。从表 15-2 可以看出，到 2019 年年底，流动比率只有 0.54，速动比率只有 0.44，资产负债率高达 87.20%。从表 15-10 可以看出，由于长期债务到期和大量举借短期债务，贵人鸟公司流动负债在负债中的比重持续上升，截至 2019 年年底，流动负债高达 34.17 亿元，占总负债的比重也达到了惊人的 99.7%，贵人鸟公司面临迫切的短期偿债压力。贵人鸟负债情况如表 15-10 所示。

表 15-10 2014—2020 年贵人鸟负债变化表

单位：亿元

年份	2014 年	2015 年	2016 年	2017 年	2018 年	2019 年	2020 年
流动负债	11.50	16.22	30.88	34.94	31.88	34.17	35.37
总负债	19.70	24.43	47.91	49.56	32.23	34.27	35.47
流动负债占总负债的比重	58.40%	66.41%	64.45%	70.50%	98.92%	99.70%	99.72%

在贵人鸟债务违约后，各家银行为减少损失，改变了对贵人鸟公司的信贷政策。贵人鸟公司的房产、土地、子公司和参股公司股权以及股权投资基金基本处于冻结状态。虽然贵人鸟在各相关授信银行尚有 2 亿多元的授信额度，但面对贵人鸟的财务困境，多家银行停止向其贷款，贵人鸟对外融资面临窘境。

（六）核心产品缺乏竞争力

以往的服装行业一直被认为是技术含量低、进入门槛低的行业。但近年来随着消费者生活水平的稳步提升和体育锻炼人数的持续增加，人均体育消费金额持续增长。运动鞋服的选购标准不再是简单的结实耐用，消费者更关注其他因素。虽然科技含量高的运动鞋服价格偏贵，但因能减少运动损伤并带来更舒适的运动体验，越来越受到运动爱好者的青睐。在行业加速迭代和市场竞争日益加剧的情形下，国内运动服装企业越来越重视运动鞋服的研发工作，加快提升科技实力，将新材料、新工艺和新设计不断引进到运动鞋服的制造中，运动鞋服的科技含量越来越高。

早在贵人鸟上市之前，就有媒体报道认为贵人鸟的产品缺乏竞争力，同水平的服装企业数量众多。相对于国际品牌和国内一线品牌来说，贵人鸟的研发投入相对较少，以 2018 年和 2019 年为例，贵人鸟的研发投入分别为 0.8 亿元和 0.5 亿元，而安踏则分别是 5.99 亿元和 7.89 亿元。因此贵人鸟公司的运动产品虽然质量过硬，但科技含量低，款式也不够时尚，在市场上缺乏竞争优势，产品定位低导致定价也较低，产品的盈利能力比其他品牌低。以 2019 年公布的财务数据为例，贵人鸟公司的毛利率为 35.49%，其中鞋服产品的毛利率只有 33.11%，而安踏和李宁的毛利率分别为 55%和 49.1%。作为核心产品的鞋服缺乏竞争力，不能给公司带来合理的利润回报，导致近年来净利润持续下滑，2020 年虽然有小幅回升，但净利润仍然为负。

（七）销售费用大幅增加

2018年以前，贵人鸟公司的销售模式采用的是品牌经销授权合作模式，在这种经销模式下，贵人鸟会向经销商提供短期的财务资助，以缓解经销商的短期资金周转压力。根据公开披露的信息，贵人鸟分别于2015年、2016年和2017年向经销商累计提供财务资助19.42亿元、17.45亿元和14.19亿元，分别占公司最近一期经审计净资产的86.85%、73.2%和50.9%，且每年年末还有巨额财务资助余额，3个年度末的财务资助余额分别为6 701.3万元、1.03亿元和9 027万元，但贵人鸟未及时对这些资助进行公开披露，也未及时提交股东大会审议，且公司在对这些财务资助进行记账时，记账科目竟然发生错误，导致公司最终被上海证券交易所通报批评。

由于原先的经销模式存在诸多问题，2018年，贵人鸟与部分经销商达成一致意见，将传统的贵人鸟品牌经销授权合作模式逐步转变为类直营合作模式。在类直营合作模式下，贵人鸟与加盟商之间是委托与被委托关系，贵人鸟向加盟商供货后，贵人鸟仍拥有存货的所有权，存货滞销风险转移到了贵人鸟，加盟商不再承担商品滞销的风险，加盟商将商品售出后，加盟商与贵人鸟根据事先约定的协议进行收入分成。在这种销售模式下，贵人鸟的销售费用大幅上涨。根据贵人鸟2018年的年报，该年度销售费用合计6.97亿元，较上年同期增长81.06%，主要原因就是新经销模式下贵人鸟给予加盟方的销售返利增加，以及公司销售模式的调整使得公司需花费大量资金用于支付向经销商购买销售渠道资源的费用。销售费用的大幅增加是造成贵人鸟公司亏损的一个重要原因。

（八）应收和预付账款回收困难

贵人鸟公司应收账款占资产的比重一直比较高，应收账款常年在10亿元以上，严重影响资金周转。贵人鸟公司应收账款情况如表15-11所示。

表15-11　2014—2020年贵人鸟公司应收账款变化表　　单位：亿元

年份	2014年	2015年	2016年	2017年	2018年	2019年	2020年
应收账款	12.86	12.22	18.29	16.85	14.78	11.56	11.6
应收账款占资产比重	30.58%	25.32%	23.14%	22.22%	31.10%	30.02%	32.46%

思考问题6：企业持有应收账款的成本有哪些？

思考问题7：应收账款过多对企业有什么不良影响？

根据天健会计师事务所出具的贵人鸟公司2017年的内部控制报告。贵人鸟公司根据经销商的申请提供应收账款临时信用额度，但临时信用额度的审批未明确管理层和治理层的权限，也未对应收账款临时信用额度制定风险评估内控制度，导致应收账款临时信用额度金额较大。大信会计师事务所在贵人鸟公司 2019 年的内部控制报告也指出了其应收账款管理的问题。由于销售制度存在内部控制缺陷，2019 年度贵人鸟未能收回联营商户 2 亿元的结算销售款。

贵人鸟公司的预付账款的管理也存在问题，出现了供应商未能足额交货的同时也未能返还货款的情况。在贵人鸟公司 2019 年内部控制报告和大信会计师事务所对贵人鸟公司出具的 2019 年度审计报告中指出，2019 年贵人鸟向 4 家供应商支付了 4.48 亿元预付款项，报告期内实际采购货物 2.46 亿元，供应商退回预付款项 2.52 亿元，仍有 1.7 亿元预付账款未收回，无法判断这些预付账款的可回收性。该事项违反了《贵人鸟股份有限公司资金管理内控流程体系》《采购及供应商管理制度》等内部控制制度的相关规定。上述重大缺陷导致公司不能合理保证防止或及时发现以预付款形式进行的采购活动可能导致的风险，与之相关的财务报告内部控制失效。截至 2019 年年底，贵人鸟公司的应收和预付账款总共13.8 亿元，如果能全部收回，将极大地缓解公司的财务困境。

（九）新兴消费模式兴起

目前传统服装企业采用的主要销售模式是经销商模式，经销商在全国各地布局线下实体店，服装生产企业也力推这种模式，导致很多服装企业都经历过大规模“开店潮”时期，门店数量甚至作为衡量传统服装企业规模大小的标准之一。但随着移动互联网时代的到来以及“宅经济”的迅猛发展，消费者越来越热衷于线上消费，新技术与新消费观念促使原有经济形态与商业模式加速转变，高效、便捷的电子商务模式冲击着传统服装行业依赖实体门店的销售模式，传统服装企业运营模式的弊端就逐渐显现。

相比网店，传统服装企业的线下门店需要支付高昂的租金、装修费和员工工资等费用，这导致线下门店的经营成本往往比网店高很多，同样的商品在网店的价钱可能相对便宜，消费者越来越热衷于网上购买服装。实体门店市场份额不断缩小，传统服装企业的市场份额在逐渐缩小，服装企业在经历了疯狂开店的阶段后又迎来了“关店潮”。

新兴的消费模式也带来了营销方式的变革，传统的营销模式依赖中间商和传统媒体，但这种营销模式在网络销售渠道上收效甚微，传统服装企业需要转变营销模式。在新兴消费模式兴起的背景下，许多传统经验已不再奏效，传统服装企业转型困难。

八、贵人鸟财务危机的应对措施建议

虽然贵人鸟已经陷入财务危机，但其仍存在一些优势。比如产品质量在消费者中拥有良好的口碑，销售渠道覆盖面广，品牌在国内有一定知名度等。危机是危险与机遇并存，只要贵人鸟积极应对，仍有很大可能度过这段困难时期，实现逆势增长。根据贵人鸟陷入财务危机的成因分析，提出以下应对措施。

（一）加强品牌文化建设

品牌文化建设是指通过鲜明的品牌定位和强有力的宣传推广，赋予品牌丰富而深刻的文化内涵，提高消费者对品牌的认同和忠诚。品牌文化能赋予品牌强大的生命力和非凡的扩张能力，培养忠诚的客户群。贵人鸟公司除了经营自主品牌外，还投资和代理了一些其他品牌，但这些品牌的毛利率都远低于自主的贵人鸟品牌，贵人鸟品牌产品的毛利率能达到40%，代理品牌的毛利率只有10%到30%。因此，为谋求更多的商业利润，贵人鸟公司更应强化自主品牌在市场上的竞争力。

运动服装企业的大部分客户是年轻人，他们更加注重个性化和时尚化，更希望通过品牌抒发内心情感和表达自己的生活方式，因此他们的消费选择更容易受到品牌文化的影响。为了扩大品牌影响力，运动品牌每年都要投入大量的广告费和宣传费。李宁的成功很大一部分归因于北京奥运会对其品牌影响力的提升。所以贵人鸟在回归主业的同时不能忽视其品牌文化建设，只有提升贵人鸟的品牌影响力，才能提升产品销售，助力贵人鸟走出财务危机。

贵人鸟公司要做好品牌文化建设，需做好以下几点：公司管理层要重视品牌文化建设，树立品牌文化意识；重视制度建设，坚持制度创新，推动科学品牌文化的创建；注重企业精神文化建设，形成企业独特的、鲜明的经营思想和个性风格；将品牌文化建设纳入企业的管理目标，可以设立部门或专职人员从事公司品牌文化建设工作，制定相应的品牌文化建设战略；加大经费投入服装品牌设计，服装设计的好坏直接影响着消费者的购买选择，只有对服装进行精心的设计，才能形成个性化、适应消费群体的服装品牌文化；聘请优秀的服装设计师，在服装设计中加入创新元素，这些都需要企业持续的资金投入。

（二）拓展线上销售渠道

近年随着实体门店租金的上涨、劳动力成本的上升和消费者购物观念、购物习惯的改变，越来越多实体门店的经营陷入困境。2020年上半年新冠疫情的冲击使情况更加恶化，贵人鸟有大量销售门店出现亏损。关闭拖累业绩的门店，可以减少损失，使公司在零售竞争中轻装上阵。

由于网上信息搜索的便利性，一部分实体门店访客会优先上网查看商品，线上渠道已经成为服饰行业最重要的客户流量来源。线上销售渠道的重要性与日俱增，拓展线上销售渠道已经成为品牌服装公司的一项重要的业务活动。根据贵人鸟公司2019年的财报，公司线上销售的营业收入只占总营收的29%，且大多来自公司的子公司名鞋库，自主的贵人鸟品牌仍然十分依赖线下销售渠道。通过搜索国内前两大电商平台的销售数据发现，贵人鸟在线上主要销售运动鞋，而运动服装在线上的销量很少。而相比运动鞋，运动服装的销售毛利更高，今后贵人鸟公司应该更加重视开辟运动服装的线上销售渠道，积极开拓线上服装市场。

贵人鸟公司拓宽线上销售渠道的措施有：注重服务无门店区域，在无门店的地区，销售很大程度上依赖线上销售渠道，销售政策上可以向这些地区适当倾斜；提升线上商品质量和售后服务，网络购物虽然实惠，但是销售商鱼龙混杂，商品质量没有保障，应严厉打击网上假冒商品，同时提供完善的退换货服务，免去消费者的后顾之忧；积极探索新的线上销售模式，比如鼓励经销商开展直播带货、短视频销售和参加线上服装展会，与线上消费者互动，刺激线上销售。

(三) 加强销售环节的资金管控,加快回收应收账款

贵人鸟应收账款占用了大量资金,降低了公司的资金使用效率,使企业效益下降。加快回收应收账款有利于贵人鸟公司尽快走出财务危机。

1. 做好客户资信调查

企业信用管理需要财务、销售、采购、信息等部门共同参与,同时应设置专门的赊销和征信部门。企业应建立客户档案,可以按客户的重要性对客户进行分类,将客户分为普通客户和核心客户,核心客户是企业营收的主要来源。企业应对客户设立风险考核指标,给各个指标设置好相应的权重,定期对客户进行打分、评级,按照评分结果将客户分成一等、二等、三等三个等级,每个等级下又可以再细分三个等级。然后根据客户的信用等级分配信用额度,设置额度时适度采用弹性原则,同时需要企业对核心客户特殊对待。通过动态的客户档案和反应迅速的客户资信评级系统,企业就能及时决定是收紧还是放宽信用政策,有针对性地采用不同的销售策略和结算方式,从而降低信用风险。

2. 强化应收账款的日常管理

应收账款的日常管理包括:根据客户设置应收账款明细分类账;了解收款时间,检查客户是否超过信用额度;及时发现超过信用期限的应收账款,提醒客户尽快付款;分析平均收账期和应收账款周转率,分析收账期延长和应收账款周转率下降的原因,及时采取措施;对坏账损失进行预估,实行严格的坏账核销制度;编制账龄分析表,根据情况及时调整信用政策等。

3. 强化应收账款的事后管理

对于逾期的应收账款,尽快催收能最大限度地减少坏账损失。根据成本效益原则,采用多种方法,确立合理的催收程序。一般的催收程序为:信函通知、电报电话传真催收、派专人面谈和诉诸法律。贵人鸟应收账款金额庞大,以公司目前状况可以以提起诉讼的形式尽快催收应收账款。

4. 加强采购环节的管理

贵人鸟的供应商不能及时供货,且占用公司大量货款。对于采购环节的管理,贵人鸟公司可以采取以下措施。

1) 建立完善的内部控制制度

应制定严格的采购业务内部控制制度,并要求公司各部门严格遵守。在内部控制制度设计中要建立科学合理的权责分派体系。管理层应重视内部控制风险,对内部控制审计过程中发现的漏洞要及时进行全面自查和整改。

2) 加强对供应商的管理和选择

在采购过程中应坚持公平公正的竞争原则,通过公开招标、询价、邀标等方式选择供应商,并对各家供应商进行合理评估和审查,选择资信好、履约能力强、商品质量高、价格合理的供应商进行合作。建立供应商的信息系统,实时更新供应商信息,及时发现履约能力不佳和资信变差的供应商,并及时采取补救措施。

3) 在采购过程中加强对预付款项的管理

公司应建立预付账款控制制度,为了节约货币资金的支出,严格控制各种预付款项的额

度。积极与供应商协商，避免一次性支付供应商巨额预付账款。同时要建立预付账款清理责任制度。根据供应商和供货合同，指定专人做好预付账款的结算和催收工作，制定详细的工作计划，按期定额回收，防止供应商不及时供货又不返还预付账款。

5. 加强存货管理

管理好库存是服装企业迈向成功的关键。贵人鸟公司的存货占用了大量资金，其中很大一部分是库存商品和发出商品，原材料、在产品和委托加工物质只占存货的很小的一部分。贵人鸟可以采取以下措施进行管理。

1）重视产品设计

贵人鸟公司库存商品过多，主要原因是销售没有达到预期。服装市场商品同质化问题严重，而消费者的需求却是个性化和多样化的。所以要重视设计师团队的建设，掌握市场的最新动向、增加品牌差异化，在符合大众审美的基础上树立品牌特色。

2）建立科学的存货处理机制

存货数量过多会严重影响公司现金流。由于服装销售也讲究时效性，对于积压过久、款式过老的库存商品可以采取打折促销的方式进行处理。目前比较常见的处理库存的渠道有天猫和京东等电商销售渠道、大型商场的展销处、奥特莱斯品牌折扣店、特定商店的特卖会或内购会以及最终的尾货处理等。但应注意的是清理库存应是短期行为，如果长期清理库存，将会使品牌形象受损。

3）建立协同式供应链管理模式

贵人鸟公司应建立高效的协同式供应链，快捷而灵活地完成采购、制造和配送等供应链服务。服装潮流随时都在变化，抓住市场风口，尽快组织采购和生产，推出符合市场潮流的产品，从而刺激销售，降低存货的库存压力。

6. 尝试引入战略投资者，降低融资成本

贵人鸟 2018 年的年报显示，社会融资成本的明显攀升，居高不下的利息支出持续稀释公司利润。公司 2018 年利息费用为 2.3 亿，2019 年利息费用为 1.49 亿，可见贵人鸟融资成本之高。资金成本常和风险挂钩，当前贵人鸟深陷财务危机，融资渠道受阻，即便能够筹得资金，利息费用也将畸高。在当前情况下，公司可以尝试让渡一部分股权，引入战略投资者，为公司提供资金的同时，帮助公司进行改革。战略投资者不仅拥有雄厚的资金实力，而且还有很强的投融资能力和市场影响力，一旦有实力的战略投资者对贵人鸟进行投资，将增强市场对贵人鸟后续发展的信心，吸引其他投资者对贵人鸟进行投资，缓解贵人鸟的融资困境。通常来说，战略投资者看重的是企业长期的发展能力，战略投资者不仅能为贵人鸟带来资金，帮助贵人鸟进行产业结构升级，还会安排人员进入公司董事会，带来先进的管理理念，致力于公司的长远发展。引入战略投资者还能改变贵人鸟公司“一股独大”的局面，在重大战略决策时能兼听多方意见，提高决策的科学性。

7. 设置风险管理部门，实时管控风险

风险管理应贯穿公司的整个业务流程，设置风险管理部门可以提高公司的抗风险意识和能力。贵人鸟可以设置单独的风险管理部门，风险管理部门的职责有：提出风险管理的原则和程序，制定控制风险政策，建立自上而下的风险控制标准，把风险管理思想融入企业的业务决策当中；落实风险责任制，为风险管理分配责任，每一项主要风险都必须有专人负责；积极培训员工，除了经理要接受风险管理培训，还需要对基层员工进行培训，培养员工的风险意识，形成企业风险文化；任命风险审计员检测和审计风险，实时监测风险及变化，保留风险记录，建立风险信息系统，按期编制风险报告，定期向管理层汇报风险管理工作；编制风险管理手册，细化风险的防范与控制措施，供企业员工学习使用；识别和应对公司的战略风险，完善战略风险的量化预警措施，建立相关模型和指标对战略风险进行预警。

8. 建立财务危机预警机制，加强事前防范工作

根据危机管理理论，危机管理的重点在于预防危机，科学的财务危机预警机制能在危机发生前就识别出风险因素，帮助企业提前做好危机的预防和应对工作。从 2015 年开始，依据贵人鸟的财务数据计算出的 Z 值呈逐年下降趋势，表明财务状况一直在恶化，但却没有引起公司管理层足够的重视，这反映出公司缺少财务危机预警机制。

财务危机预警系统有信息收集、监测、诊断和治疗功能，它能够持续而全面收集公司各项财务与非财务信息，监测重大财务风险，分析财务风险产生的原因并积极采取预防措施。

财务危机预警系统的构建包括以下几个方面：

1）建立财务预警组织机构

在公司成立专门的部门负责财务危机预警事项，挑选熟悉企业业务、精通财务知识的人员从事财务预警工作，必要时也可以聘请外部专家或者财务公司参与财务危机预警的工作。

2）建立财务信息收集机制

建立财务危机预警系统首先要保证财务数据的准确性和及时性，公司可以建立信息系统，负责财务数据的收集、处理和传输。

3）建立财务危机的分析机制

财务危机预警系统的准确性很大程度上取决于对财务数据的分析。运用定性分析和定量分析方法，判定公司财务风险的大小，识别重大的财务风险。公司应根据自身的行业特征和历史财务数据等因素构建适合自身的财务危机预警模型，根据模型进行演练，进一步修正模型，提高模型的准确性。可以尝试在财务危机预警系统下建立预警子系统，比如现金流量预警模型、库存预警系统、采购与付款管理风险预警系统和债务违约风险预警系统等，将风险因素细化到公司的各项业务板块，提高财务危机预警的及时性和准确性。

4）建立财务危机应对机制

当财务危机预警系统识别出重大风险因素后，应立即将其上报给财务危机预警组织机构，分析风险产生的原因，确定控制风险的措施，必要时需上报给公司的财务负责人，避免风险进一步扩大，危及公司生存。

思考问题 8： 财务危机预警中，哪些现象说明企业可能面临财务危机？

九、总结

多元化扩张能使企业规模快速扩大，很多大型企业的发展历程中都有过一段多元化扩张的时期，但多元化扩张的效果在各个企业却不尽相同，由此引出了多元化折价论、多元化中性论和多元化溢价论。贵人鸟是多元化扩张失败的典型企业，其中的原因有：公司治理结构不完善；扩张战略过于激进，缺乏相应的资金管理；忽视主业；市场环境的不利影响。同时本案例根据危机产生的原因提出了相应的对策：聚焦主业发展；加快营运资金周转；积极与投资人和债权人沟通；完善风险防控机制。本案例通过对贵人鸟财务危机成因和对策的分析，希望能为贵人鸟尽快走出财务困境贡献自己的一份力量，也为其他尝试多元化扩张的企业提供一定的经验和教训，帮助企业提升多元化扩张下的经营业绩。

课后思考

1. 结合案例，谈一谈企业如何预防财务危机的发生。

2. （思政）鸿星尔克和汇源果汁在面临严重的财务危机时，却在2021年夏天对河南水灾慷慨解囊，谈一谈对这件事情的看法。

案例十六 重庆钢铁破产重整案例分析

课前思考

1. 什么叫破产，其特征有哪些，破产的界限指什么？

2. 破产的程序包括哪些，分别指什么？

理论背景

随着资本市场的不断完善和发展，上市公司已经成为我国市场经济的重要主体。截至2019年年末，上海证券交易所和深圳证券交易所的上市公司数量共计3 777家，股票总市值达到592 935亿元。上市公司的持续健康成长无疑对我国的整体经济发展有着重要影响。然而，面对国内外的复杂形势，近年来我国经济下行压力加大，市场整体环境较为严峻。在此情况下，许多上市公司内部的经营管理问题进一步显现，各自陷入不同程度的困境，甚至濒临破产。以钢铁行业为代表的产能过剩行业的问题尤其突出。与非上市公司不同，上市公司往往规模较大，涉及的股东和债权人等利益相关者数量众多，利益关系复杂。如果上市公司所面临的困境不能得到合理有效的解决，公司可能被迫退市或者破产清算，这无疑将产生十分严重的负面影响。

在所有解决公司困境的方式中，破产重整无疑是重要选项之一。2007年，我国新修订的《企业破产法》首次引入破产重整制度，这为陷入严重困境的公司提供了一条新的出路。

近年来，越来越多的危困上市公司尝试实施破产重整，希望能借此摆脱困境，重回正常经营的轨道。2019 年，当年披露破产重整申请的上市公司(包括其控股股东或子公司)数量为 48 家，而在此前的 2016 年至 2018 年，每年涉及破产重整的上市公司数量分别为 11 家、15 家和 23 家。破产重整的上市公司数量呈明显增加的趋势。需要注意的是，并非所有公司均适宜进行破产重整，破产重整也不一定都能带来持续的正面效果。

思考问题 1: 什么是破产重整，具体包括哪些程序?

思考问题 2: 什么是破产清算，什么情况下进行清算，具体包括哪些程序?

一、公司简介

重庆钢铁股份有限公司，是一家大型上市钢铁企业，主要从事板材、型材、线材等产品的生产、加工和销售。1997 年 8 月，重庆钢铁股份有限公司由重庆钢铁(集团)有限责任公司(以下简称重钢集团)作为独家发起人发起设立。1997 年 10 月，公司股票在香港联合交易所挂牌交易，股票简称为“重庆钢铁股份”，股票代码为 1053。2007 年2 月，公司股票在上海证券交易所挂牌交易，股票简称为“重庆钢铁”，股票代码为 601005。2017 年4 月24 日，重庆钢铁股份有限公司被申请破产重整，法院于 2017 年 7 月3 日裁定受理该破产重整申请，同年 12 月重庆钢铁重整完成。

根据重庆钢铁破产重整前的 2016 年年度报告，截至 2016 年 12 月 31 日，重庆钢铁普通股股东总数为 177 099 户，其中第一大股东为重钢集团，持股比例为 47.27%。重钢集团由重庆市国有资产监督管理委员会 100%持股控制，因此重庆钢铁的最终实际控制人为重庆市国有资产监督管理委员会。破产重整前重庆钢铁与实际控制人之间的关系如图16-1 所示。2016 年年末重庆钢铁前十大股东情况如表 16-1 所示。

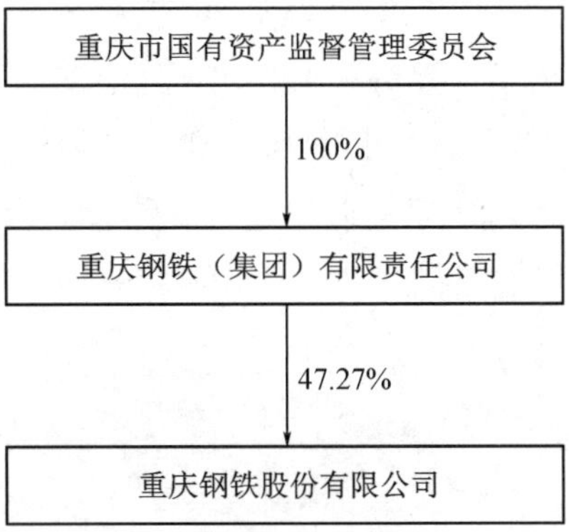

图 16-1 破产重整前重庆钢铁与实际控制人之间的关系

表 16-1 2016 年年末重庆钢铁前十大股东

序号	股东名称	持股数量(股)	持股比例
1	重庆钢铁(集团)有限责任公司	2 096 981 600	47.27%
2	HKSCCNOMINEESLIMITED	530 713 540	11.96%

（续表）

序号	股东名称	持股数量（股）	持股比例
3	中央汇金资产管理有限责任公司	93 284 800	2.10%
4	中国证券金融股份有限公司	39 352 886	0.89%
5	吴招美	29 336 217	0.66%
6	博时基金—农业银行—博时中证金融资产管理计划	23 900 800	0.54%
7	大成基金—农业银行—大成中证金融资产管理计划	23 900 800	0.54%
8	工银瑞信基金—农业银行—工银瑞信中证金融资产管理计划	23 900 800	0.54%
9	广发基金—农业银行—广发中证金融资产管理计划	23 900 800	0.54%
10	华夏基金—农业银行—华夏中证金融资产管理计划	23 900 800	0.54%

二、重庆钢铁破产重整前的经营情况

重庆钢铁作为一家大型钢铁企业，其主要的日常经营活动就是生产和销售板材等各类钢材产品。然而，受到内外部诸多因素的影响，公司在破产重整前的经营情况不断恶化。

产品生产方面，重庆钢铁的钢材产量在破产重整前已经连续多年下降。如图16-2所示，2012年重庆钢铁的钢材产量为470.56万吨，2016年该数据则为233.00万吨，期间呈显著下滑趋势。2016年，由于现金流出现困难，重庆钢铁已经难以按照原有模式组织生产。2016年4月，重庆钢铁与攀华集团有限公司签订《来料加工协议》，攀华集团有限公司委托重庆钢铁加工生产热轧卷板，生产所需的矿石和煤炭由攀华集团有限公司提供。从2016年6月开始，重庆钢铁仅以来料加工的模式进行生产。

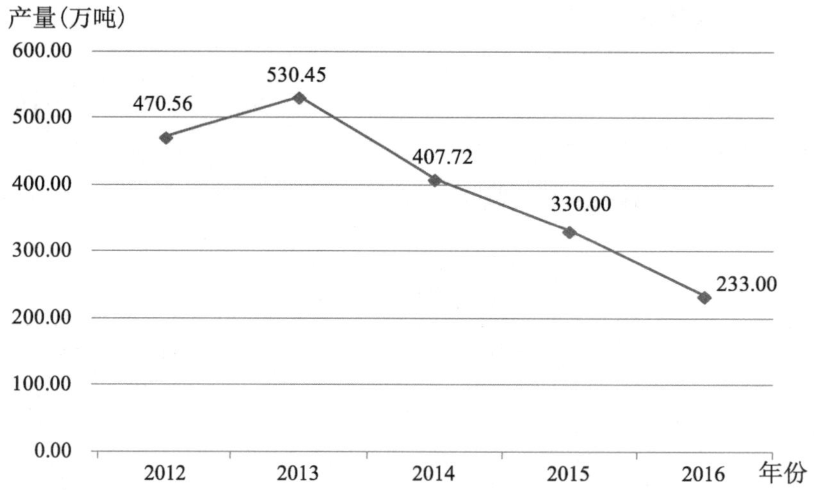

图16-2　2012—2016年重庆钢铁钢材产量

产品销售方面，重庆钢铁在破产重整之前的销售情况也在不断恶化。从图 16-3 可知，重庆钢铁在破产重整前的钢材销量呈阶梯式下降趋势，2012 年和 2013 年的销量都在 500 万吨左右，此后便明显下降。2016 年重庆钢铁自产自销的钢材仅为 112.05 万吨，较上一年度下降 67.30%。销量的持续下降说明重庆钢铁的产品销售已经出现严重问题，这对公司的日常经营十分不利。

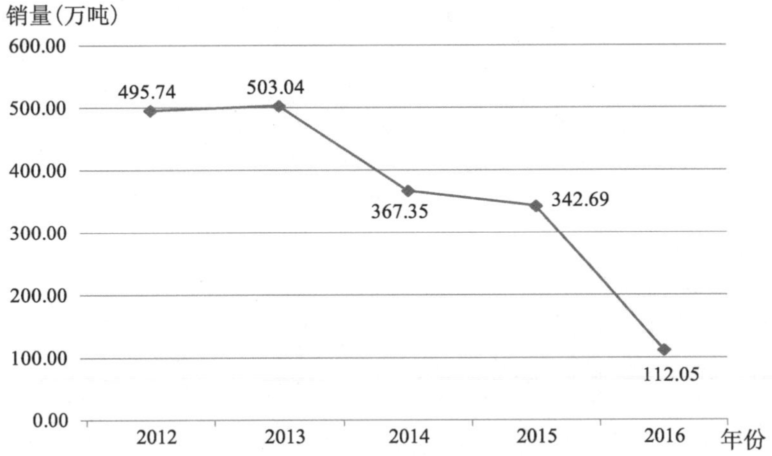

图 16-3　2012—2016 年重庆钢铁钢材销量

综上所述，在破产重整前，重庆钢铁的产品产量不断下降，产品销售不畅，日常经营已经面临较大困难，且有不断恶化的趋势。如果不采取一定的措施，重庆钢铁的日常经营将难以为继。

三、重庆钢铁破产重整前的财务情况

在破产重整前，重庆钢铁的财务情况也同样不容乐观，各项数据都反映出公司正逐渐走向破产的边缘。

从资产负债表数据来看，重庆钢铁的资产总额自 2013 年开始呈现较为明显的下降趋势，而同期负债总额持续居高不下，这使得公司的资产负债率不断上升。根据重庆钢铁破产重整前 2016 年年报的数据，其资产总计为 364.38 亿元，其中固定资产为 294.91 亿元，占总资产的 80.93%。2016 年末，重庆钢铁的负债总额高达 365.46 亿元，其中主要为短期借款、应付账款和长期借款，分别占负债总额的 15.60%、25.68%和 24.83%。值得注意的是，截至 2016 年年末，重庆钢铁的流动负债高达 261.31 亿元，但流动资产却只有 24.47 亿元，尚不及流动负债的十分之一。此外，重庆钢铁 2016 年的资产负债率为 100.29%，已经处于资不抵债状态。2012—2016 年重庆钢铁资产和负债情况如图 16-4 所示。由此可见，重庆钢铁在破产重整前债务危机十分严重，已经基本丧失清偿能力。

思考问题 3： 什么是财务危机？造成财务危机的原因有哪些？

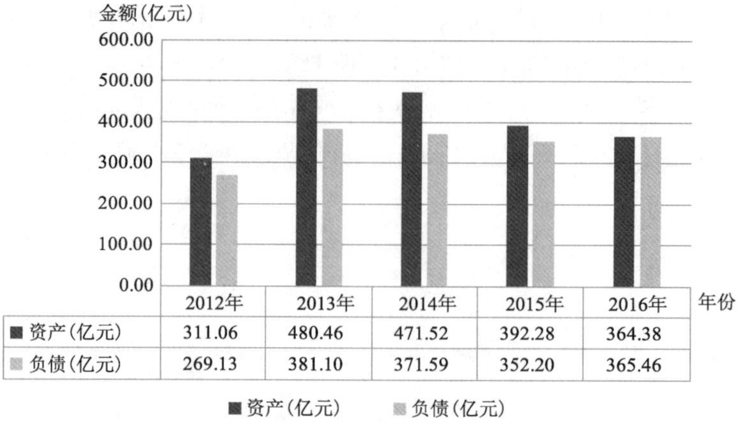

图 16-4　2012—2016 年重庆钢铁资产和负债情况

图 16-4 涉及的指标情况如下：

2016 年财务指标情况表

项目	资产项目金额	负债项目金额	占比
资产总额(亿元)	364.38		
流动资产(亿元)	24.47		
固定资产(亿元)	294.91		
负债总额(亿元)		365.46	
流动负债(亿元)		261.31	
短期借款(亿元)		57.01	
应付账款(亿元)		93.85	
长期借款(亿元)		90.74	
固定资产/资产总额			80.93%
短期借款/负债总额			15.60%
应付账款/负债总额			25.68%
长期借款/负债总额			24.83%
流动比率			0.09%
资产负债率			100.29%

从利润表数据来看，重庆钢铁在破产重整前的营业收入持续显著下降，营业利润以及扣除非经常性损益后的净利润均持续为负数，2015 年和 2016 年公司亏损的情况更加严重。从图 16-5 可知，重庆钢铁 2015 年和 2016 年连续两年净利润为负值，分别为－59.87 亿元和－46.86 亿元，扣除非经常性损益后的净利润更低。受到净利润等指标的影响，重庆钢铁于 2017 年 4 月 5 日被实施退市风险警示。由此可见，在破产重整前，重庆钢铁已经无法通过日常经营活动获取利润，亏损十分严重，面临严重的退市危机。

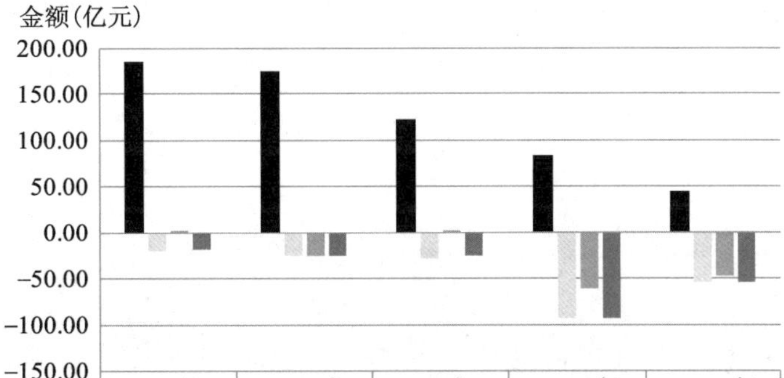

	2012年	2013年	2014年	2015年	2016年
■ 营业收入(亿元)	184.59	175.63	122.45	83.50	44.15
■ 营业利润(亿元)	-20.25	-25	-28.43	-92.85	-53.84
■ 净利润(亿元)	0.99	-24.99	0.52	-59.87	-46.86
■ 扣非净利润(亿元)	-18.69	-24.99	-25.37	-93.03	-53.92

■营业收入(亿元) ■营业利润(亿元) ■净利润(亿元) ■扣非净利润(亿元)

图 16-5　2012—2016 年重庆钢铁盈利情况

从现金流量表数据来看,2012—2014 年,重庆钢铁的投资活动现金净流量和筹资活动现金净流量一直为负,但同期经营活动仍能带来正的现金流量。2015—2016 年情况发生了明显变化,经营活动现金净流量连续两年为负,筹资活动现金净流量却开始转为正数。2016 年公司的经营活动产生的现金流量净额为－4.49 亿元,投资活动现金净流量为－2.64 亿元,筹资活动现金净流量为 14.23 亿元。2012—2016 重庆钢铁现金流量情况如图 16-6 所示。由此可见,在破产重整前,重庆钢铁的现金周转已经极为困难,日常经营已经难以持续带来足够的现金流,公司的资金周转在很大程度上靠外部输血勉强维持。

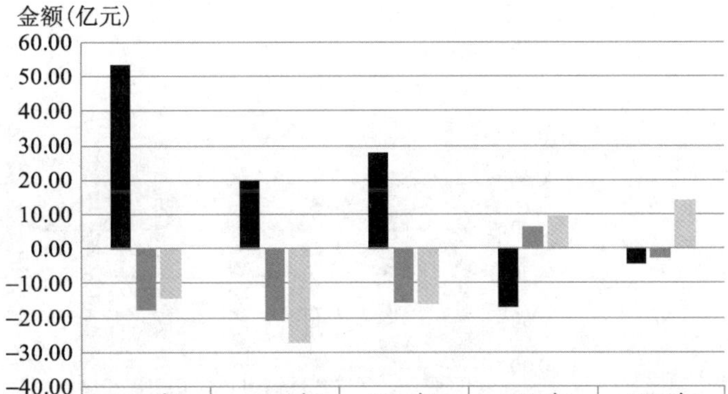

	2012年	2013年	2014年	2015年	2016年
■经营活动现金净流量(亿元)	53.15	19.55	27.97	-16.78	-4.49
■投资活动现金净流量(亿元)	-17.94	-20.85	-15.59	6.13	-2.64
■筹资活动现金净流量(亿元)	-14.28	-27.45	-16.12	9.47	14.23

■经营活动现金净流量(亿元) ■投资活动现金净流量(亿元)
■筹资活动现金净流量(亿元)

图 16-6　2012—2016 年重庆钢铁现金流量情况

综上所述，重庆钢铁在破产重整前的财务情况十分糟糕，面对巨额的债务，公司逐步进入资不抵债的状态，盈利情况和现金流情况也在不断恶化。如果重庆钢铁在 2017 年的相关财务指标仍未明显改善，公司将被暂停上市。在这种情况下，重庆钢铁面临着严重的债务危机和退市危机。

思考问题 4： 财务危机过程分几个阶段，具体表现怎样？

思考问题 5： 财务危机的征兆主要有哪些方面？

四、重庆钢铁濒临破产的原因分析

（一）钢铁行业不景气

自 2008 年国际金融危机以来，我国钢铁行业产能不断增加，产能利用率却呈下降趋势，产能过剩问题愈发突出。从图 16-7 可知，我国粗钢产能从 2008 年的 6.60 亿吨增长至 2015 年的 12.00 亿吨。与此同时，我国的粗钢产能利用率却在不断下降，2010 年产能利用率达到 82%的相对高点，此后便逐步下降。2015 年，我国粗钢产能利用率已经降至 66.99%。据此来看，我国的钢铁行业已经多年处于严重产能过剩状态。这严重影响我国钢铁行业的供求关系，对行业整体竞争状况和资源配置情况都产生较大的负面影响，不利于相关钢铁企业和整个钢铁行业的持续健康发展。2008—2015 年中国粗钢产能和产能利用率如图 16-7 所示。

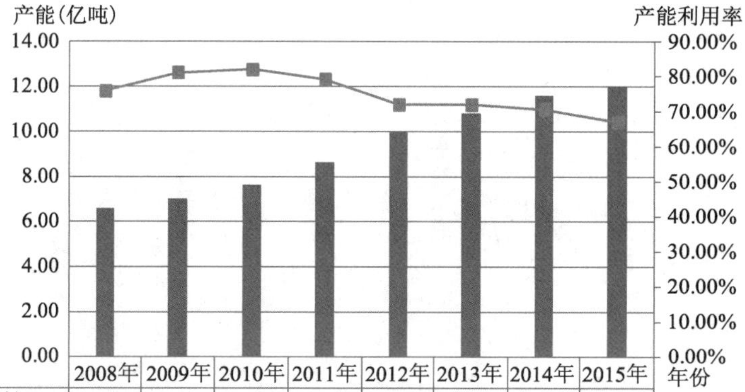

	2008年	2009年	2010年	2011年	2012年	2013年	2014年	2015年
粗钢产能(亿吨)	6.60	7.00	7.64	8.63	9.95	10.82	11.60	12.00
粗钢产能利用率(%)	75.80	81.12	82.00	79.24	72.00	72.00	70.69	66.99

粗钢产能(亿吨)　粗钢产能利用率(%)

图 16-7　2008—2015 年中国粗钢产能和产能利用率

在钢铁行业产能过剩的背景下，受宏观经济增速放缓以及下游产业需求减少等多重因素叠加影响，钢铁行业近年来整体表现持续低迷。这种低迷直接反映为市场价格的持续下降。根据 Wind 金融终端的数据显示，2012 年初我国的钢材综合价格指数为 120 左右，此后该指数便一路下滑，2015 年底更是跌至不足 60，相比 2012 年初下降超过 50%。2016 年该指数虽然在 2016 年有所回升，但仍然处于相对低位。随着市场产品价格的下降，钢铁企业的生产经营也普遍受到较为严重的负面影响。2012—2017 年钢材综合价格指数如图 16-8 所示。

图 16-8　2012—2017 年钢材综合价格指数

受外部市场环境影响，重庆钢铁的实际钢材平均售价也呈现出与市场行情类似的下降趋势。从图 16-9 可知，2012 年重庆钢铁的钢材平均售价为 3 514 元/吨，2015 年该数字已经降为 2 267 元/吨，降幅达到 35.49%。2016 年上半年，重庆钢铁的钢材平均售价继续下降为 2 200 元/吨，当年下半年公司便由于现金流问题被迫采用来料加工模式生产经营。产品售价的持续走低直接导致重庆钢铁的营业收入持续下降，公司盈利状况不断恶化，现金流入不足带来资金周转问题，公司困难程度不断累加，逐渐走向崩溃边缘。2012—2016 年重庆钢铁钢材平均售价如图 16-9 所示。

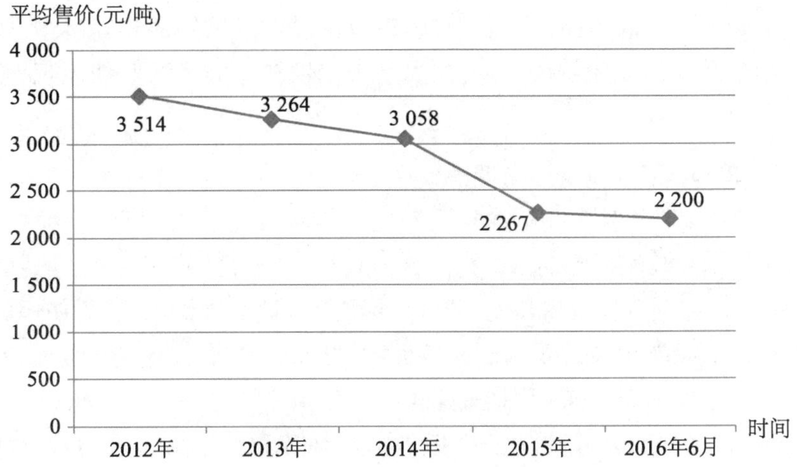

图 16-9　2012—2016 年重庆钢铁钢材平均售价

（二）产品结构不合理

从表 16-2 可以看到，除主要采用来料加工模式的 2016 年以外，在其余自产自销的年份，重庆钢铁的板材和热卷产品收入分别占主营业务收入的 45%左右。从产品用途来看，重庆钢铁生产销售的板材主要是船用钢板，热卷等产品也有部分用于造船业。另外，根据公司年报披露的信息，重庆钢铁在重整前曾是国内最大的船板钢生产企业，其生产的船用钢板品质优良，在国内钢厂中率先获得九国船级社的认证。由此可见，船板等造船用钢无疑是重庆钢铁的主导产品。2012—2016 年重庆钢铁主营业务收入结构如表 16-2 所示。

表 16-2　2012—2016 年重庆钢铁主营业务收入结构

	2012 年	2013 年	2014 年	2015 年	2016 年
板材	51.76%	43.95%	42.94%	45.97%	16.99%
热卷	38.63%	47.46%	47.90%	45.18%	31.88%
其他	9.61%	8.59%	9.16%	8.85%	51.13%
合计	100.00%	100.00%	100.00%	100.00%	100.00%

然而，这种以造船用钢为主的产品结构对于重庆钢铁而言并不合理。一方面，我国造船工业主要分布在东部地区，重庆钢铁生产的各种造船用钢也主要销往东部地区，而重庆钢铁本身则位于西南地区，这意味着重庆钢铁的造船用钢产品到达客户所在地将产生更高的运输费用，产品交货时间也相对更长。从这个角度看，重庆钢铁与东部地区钢铁企业相比存在一定的竞争劣势，这对重庆钢铁的产品销量和产品毛利都会产生一定的负面影响。

另一方面，由于产品结构以造船用钢为主，重庆钢铁整体的经营业绩更易受到下游造船业市场状况的影响，抗风险能力较差。在重庆钢铁破产重整之前的一段时期，国内造船业也同样低迷。根据中国船舶工业协会的数据，2012 年国内造船完工量为 6 460 万载重吨。此后数年，这一指标持续下降，2016 年国内的造船完工量降至 3 594 万载重吨，仅为 2012 年的 56%。造船用钢作为造船业的重要原材料，造船业的低迷势必导致造船用钢需求的减少，相关产品的价格也随之下降。在这种情况下，重庆钢铁的造船用钢的收入也持续下降，利润和现金流也因此受到比较大的负面影响。而且，正是由于产品结构的相对集中，仅仅造船用钢这一类产品的销量和收入下降，就会严重拖累重庆钢铁整体的经营业绩表现，难以通过其他产品销售表现的改善来弥补。

（三）生产流程与区位资源条件不匹配

从生产流程来看，我国钢铁行业主要采用的炼钢流程主要有两种，一种是长流程炼钢，另一种是短流程炼钢。长流程炼钢以矿石原料为起点，首先将铁矿石加工制成烧结矿或球团矿，将煤制成焦炭，再加上石灰石和其他辅料一同投入高炉炼制铁水，然后使用转炉将铁水炼成钢水，钢水经过连铸和轧制工序最后制成各种钢材产品。这种工序的主要特点是流程长，工序复杂，生产周期较长。短流程炼钢则是以回收利用的废钢为主要原料，利用电炉将其炼成钢水，然后经过连铸和轧制产出钢材。与长流程相比，短流程炼钢最显著的特点就是生产流程更短，省去了矿石和煤炭等材料的加工处理环节，生产周期更短。重庆钢铁和我国大多数钢铁企业一样采用的是长流程，这意味着铁矿石等原材料对企业生产经营十分重要。

区位资源方面，铁矿石作为长流程钢铁企业最重要的生产原料，是企业成本的重要影响因素。全球优质的铁矿石资源主要分布在澳大利亚和巴西等国，我国铁矿石资源虽然总量较为丰富，但矿石品位普遍偏低、开采条件差。重庆钢铁所处的西南地区也存在矿石资源相对较少、品位较低等问题。因此，重庆钢铁生产所需矿石原料大部分需要依赖进口。仅以2015年为例，根据当年年报披露的信息，重庆钢铁81.91%的铁矿石都来自国外。

结合以上两点，重庆钢铁的生产流程和区位资源条件则构成一种错配。一方面，长流程工艺要求公司必须大量耗用铁矿石等资源；另一方面，无论是国内其他地区，还是公司所处的西南地区，都难以充分满足公司的原料需求。这迫使重庆钢铁的铁矿石供应不得不大量依赖进口。但重庆钢铁地处我国西南腹地，远离港口，地理条件的限制使得原料运输费用远高于其他东部沿海钢铁企业，成本劣势明显。这严重压缩了重庆钢铁的盈利空间，不利于市场竞争和抵御风险。随着钢材市场价格的下降，重庆钢铁的成本劣势充分暴露，最终导致持续亏损。

(四) 环保搬迁的负面影响

按照重庆市政府的有关要求，重钢集团于2007年启动环保搬迁工程，将钢铁主业逐渐从重庆市主城区的大渡口区搬迁至重庆市长寿区。重庆钢铁作为重钢集团的核心子公司，也在此次整体搬迁的范围之内。重庆钢铁的环保搬迁工程于2011年基本完成，于2013年全面完成。这本是重庆钢铁实现转型升级的重大机遇，然而却产生了诸多问题，为重庆钢铁之后的接连亏损埋下了隐患。

一方面，在此次环保搬迁过程中，重庆钢铁产能提升过于激进。2011年，长寿新区一期650万吨钢生产系统全面投产，180万吨的二期工程也于2013年建成试生产，重庆钢铁的产能大幅提升。但是此次产能的提升并没有充分考虑市场情况，产品结构也没有随之明显改善，整体存在较大风险。在重庆钢铁完成搬迁之后的数年中，正如前文所述，由于钢铁行业产能过剩问题日益严重，市场需求和价格情况都持续恶化。重庆钢铁增加的产能并不能有效提高公司的收入，产能提升带来的新增成本和费用却仍在持续发生，这就给公司的盈利造成了较大的不利影响。

另一方面，环保搬迁导致债务规模大幅提升，利息负担过重。重庆钢铁此次环保搬迁工程总投资360亿元，仅凭重庆钢铁自有资金显然是不足的。因此，重庆钢铁需要通过多种方式筹措资金用于环保搬迁和自身的生产经营，债务融资是其中的主要方式。环保搬迁启动之前的2006年年底，公司年报显示重庆钢铁的债务总计为48.65亿元，2011年年底该数字增长为228.09亿元，增幅约为369%。此时巨额的债务给重庆钢铁带来沉重的负担，使公司后续经营面临巨大的还本付息压力，糟糕的营收情况又进一步加重了这一负担，使公司逐步走向困难境地。伴随着债务的快速增长，重庆钢铁的财务费用也从2006年的1.63亿元提高至2011年的7.50亿元，而且在存量债务和新增债务的影响下，重庆钢铁此后的财务费用都一直维持在较高水平。从2012—2016年重庆钢铁营业收入和财务费用情况(表16-3)可以看到，从搬迁完成之后的2012年开始，重庆钢铁连续五年的财务费用都维持在10亿元左右，然而同期营业收入却明显下滑，财务费用占营业收入的比例也因此从 2012 年的 5.45%持续上涨至 2016 年的 26.90%。由此可见，过高的财务费用严重压缩了重庆钢铁的利润空间，对重庆钢铁的持续亏损产生重要影响。

表 16-3　2012—2016 年重庆钢铁营业收入和财务费用情况

	2012 年	2013 年	2014 年	2015 年	2016 年
营业收入(亿元)	184.59	175.63	122.45	83.50	44.15
财务费用(亿元)	10.06	8.41	13.42	12.65	11.88
财务费用/营业收入	5.45%	4.79%	10.96%	15.15%	26.90%

五、重庆钢铁破产重整的过程

(一) 破产重整的申请与受理

2017 年 4 月 24 日，重庆钢铁收到其债权人重庆来去源商贸有限公司(以下简称“来去源公司”)的《通知书》，来去源公司向法院提出对公司进行破产重整申请，申请理由是公司不能清偿到期债务并且资产不足以清偿全部债务。来去源公司是重庆钢铁的供应商之一，同时也是重庆钢铁的债权人之一。双方在 2010 年至 2016 年期间签订了共 87 份工业品买卖合同，总价值 1 138.01 万元，在来去源公司履行了全部合同义务后，重庆钢铁尚欠来去源公司货款 407.45 万元。来去源公司的债权总额相对其他债权人虽然不大，但其仍然有权向法院提出破产重整申请。

2017 年 7 月 3 日，重庆钢铁收到重庆市第一中级人民法院下达的《民事裁定书》，裁定受理来去源公司对重庆钢铁的重整申请。法院认为，该案件在管辖范围、申请人资格以及申请原因等方面均符合相关规定，因此裁定受理该重整申请。同时法院还指定重庆钢铁清算组担任重庆钢铁管理人，重庆市政府副秘书长张智奎担任清算组组长。重整期间采取管理人管理财产和营业事务的模式。

思考问题 6: 如何提出重整申请?

(二) 重组方的引入

重庆钢铁进入破产重整程序以来，管理人一直在积极与潜在的投资人进行接触和协商。2017 年 9 月 29 日，管理人收到四源合(上海)钢铁产业股权投资基金中心(有限合伙)(以下简称“四源合基金”)及重庆战略性新兴产业股权投资基金合伙企业(有限合伙)(以下简称“重庆战新基金”)来函，四源合基金与重庆战新基金拟共同出资设立钢铁平台公司作为投资人参与重庆钢铁此次重整。2017 年 10 月 12 日，重庆长寿钢铁有限公司(以下简称“长寿钢铁”)正式成立，注册资本 40 亿元。四源合基金持有 75%的股权，是长寿钢铁的控股股东，重庆战新基金则持有剩余 25%的股权。2017 年 11 月 1 日，管理人与长寿钢铁签订《对重庆钢铁股份有限公司投资之框架协议》,长寿钢铁成为此次重整的重组方。

由于长寿钢铁只是专门成立的平台公司,其背后的股东和实际控制人更加值得关注。根据重庆钢铁的重整计划披露的信息,长寿钢铁的控股股东为四源合基金,该基金是中国第一支钢铁产业结构调整基金,基金的执行事务合伙人和管理人为四源合股权投资管理有限公司(以下简称"四源合投资")。而四源合投资的主要发起股东之一是华宝投资有限公司,该公司为中国宝武钢铁集团有限公司(以下简称"中国宝武")的全资子公司。长寿钢铁的另一股东为重庆战新基金,该基金由政府引导并积极吸引社会资本,主要为当地产业升级发展提供资金支持。重组方长寿钢铁的股权结构关系如图 16-10 所示。

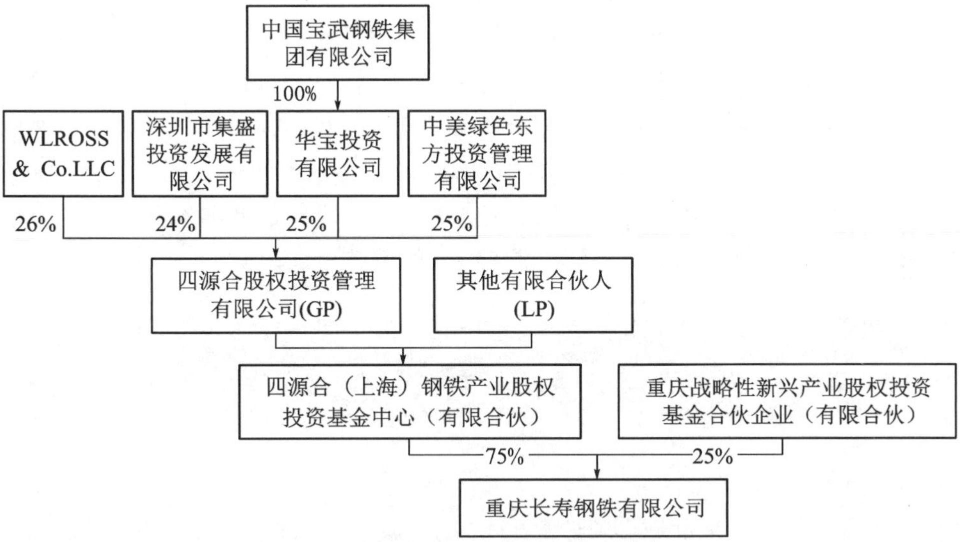

图 16-10 重组方长寿钢铁股权结构关系

通过产业投资基金组建平台公司作为破产重整的重组方十分罕见,但这却是相对最适合重庆钢铁的重组方。从行业相关性来看,如果引入没有钢铁行业背景的企业投资,可能会使破产重整沦为"卖壳",重庆钢铁可能变更主营业务,其原有的有形资源和无形资源可能因此浪费。从重组方的产权性质来看,如果单纯引入民营企业作为投资人,由于民营企业的性质、实力和商业信用等各方面因素的制约,重庆钢铁这一重大且复杂的破产重整可能难以获得各方支持并顺利推进。而直接引入国有企业作为投资人也有其弊端,因为这将意味着重庆钢铁继续被纳入国企管理体系,不利于重庆钢铁内部经营管理的改革,可能使得重整治标不治本。比较而言,产业投资基金采取市场化的方式运作有其独特的优势。一方面,重庆钢铁既可以获得基金背后的中国宝武等单位的资源和支持,继续发挥其经营价值,又避免了因纳入国企体系导致内部改革受阻;另一方面,产业基金本身构成一个市场化平台,凭借其相对独立和市场化的运作,可以吸引更多资本加入重庆钢铁的破产重整和后续经营管理。

(三) 破产重整计划的确定

重庆钢铁的管理人结合实际情况,充分考虑风险、可行性以及各方利益诉求等多重因素，制定了重整计划草案。该计划草案主要包括出资人权益调整方案、债权分类及调整方案、债权受偿方案、经营方案、执行期限、执行完毕的标准以及监督期限等内容。

根据《企业破产法》，重整计划草案需首先以分组表决的方式取得相关主体的同意。2017 年 11 月 16 日，职工债权组现场审议表决了重整计划，经表决，在出席会议且有表决权的债权人中，100％的债权人同意该重整计划，其所代表的债权金额占职工债权总额的 99.33％。2017 年 11 月 17 日上午，重庆钢铁第二次债权人会议以网络会议的方式召开，主要内容是审议表决《重庆钢铁股份有限公司重整计划（草案）》。其中，出席会议且有表决权的有财产担保债权人中 100％的债权人同意该重整计划，其所代表的债权金额占有财产担保债权总额的 100％；出席会议且有表决权的普通债权人中 96.68％的债权人同意该重整计划，其所代表的债权金额占普通债权总额的 95.54％。针对重整计划草案中的出资人权益调整方案，2017 年 11 月 17 日下午召开的重庆钢铁出资人组会议对此进行了表决，99.32％的出资人同意该方案。各组别的表决均符合法律规定的程序和标准，意味着有财产担保债权组、职工债权组和普通债权组均表决通过了重整计划草案，出资人组表决通过了重整计划草案中涉及的出资人权益调整方案。因此，管理人依法向法院提交了批准重整计划的申请，重庆一中院于 2017 年 11 月 20 日裁定批准了重庆钢铁的重整计划。

思考问题 7： 重整计划包括哪些内容？

（四）破产重整计划的执行

重整计划经法院裁定批准后即进入执行阶段。债务清偿方面，管理人积极筹措偿债资金并且执行资本公积转增股票事宜。2017 年 11 月 20 日，公司管理人对铁前资产（主要包括焦化厂、烧结厂以及炼铁厂的机器设备等）、二系统及相关资产（主要包括二炼钢、棒线、型钢的机器设备等）等进行了公开拍卖。长寿钢铁以 39 亿元的成交价格取得铁前资产，并于 2017 年 12 月 8 日完成相关资产交割手续。重钢集团以 30 亿元的成交价格取得二系统及相关资产，并于 2017 年 12 月 20 日完成相关资产交割手续。另外，资本公积转增股本也按照重整计划顺利实施，转增股本股权登记日为 2017 年 12 月 25 日。随着资金和股票的到位，债务清偿工作也按计划相应完成。

此外，股权让渡方面，重钢集团所持有的无权利限制的重庆钢铁 109 298.16 万股股票于 2017 年 12 月 1 日正式划转给重组方长寿钢铁。重钢集团所持有的剩余的 100 400 万股股票在解除权利限制后，于 2017 年 12 月 27 日划转至长寿钢铁名下。至此，重钢集团不再持有重庆钢铁的股份，长寿钢铁共持有重庆钢铁 209 698.16 万股股份，占公司总股本的23.51％，成为公司控股股东。

随着债务清偿、股权划转等事项的完成，重整计划的执行工作已达到既定的执行完毕标准。2017 年 12 月 29 日，法院裁定重庆钢铁重整计划执行完毕。

思考问题8：如何执行重整计划？

六、重庆钢铁破产重整的方案

（一）出资人权益调整方案

对于此次重庆钢铁的破产重整，出资人权益的调整十分必要。一方面，为了挽救重庆钢铁，相关主体需要共同承担公司重生的成本，出资人负担成本的方式便是股东权益的调整。另一方面，引入重组方也需要对出资人权益进行调整。在这种情况下，重庆钢铁此次重整的管理人制定了出资人权益调整方案，方案具体包含以下两个部分内容。

1. 资本公积金转增股票

根据重整计划，此次资本公积金转增股票以重庆钢铁现有A股总股本为基数，按每10股转增11.50股的比例实施，共计转增约448 257.97万股A股股票，转增后重庆钢铁的总股本将由443 602.26万股增至891 860.23万股。这部分转增的股票不向股东分配，而是让渡给债权人以抵偿公司债务。

2. 重钢集团向重组方让渡股票

按照重整计划，重庆钢铁的控股股东重钢集团有条件地向重组方让渡其所持有的209 698.16万股股票，具体包括以下几个条件。第一，重组方需要向上市公司提供1亿元的流动资金。第二，重组方承诺以不低于39亿元的资金购买重庆钢铁原有的铁前资产（主要包括焦化厂、烧结厂以及炼铁厂的机器设备等）。第三，重组方必须提出经营方案，对重庆钢铁实施生产技术改造升级，提升重庆钢铁的管理水平及产品价值，确保重庆钢铁重新恢复持续盈利能力。为了确保经营方案得到落实并发挥效果，重组方还承诺，自重整计划执行完毕之日起五年内，不向除中国宝武钢铁集团有限公司或其控股子公司之外的第三方转让其所持有的上市公司控股权。第四，在重整计划执行期间，由重组方向重庆钢铁提供年利率不超过6%的借款，以供重庆钢铁执行重整计划。

（二）债务重整方案

在重庆钢铁已经陷入严重债务危机的情况下，相关债务问题的有效解决成为此次破产重整的重要内容。根据重整计划披露的情况，重庆钢铁此次重整涉及的债权主要分为有财产担保债权、职工债权组和普通债权，不同债权的具体清偿方案各不相同。首先，就有财产担保债权而言，这部分债权以担保财产的财产变现价款优先受偿，或由重庆钢铁按担保财产的清算评估价值以现金一次性清偿完毕，不能全额清偿的部分作为普通债权按照普通债权受偿方案进行清偿。其次，职工债权将以现金全额清偿。最后，对于普通债权的清偿，每家债权人50万元以下（含50万元）的债权部分，由重庆钢铁以现金方式清偿；超过50万元的债权部分，每100元普通债权将分得约15.99股重庆钢铁A股股票，股票的抵债价格按3.68元/股计算。对于剩余仍未获清偿的债权部分，重庆钢铁不再承担清偿责任。

为了保证方案的顺利实施，债务清偿所需的资金和股票主要通过以下几种方式筹集。首先是处置部分无效或低效资产，对机器设备等资产进行公开拍卖；其次是向国家开发银行申请贷款，其中重庆钢铁和重组方长寿钢铁分别申请贷款 11 亿元和 24 亿元；最后，偿债所需股票通过资本公积转增股本的方式筹集。

（三）经营管理方案

为了真正实现重庆钢铁的再生发展，在重组方的积极协助下，管理人有针对性地制定了经营管理方案。根据这一方案，重庆钢铁重整后的战略定位调整为深耕重庆、立足川渝、辐射西南，坚守区域市场，以“满产、满销、低成本”为核心战略重塑产业竞争力。重庆钢铁重整后的目标是通过产品结构、工艺流程以及内部管理制度等方面的调整，实现公司的转型升级，成为中国西南地区最具竞争力的钢铁企业。

基于新的战略定位和目标，重庆钢铁的经营管理重整按照“近期止血”“中期造血”和“远期升级”三个阶段逐步实施。

在“近期止血”阶段，重庆钢铁的经营管理调整主要有以下内容。首先，公司快速恢复停产失修的产线，充分发挥现有产能，力争在重整完成后的第一年(即 2018 年)钢材年产量达到 510 万吨；其次，公司积极调整产品结构，改变原来以船板用钢为主的相对单一的产品结构，丰富产品种类，更好地匹配目标市场需求；最后，公司全面推进管理变革，实现降本增效，增强企业竞争优势。在内部管理层面，重庆钢铁实施的具体举措包括加强现场管理，落实管理责任，推行“厂管作业区”模式和“作业长制”；建立直供、直销、直发体系，优化营销渠道；将原来的委托采购模式调整为直接采购模式，降低采购成本；引入职业经理人，改善公司治理；推行员工持股计划，充分激发员工活力等。重庆钢铁在这一阶段的目标就是通过这些举措尽快恢复正常生产运营，快速扭转经营和财务困难局面。

在“中期造血”阶段，总体目标是恢复可持续发展能力，为升级调整奠定基础。为此，重庆钢铁要进一步升级、改造和调整生产线，从而提高生产效率、促进产品结构的进一步优化升级。

在“远期升级”阶段，重庆钢铁的规划主要是通过升级产品、对长流程生产工艺实施电炉短流程改造、加强环保治理、实施智能化改造等措施进一步提升企业综合实力，实现企业的全面升级，真正达成“美丽重钢”和“魅力重钢”的美好愿景。

七、重庆钢铁破产重整的效果

（一）债务危机和退市危机成功解除

此次破产重整的主要内容和目的之一就是解决重庆钢铁的债务危机。在破产重整机制下，重庆钢铁与众多债权人就债务清偿问题达成了一致，以现金与债转股等方式使大部分债权得到了相应的清偿，债务问题因此基本得到解决。从图 16-11 可知，重庆钢铁截至 2017 年6 月 30 日的负债总额高达 376.04 亿元，资产负债率高达 103.01%。在破产重整结束的 2017 年年末，重庆钢铁整体负债水平大幅下降，负债总额为 82.08 亿元，较上年末下降了 78.17%，原来占比较高的短期借款、应付账款、其他应付款和长期借款也都全面大幅减少，其中短期借款从 61.03 亿元直接降为 0 元。至此，重庆钢铁基本上甩掉了沉重的债务包袱，负债状况大为改善，资产负债率降为 32.82％，不仅消除了短期的债务危机，也为其长期健康发展奠定了良好的基础。

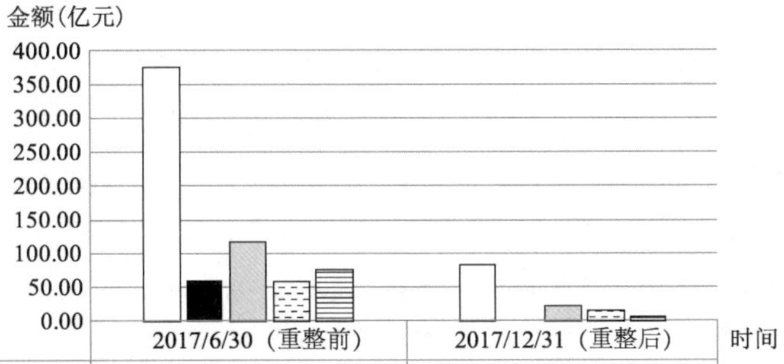

	2017/6/30（重整前）	2017/12/31（重整后）
□负债总额（亿元）	376.04	82.08
■短期借款（亿元）	61.03	0.00
▨应付账款（亿元）	115.86	20.75
⊟其他应付款（亿元）	58.52	14.85
▤长期借款（亿元）	75.62	7.00

□负债总额（亿元） ■短期借款（亿元） ▨应付账款（亿元）
⊟其他应付款(亿元) ▤长期借款（亿元）

图 16-11　重庆钢铁破产重整前后负债情况对比

图 16-11 涉及的资产负债率情况如下：

2017—2018 年财务指标情况表

项目	2016 年	2017 年	2018 年	降幅	增幅
短期借款(亿元)	57.01	0			
应付账款(亿元)	93.85	20.75		77.89％	
其他应付款(亿元)	42.03	14.85		64.67％	
货币资金(亿元)	11.028	20.508	27.649		85.96％(2017 年) 34.82％(2018 年)
预付账款(亿元)		0.700 49	9.09		1 197.66
存货(亿元)		13.303 9	31.92		139.93

重庆钢铁此次重整另一个立竿见影的效果就是避免了破产退市。在重整前，重庆钢铁 2015 年度、2016 年度经审计的净利润均为负值，且 2016 年度经审计的期末净资产为负值，重庆钢铁因此从 2017 年 4 月 5 日开始被实施退市风险警示。根据《上海证券交易所股票上市规则》中的相关规定，如果重庆钢铁 2017 年度经审计的净利润或者期末净资产继续为负值，公司将被暂停上市。实际上，重庆钢铁在 2017 年实施破产重整前的财务情况并没有明显改善，如果没有实施破产重整，公司几乎注定将被暂停上市，最终难逃强制终止上市的命运。

破产重整过程中，引入的重组方为受让原股东的股份向重庆钢铁支付了对价，而且资本公积转增的股票抵偿了部分债务,重庆钢铁因此确认了大额的资本公积,使得公司归属于上市公司股东的净资产从 2016 年末的 -2.00 亿元增长为 2017 年末的 167.30 亿元。另外,债转股的实施以及部分债务的依法豁免使重庆钢铁确认了 72.26 亿元的债务重组收益,2017 年度归属于上市公司股东的净利润达到 3.20 亿元。至此,重庆钢铁不再满足任何退市风险警示和暂停退市的情形,避免了从证券交易所退市,公司也从 2018 年 3 月 9 日起撤销了股票退市风险警示。

(二) 公司治理明显优化

重庆钢铁的破产重整创造性地引入了四源合基金,公司股权结构发生了巨大变化。在重整前,重庆钢铁的控股股东是重钢集团,持股比例为 47.27%,而重钢集团又由重庆市国资委 100%控制。因此,重庆钢铁在重整前是一家国有控股上市公司。从重庆钢铁破产重整前后前十大股东变化(表 16-4)中,可以看到重整后,重庆钢铁的控股股东变更为长寿钢铁,持股比例为 23.51%,控股股东的持股比例较重整前大幅下降,其余主要股东的持股比例也均未超过 6%,股权结构更加分散。另外,重庆钢铁的实际控制人在重整后也发生了变化(图 16-12),长寿钢铁的控股股东是四源合基金,而四源合股权投资管理有限公司又是四源合基金的执行事务合伙人和基金管理人,实际控制四源合基金及长寿钢铁,因此四源合股权投资管理有限公司成为重庆钢铁新的实际控制人。至此,重庆钢铁在重整后改变了原来单一国有股东控股的状态,股权更加分散。新的股权结构使得重庆钢铁的决策更加灵活,避免了国有股东一股独大,有利于公司克服传统国有体制的弊端。

表 16-4　重庆钢铁破产重整前后前十大股东变化

序号	破产重整前(2017 年 6 月 30 日)		破产重整后(2017 年 12 月 31 日)	
	股东名称	持股比例	股东名称	持股比例
1	重庆钢铁(集团)有限责任公司	47.27%	重庆长寿钢铁有限公司	23.51%
2	HKSCCNOMINEESLIMITED	11.97%	HKSCCNOMINEESLIMITED	5.95%
3	中央汇金资产管理有限责任公司	2.10%	重庆千信能源环保有限公司	4.79%
4	中国证券金融股份有限公司	0.89%	重庆农村商业银行股份有限公司	3.24%
5	吴招美	0.66%	重庆国创投资管理有限公司	3.12%
6	博时基金-农业银行-博时中证金融资产管理计划	0.54%	中钢设备有限公司	2.83%
7	大成基金-农业银行-大成中证金融资产管理计划	0.54%	重庆银行股份有限公司	2.53%
8	工银瑞信基金-农业银行-工银瑞信中证金融资产管理计划	0.54%	重庆钢铁股份有限公司破产企业财产处置专用账户	2.49%
9	广发基金-农业银行-广发中证金融资产管理计划	0.54%	兴业银行股份有限公司重庆分行	2.46%
10	华夏基金-农业银行-华夏中证金融资产管理计划	0.54%	中国农业银行股份有限公司重庆市分行	2.43%

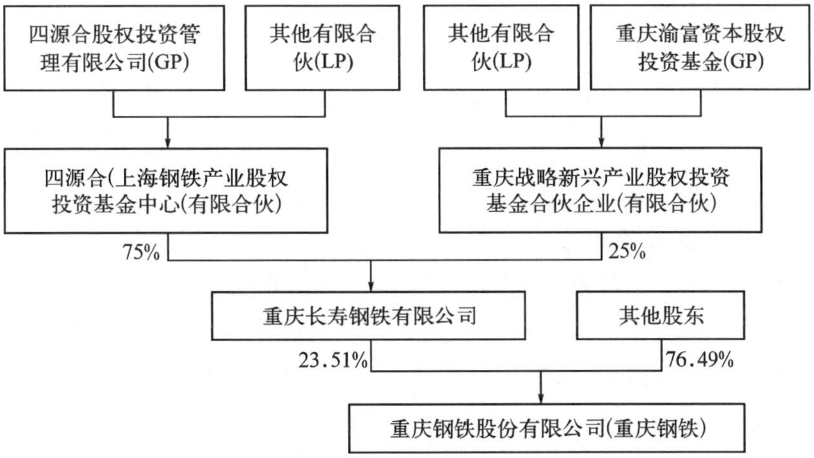

图 16-12 重庆钢铁破产重整后股权结构关系

随着控股股东和实际控制人的变化，重庆钢铁引入了职业经理人，董事会成员、监事会成员和高管团队都发生了巨大变化。重整之前，重庆钢铁时任董事长曾是政府官员，其余董事、监事和高管基本都是长期在重庆钢铁及其母公司任职的人员。另外，2016 年重庆钢铁时任董事长及多名董事和高管曾因违反信息披露规定而被上海证券交易所予以通报批评。这说明重整前公司的治理是存在一定问题的。重整之后的新任董事、监事和高管基本都为职业经理人，具有良好的教育背景、专业的工作技能和经验，其中大多数人还具有钢铁行业龙头企业的工作经历。例如，新任董事长周竹平先生曾任宝山钢铁股份有限公司董事会秘书等重要职务，新任首席财务官(财务负责人)吕峰先生同样在宝钢系企业长期担任重要职务。职业经理人的引入对促使重庆钢铁经营管理的市场化和专业化具有重要意义。

在新的治理体系下，重庆钢铁进行了更加科学合理的管理变革，职业经理人也充分发挥其专业特长，进一步激发了公司的治理活力。

首先，重庆钢铁的经营更加市场化。在重整前，公司曾将自身定位为“全国最大船板钢基地”，公司的产品结构不合理，主打的竞争区域也不明晰。在新的体制下，行业经验丰富的管理团队精准地把握市场需求环境，将公司的主要竞争区域锁定在川渝本地及周边的西南地区，积极调整产品结构以适应区域市场需求，经营战略更加科学合理。2018 年，重庆钢铁销售钢材 604.64 万吨，同比增加 63.62%，这在一定程度上得益于公司对产品与市场的重新认识和定位。

其次，重庆钢铁在经营管理层面的内部改革更加灵活果断。与原有体制不同，重庆钢铁重整后决策更加快速灵活，内部改革阻力相对较小。重庆钢铁优化了原有的管理体制，对部分管理流程进行完善再造，加强现场管理，精简管理层级，推行了“厂管作业区”“作业长制”以及“赛马机制”等管理新模式。受此影响，公司的生产经营效率明显提升。2018 年，重庆钢铁的焦炭热强度、烧结矿转鼓指数、燃料比、高炉利用系数、炼钢钢铁料消耗、轧钢成材率等主要技术经济指标均显著改善。

最后，充分激发员工活力，员工效率得以提高。在新的治理环境下，重庆钢铁注重解决国有体制下员工积极性不高的问题，希望充分发挥员工价值。公司实施员工持股计划等激励措施，将员工的利益与公司的发展牢牢绑在一起，从而提高员工凝聚力，真正实现员工与公司共同发展。

（三）财务绩效整体显著改善

重庆钢铁在破产重整前经营和财务状况不断恶化，已经濒临破产。破产重整程序的实施给重庆钢铁带来了全方位的改变，而且在这一期间，除了破产重整本身，其他能够影响公司财务绩效的因素较少。因此，破产重整事件对公司的财务绩效的影响是有较为强烈的内在因果逻辑关系的。本案例从偿债能力、营运能力和盈利能力这三个方面来评价破产重整对公司绩效的影响。为了使分析更加全面合理，本案例不仅选取重庆钢铁自身实施破产重整前后的指标数据进行纵向分析，而且加入行业均值数据进行横向对比分析，其中行业均值数据采用的是 Wind 金融终端中的“WIND 钢铁”板块中所有公司的平均数。研究发现，从整体上看，重庆钢铁的财务绩效在破产重整后显著改善，具体表现为以下几个方面。

1. 偿债能力大幅提升，达到行业领先水平

选取流动比率、速动比率和资产负债率这三个指标来衡量重庆钢铁偿债能力的变化。2012—2018 年重庆钢铁的偿债能力相关指标如表 16-5 所示。

表 16-5　2012—2018 年重庆钢铁偿债能力相关指标

指标		2012 年	2013 年	2014 年	2015 年	2016 年	2017 年	2018 年
流动比率	重庆钢铁	0.71	0.48	0.47	0.19	0.09	0.99	1.43
	行业均值	0.68	0.66	0.62	0.56	0.60	0.69	0.78
速动比率	重庆钢铁	0.39	0.17	0.17	0.07	0.06	0.71	0.82
	行业均值	0.40	0.37	0.37	0.37	0.38	0.47	0.53
资产负债率	重庆钢铁	86.52	79.32	78.81	89.78	100.29	32.82	31.19
	行业均值	64.73	65.76	65.90	67.13	66.70	61.83	57.46

短期偿债能力方面，从表 16-5 可以看到，在破产重整实施前的 2012—2016 年，重庆钢铁的流动比率和速动比率均持续下降，2016 年分别降为 0.09 和 0.06，均为 2012 年以来的最低值。与全行业相比，重庆钢铁的流动比率和速动比率指标在重整之前都一直低于行业均值，而且差距越来越大。这表明重庆钢铁在破产重整前短期偿债能力不断降低，至 2016 年已远远低于行业平均水平。

破产重整完成后，重庆钢铁的流动比率和速动比率都显著提升，2017 年当年便分别达到 0.99 和 0.71，较上年分别提高 1 000.00％和 1 083.33％，2018 年这两项指标继续增长至 1.43和 0.82，达到 2012 年以来的最高水平。在重整之后的 2017 年和 2018 年，重庆钢铁的流动比率和速动比率都已经明显高于行业均值。破产重整的实施扭转了此前的下降趋势，重

庆钢铁的短期偿债能力迅速实现大幅提升，达到行业相对领先水平，不能到期偿还短期债务的可能性大大降低。

2017 年重庆钢铁短期偿债能力指标的大幅提升主要是由于破产重整的实施，公司清偿了大部分债务，公司的各个负债科目金额因此大幅减少。其中，短期借款从 2016 年年末的 57.01 亿元降为 0 元，应付账款与其他应付款则分别较上年末减少 73.10 亿元和 27.18 亿元，降幅分别达到 77.89%和 64.67%，流动负债总额因此也大量减少。此外，按照重整计划的安排，公司通过有条件让渡股权、拍卖处置资产以及借款等方式筹措了大量资金，2017 年年末的货币资金因此较上年增加 9.48 亿元，增幅达到 85.96%，流动资产总额相应大量增加。短期借款等主要流动负债项目金额的减少以及货币资金等主要流动资产项目金额的增加，共同导致了重庆钢铁短期偿债能力相关指标的提高。

2018 年，短期偿债能力指标的提升则主要受到资产端的影响。重庆钢铁在经营管理重整的过程中，通过设备整修和生产流程优化改革等措施，生产能力快速恢复，生产规模扩大，原材料的采购量和库存量都大幅上升，相应地导致预付账款和存货大幅上升。2018 年重庆钢铁的预付账款和存货分别为 9.09 亿元和 31.92 亿元，较上年分别增加 1 197.66%和 139.93%。此外，受公司产品和市场战略调整以及外部市场环境好转等因素影响，公司销售规模和收入提升，货币资金因此较上年增加 34.82%。

长期偿债能力方面，根据表 16-5 的数据，重庆钢铁的资产负债率自 2012 年以来基本维持在 80%左右，2016 年达到相对高点，甚至超过了 100%。从全行业来看，重庆钢铁的资产负债率在重整前也明显偏高，基本上一直高于行业均值 20 个百分点左右。据此可知，重庆钢铁在重整前的长期偿债能力较差，远远落后于行业整体水平。

重整之后，重庆钢铁的资产负债率显著降低，2017 年为 32.82%，2018 年进一步降为 31.19%。实施破产重整以后，重庆钢铁的资产负债率远低于行业平均水平，2017 年低于行业均值大约 29 个百分点。这些数据表明，破产重整的实施有效地调整了重庆钢铁的资产和负债情况，公司的资本结构得到了明显的优化，按期偿还债务的能力得到了极大增强，明显好于行业平均状况。

长期偿债能力的显著提升同样得益于重整程序集中清理了公司的债务。在重整过程中，重庆钢铁以现金和债转股等方式清理了公司的巨额债务，2017 年年末的负债总额因此较上年末减少了 283.37 亿元。虽然重整过程中还处置了较大金额的固定资产，重庆钢铁 2017 年末的资产总额也下降了 31.36%，但负债总额的减少金额过大，对资产负债率的影响更大，使得资产负债率降至一个较低水平。

2018 年由于重庆钢铁主要的资产处置和债务清偿活动都已完成，生产经营逐步回归正轨，其资产和负债的变动主要还是受到日常经营的影响，整体变化较小，资产负债率趋于稳定。

2. 资产营运能力明显提高，接近行业平均水平

选取存货周转率、固定资产周转率和总资产周转率指标来衡量重庆钢铁资产营运能力的变化。2012—2018 年重庆钢铁的营运能力指标如表 16-6 所示。

表 16-6　2012—2018 年重庆钢铁营运能力相关指标

指标		2012 年	2013 年	2014 年	2015 年	2016 年	2017 年	2018 年
存货周转率（次）	重庆钢铁	2.67	2.24	1.51	1.95	3.29	11.12	8.70
	行业均值	5.69	5.67	5.33	4.88	5.04	6.17	6.41
固定资产周转率（次）	重庆钢铁	2.36	1.07	0.45	0.28	0.15	0.56	1.31
	行业均值	2.22	2.17	1.88	1.31	1.31	1.69	1.85
总资产周转率（次）	重庆钢铁	0.63	0.44	0.26	0.19	0.12	0.43	0.87
	行业均值	0.98	0.96	0.85	0.62	0.64	0.83	0.89

从表 16-6 中可以看到，破产重整前，重庆钢铁各项营运能力相关比率总体呈持续下降趋势。2016 年，除存货周转率外，固定资产周转率和总资产周转率都降至多年来的相对最低值。结合行业数据来看，同期行业均值同样呈略微下降趋势，但各项指标大多远高于重庆钢铁相应数据。这表明重庆钢铁在重整前的较长时期内，其经营效率一直比较低下。

实施破产重整之后，重庆钢铁的各项指标急速增长。2018 年，存货周转率、固定资产周转率和总资产周转率分别增至 8.7、1.31 和 0.87，总体较重整前提升几倍至几十倍不等。与行业均值相比，重庆钢铁的存货周转率从之前的明显落后于行业均值，转变为大幅领先于行业平均水平，这表明重庆钢铁的存货周转效率有了明显提高。但与此同时，重庆钢铁的固定资产周转率和总资产周转率仍然低于行业均值，资产的运转效率提升还有较大空间。总体来看，重庆钢铁的营运能力虽然有了明显的改善，但只是大约接近行业平均水平，未来表现有待进一步观察。

2017 年和 2018 年，钢铁行业整体市场环境有所改善，钢铁价格有所上升，这对重庆钢铁的收入提升有一定的积极作用，从而有助于相关资产周转率的增长。但仅仅依赖外部环境的改善，显然不足以使重庆钢铁各项指标产生如此大幅且迅速的提高，也难以解释这些指标为何能够快速趋近甚至超过行业均值。进一步分析发现，破产重整过程中资产的调整以及经营管理变革的不断推进，对重庆钢铁的营运能力的提升才是更为根本的影响因素。重整后存货周转率的提升主要是由于重庆钢铁产能快速恢复，从而能够有效利用相对有利的市场环境，产销量快速上升带动营业收入的大幅增加。同时重庆钢铁的存货管理更加灵活，根据市场行情有效管理存货水平，存货变现速度因此大大增加。此外，重庆钢铁在重整的过程中对账面净值合计 112 亿元的资产进行了剥离。同时，重庆钢铁注重加强资产的管理和使用。一方面，公司对设备进行全面诊断，恢复原来停产设备的生产能力，提升设备的可靠性，保障设备的正常运行；另一方面，重庆钢铁对设备的操作管理进一步完善，相关流程不断优化，设备的产出效率显著提升。因此，重庆钢铁的资产使用效率得到大幅度的提升，固定资产周转率和总资产周转率相应提高。

3. 盈利能力快速恢复，仍有较大提升空间

选取销售净利率、总资产净利率、净资产收益率和扣除非经常损益后的净资产收益率这四个指标来衡量重庆钢铁盈利能力的变化。2012—2018 年重庆钢铁的盈利能力相关指标

如表 16-7 所示。

表 16-7 2012—2018 年重庆钢铁盈利能力相关指标

指标		2012 年	2013 年	2014 年	2015 年	2016 年	2017 年	2018 年
销售净利率	重庆钢铁	0.54%	−14.23%	0.42%	−71.70%	−106.13%	2.42%	7.90%
	行业均值	−0.52%	0.50%	0.63%	−6.27%	1.45%	6.00%	7.18%
总资产净利率	重庆钢铁	0.34%	−6.31%	0.11%	−13.86%	−12.39%	1.04%	6.88%
	行业均值	−0.51%	0.48%	0.53%	−3.86%	0.93%	5.00%	6.37%
净资产收益率	重庆钢铁	2.40%	−35.47%	0.52%	−85.76%	−247.39%	3.87%	10.14%
	行业均值	−1.41%	1.41%	1.62%	−11.70%	3.03%	14.07%	15.85%
扣非净资产收益率	重庆钢铁	−45.31%	−35.47%	−25.51%	−133.25%	−284.68%	−22.63%	9.52%
	行业均值	−3.58%	0.61%	0.31%	−13.87%	2.38%	13.04%	14.82%

在破产重整之前的五年间，重庆钢铁的盈利状况极差，并且在 2016 年达到最低点。从表 16-7 中可以看到，2012—2016 年，重庆钢铁的绝大部分的盈利指标均为负数。特别是在 2016 年，这一情况进一步恶化，当年的销售净利率、总资产净利率、净资产收益率以及扣除非经常性损益后的净资产收益率分别为−106.13%、−12.39%、−247.39%和−284.68%。同样在 2012—2016 年这段时间，盈利能力相关指标的行业均值虽然也存在一定的波动，但在绝大多数年份，行业均值都远大于重庆钢铁的相应数据。显然，重庆钢铁在破产重整前盈利能力极差，已经基本丧失通过日常经营活动获取利润的能力。

实施破产重整后，重庆钢铁的盈利情况明显好转。从表 16-7 中可以看到，2017 年公司的盈利能力指标均大幅提升，大部分指标也已经由负转正。但这主要是受到破产重整带来的非经常性损益的影响，如果不考虑这一因素，其净资产收益率仍为负数。如果从行业角度来看，重庆钢铁的盈利能力指标也仍然大幅落后于行业均值。这说明公司的盈利能力此时尚未完全恢复。2018 年，重庆钢铁的经营管理调整开始发挥作用，破产重整的效果开始真正显现。当年公司的销售净利率、总资产净利率和净资产收益率分别达到 7.90%、6.88%和 10.14%，均为 2012 年以来的最佳水平，扣除非经常性损益之后净资产收益率也由负转正，达到9.52%。此外，重庆钢铁的销售净利率、总资产净利率在 2018 年超过了行业均值，净资产收益率也进一步缩小了与行业平均水平的差距。至此，公司造血能力开始恢复，盈利能力明显提升，但与行业平均水平相比仍有些许差距。

2017 年，重庆钢铁盈利能力指标的好转主要是因为破产重整带来的非经常性收益。破产重整过程中，重庆钢铁以债转股等方式偿还了部分债务，同时还有部分债务依法获得豁免，重庆钢铁因此确认债务清理重组收益并计入营业外收入，金额共计 72.26 亿元。2017 年当年的营业利润虽然仍为负数，却实现 3.20 亿元的净利润。再加上重整过程中剥离部分资产等因素影响，销售净利率、总资产净利率和净资产收益率均相应大幅增长。

2018 年，经营管理层面的重整对重庆钢铁盈利能力的积极影响开始真正显现。一方面，重庆钢铁以市场需求为导向，积极调整产品结构，大力拓展销售渠道，把握重点项目需求，从而提升公司的销售水平。2018 年，重庆钢铁的营业收入为 226.39 亿元，同比增长 71.03%。另一方面，重庆钢铁采取多种手段削减成本，取得了明显效果。就产品成本而言，公司进一步健全成本管理体系，落实成本管理责任，降低产品的生产成本。同时，公司注重采购体系的改革，加强对供应商的管理，转变采购理念和模式，从而降低采购成本。在技术层面，重庆钢铁优化生产流程，开展技术攻坚，提升生产效率，降低生产损耗。根据年报数据计算，2018 年，重庆钢铁的吨钢成本为 3 255.13 元，较上年下降 6.88%。另外，就费用管理而言，重庆钢铁大力推进内部管理改革，建立直供、直销、直发体系，同时采取新的激励方式提升员工积极性，显著降低管理费用和销售费用。而且破产重整的实施直接降低了重庆钢铁的债务总额，使得公司的利息费用大幅减少。从 2012—2018 年重庆钢铁吨钢期间费用情况（表 16-8）中，可以看到 2018 年重庆钢铁的吨钢销售费用、吨钢管理费用和吨钢财务费用分别下降 11.96%、62.77%和 78.34%，其中吨钢销售费用和吨钢财务费用都达到 2012 年以来的最低水平。

表 16-8　2012—2018 年重庆钢铁吨钢期间费用　　单位：元

项目	2012 年	2013 年	2014 年	2015 年	2016 年	2017 年	2018 年
吨钢销售费用	85.40	69.42	71.73	72.53	45.83	16.54	14.56
吨钢管理费用	131.24	169.75	193.86	369.61	706.34	353.33	131.55
吨钢财务费用	202.93	167.10	365.20	369.05	499.06	139.78	30.28

（四）利益相关者的利益得到有效保障

重庆钢铁作为一家大型上市公司，涉及的利益相关者众多。此次破产重整的实施，充分考虑了利益相关者的利益，有效实现了各方利益的平衡。

对重组方而言，重组方受让原控股股东所持有的 2 096 981 600 股股票，持股比例达到 23.51%，顺利实现对重庆钢铁的控制。作为受让股权的条件，重组方付出了 1 亿元现金，同时以 39 亿元的价格购买了重庆钢铁账面净值为 47 亿元的部分资产。根据公司年报，重组方购买的这部分资产又立即租赁给重庆钢铁使用，月租金 1 787.5 万元。如果以重组方付出的 40 亿元现金计算，其获取股权的每股价格约为 1.91 元，与重庆钢铁的历史股价相比处于较低水平。另外考虑到重组方还获取了账面净值 47 亿元的资产，重组方获取控股权的成本是较低的。总体来看，破产重整的实施有效地实现了重组方的利益需求。

对债权人而言，此次破产重整则大大增加了普通债权人的受偿比例，根据重整计划，每家债权人 50 万元以下（含 50 万元）的债权部分获得现金清偿，清偿率为 100%；超过 50 万元的债权以债转股的形式受偿，清偿比例约为 58.84%。因此，破产重整情况下，普通债权人的受偿率相比破产清算大幅提升，其利益得到了更大程度的保障。此外，部分债权人因为债转股成为重庆钢铁的股东，有机会通过分红或者二级市场交易等手段获取公司重生之后的发展成果，进一步增加债权人的利益。

对中小股东而言，其利益也在此次破产重整中得到了充分维护。一方面，在破产重整的具体实施中，重整方案的制定充分考虑了中小股东的利益。此次重整对部分债务采取债转股的方式进行清偿，用于抵偿债务的股票每股作价 3.68 元，高于公司停牌前每股 2.15 元的收盘价。这一价格充分考虑了公司的股票价值以及包括中小股东在内的利益相关者的利益，避免了债权人以过低价格获得股票，受到了各方认可。另一方面，破产重整避免了重庆钢铁倒闭和退市，中小股东仍然可以享受所持股票带来的利益。2018 年 1 月 3 日，重庆钢铁股票复牌交易，收盘价为每股 2.26 元。随着破产重整对公司经营的积极效果持续显现，其股票价值可能不断提升，中小股东可以通过分红或者二级市场交易等途径获取股票增值带来的利益。

对政府而言，重庆钢铁破产重整的顺利完成也有效保障了政府的利益需求。通过破产重整，重庆钢铁妥善解决了债务问题，实现了法人主体的继续存续，避免了员工的大量失业，有效维护了社会的稳定。同时，重庆钢铁通过破产重整实现重生，重新回到健康发展的轨道，避免了资源的浪费，有利于当地的经济发展。

课后思考

1. 破产财产如何界定？

2. （思政）通过美国安然公司及安达信会计师事务所的破产案例，思考应遵守哪些会计职业道德？

第十章　企业并购

案例十七　苏宁并购红孩子案例研究

课前思考

1. 企业合并的类型有哪些？

2. 企业合并的动因有哪些？

理论背景

并购是指企业间展开企业吸收合并和新设合并以及企业收购为内容的企业产权交易与资本运营行为，一般指兼并和收购。兼并是指两个或者多个独立的企业、公司合并组成一家企业，通常由其中的一家占有优势的企业吸收另一家或者更多企业的行为。占据优势的企业通常保留自己的公司名字以及独立资格，获得被并购方的资产、市场、权利等资源，被并购方将不复存在。收购是指一家企业通过付出现金等资产获得另一家企业的部分或者所有资产的产权交易行为。

普遍认为企业进行并购的动因有如下这些。

1. 规模经济

思考问题 1：简述规模经济的含义。

2. 协同效应

思考问题 2：简述协同效应的含义。

3. 经营多样化

经营多样化主要通过混合并购得以实现，混合并购可以扩充企业的经营产品品种，减少经营风险，还可以突破行业的进入壁垒，减少公司的进入风险。

部分学者认为，并购使得公司获益的原因，可以从财务协同效应的角度进行探究。财务协同效应是指企业通过并购可以为企业财务方面带来自身经营所不能提供的效益，获得财务协同效应是企业进行并购的重要动因之一。所以此次选择了苏宁并购红孩子为案例，对苏宁并购后的财务状况进行研究，分析苏宁并购后是否获得财务协同效应。

财务协同效应主要体现在提高企业财务能力、降低企业资本成本水平、合理避税、提高企业现金流水平、增加收入以及降低企业成本费用等方面。本案例中，主要以苏宁并购后财务能力、现金流量水平以及营业收入三个方面分析财务协同效应。

一、公司简介

（一）苏宁概况

苏宁全称为苏宁云商集团有限公司，1990年在江苏省南京市成立，是中国家电产业的领头军，主要经营传统家电、消费电子等综合商品，共有实体店1 600多家，线上苏宁易购全国B2C排名全国前3，苏宁秉承线上线下同步发展的理念。

2004年7月，苏宁在深圳证券交易所上市。由于经营势头良好，苏宁被消费者与家电市场所认可。在巴菲特杂志、世界经济学人周刊、世界企业竞争力实验室联合评选中，苏宁位居我国前百强上市企业中第61位。

苏宁发展充分尊重市场需求、围绕市场供需。苏宁发展开发采用“租、建、购、并”四种方法一体化、同步化开发方式，始终保持着稳定、高速的发展，每年以扩张200余家连锁店的速度稳步发展，并且同步扩大旗舰店的规模，预计在几年之内，苏宁的网络规模将会超过3 000家，销售金额将会超过3 000亿。2011年以来，苏宁以“科学转型，智慧服务”为发展理念，进一步推动云服务，同时发展线上线下服务，经营商品品类多样化的开放平台，创立“店商＋电商＋零售服务商”的“云商”经营模式。2013年2月29日，苏宁正式更名为“苏宁云商销售有限公司”，这是苏宁进行科技转型战略的重要举措，同时宣告着苏宁“云商”这一新的运行模式正式开始运转。

（二）红孩子概况

红孩子成立于2004年3月，以目录销售和互联网销售两种渠道为消费者提供优质的消费品和方便快捷的服务。公司自成立开始便快速在我国母婴市场中占有一席之地，目前红孩子已经成为我国最大的母婴、化妆品、彩妆等生活服务类B2C网站。除此之外，还采用DM目录、呼叫服务中心等多种渠道，通过12家子公司将销售网络分布在我国十六个省区，为消费者提供快捷、方便的服务。

相比于其他的零售商，红孩子最具有特色的成功秘诀是通过呼叫中心和网站准确了解消费者消费动态，及时收集顾客消费资料，了解顾客的消费习惯。比如通过调查，红孩子发现其主要消费者群是女性群体，尤其是年轻母亲，这类消费者的特点是多以家庭日常生活用品消费为主，所以红孩子扩充了其在家庭生活用品销售方面的缺失，并将一些年轻女性经常阅读的杂志添加到目录销售中。

通过多年的成长，红孩子已经在母婴消费品、女性化妆类产品垂直类电商行业取得了领先地位，具有较高的运营效率、专业的管理团队、高效的供应链运转水平。在消费者商品需求、促进商品销售企划、母婴用品消费者体验这几方面有较为成熟的体系。红孩子经营品类众多，目前已超过了八万个 SKU 红孩子在国内垂直类 B2C 商城中处于领头军地位。目前已拥有网络会员 750 万人，将近一半的消费者会进行重复购买。红孩子已经在国内有 1 500 多名员工。其在 2012 年的销售总额突破 10 亿元。

2009 年至 2011 年，红孩子高管在公司管理方面存在争执，且内斗现象、腐败现象屡屡出现，盲目放松对母婴市场的管理，把重心放在缤购网上，花费了巨额资金，最后却惨淡收场，不得不走上被收购的道路。

二、并购行业背景

近些年，我国经济呈高速发展趋势，我国消费者的消费观念与消费方式也发生了翻天覆地的变化，现代消费者更注重商品的品牌与品质。在这一时代背景下，母婴消费品成为当今社会人们较为重视的消费领域，相对于其他产品，母婴市场对安全、品质有更高的要求。

现阶段母婴产品主要消费群体是 80 后、90 后，更多地通过网上购物的方式购买婴儿用品，既可以解决缺少购物时间的问题，还提供了更多的选择空间。淘宝等购物类网站先后推出了母婴用品专区，苏宁主要经营家电等生活用品，在母婴用品这一方面一直处于缺失状态，这便是苏宁选择并购红孩子的关键因素之一。

思考问题 3： 并购的程序有哪些?

三、并购过程

2012 年 9 月 24 日，苏宁与红孩子公司签署了并购协议，苏宁公司正式宣告收购红孩子公司。

通过本次并购，苏宁将利用红孩子公司在母婴、化妆品等线上销售的运营经验，补充苏宁自身电子商务的销售产品类别，提高供应链水平，丰富自身母婴、化妆品、百货类供应链管理水平。

经过与红孩子的协商，苏宁以基准对价 6 600 万美元收购红孩子公司“红孩子”“缤购”的品牌、业务以及资产。各方还会根据红孩子当日的财务数据为基准进行参考，并做出相应调整，确定最终的交易价格。苏宁自行筹措并购所需的款项。

苏宁此次并购所筹措的资金总额占苏宁 2010 年归属于母公司所有者权益总额百分比不到百分之三，对苏宁自身经营资金并不会产生障碍。在进行并购后，有助于苏宁进行母婴产品、化妆品销售规模的扩大，降低公司运营成本。

思考问题 4：并购的风险有哪些？

四、并购前苏宁财务状况分析

苏宁 2009—2011 年的资产负债情况如表 17-1 所示。

表 17-1 苏宁 2009—2011 年资产负债表 单位：万元

项目	2011 年 12 月 31 日	2010 年 12 月 31 日	2009 年 12 月 31 日
流动资产			
货币资金	2 274 008	1 935 184	2 196 098
应收票据	726	251	738
交易性金融资产	—	—	687
应收账款	184 178	110 461	34 702
预付款项	364 321	274 141	94 792
其他应收款	45 720	100 713	14 336
存货	1 342 674	947 445	632 700
其他流动资产	130 906	79 357	45 574
流动资产合计	4 342 533	3 447 552	3 019 627
非流动资产			
其他权益工具投资	176	—	—
长期应收款	47 654	13 077	8 845
长期股权投资	55 479	79 290	59 737
投资性房地产	68 442	38 713	33 996
固定资产	734 747	391 432	289 597
在建工程	125 350	206 175	40 853
无形资产	436 826	130 934	76 487
开发支出	9 390	2 213	5 851
商誉	22 662	62	—
长期待摊费用	84 169	52 953	23 794
递延所得税资产	51 215	28 332	25 196
非流动资产合计	1 636 110	943 181	564 356
资产合计	5 978 643	4 390 733	3 583 983
流动负债			
短期借款	166 569	31 779	—

（续表）

项目	2011 年 12 月 31 日	2010 年 12 月 31 日	2009 年 12 月 31 日
应付票据	2 061 760	1 427 732	1 399 919
应付账款	852 586	683 902	500 312
预收款项	35 005	39 382	27 679
应付职工薪酬	27 356	20 130	13 953
应交税费	79 076	52 575	30 154
其他应付款	274 924	154 842	66 639
一年内到期的非流动负债	12 003	11 218	9 713
其他流动负债	54 550	31 876	23 515
流动负债合计	3 563 829	2 453 436	2 071 884
非流动负债			
预计负债	10 114	—	—
递延所得税负债	18 324	3 440	674
其他非流动负债	83 330	49 325	18 927
非流动负债合计	111 768	52 765	19 601
负债合计	3 675 597	2 506 201	2 091 485
股东权益			
股本	699 621	699 621	466 414
资本公积	51 707	65 529	297 565
盈余公积	100 713	74 653	51 747
未分配利润	1 379 324	993 287	638 332
外币报表折算差额	1 468	729	—23
归属于母公司股东权益合计	2 232 833	1 833 819	1 454 035
少数股东权益	70 213	50 713	38 463
股东权益合计	2 303 046	1 884 532	1 492 498
负债及股东权益总计	5 978 643	4 390 733	3 583 983

（一）资产项目分析

由苏宁的资产数据可知，苏宁 2009 年至 2011 年资产总额逐年稳定增长，资产总额由 2009 年的 3 583 983 万元增至 2011 年的 5 978 643 万元，资产增长了 66.82%。资产中应收账款、长期应收款、存货、固定资产、在建工程与无形资产增长幅度较大，这几方面是苏宁实施并购前三年内资产增加的主要因素。

2009 年应收账款为 34 702 万元，2011 年应收账款余额为 184 178 万元，2011 年应收账款是2009年的5.31倍，通过资产负债表附注可知，至2011年12月31日苏宁应收账款余额前五名均为苏宁的子公司，共计占应收账款的39.9%。2011年应收账款大幅度增加的主要原因，一方面是苏宁公司实行家电下乡，以旧家电换新家电政策，这一政策导致苏宁的营业收入大规模增长，国家财政也增加了对苏宁的补贴款。另一方面，苏宁的工程、团购业务持续增长，客户欠款所导致的应收账款也逐年增加。

2009—2011年，长期应收款由8 845万元增加至47 654万元，有较大幅度的增长，2010年长期应收款较2009年提升了47.85%，2011年长期应收款较2010年提升了264.41%。通过资产负债表附注可知，长期应收款增加的主要原因，一方面是子公司日本LAOX株式会社从2011年被纳入合并范围，日本进行房屋租赁时缴纳的押金比中国要高很多，所以长期应收款有较大幅度的增长；另一方面，公司新设立的门店与日俱增，需要向房东缴纳的保证金也逐渐增多，这也是长期应收款增加的原因。

2009年存货为632 700万元，至2011年存货已增加至1 342 674万元，2010年与2011年存货增长率分别为49.75%和41.72%，存货增长幅度较大的原因在于2011年为了应对元旦、春节等销售高峰期，苏宁加大了存货储备。

2009—2011年固定资产增长了153.72%，在建工程由2009年的40 853万元增长至2011年的125 350万元，2011年在建工程是2009年的3倍。固定资产与在建工程大幅度增长主要是因为两年内公司在徐庄总部、天津、合肥、无锡、成都等地建设物流基地，一部分已投入使用，一部分还在建造，所以同时增加了固定资产与在建工程。

2011年无形资产为436 826万元，2010年与2011年的增长率分别为71.18%和233.62%。无形资产大幅度的增加主要是因为2011年内苏宁加大了对物流基地的建设力度，为建设物流基地而购买了大量的土地使用权。此外，公司将LAOX株式会社纳入合并范围，带来了商标使用权的增多。由此可见，苏宁在并购红孩子前整体资产状况良好，运行稳定，为并购奠定了基础。

（二）负债项目分析

从资产负债表可知苏宁负债数额逐年增加，2010年负债较2009年增长了19.83%，2011年负债较2010年增长了46.66%，增长幅度大于2010年，负债中短期借款、应付票据、应付账款、应交税费、其他应付款与其他流动负债增长幅度较大，是造成负债有较大幅度变化的关键因素。

2009年没有短期借款，2010年短期借款增长了31 779万元，而2011年短期借款增加了134 790万元，增长幅度是2010年的4倍，主要是因为公司为满足企业运营需要，向银行等金融机构进行了期限较短的融资，以满足企业经营所需。

2009年应付票据为1 399 919万元，而2011年应付票据数额已经达到2 061 760万元，增长了47.28%，是因为2011年苏宁支付供应商货款时多以银行承兑汇票为结算方式，因此2011年年末应付票据余额大幅度增加。

2009—2011年，苏宁的应付账款也出现大额增长，2009年应付账款500 312万元，至2011年增加了352 274万元，主要原因是2009—2011年，苏宁门店数量逐渐增加，销售规模也逐渐扩大，为保证库存以满足销售的需要，逐渐增大了存货比例，因为与产品供应商之间存在结算周期，故而三年内应付账款逐年增长。

2009—2011 年三年内，其他应付款由 66 639 万元增长到 274 924 万元。2010 年其他应付款增长了 132.36%，2011 年其他应付款增长了 77.55%。三年内其他应付款额增长的主要原因，一方面是 2011 年苏宁建造了多处物流基地，所以需要的在建工程款较以往有所增加，这便使两年年末的其他应付款余额有所增加。另一方面，随着公司的规模逐渐增大，收取的各项押金与保证金也较往年有所增加。

2009 年其他流动负债余额为 23 515 万元，2010 年其他流动负债余额为 31 876 万元，增加了 8 361 万元。2011 年其他流动负债余额为 54 550 万元，较 2009 年增加了 31 035 万元。三年内，流动负债增加的主要原因是 2010 年与 2011 年苏宁新开的店面较多，水电费等支出大幅增长。

（三）利润项目分析

苏宁 2009—2011 年的利润情况如表 17-2 所示。

表 17-2　苏宁 2009—2011 年利润表　　单位：万元

项目	2011 年	2010 年	2009 年
一、营业收入	9 388 858	7 550 474	5 830 015
减：营业成本	7 610 466	6 204 071	4 818 579
税金及附加	36 975	26 813	27 152
销售费用	936 735	680 911	519 236
管理费用	208 864	125 031	91 209
财务费用	−40 324	−36 077	−17 292
资产减值损失	6 954	7 592	3 234
投资收益	−15 219	−1 063	395
其中：对联营企业的投资	14 019	497	−395
二、营业利润	644 407	543 196	387 502
加：营业外收入	11 756	7 247	11 158
减：营业外支出	8 841	10 237	6 024
其中：非流动资产处置损失	−444	488	88
三、利润总额	647 322	539 718	392 548
减：所得税费用	158 722	129 654	93 787
四、净利润	488 600	410 064	298 761
归属于母公司股东的净利润	482 059	401 182	288 996
少数股东权益	6 541	8 882	9 765
五、每股收益			
基本每股收益	人民币 0.69 元	人民币 0.57 元	人民币 0.43 元
稀释每股收益	人民币 0.69 元	人民币 0.57 元	人民币 0.43 元
六、其他综合收益	402	−752	23
七、综合收益总额	488 198	410 816	298 738

整体上看，营业收入与营业成本逐年增加，2011 年较 2009 年营业收入增加了 3 558 843 万元。2010 年的营业收入增长率为 29.51%，2011 年的营业收入较 2010 年增长了 24.35%；营业成本 2010 年的增长了 28.76%，营业成本 2011 年的增长了 22.67%。由此可以看出收入与成本的增长幅度大体上持平，说明苏宁总体上发展较为平稳，发展势态良好。这三年内，苏宁营业收入较大幅度增加主要是因为苏宁及时抓住市场机遇，在二级与三级市场开设连锁店，并且持续开拓新的合作方式，通过自有品牌、品牌授权、定制包销、独家代理、产品买断等方法提高自己的经营水平，销售规模逐年增加。

净利润在三年内逐渐提升且提升程度较大。2009 年净利润为 298 761 万元，2010 年净利润为 410 064 万元，2011 年净利润为 488 600 万元，2011 年较 2010 年相比净利润增长了 63.54%。说明苏宁在这三年内经营状况良好，有着较好的发展趋势。

成本方面，税金及附加、销售费用、管理费用也在三年内有较为明显的增长。税金及附加三年内增长了 36.18%，主要是因为苏宁在这三年内需要缴纳的城建税及地方税附加金额逐年增加。2009 年销售费用为 519 236 万元，2011 年增加至 936 735 万元，增长率高达 80.41%；管理费用 2010 年增长率为 37.08%，2011 年管理费用较 2010 年增长了 67.05%。三年内苏宁在全国各地逐步增加了多家连锁店，销售规模也有所增加，销售人员、管理人员和门店成本费用等逐年增加，所以销售费用与管理费用也会提升。

2009 年每股收益为 0.43 元，2011 年每股收益为 0.69 元。在三年内每股收益逐年稳定增长，增长率为 60.47%，说明苏宁经营状况良好，有较好的获利能力。

整体上看，苏宁并购前三年的利润水平呈现良好发展势态，这也为并购提供了经济基础。

(四) 现金流量分析

2009—2011 年现金流量净额分别增加－167 361 万元、270 721 万元。三年内销售商品、提供劳务收到的现金逐年增长，说明苏宁业务量逐年增长。与此相对应的购买商品、接受劳务所支付的现金也逐年增长，并且增长幅度与销售商品收到的现金增长幅度相匹配。

2011 年投资活动产生的现金流量有了较大变化，2011 年对子公司的投资量较往年有所增加是投资活动现金流大量增加的关键原因。2009—2011 年投资活动所支付的现金也呈大幅增长趋势，主要是因为苏宁在这三年内投资新建了大规模的物流基地。

2009 年的筹资活动净额为 277 365 万元，2011 年筹资活动产生的现金净额为 67 940 万元，呈大幅下降趋势，主要是因为分配的现金股利逐年增加，说明苏宁业务运转良好，以较高的股利分配政策向市场传达苏宁自身经营水平较高的信号。总体上看苏宁现金流量水平较好，为并购奠定了良好的基础。

五、财务协同效应实现方式

(一) 提高企业财务能力

通过对苏宁的资产、负债、利润、现金流量进行分析可知，苏宁 2012 年前财务状况良好，营业收入、营业利润逐年稳步增加。2011 年年末现金及现金等价物余额为 1 294 917 万元，由此可见苏宁有较多的现金剩余，利用剩余现金对红孩子进行并购，在并购后如果能够进行成功的整合，将会增加苏宁的营业收入与营业利润，从而提高苏宁偿还债务能力、营运能力、企业发展能力以及盈利能力这四方面的财务能力。

（二）增加销售收入

2009—2011年母婴市场在我国发展速度迅猛，2009年母婴用品销售额为186.6亿元，2012年母婴用品销售额收入增长至610亿元，是2009年的2.26倍。2011年中国新生婴幼儿数量超过1 600万元，而且现代父母越来越重视母婴用品的质量问题，电子商务平台可以为父母提供品种全、样式多的选择空间以及更为便捷的服务体验。

由此可见母婴电子交易市场的前景十分光明，因此苏宁并购红孩子后，如果可以成功进行整合，将会为苏宁带来销售收入的激增，也会为苏宁日后的发展提供更加雄厚的资金。

（三）成本的降低

苏宁虽然需要花费一定资金进行收购，但是收购红孩子后，可以节省自己打造母婴与女性化妆品平台的成本。苏宁可以用自己物流平台为红孩子产品提供物流支持，同时也可以使苏宁自身的物流基地利用率更加充分，使总体物流成本有所降低。

苏宁并购红孩子后如果整合成功，还有助于加强企业集团内技术与产品市场的联系，可以节省管理层人员的工资成本以及相关技术工作人员的运营成本，使苏宁获得更高的利润空间。

（四）现金流结构合理化

苏宁用相对本公司储备的很少一部分资金对红孩子进行并购，因而苏宁与红孩子形成了一个内部的资本市场，企业内部资金的使用与调拨更趋于合理化。可以提高苏宁的资本成本使用效率，同时也可以使苏宁的现金流量结构更加合理。

思考问题5：财务协同效应能够为企业带来效益，主要表现在哪些方面？

六、影响苏宁并购实现财务协同效应的因素分析

影响并购的因素主要有国家政策、关联交易的影响、并购类型、持股比例、并购溢价以及并购后是否进行了有效财务整合，根据苏宁并购红孩子案例分析并购类型以及并购后的财务整合对苏宁并购的影响。

苏宁主要经营电器以及线上商品零售，红孩子主要经营母婴及女性化妆品，所以苏宁并购红孩子属于横向并购。苏宁通过并购红孩子可以使自身的经营领域更加丰富，达成经营多元化的目标，将经营风险降低至企业可以接受的范围。并购后苏宁需在产品经营上合理地分配企业资源，应考虑如何运用自身的物流、资金以及销售平台为红孩子网站提供更多的便利，与此同时也应充分利用红孩子在母婴用品的品牌优势，继续为苏宁提供稳定的产品销

售网络。只有将企业拥有的资源合理地分派到各个部门,才能实现财务协同效应。

并购是企业进行资源整合与配置的行为,进行有效规范的整合是苏宁实现快速优质扩张的主要影响因素之一。原有资源如果与被并购企业进行有效衔接,并购后会优化企业经营效率,改善企业业绩,所以并购整合在并购后有着至关重要的作用。财务整合是指企业并购后对企业的财务制度、人员、文化以及组织机构等相关财务活动进行一定的管理,使企业的财务活动更加规范。

有效的财务整合是实现财务协同效应的必要条件。如何实现财务协同效应,其实现途径可以概括为选择财务组织机构、财务人员协调分配、财务文化融合、财务资金调配、战略品牌建设等几个方面。有效的财务整合不能只依靠财务部门,还需要全体成员的共同努力。战略管理部门需要制定整体发展目标及管理理念;人力资源部门需要沟通新老员工之间的不同需求,制定防止人才流失方案;财务部门则需要根据并购后的财务环境制定新的财务制度与财务流程。

只有各部门之间进行有效的沟通,保持谨慎的工作态度才能快速完成财务整合过程,苏宁并购红孩子后,管理层次需要进行一系列的整合,如果能对财务进行规范的整合,将为企业保持财务协同效应奠定基础。

七、并购后的协同效应分析

(一) 强化营运能力

企业的营运能力是指企业运用自身资产获取利润的能力。本案例根据苏宁自身经营环境以及经营现状,选取了应收账款、存货、流动资产以及固定资产这四个方面进行比率分析。苏宁 2010—2015 年的营运能力指标情况如表 17-3 所示。

表 17-3 苏宁 2010—2015 年营运能力指标分析

	存货周转率	应收账款周转率	流动资产周转率	固定资产周转率
2010 年	7.85	104.02	2.33	22.17
2011 年	6.65	63.73	2.41	16.67
2012 年	5.27	63.21	2.06	12.35
2013 年	5.03	108.46	1.96	10.89
2014 年	6.28	180.54	2.08	9.51
2015 年	6.64	124.04	1.76	7.86

1. 流动资产比率分析

流动资产周转情况分析主要通过存货、应收账款、流动资产三方面的比率来进行分析。

企业的销售能力和流动资产流动性强弱可以用存货周转率来分析。从表 17-3 可知,苏宁并购后第一年存货周转率较低,主要是因为随着线上业务的快速发展以及连锁发展的持续纵深,公司网络覆盖范围进一步扩大,相应的存货规模增加,但是总体上比较稳定。2014—2015 年存货周转率呈现稳步提升趋势,由此可知苏宁存货周转水平向高水平方向发展。虽然存货周转率越大证明企业存货占用资金水平越低,企业现金流动性越强,但由于苏宁以零售业为主，如果存货周转率过大会存在缺货风险。总体来看苏宁在并购后存货流动性以及资金流动性在向好的方向逐渐发展。

应收账款周转率反映的是企业应收账款收回的效率，也是企业资金使用效率的衡量标准之一。从表 17-3 可知，苏宁在并购前后的五年内应收账款周转率整体呈上升趋势。2013 年该比率较 2012 年增加了 71.19%，2014 年应收账款周转率高达 180.54，较 2013 年增加了 66.46%，虽然至 2015 年第三季度应收账款周转率略有下降，但是相比并购前也有较大的增长幅度，而且截至第三季度，由于大多数企业可能在年末归还应收账款，所以导致应收账款周转率有所降低。由此可见苏宁在进行并购后收回应收账款效率有所提高。

流动资产是企业中流动性最强的资产，所以流动资产周转率是反映企业营运能力的重要指标之一。从表 17-3 可知，苏宁流动资产周转率比较稳定，企业的流动资产周转能力较强，而且处于良好运行状态。

2. 固定资产比率分析

固定资产周转率反映的是固定资产转换成现金的效率。从表 17-3 可知苏宁 2010—2015 年该比率总体呈现递减趋势，苏宁为了发展需要，兴建物流基地，因此五年内固定资产总额增长比较迅速，这两方面原因导致苏宁固定资产周转率呈逐渐降低趋势，虽然该比率在苏宁并购后有所降低，但是苏宁固定资产周转水平仍属于同行业中水平较高者，因此可以认为苏宁仍处于良好发展势态。

总体来看，苏宁在 2010—2015 年，尤其是在并购后，企业总体营运能力水平有所提升。

（二）增强偿债能力

企业的偿债能力是指企业是否有能力及时偿还其长期债务与短期债务的能力，企业偿债能力的强弱关系着企业的持续发展。本部分从长期偿债能力与短期偿债能力两方面对苏宁并购前后的偿债能力进行比较。

1. 短期偿债能力分析

企业运用自身流动资产偿还流动负债的能力为企业的短期偿债能力，流动负债是指需要企业在 1 年内或者超过 1 年的营业周期内需要偿还的债务，流动负债对企业的财务风险有一定程度的影响，若不能及时偿还流动负债，会使企业陷入财务困境。苏宁 2010—2015 年短期偿债能力指标如表 17-4 所示。

表 17-4　苏宁 2010—2015 年短期偿债能力指标分析

年份	流动比率	速动比率	现金比率
2010 年	1.04	0.75	0.79
2011 年	1.18	0.77	0.64
2012 年	1.30	0.85	0.73
2013 年	1.23	0.76	0.58
2014 年	1.20	0.76	0.53
2015 年	1.19	0.76	0.55

流动比率是流动资产与流动负债的比率，该比率越高表明企业的短期偿还债务水平越高。从表 17-4 可知，苏宁在 2010—2015 年流动比率变化并不大，但是 2012—2015 年流动比率均高于并购前两年。总体上说明苏宁在并购后短期偿还债务能力较并购前有所提升。

速动资产是流动资产中流动性最强的资产，用速动比率衡量企业短期偿债能力比流动比率更为准确。速动比率越高，说明企业的短期偿债能力越强，根据西方经验，认为速动比率接近 1∶1 比较合适。由表 17-4 可知，苏宁 2010—2015 年速动比率变化幅度不大，而且较为接近 1∶1，说明苏宁并购前后短期偿还债务能力变化不明显，而且处于良好发展状态。

由表 17-4 可知苏宁并购后虽然现金比率呈现先下降后上升的趋势，但是变化幅度不大，现金比率略有下降的原因是苏宁将大量的自有资金购买银行理财产品以及货币市场基金，并且加大了资本性开支，由此引起了现金储备有所下降，由此可知货币资金略有下降的原因并非由于并购。但是 2015 年开始呈现上升趋势，可见苏宁短期偿还债务能力呈现增强势态。

由以上分析可知，苏宁并购前后短期偿还债务能力有小幅度提升。

2. 长期偿债能力分析

长期偿债能力是指企业偿还长期债务的能力，偿还长期债务能力的强弱决定着企业能否长期稳定发展。所以通过资产与负债的相关比率分析对苏宁并购后的长期偿债能力进行研究。苏宁 2010—2015 年的长期偿债能力指标如表 17-5 所示。

表 17-5　苏宁 2010—2015 年长期偿债能力指标分析

年份	资产负债率	产权比率	股东权益比率
2010 年	57.08%	1.33	42.92%
2011 年	61.47%	1.59	39.12%
2012 年	61.78%	1.62	38.25%
2013 年	65.10%	1.87	35.76%
2014 年	64.06%	1.78	36.34%
2015 年	65.19%	1.87	34.81%

苏宁 2010—2015 年资产负债率略有提升，股东权益比率略有下降，产权比率略有提升，主要是因为 2013 年苏宁发行了 35 亿元债券，累计发行了 80 亿元债券，但是本案例主要以并购后对苏宁带来的影响来进行分析，因此分析苏宁偿还长期债务的能力时应该扣除这 35 亿元债务。扣除 35 亿元债券后 2013 年至 2015 年资产负债率为 61.56%、60.47%、60.76%，产权比率分别 1.60、1.52、1.54。由此可知苏宁并购后总体上偿还长期债务能力有所提升。

资产负债率表示负债占总资产的比例，该比率越大，说明企业举债越多，经营所面临的风险也就相应地有所增加。由以上分析可知苏宁并购后资产负债率在去除发行债券后有所下降，并且均低于并购前年份。由此可知苏宁并购红孩子后，总体上偿还长期债务的水平有所上升。

总体上分析，苏宁并购后长期偿债能力和短期偿债能力都有所提升，但是幅度很小，经过未来几年合理整合，苏宁偿还债务能力将会有更显著的提升。

（三）盈利能力分析

利润是企业发展与经营的核心因素，是企业利益相关者关注的重要因素之一，企业有了良好的利润空间，才能持续经营，满足企业股东、投资者以及债权人的要求。因此本案例采用销售净利率、成本费用率、总资产净利率等盈利能力分析指标对苏宁并购前后的获取利润能力进行分析、对比，用以分析并购后苏宁能否在盈利能力方面得以提升。苏宁的盈利能力情况如表 17-6 所示。

表 17-6　苏宁 2010—2015 年盈利能力指标分析

年份	销售净利率	成本费用利润率	总资产利润率
2010 年	5.44%	8.71%	5.15%
2011 年	5.20%	7.39%	12.49%
2012 年	2.55%	3.40%	4.77%
2013 年	0.12%	0.14%	0.18%
2014 年	0.80%	0.88%	1.25%
2015 年	0.13%	0.13%	0.16%

销售净利率是衡量销售收入中包含多少净利润，有些时候企业增加销售收入并不一定会同时增加净利润，因为增加销售收入的同时可能会产生更多的成本、费用，所以企业不应盲目增加销售收入规模，而是应该在收入与成本之间进行衡量，以实现利润最优的目标。

由表 17-6 可以看出苏宁并购红孩子之后三年销售净利润率呈现逐年递减势态，至2015 年 9 月末，该比率仅仅为 0.02%。由苏宁 2010 年至 2015 年的审计报告可知，2010—2015 年第三季度营业收入分别为 7 550 474 万元、9 388 858 万元、9 835 716 万元、10 529 223 万元、10 892 530 万元、3 053 211 万元。苏宁在并购后企业的销售收入有所增加，2014 年年末销售收入较 2010 年增加了 44.26%。2011—2015 年第三季度的净利润逐年减少，说明苏宁在实行并购后成本费用有了较大幅度的变化。2010 年营业成本为 6 204 071 万元，2014 年年底营业成本为 9 228 457 万元，增长了 48.75%，可见营业成本增加幅度大于营业收入增加幅度，是销售净利率大幅度降低的因素之一。2010—2015 年三项期间费用也逐年增加，这也是净利润逐年减少的关键因素之一。

成本费用利润率是利润总额与销售成本费用总额的比率，企业为得到利润所付出的成本越小，成本费用利润率越大，说明企业在控制成本方面做得比较好，有较强的获利能力。从表 17-6 可知，2010—2013 年该比率逐年下降，而且降低幅度较大，2014 年有较为轻微的回升，2015 年又呈下降趋势。该比率逐年下降的主要原因是利润逐年下降，成本逐年增高。

2011 年苏宁利润总额为 64 732 万元，呈逐年降低趋势，至 2014 年年底利润总额为

97 261 万元，下降了 84.77%。2011—2015 年苏宁的营业成本以及三项期间费用大体上也呈逐年递增趋势，从而导致该比率下降幅度比较大。

总资产净利率是净利润与公司年初年末平均资产总额的比率，用来反映资产的盈利水平。总资产净利率指标越高，说明资产运营效率越高，企业将成本控制得越好。

从表 17-6 可知，苏宁 2010 年总资产净利率为 5.15%，2014 年降至 0.18%，下降幅度为 96.50%，并购后该比率降低幅度较大。2011 年平均总资产为 5 184 692 万元，2013 年平均总资产为 7 920 658 万元，较 2011 年平均总资产增长了 52.77%。2011 年净利润为 488 600 万元，2013 年净利润为 10 430 万元，降低了 97.85%，由这五年的利润表可知，苏宁营业收入逐年稳定提升，但是营业成本以及费用增加比例也相对较大，因此净利润呈现递减趋势。由于净利润减少，平均总资产增加，导致 2011—2013 年三年内苏宁总资产净利率下降幅度较大。2014 年虽然有所提升，但是 2015 年仍呈现递减势态。总体上看，该比率较并购前呈降低势态。

由以上分析可知苏宁并购后短时间内三项比率都呈现下降趋势，但是通过苏宁财务报告可知，成本费用的大幅度增加的原因并非由于并购，而是因为苏宁近几年内以扩大用户、提升规模为现阶段的主要方向，因此公司采取了降低商品价格与较为频繁的促销推广政策。几年之内苏宁的消费者规模迅速地扩张，随着苏宁自身销售平台的开放，销售商品的种类逐步增加，变现能力也将逐步显现，因此从长远来看，这会为苏宁未来的盈利能力提升奠定基础。

(四) 发展能力分析

发展能力是指企业通过自身的生产经营活动而取得发展的能力。一个企业有较强的发展能力，才能稳定地持续经营，取得股东及债权人的信任。本案例从股东权益、资产、销售三方面的增长率情况对苏宁并购前后的发展能力进行分析。苏宁的发展能力情况如表 17-7 所示。

思考问题 6： 反映企业发展能力的指标有哪些？并写出相关公式。

表 17-7 苏宁 2010—2015 年发展能力指标分析

年份	股东权益增长率	资产增长率	销售增长率
2010 年	26.26%	22.51%	29.51%
2011 年	15.58%	36.16%	24.35%
2012 年	26.40%	27.39%	4.76%
2013 年	−1.40%	8.00%	7.05%
2014 年	2.97%	1.60%	3.45%
2015 年	11.36%	2.28%	17.44%

从表 17-7 可知，苏宁 2010—2015 年股东权益增长率呈波动性增长趋势，2012 年增长率最大；除了 2013 年股东权益增长率略有下降外，2014—2015 年又呈现正的增长率，而且增长幅度较大，说明并购后企业的发展能力呈逐步上升趋势。

资产增长率可以更清晰地反映出苏宁资产投入增加的速度。从表 17-7 可以看出苏宁在五年内资产总额呈逐年增长势态。虽然增长速度逐年减慢，但是由于苏宁近些年资产基数逐渐增大，因此即使小幅度增长，增长绝对值也较为可观。2010 年年末苏宁总资产为4 390 738 万元，2014 年年末为 7 869 802 万元，增长率 79.23%。可以看出来苏宁的企业规模不断增长，说明公司经营状况良好，有良好发展潜力。

2012 年苏宁销售增长率较低，2013—2015 年销售增长率整体呈上升趋势，苏宁并购后整体销售收入水平有较为明显的提升，因此可知苏宁并购后发展能力有所提升。

八、小结

通过对苏宁并购后财务数据进行分析，摒除与并购无关因素后，苏宁盈利能力、偿还债务能力、营运能力以及发展能力均比并购前有一定程度的提升，而且发展前景较为乐观，因此可以认为苏宁通过并购红孩子在财务能力方面获得了财务协同效应。

课后思考

1. 结合案例分析如何防止被收购。

2. (思政)曾经老少皆宜的国民品牌汇源果汁近几年因竞争激烈一度面临着被国外企业收购的风险，但在经营状况不好的情况下面对河南灾情依然慷慨相助。请谈一谈作为普通消费者如何支持国民品牌。